Art. 5 Nr. 1 EuGVO – Chancen und Perspektiven der Reform des Gerichtsstands am Erfüllungsort

Europäische Hochschulschriften
Publications Universitaires Européennes
European University Studies

Reihe II
Rechtswissenschaft

Série II Series II
Droit
Law

Bd./Vol. 4227

PETER LANG
Frankfurt am Main · Berlin · Bern · Bruxelles · New York · Oxford · Wien

Ruja Ignatova

Art. 5 Nr. 1 EuGVO – Chancen und Perspektiven der Reform des Gerichtsstands am Erfüllungsort

PETER LANG
Europäischer Verlag der Wissenschaften

Bibliografische Information Der Deutschen Bibliothek
Die Deutsche Bibliothek verzeichnet diese Publikation in der Deutschen Nationalbibliografie; detaillierte bibliografische Daten sind im Internet über <http://dnb.ddb.de> abrufbar.

Zugl.: Konstanz, Univ., Diss., 2005

Gedruckt auf alterungsbeständigem,
säurefreiem Papier.

D 352
ISSN 0531-7312
ISBN 3-631-54288-7

Printed in Germany 1 2 3 4 5 7

www.peterlang.de

Für Björn und den Rest meiner Familie

Vorwort

Die nachfolgende Arbeit entstand während meiner Tätigkeit als wissenschaftliche Mitarbeiterin am Lehrstuhl für Bürgerliches Recht, Zivilprozeßrecht, Rechtsvergleichung, Internationales Privatrecht von Prof. Dr. Astrid Stadler an der Universität Konstanz. An dieser Stelle möchte ich mich bei allen Personen und Einrichtungen bedanken, die mich bei der Anfertigung dieser Arbeit unterstützt haben.

Mein ganz besonderer Dank gebührt an erster Stelle Prof. Dr. Astrid Stadler, die mich ermutigte ein so interessantes Thema wie Art. 5 Nr. 1 EuGVÜ/EuGVO aufzugreifen. Gerade durch die Transformation von einem zwischenstaatlichen Übereinkommen zu einer Verordnung und der inhaltlichen Änderung dieser Vorschrift war eine erneute Untersuchung lohnend. Ohne Prof. Dr. Stadlers Unterstützung und konstruktive Kritik wäre die Arbeit nicht entstanden.

Sehr herzlich danken möchte ich Prof. Dr. Ebke, nicht nur für die schnelle Erstellung des Zweitgutachtens, sondern auch dafür, dass er mein Interesse am ausländischen Recht immer gefördert hat, und mir das wertvolle Auslandsstudium in Oxford ermöglichte.

Björn Strehl hat dazu beigetragen, dass die Dissertation in der vorliegenden Form möglich wurde. Ihm danke ich zum einen für Korrekturlesen, das dieser Arbeit entgegengebrachte Interesse und den damit verbundenen lebhaften Diskussionen, zum anderen aber auch für die große emotionale und persönliche Unterstützung.

Danken möchte ich auch meinen Eltern und meinem Bruder, die immer an mich geglaubt haben.

Die Promotion als Abschluss der akademischen Ausbildung ist eine gute Gelegenheit seine Dankbarkeit auch den Institutionen auszusprechen, die die vorhergehende Ausbildung gefördert haben: Mein Dank gilt der Konrad Adenauer Stiftung, die mein rechtswissenschaftliches und betriebswirtschaftliches Studium gefördert hat und dem Deutschen Akademischen Austauschdienst, der mein Auslandsstudium in Oxford förderte.

Ruja Ignatova

Inhaltsverzeichnis

Abkürzungsverzeichnis

ABl. EG	Amtsblatt der Europäischen Gemeinschaften
AG	Aktiengesellschaft, Die Aktiengesellschaft
All.E.R.	All England Law Reports
Anm.	Anmerkung
AnwaltsBl	Anwaltsblatt
Art.	Artikel
AWD	Außenwirtschaftsdienst des Betriebs-Beraters
BB	Der Betriebsberater
BGB	Bürgerliches Gesetzbuch
BGBl.	Bundesgesetzblatt
BGH	Bundesgerichtshof
BGHZ	Entscheidungen des Bundesgerichtshofs in Zivilsachen
Bt.Drucks.	Bundestagsdrucksache
Bull.civ.	Bulletin des arrêts de la cour de la cassation rendus en matière civile
BVerfG	Bundesverfassungsgericht
BW	Burgerlijk Wetboek (Niederlande)
bzw.	beziehungsweise
cah. de dr. europ.	Cahiers de droit européen
Cass. civ.	(Arrêt de la) Cour de cassation, chambre civil
Chron.	Chronique
CISG	Convention of Contracts for the international Sale of Goods vom 11.04.1980, BGBl II 89, 588
Clunet	Journal du Droit International (begründet von Clunet)
CML Rev.	Common Market Law Review
CR	Computer und Recht
D.	Dalloz, Receuil péridoique et critique; Recueil Dalloz de Doctrine, de Jurisprudence et de Législation;
d. h.	das heißt
Diss.	Dissertation
DStR	Deutsches Steuerrecht
ecolex	Fachzeitschrift für Wirtschaftsrecht
EGBGB	Einführungsgesetz zum Bürgerlichen Gesetzbuch

EGV	Vertrag zur Gründung der Europäischen Gemeinschaft
EKG	Einheitliches Gesetz über den internationalen Kauf beweglicher Sachen
EU	Europäische Union
EuGH	Europäischer Gerichtshof
EuGVO	Verordnung (EG) Nr. 44/2001 des Rates vom 22. Dezember 2000 über die gerichtliche Zuständigkeit und die Anerkennung und Vollstreckung von Entscheidungen in Zivil- und Handelssachen
EuGVÜ	Brüsseler EWG-Übereinkommen über die gerichtliche Zuständigkeit und die Vollstreckung gerichtlicher Entscheidungen in Zivil- und Handelssachen
EuLF	The European Legal Forum, deutschsprachige Ausgabe
EuR	Europarecht
EuRLRev.	European Law Review
EuZW	Europäische Zeitschrift für Wirtschaftsrecht
EWS	Europäisches Wirtschafts- und Steuerrecht
Gaz.Pal	Gazette du Palais
GmbH	Gesellschaft mit beschränkter Haftung
GRUR Int.	Gewerblicher Rechtsschutz und Urheberrecht, Internationaler Teil
Habil.	Habilitationsschrift
Hrsg.	Herausgeber
ICLQ	International Comparative Law Quarterly
IPRax	Praxis des Internationalen Privat- und Verfahrensrechts
Jura	Justische Ausbildung
JZ	Juristenzeitung
lit.	litera
LugÜ	Luganer Übereinkommen über die gerichtliche Zuständigkeit und die Vollstreckung gerichtlicher Entscheidungen in Handels- und Zivilsachen
MDR	Monatsschrift für deutsches Recht
NILR	Netherlands International Law Review
NJW	Neue Juristische Wochenschrift
Nr.	Nummer
NVwZ	Neue Zeitschrift für Verwaltungsrecht
NZG	Neue Zeitschrift für Gesellschaftsrecht

ÖJZ	österreichische Juristen-Zeitung
RabelsZ	Rabels Zeitschrift für ausländisches und internationales Privatrecht
RdA	Recht der Arbeit
Rev.crit.dr.int.privé	Revue critique de droit international privé
Rev.trim.dr.eur.	Revue trimestrielle de droit européen
RG	Reichsgericht
RGZ	Entscheidungen des Reichsgerichts in Zivilsachen
Riv.int.dr.comp.	Rivista di diritto internazionale e comparato del lavoro
Riv.dir.int.priv.proc.	Rivista di diritto internazionale privato e processuale
RIW	Recht der Internationalen Wirtschaft
Rn.	Randnummer
Rs	Rechtssache
RSC	Rules of the Supreme Court (Großbritannien)
SJZ	Schweizer Juristen-Zeitung
sog.	sogenannter/r/n
u.a.	unter anderem
vgl.	vergleiche
wbl	wirtschaftsrechtliche Blätter
WiB	Wirtschaftsrechtliche Beratung
WM	Zeitschrift für Wirtschafts- und Bankrecht, Wertpapiermitteilungen
z.B.	zum Beispiel
ZEuP	Zeitschrift für europäisches Privatrecht
ZEuS	Zeitschrift für europarechtliche Studien
ZfRV	Zeitschrift für Rechtsvergleichung
ZHR	Zeitschrift für das gesamte Handelsrecht und Wirtschaftsrecht
ZPO	Zivilprozessordnung
ZVglRWiss	Zeitschrift für vergleichende Rechtswissenschaft
ZfRV	Zeitschrift für Rechtsvergleichung, internationales Privatrecht und Europarecht
ZZP	Zeitschrift für Zivilprozess
ZZPInt	Zeitschrift für Zivilprozess international

Einleitung und Gang der Untersuchung

Art. 5 Nr. 1 EuGVÜ, der den Gerichtsstand am Erfüllungsort regelt, gehört zu den Vorschriften des EuGVÜ, die Rechtsprechung und Schrifttum am häufigsten beschäftigt haben. Der Gerichtsstand am Erfüllungsort ist für den Rechtsverkehr besonders bedeutsam, da er oft eine Alternative zum allgemeinen Gerichtsstand aus Art. 2 EuGVO bietet, der am Wohnort des Beklagten lokalisiert ist.

Schon in seiner ersten Entscheidung[1] zum Übereinkommen, beschäftigte sich der EuGH mit Art. 5 Nr. 1 EuGVÜ. Dabei war zu entscheiden, wie der Erfüllungsort des Art. 5 Nr. 1 EuGVÜ zu definieren ist. Anstatt den Erfüllungsort autonom aus dem Übereinkommen zu bestimmen und so die unterschiedlich ausgestalteten nationalen Normen zu vereinheitlichen, entschied der EuGH, den Erfüllungsort der lex causae zu entnehmen, also dem auf den Vertrag anwendbaren nationalen Recht. Diese Rechtsprechung erfuhr große Kritik im Schrifttum. Der EuGH wurde darauf hingewiesen, dass eine einheitliche Anwendung des Art. 5 Nr. 1 EuGVÜ europaweit nicht möglich sei, wenn man den Erfüllungsort der lex causae entnehme. Außerdem werde der materiellrechtliche Erfüllungsortsbegriff der lex causae oft nicht der prozessualen Interessenslage gerecht. Trotz der massiven Kritik bestätigte der EuGH seine Rechtsprechung kürzlich erneut,[2] mit dem Hinweis, der Gesetzgeber arbeite an einer Reform der Vorschrift.

Doch nicht nur die Bestimmung des Erfüllungsortes warf Probleme bei der Anwendung des Art. 5 Nr. 1 EuGVÜ auf. Uneinigkeit bestand u.a. darüber, wann der Anwendungsbereich des am Begriff Vertrag anknüpfenden Art. 5 Nr. 1 EuGVÜ eröffnet sein sollte. Bestimmte Rechtsinstitute werden von den nationalstaatlichen Rechtsordnungen unterschiedlich dem Vertrags- und Deliktsrecht zugeordnet. Umstritten war auch, ob der Erfüllungsort der im Fall streitigen Verpflichtung zu bestimmen war oder auf den Erfüllungsort der vertragstypischen Verpflichtung abzustellen war.
Zu Recht wurde Art. 5 Nr. 1 EuGVÜ also als „Nest von Streitfragen“[3] bezeichnet. Angesichts der vielen Probleme, die mit der Vorschrift einher-

---

[1] EuGH 6.10.1976 – Rs. 12/76, Tessili/Dunlop, Slg 1976, S. 1473.
[2] EuGH 28.09.1999 – Rs. C-440/97, GIE Groupe Concorde/Suhadiwarno Panjan, Slg. 1999, S. I-6307.
[3] *Hertz*, Jurisdiction in Contract and Tort under the Brussels Convention, S. 156; *Mezger*, Über einige Lücken des EuGVÜ (Brüssel 1968) und des deutschen

gehen, forderten manche ihre komplette Abschaffung. Nachdem der EuGH seine Rechtsprechung zu Art. 5 Nr. 1 EuGVÜ nicht änderte, wurde der Ruf nach einer legislativen Neukonzeption immer lauter.

Diese Reform erfolgte mit der Verordnung EG Nr. 44/2001 über die gerichtliche Zuständigkeit und die Anerkennung und Vollstreckung von Entscheidungen in Zivil- und Handelssachen (EuGVO), die das Übereinkommen über die gerichtliche Zuständigkeit und die Anerkennung und Vollstreckung von Entscheidungen in Zivil- und Handelssachen (EuGVÜ) ersetzte.

Ziel der vorliegenden Arbeit ist es, diese Reform zu untersuchen und zu bewerten. Dabei gestaltet sich der Gang der Untersuchung wie folgt:
Zunächst wird der Wechsel vom staatsvertraglichen Übereinkommen zur Verordnung erörtert. In diesem Zusammenhang wird untersucht, ob die EuGVO wirksam zustande gekommen ist oder der europäische Gesetzgeber bei ihrem Erlass seine Gesetzgebungskompetenzen überschritten hat (§ 1).

Danach wird geprüft, ob ein Vertragsgerichtsstand für die europäische Zuständigkeitsordnung notwendig ist, und wenn ja, welchen Sinn und Zweck dieser verfolgt (§ 2). In § 3 wird die Entwicklung der Rechtsprechung und Literatur zu Art. 5 Nr. 1 EuGVÜ untersucht. Dabei soll aufgezeigt werden, ob und in welchen Punkten Art. 5 Nr. 1 EuGVÜ reformbedürftig war.

Mit den Reformberatungen und den einzelnen Reformvorschlägen zu Art. 5 Nr. 1 EuGVÜ beschäftigt sich § 4.

Die neue Vorschrift untergliedert sich in zwei Teilen: In Art. 5 Nr. 1 lit. a EuGVO wird der Wortlaut des Art. 5 Nr. 1 EuGVÜ wörtlich übernommen, während Art. 5 Nr. 1 lit. b EuGVO neu eingefügt wurde. Zunächst wird der Anwendungsbereich der neu eingefügten Vorschrift, Art. 5 Nr. 1 lit. b EuGVO, geprüft. Art. 5 Nr. 1 lit. b EuGVO ist nur auf Kauf- und Dienstleistungsverträge anwendbar. In § 5 wird eine Definition für diese Vertragstypen erarbeitet. Der Hauptteil der Arbeit befasst sich mit der Entwicklung einer Definition für den „Ort an dem [die Sachen] nach dem Vertrag geliefert worden sind, oder hätten geliefert werden sollen" und für

---

Ausführungsgesetzes, in Gedächtnisschrift für Constantinesco, S. 503 (514). *Rauscher*, Verpflichtung und Erfüllungsort in Art. 5 Nr. 1 EuGVÜ, S. 3 nennt Art. 5 Nr. 1 EuGVÜ eine „Quelle von Unsicherheit".

den „Ort an dem [die Dienstleistungen] nach dem Vertrag erbracht worden sind oder hätten erbracht werden müssen" (§ 6).
In § 7 wird die Rechtslage für alle Verträge erörtert, die nicht Kauf- oder Dienstleistungsverträge sind. Auf diese Verträge wird Art. 5 Nr. 1 lit. a EuGVO angewandt. Es stellt sich deshalb die Frage, ob sich die Rechtslage im Vergleich zur wortgleichen Vorgängervorschrift, Art. 5 Nr. 1 EuGVÜ geändert hat.

In § 8 wird geprüft, ob Art. 5 Nr. 1 lit. a EuGVO oder Art. 5 Nr. 1 lit. b EuGVO auf Kauf- und Dienstleistungsverträge anzuwenden ist, wenn der Liefer- oder Erbringungsort nicht in einem Mitgliedsstaat der Verordnung liegt.

In § 9 wird das Rechtsinstitut der Erfüllungsortsvereinbarung erörtert. Vor der Reform ging der vereinbarte Erfüllungsort dem gesetzlichen Erfüllungsort für Art. 5 Nr. 1 EuGVÜ vor. Dies wurde im Schrifttum kritisiert, denn Erfüllungsortsvereinbarungen konnten meist formlos geschlossen werden, so dass die für Gerichtsstandsvereinbarungen geltenden Formvorschriften umgangen werden konnten.

Schließlich wird in § 10 die Reform des Art. 5 Nr. 1 EuGVÜ bewertet und ein eigener Verbesserungsvorschlag vorgestellt.

§ 1: Europarechtlicher Rahmen

Der EuGH beschäftigte sich in der Vergangenheit sehr häufig mit der Auslegung von Art. 5 Nr. 1 EuGVÜ[4].[5] Dafür gibt es im Wesentlichen zwei Gründe: Die Zuständigkeit für Vertragsklagen ist für den Rechtsverkehr sehr wichtig,[6] denn sie gibt dem Kläger oft die einzige Möglichkeit, an einem Gericht in seinem eigenen Heimatland zu klagen. Des Weiteren waren im Rahmen des Art. 5 Nr. 1 EuGVÜ viele Auslegungsfragen zu klären. Die Vorschrift benutzte Begriffe wie „Vertrag", „Verbindlichkeit" oder „Erfüllungsort", ohne den nationalen Gerichten eine Hilfestellung zu geben, wie solche Begriffe zu definieren sind. Der EuGH musste sich deshalb mit diesen Fragen eingehend beschäftigen, wobei manche seiner Lösungen von Teilen der Literatur und einigen nationalen Gerichten als unbefriedigend und unzureichend empfunden wurden.[7] In der Hoffnung, den EuGH in diesen Punkten zu einem Kurswechsel zu bewegen, wurden daher immer wieder Auslegungsfragen zu Art. 5 Nr. 1 EuGVÜ vorgelegt, teilweise solche, die der EuGH bereits entschieden hatte.[8] Nachdem abzusehen war, dass der EuGH von seiner bereits gefestigten Rechtsprechung nicht abweichen würde,[9] wurde schließlich immer öfter eine legislative Neukonzeption von Art. 5 Nr. 1 EuGVÜ gefordert.[10]

---

[4] Brüsseler Übereinkommen über die gerichtliche Zuständigkeit und die Vollstreckung gerichtlicher Entscheidungen in Zivil- und Handelssachen. Das Übereinkommen trat am 1.02.1973 in Kraft. Die aktuellste gültige Fassung für Deutschland ist abgedruckt in ABl. EG 1998 Nr. C 27, S.1. Sie trat in Deutschland am 26.01.1998 in Kraft.

[5] Art. 5 Nr. 1 EuGVÜ gehört zu den Normen des Brüsseler Übereinkommens, die dem EuGH am häufigsten zur Entscheidung vorgelegt wurden, *Koch*, JZ 1997, S. 841.

[6] *Kohler*, Die Stellung des Artikels 5 im Gefüge des Übereinkommens. Die Zuständigkeit in Vertragssachen, in Internationale Zuständigkeit und Urteilsanerkennung in Europa, S. 41 f.; *Kropholler*, Europäisches Zivilprozeßrecht, Art. 5 EuGVO Rn. 1.

[7] Nähere Ausführungen zur Rechtsprechung des EuGH und zu den Kritikpunkten von Literatur und nationalen Gerichten erfolgen in § 3.

[8] So legte der Cour de Cassation beispielsweise in der Rechtssache EuGH 28.09.1999 – Rs. C-440/97, GIE Groupe Concorde/Suhadiwarno Panjan, Slg. 1999, S. I-6307 erneut die Frage vor, wie der Erfüllungsort einer Verbindlichkeit zu bestimmen sei, obwohl die Rechtsprechung des EuGH dazu vollkommen klar war.

[9] In der Rechtssache EuGH 28.09.1999 – Rs. C-440/97, GIE Groupe Concorde/Suhadiwarno Panjan, Slg. 1999, S. I-6307, stellte der EuGH fest, es sei Sache

Trotz der massiven und beharrlichen Kritik an der Rechtsprechung, wagte man sich bis zum Erlass der EuGVO[11] nicht an eine Reform der Vorschrift. Vielmehr bestand Art. 5 Nr. 1 EuGVÜ inhaltlich unverändert seit dem Inkrafttreten des EuGVÜ im Jahre 1973. Zwischenzeitlich wurden lediglich kleinere redaktionelle Berichtigungen der Vorschrift vorgenommen, wenn die einzelnen Sprachfassungen ungewollt inhaltlich voneinander abwichen.[12] Diese Änderungen hatten jedoch nur eine Klarstellungsfunktion und wirkten sich nicht auf die Rechtsprechung des EuGH aus.[13]

Erst anlässlich des Beitritts Österreichs, Schwedens und Finnlands zur Europäischen Gemeinschaft wurde eine Überarbeitung des EuGVÜs angeregt.[14] Eine Arbeitsgruppe[15] sollte die Reformvorschläge ausarbeiten.

---

des europäischen Gesetzgebers die zu Art. 5 Nr. 1 EuGVÜ erarbeiteten Grundsätze zu reformieren.

[10] Ausführlich dazu *Hertz*, Jurisdiction in Contract and Tort under the Brussels Convention, S. 159.

[11] Verordnung EG Nr. 44/2001 über die gerichtliche Zuständigkeit und die Anerkennung und Vollstreckung von Entscheidungen in Zivil- und Handelssachen, ABl. EG 2001 Nr. L 12, S. 1 vom 16.01.2001.

[12] Eine solche Abweichung lag auch im Wortlaut des Art. 5 Nr. 1 EuGVÜ vor. Während die italienische Fassung der Vorschrift den Erfüllungsort der im Fall streitigen Verpflichtung bestimmen wollte, ergab sich diese Einschränkung aus der allgemeiner formulierten französischen Fassung anfangs nicht. Nach der Entscheidung EuGH 6.10.1976 – Rs. 14/76, de Bloos/Bouyer, Slg. 1976, S. 1497 wurde die französische Fassung deshalb präzisiert.

[13] Die französische Fassung des Art. 5 Nr. 1 EuGVÜ wurde nach EuGH 6.10.1976 – Rs. 14/76, de Bloos/Bouyer, Slg. 1976, S. 1497 berichtigt. Nach dieser Berichtigung ergab sich, dass der Erfüllungsort der streitigen Verpflichtung maßgeblich für Art. 5 Nr. 1 EuGVÜ ist. Die Rechtsprechung des EuGH wurde durch die redaktionellen Änderungen des Übereinkommens bestätigt: Solange nur eine Sprachfassung mit der Rechtsprechung des Gerichtshofs im Einklang stand, konnte man alle anderen „anpassen". So wurde die Rechtsprechung des EuGH zum Teil kodifiziert, wobei dies jedoch als redaktionelle Anpassung getarnt wurde.

[14] *Kohler*, Die Revision des Brüsseler und des Luganer Übereinkommens über die gerichtliche Zuständigkeit und die Vollstreckung gerichtlicher Entscheidungen in Zivil- und Handelssachen - Generalia und Gerichtsstandsproblematik, in Revision des EuGVÜ - Neues Schiedsverfahrensrecht, S. 1 f.

[15] Die Arbeitsgruppe bestand aus Vertretern der EU-Mitgliedstaaten und Vertretern der EFTA-Staaten, die Vertragsstaaten des LugÜ (Luganer Übereinkommen über die gerichtliche Zuständigkeit und die Vollstreckung gerichtlicher Entscheidungen in Zivil- und Handelssachen, BGBl. 1994 II, S. 2660) sind. An den Arbeiten war auch die Europäische Kommission beteiligt. Als Beobachter waren der EuGH, die Haager Konferenz für internationales Privatrecht und Polen vertreten. Näher zu den Reformarbeiten *Kohler*, Die Revision des Brüsseler und des Luganer Übereinkommens über die

Das Grundkonzept des Übereinkommens war sehr erfolgreich[16] und sollte beibehalten werden. Das Ziel war, nur die Vorschriften zu reformieren, die in der Praxis als unbefriedigend angesehen wurden, wozu auch Art. 5 Nr. 1 EuGVÜ gehörte.[17] Die Arbeitsgruppe hatte somit nur einen begrenzten Reformauftrag. Deshalb darf nicht überraschen, dass die von ihr erarbeiteten Reformvorschläge bescheiden waren und das Übereinkommen nicht wesentlich verändert wurde. Die Reaktionen darauf waren gespalten: Manche Vertreter des Schrifttums begrüßten den begrenzten Reformauftrag der Arbeitsgruppe, weil sie selbst am bewährten Konzept des Übereinkommens festhalten wollten.[18] Andere forderten umfangreichere Reformen.[19]

---

gerichtliche Zuständigkeit und die Vollstreckung gerichtlicher Entscheidungen, in Zivil- und Handelssachen - Generalia und Gerichtsstandsproblematik, in Revision des EuGVÜ - Neues Schiedsverfahrensrecht, S. 1 ff.

[16] Das EuGVÜ wurde als einer der erfolgreichsten Staatsverträge bezeichnet. Allgemeine Ansicht *Heß*, JZ 1998, S. 1021; *Kerameus/Prütting*, ZZPInt 3 (1998), S. 265; *Wagner,* IPRax 1998, S. 241 f.

[17] *Geimer*, IPRax 2002, S. 69; *Junker*, RIW 2002, S. 569 f.; *Kohler*, Die Revision des Brüsseler und des Luganer Übereinkommens über die gerichtliche Zuständigkeit und die Vollstreckung gerichtlicher Entscheidungen in Zivil- und Handelssachen - Generalia und Gerichtsstandsproblematik, in Revision des EuGVÜ - Neues Schiedsverfahrensrecht, S. 1 f.; *Kohler*, Vom EuGVÜ zur EuGVVO: Grenzen und Konsequenzen der Vergemeinschaftung, in Festschrift für Geimer, S. 461; *Kohler*, Von der EuGVVO zur Abschaffung des Exequaturs, in Systemwechsel im europäischen Kollisionsrecht, S. 147 (150); *Tarko*, ÖJZ 1999, S. 401 (406). Neben Art. 5 Nr. 1 EuGVÜ sollten ursprünglich noch Art. 5 Nr. 3 EuGVÜ; Art. 16 Nr. 1 b EuGVÜ; Art. 17 EuGVÜ; Art. 21 EuGVÜ; Art. 22 EuGVÜ; Art. 25 EuGVÜ; Art. 27 Nr. 1, 2, 3,5 EuGVÜ; Art. 28 Nr. 1 EuGVÜ; Art. 32 Absatz 2 EuGVÜ; Art. 52 EuGVÜ und Art. 53 EuGVÜ näher durchgesehen werden, siehe dazu *Kerameus/Prütting*, ZZPInt 3 (1998), S. 265 (267). Die Arbeitsgruppe überprüfte aber mehr Vorschriften, näher dazu *Kohler*, Die Revision des Brüsseler und des Luganer Übereinkommens über die gerichtliche Zuständigkeit und die Vollstreckung gerichtlicher Entscheidungen in Zivil- und Handelssachen - Generalia und Gerichtsstandsproblematik, in Revision des EuGVÜ - Neues Schiedsverfahrensrecht, S. 1 (3 Fn. 8).

[18] *Schack*, ZEuP 1999, S. 805 ist zumindest der Meinung, dass die Reformen nicht unbedingt in der Form einer Verordnung realisiert werden mussten, sondern auch für das EuGVÜ hätten vorgenommen werden können.

[19] Meistens wurden Vorschriften reformiert, deren Anwendung in der Praxis Schwierigkeiten bereitete, wie beispielsweise Art. 5 Nr. 1 EuGVÜ. *Droz/Gaudemet-Tallon*, Rev. crit dr. int. priv. 90 (2001), S. 601 (630) spricht von einer „toilettage du texte". Die Reformen wurden teilweise als sehr bescheiden und zurückhaltend empfunden, so *Geimer*, IPRax 2002, S. 69 (73).

Die Arbeitsgruppe beendete am 23.04.1999 ihre Arbeit und stellte ihre Reformvorschläge vor. Der Rat bestätigte zwar die ausgearbeiteten Ergebnisse. Statt das EuGVÜ sofort zu aktualisieren, schob man die Reform zunächst auf, weil die Materie des EuGVÜ in eine Verordnung überführt werden sollte.[20] Das Regelungssystem der Staatsverträge sollte zugunsten des sekundären Gemeinschaftsrechts aufgegeben werden. Am 16.01.2001 wurde dann wie geplant die EuGVO verabschiedet, die seit dem 1.03.2002 in Kraft ist.

Für diese Verordnung wurde Art. 65 EGV als Ermächtigungsnorm gewählt.[21] Er lautet:

Die Maßnahmen im Bereich der justitiellen Zusammenarbeit in Zivilsachen mit grenzüberschreitenden Bezügen, die, soweit sie für das reibungslose Funktionieren des Binnenmarktes erforderlich sind, nach Art. 67 zu treffen sind, schließen ein:

a) Verbesserung und Vereinfachung
   - *des Systems für die grenzüberschreitende Zustellung gerichtlicher und außergerichtlicher Schriftstücke;*
   - *der Zusammenarbeit bei der Erhebung von Beweismitteln;*
   - *der Anerkennung und Vollstreckung gerichtlicher und außergerichtlicher Entscheidungen in Zivil- und Handelssachen;*

b) Förderung der Vereinbarkeit der in den Mitgliedstaaten geltenden Kollisionsnormen und Vorschriften zur Vermeidung von Kompetenzkonflikten;

c) Beseitigung der Hindernisse für eine reibungslose Abwicklung von Zivilverfahren, erforderlichenfalls durch Förderung der Vereinbarkeit der in den Mitgliedstaaten geltenden zivilrechtlichen Verfahrensvorschriften.

Art. 65 EGV wurde neu durch den Amsterdamer Vertrag eingefügt. Er überführte die justitielle Zusammenarbeit in Zivilsachen aus der zwischenstaatlichen Zusammenarbeit gemäß Art. K.1 Nr. 6 EUV Maastrichter Fassung[22] in eine echte Kompetenz der Gemeinschaft.[23] Von

---

[20] Zu den Motiven des Gesetzgebers siehe die Erwägungsgründe 1 ff. zur EuGVO.

[21] Die genaue Ermächtigungsnorm lautet Art. 61 lit. c in Verbindung mit Art. 65 EGV.

[22] Zu Art. K. 1 Nr. 6 EUV (Vertrag von Maastricht) siehe *Groeben/Thiesing/ Ehlermann/Degen*, Kommentar zu EU-Vertrag und EG-Vertrag, Art. K. 1 Nr. 6 EUV

diesem Kompetenzzuwachs der Gemeinschaft versprach man sich den schrittweisen Aufbau eines Raums der Freiheit, der Sicherheit und des Rechts, Art. 61 EGV.

Um dieses ehrgeizige Ziel zu erfüllen - oder zumindest zu fördern - wurden auf Grund dieser neuen Ermächtigungsgrundlage innerhalb kurzer Zeit mehrere Verordnungen, die das europäische Zivilprozessrecht betrafen, erlassen.[24] Neben der am 1.03.2002 in Kraft getretenen EuGVO[25] wurden die Verordnung über die gerichtliche Zuständigkeit und die Anerkennung und Vollstreckung von Entscheidungen in Ehesachen und in Verfahren betreffend die elterliche Verantwortung für gemeinsame Kinder der Ehegatten in den Mitgliedstaaten[26] (EheGVO, in Kraft seit 1.03.2002), die Verordnung über die Zustellung gerichtlicher und außergerichtlicher Schriftstücke in Zivil- und Handelssachen[27] (ZustVO, in Kraft seit 31.05.2002), die Verordnung über Insolvenzverfahren[28] (InsolvenzVO, in Kraft seit 31.05.2002) und die Verordnung über die Zusammenarbeit zwischen den Gerichten der Mitgliedstaaten auf dem Gebiet der Beweisaufnahme in Zivil- und Handelssachen[29] (BeweisVO, in Kraft ab 1.01.2004) erlassen. Diese Verordnungen sind - wie die EuGVO, die nur das erfolgreiche EuGVÜ ersetzt - inhaltlich nicht gänzlich neu. Sie wurden anstelle von lange geplanten und dringend benötigten Übereinkommen erlassen, die aus verschiedenen Gründen nicht realisiert worden waren: Diese Übereinkommen kamen teilweise deshalb nicht zustande, weil sich die Vertragsstaaten nicht über den Inhalt einigen konnten.[30] Teilweise

---

Rn. 1 ff.; Zur Reform der justitiellen Zusammenarbeit siehe ausführlich *Meyring*, EuR 1999, S. 309 ff.

[23] *Besse*, ZEuP 1999, S. 107; *Calliess/Ruffert/Brechmann*, Kommentar zu EU - Vertrag und EG - Vertrag, Art. 65 EGV Rn. 1; *Heß*, NJW 2000, S. 23; *Leible/Staudinger*, EuLF 2000/2001, S. 225. Man spricht dabei auch von einem Säulenwechsel, siehe *Jayme/Kohler*, IPRax 1997, S. 385.

[24] Manche Autoren sind der Meinung, dass die Verordnungen zu schnell hintereinander erlassen wurden. Siehe *Heß*, JZ 2001, S. 573 und *Linke*, Die Europäisierung des Internationalen Privat- und Ver-fahrensrechts - Traum oder Trauma?, in Festschrift für Geimer, S. 529 f., der von einem hektischen Tempo spricht.

[25] ABl. EG 2001 Nr. L 12, S. 1 vom 16.01.2001.

[26] ABl. EG 2000 Nr. L 160, S. 19 vom 30.06.2000.

[27] ABl. EG 2000 Nr. L 160, S. 37 vom 30.06.2000.

[28] ABl. EG 2000 Nr. L 160, S. 1 vom 30.06.2000.

[29] ABl. EG Nr. L 174, S. 1 vom 27.06.2001.

[30] So scheitere ein Übereinkommen über das Insolvenzrecht 1995, weil Großbritannien dessen Unterzeichnung verweigerte. Siehe näher dazu § 1 A 3 b.

wurden sie zwar geschlossen, scheiterten aber, weil sie von den Vertragsstaaten nicht ratifiziert wurden.[31]
Art. 65 EGV veränderte also innerhalb kurzer Zeit das europäische Zivilprozessrecht grundlegend.[32] Längst fällige Regelungen auf diesem Gebiet wurden nun erfolgreich erlassen. Der europäische Gesetzgeber war durch den Wechsel der Handlungsform vom Staatsvertrag zur Verordnung handlungsfähiger geworden. Dies wurde aber nicht allgemein positiv bewertet. Vielen Autoren war die Fülle von Verordnungen, die auf Grund von Art. 65 EGV erlassen wurden, unheimlich. Sie nahmen die neue Ermächtigungsnorm misstrauisch auf und übten vielfältige Kritik.[33] Dabei befürchteten sie beispielsweise, der europäische Gesetzgeber könne zu viele Zuständigkeiten für sich beanspruchen oder beim Erlass der neuen Rechtsakte übereilt handeln.[34]

Die Befürchtung, der europäische Gesetzgeber könnte Zuständigkeiten der Mitgliedsstaaten usurpieren, ergibt sich aus der systematischen Stellung des Art. 65 EGV: Er steht unter Titel IV „Visa, Asyl, Einwanderung und andere Politiken betreffend den freien Personenverkehr“. Die Auswirkungen dieser systematischen Stellung müssen untersucht werden: Denn nicht alle verfahrensrechtliche Normen haben einen Bezug zum freien Personenverkehr. Die EuGVO regelt Materien, die primär Auswirkungen auf Waren-, Kapitalverkehrs- und Dienstleistungsfreiheit haben und betrifft den freien Personenverkehr nur am Rande. Deshalb wird bezweifelt, ob Art. 65 EGV zum Erlass der EuGVO ermächtigt.[35]

---

[31] Ein Übereinkommen über die gegenseitige Anerkennung von Gesellschaften und juristischen Personen wurde zwar am 29.02.1968 geschlossen, es wurde aber nur von wenigen Staaten ratifiziert. Siehe näher dazu § 1 A 3 b. *Basedow*, ZEuP 2001, S. 437; *Linke*, Die Europäisierung des Internationalen Privat- und Verfahrensrechts - Traum oder Trauma?, in Festschrift für Geimer, S. 529 (544).

[32] *Kohler*, Vom EuGVÜ zur EuGVVO: Grenzen und Konsequenzen der Vergemeinschaftung, in Festschrift für Geimer, S. 461, spricht von einem „Generationenwechsel“ des internationalen Zivilprozessrechts in Europa; *Mansel*, Zum Systemwechsel im europäischen Kollisionsrecht nach Amsterdam und Nizza, in Systemwechsel im europäischen Kollisionsrecht, S. 1 (3) spricht von Dynamik.

[33] *Kubis*, ZEuP 2001, S. 737 (749); *Schack*, ZEuP 1999, S. 805.

[34] *Heß*, JZ 2001, S. 573; *Kubis*, ZEuP 2001, S. 737 (749); *Linke*, Die Europäisierung des Internationalen Privat- und Verfahrensrechts - Traum oder Trauma?, in Festschrift für Geimer, S. 529 f., mißbilligen den schnellen Erlass der Verordnungen. Kritisch auch *Schack*, ZEuP 1999, S. 805 und *Schwarze*, JZ 1998, S. 1077 f.

[35] *Basedow*, Die Vergemeinschaftung des Kollisionsrechts nach dem Vertrag von Amsterdam, in Systemwechsel im europäischen Kollisionsrecht, S. 19; *Basedow*, EuZW 1997, S. 609; *Basedow*, CML Rev. 2000, S. 687 (699); *Besse*, ZEuP 1999, S. 107 (115);

Andere kritisieren den Wechsel vom Staatsvertrag zur Verordnung.[36] Darin sehen sie eine Verletzung des Subsidiaritätsprinzips[37]. Schon werden Rufe laut, der EuGH oder noch besser das BVerfG, solle den europäischen Gesetzgeber in seine Schranken weisen.[38] Es wird behauptet, die EuGVO sei aufgrund von usurpierten Kompetenzen zustande gekommen und müsse deswegen für nichtig oder zumindest für im deutschen Raum nicht anwendbar erklärt werden.[39]

Andere haben Bedenken, die Zuständigkeiten der Gerichte in einem Rechtsakt zu regeln, der aufgrund Art. 65 EGV erlassen wurde.[40] Eine Gemeinschaftskompetenz ergibt sich für die ZustellungsVO (Art. 65 lit. a Spiegelstrich 1) und die BeweisVO (Art. 65 lit. a Spiegelstrich 2) unproblematisch aus dem Wortlaut des Art. 65 EGV. Ob das aber auch für alle Materien der EuGVO gilt, ist zweifelhaft. Der europäische Gesetzgeber darf aus Art. 65 EGV zwar Regelungen über die Anerkennung und Vollstreckung gerichtlicher und außergerichtlicher Entscheidungen in Handels- und Zivilsachen erlassen. Diese machen auch große Teile der EuGVO aus. Aber eine Kompetenz zur Regelung der Gerichtsstände wird

---

Drappatz, Die Überführung des internationalen Zivilverfahrensrechts in eine Gemeinschaftskompetenz nach Art. 65 EGV, S. 106; *Jayme/Kohler* IPRax 2000, S. 454 (464); *Kohler*, Rev.crit.dr.int.pr. 1999, S. 1 (17); *Kohler*, Die Revision des Brüsseler und des Luganer Übereinkommens über die gerichtliche Zuständigkeit und die Vollstreckung gerichtlicher Entscheidungen in Zivil- und Handelssachen - Generalia und Gerichtsstandsproblematik, in Revision des EuGVÜ - Neues Schiedsverfahrensrecht, S. 1 (7); *Kubis*, ZEuP 2001, S. 737 (748); *Schack*, ZEuP 1999, S. 805 (807).

[36] *Basedow*, Die Vergemeinschaftung des Kollisionsrechts nach dem Vertrag von Amsterdam, in Systemwechsel im europäischen Kollisionsrecht, S. 19; *Basedow*, EuZW 1997, S. 609; *Basedow*, CML Rev. 2000, S. 687 (699); *Besse*, ZEuP 1999, S. 107 (115); *Drappatz*, Die Überführung des internationalen Zivilverfahrensrechts in eine Gemeinschaftskompetenz nach Art. 65 EGV, S. 106; *Jayme/Kohler* IPRax 2000, S. 454 (464); *Kohler*, Rev.crit.dr.int.pr. 1999, S. 1 (17); *Kohler*, Die Revision des Brüsseler und des Luganer Übereinkommens über die gerichtliche Zuständigkeit und die Vollstreckung gerichtlicher Entscheidungen in Zivil- und Handelssachen - Generalia und Gerichtsstandsproblematik, in Revision des EuGVÜ - Neues Schiedsverfahrensrecht, S. 1 (7); *Kubis*, ZEuP 2001, S. 737 (748); *Schack*, ZEuP 1999, S. 805 (807).

[37] *Kubis*, ZEuP 2001, S. 737 (748); *Schack*, ZEuP 1999, S. 805 (807)

[38] *Kubis*, ZEuP 2001, S. 737 (749).

[39] *Kubis*, ZEuP 2001, S. 737 (749).

[40] *Basedow*, Handbuch des Internationalen Zivilverfahrensrecht, Band I, Kapitel II Rn. 7; *Leisle*, Dependenzen auf dem Weg vom EuGVÜ, über die EuGVVO, zur EuZPO, S.18; *Linke*, Die Europäisierung des Internationalen Privat- und Verfahrensrechts - Traum oder Trauma?, in Festschrift für Geimer, S. 529 (534).

in Art. 65 EGV nicht ausdrücklich gewährt.[41] Deswegen ist zu untersuchen, ob Art. 5 Nr. 1 EuGVO überhaupt aufgrund Art. 65 EGV erlassen werden durfte.
Im Schrifttum sind also zwei Tendenzen auszumachen: Zum Teil wird bezweifelt, dass die EuGVO insgesamt aufgrund Art. 65 EGV erlassen werden durfte.[42] Andere sehen nur die Regelung der gerichtlichen Zuständigkeiten als problematisch an.[43] Wenn auch nur eine dieser Auffassungen richtig ist, hat dies gravierende Folgen für den neuen Art. 5 Nr. 1 EuGVO: Er wäre nicht wirksam zustande gekommen und könnte vom EuGH für nichtig erklärt werden. Deshalb müssen diese Probleme als Ausgangsfrage bei der Untersuchung der Reform von Art. 5 Nr. 1 EuGVO erörtert werden. Erst wenn feststeht, dass Art. 5 Nr. 1 EuGVO formell ordnungsgemäß zustande gekommen ist, kann die inhaltliche Reform der Vorschrift untersucht werden.

A. Systematische Stellung von Art. 65 EGV

Besonders wichtig für das Verständnis von Art. 65 EGV ist, welche Bedeutung man seiner systematischen Stellung zumisst. Er wurde unter Titel IV des Amsterdamer Vertrags eingeordnet. Dort sind neben der justitiellen Zusammenarbeit, Visa, Asyl und Einwanderung geregelt. Visa, Asyl und Einwanderung sind Bestandteile des Schengener Übereinkommens. Die justitielle Zusammenarbeit hat aber weder ihrer Rechtsnatur noch ihrem Zwecke nach etwas mit dem Schengener

---

[41] Beachte aber den englischen Wortlaut des Art. 65 EGV, in dem von „jurisdiction", also auch vom Zuständigkeitsrecht, die Rede ist.

[42] *Basedow*, Die Vergemeinschaftung des Kollisionsrechts nach dem Vertrag von Amsterdam, in Systemwechsel im europäischen Kollisionsrecht, S. 19; *Basedow*, EuZW 1997, S. 609; *Basedow*, CML Rev. 2000, S. 687 (699); *Besse*, ZEuP 1999, S. 107 (115); *Drappatz*, Die Überführung des internationalen Zivilverfahrensrechts in eine Gemeinschaftskompetenz nach Art. 65 EGV, S. 106; *Jayme/Kohler* IPRax 2000, S. 454 (464); *Kohler*, Rev.crit.dr.int.pr. 1999, S. 1 (17); *Kohler*, Die Revision des Brüsseler und des Luganer Übereinkommens über die gerichtliche Zuständigkeit und die Vollstreckung gerichtlicher Entscheidungen in Zivil- und Handelssachen - Generalia und Gerichtsstandsproblematik, in Revision des EuGVÜ - Neues Schiedsverfahrensrecht, S. 1 (7); *Kubis*, ZEuP 2001, S. 737 (748); *Schack*, ZEuP 1999, S. 805 (807).

[43] *Basedow*, Handbuch des Internationalen Zivilverfahrensrecht, Band I, Kapitel II Rn. 7; *Linke*, Die Europäisierung des Internationalen Privat- und Verfahrensrechts - Traum oder Trauma?, in Festschrift für Geimer, S. 529 (534).

Besitzstand gemeinsam.[44] Sie wird deshalb zu Recht als Fremdkörper in Titel IV des Amsterdamer Vertrages empfunden.[45]
Die systematische Stellung des Art. 65 EGV lässt sich nur historisch erklären: Die justitielle Zusammenarbeit wurde schon im Maastrichter Vertrag im Zusammenhang mit dem Schengener Besitzstand geregelt (Art. K EUV). Sie konnte sich auch in der Revision von Amsterdam leider nicht von dieser Verbindung lösen.

Die Stellung des Art. 65 EGV kann deshalb nur als systematisch verfehlt bezeichnet werden.[46] Es wäre besser gewesen, für diese Vorschrift einen eigenen Titel im EG Vertrag zu schaffen.[47]

B. Kompetenzüberschreitung beim Erlass der EuGVO?

I. Verstößt der Erlass der EuGVO gegen Art. 65 EGV?

Der Europäische Gesetzgeber wird durch Art. 65 lit. a Spiegelstrich 3 EGV ausdrücklich ermächtigt, Rechtsakte über die Anerkennung und Vollstreckung gerichtlicher Entscheidungen in Handels- und Zivilsachen zu erlassen. Unklar ist, ob in diesen Rechtsakten zusätzlich auch die Zuständigkeit der Gerichte mitgeregelt werden darf. Art. 65 EGV enthält keine ausdrückliche Ermächtigung für eine Regelung der Gerichtsstände. Das muss aber kein Hindernis für den Erlass von Art. 5 Nr. 1 EuGVO sein. Denn aus dem Wortlaut von Art. 65 EG („schließen ein...“) ergibt sich,

---

[44] *Drappatz*, Die Überführung des internationalen Zivilverfahrensrechts in eine Gemeinschaftskompetenz nach Art. 65 EGV, S. 108; *Jayme/Kohler* IPRax 1999, S. 401 f.
[45] *Basedow* ZEuP 2001, S. 437; *Kohler*, ZEuS 2001, S. 575 (579); *Kohler*, Vom EuGVÜ zur EuGVVO: Grenzen und Konsequenzen der Vergemeinschaftung, in Festschrift für Geimer, S. 461 (466); *Linke*, Die Europäisierung des Internationalen Privat- und Verfahrensrechts - Traum oder Trauma?, in Festschrift für Geimer, S. 529 (543).
[46] *Kohler*, Rev.crit.dr.int.pr. 1999, S. 1; *Pirrung*, Zur Zukunft der europäischen Gerichtsbarkeit in Zivilsachen, in Festschrift für Stoll, S. 647 (649).
[47] *Besse*, ZEuP 1999, S. 107 (117); *Leible/Staudinger*, EuLF 2000/2001, S. 225 f.

dass die zu regelnden Gebiete dort nicht abschließend aufgezählt sind. Sie sind als Katalog von Regelbeispielen gedacht.[48]

Dafür, dass Art. 65 EGV die Regelung von Gerichtsständen erfasst, spricht auch dessen Ähnlichkeit zu Ex-Art. 220 EGV (jetzt Art. 293 EGV).[49] Beide Vorschriften ermächtigen zum Erlass von Rechtsakten über die Anerkennung und Vollstreckung von Gerichtsentscheidungen, aber sie erwähnen die Gerichtsstände nicht. Beim Erlass von Art. 65 EGV lehnte man sich am Wortlaut und Inhalt des Ex-Art. 220 EGV (jetzt Art. 293 EGV) an.

Das EuGVÜ wurde als Staatsvertrag auf der Grundlage von Ex-Art. 220 EGV(jetzt Art. 293 EGV) erlassen und regelte sowohl die Anerkennung und Vollstreckung von Gerichtsurteilen als auch die gerichtlichen Zuständigkeiten. Schon beim Erlass des EuGVÜ wurde diskutiert, ob dessen Gerichtsstandsregelung über den Rahmen von Ex-Art. 220 EGV (jetzt Art. 293 EGV) hinausging.[50] Es wurde zu bedenken gegeben, dass

---

[48] *Basedow*, CML Rev. 2000, S. 687 (700 f.); *Besse*, ZEuP 1999, S. 107 (115); *Callies/Ruffert/Brechmann*, Kommentar zu EU - Vertrag und EG - Vertrag, Art. 65 EGV Rn. 1; *Heß*, NJW 2000, S. 23 (27); *Kohler*, ZEuS 2001, S. 575 (577); *Leible/Staudinger*, EuLF 2001/2000, S. 225 (228); *Lenz/Bardenhewer*, EGV Kommentar, Art. 65 EGV Rn. 1. Durch die Aufzählung der einzelnen Gebiete werde die Transparenz der Vorschrift erhöht, lobt *Linke*, Die Europäisierung des Internationalen Privat- und Verfahrensrechts - Traum oder Trauma?, in Festschrift für Geimer, S. 529 (542).

[49] Ex-Art. 220 EGV/jetzt Art. 293 EGV lautet:
„Soweit erforderlich leiten die Mitgliedstaaten untereinander Verhandlungen ein, um zugunsten ihrer Staatsangehörigen folgendes sicherzustellen:
...
die Vereinfachung der Förmlichkeiten für die gegenseitige Anerkennung und Vollstreckung richterlicher Entscheidungen und Schiedssprüche."
Art. 65 EGV lautet:
„Die Maßnahmen im Bereich der justitiellen Zusammenarbeit in Zivilsachen mit grenzüberschreitenden Bezügen, die, soweit sie für das reibungslose Funktionieren des Binnenmarktes erforderlich sind, nach Art. 67 zu treffen sind, schließen ein:
a) Verbesserung und Vereinfachung
...
der Anerkennung und Vollstreckung gerichtlicher und außergerichtlicher Entscheidungen in Handels- und Zivilsachen;
..."
Die unterstrichenen Passagen heben den ähnlichen Wortlaut der Vorschriften hervor.

[50] So *Linke*, Die Europäisierung des Internationalen Privat- und Verfahrensrechts - Traum oder Trauma?, in Festschrift für Geimer, S. 529 (534).

die Regelung der Zuständigkeiten die Anerkennung und Vollstreckung von Gerichtsentscheidungen zwar förderte,[51] aber nicht nötig zum Erreichen der Ziele von Ex-Art. 220 (jetzt. Art. 293) EGV war.[52] Zu diesen Zielen gehört die Vereinfachung der Förmlichkeiten für die gegenseitige Anerkennung und Vollstreckung richterlicher Entscheidungen und Schiedssprüche. Das Argument, dass die Gerichtsstände über den Regelungsauftrag des Ex.-Art. 220 EGV hinausgingen, kann entkräftet werden, indem gezeigt wird, dass das Übereinkommen seinen Erfolg zum großen Teil diesen Gerichtsstandsregelungen verdankt.

Für den Erfolg des EuGVÜ gibt es hauptsächlich zwei Gründe: Erstens trug die gründliche Ausarbeitung des Übereinkommens dazu bei. Der zweite Grund war dessen Ausgestaltung als sog. „convention double".[53] In einer „convention double" wird nicht nur die Anerkennung und Vollstreckung von ausländischen Urteilen geregelt, den Gerichten werden von vornherein auch ihre Zuständigkeiten vorgegeben.[54] Für das EuGVÜ wurde ein System direkter Zuständigkeiten gewählt. Das bedeutet, dass schon der Erstrichter seine Zuständigkeit aus dem Übereinkommen beurteilt und nicht erst der Anerkennungsrichter.[55]

Das EuGVÜ erleichterte und vereinfachte die Anerkennung und Vollstreckung von ausländischen Urteilen in den einzelnen Vertragsstaaten

---

[51] *Basedow*, Handbuch des Internationalen Zivilverfahrensrecht, Band I, Kapitel II Nr. 7; *Linke*, Die Europäisierung des Internationalen Privat- und Verfahrensrechts - Traum oder Trauma?, in Festschrift für Geimer, S. 529 (534).

[52] *Basedow*, Handbuch des Internationalen Zivilverfahrensrecht, Band I, Kapitel II Rn. 7; *Linke* Die Europäisierung des Internationalen Privat- und Verfahrensrechts - Traum oder Trauma?, in Festschrift für Geimer, S. 529 (534).

[53] *Linke* Die Europäisierung des Internationalen Privat- und Verfahrensrechts - Traum oder Trauma?, in Festschrift für Geimer, S. 529 (534); *Tarko*, ÖJZ 1999, S. 401 (407). *Schlosser* NJW 1977, S. 457 nennt die Gerichtsstände sogar das „Kernstück" des EuGVÜ. In diesem Sinne auch *Geimer*, NJW 1976, S. 441 f.; *Schack*, ZZP 107 (1994), S. 279 (281).

[54] *Geimer*, NJW 1976, S. 441 f.; *Linke*, Europäisierung des Internationalen Privat- und Verfahrensrechts - Traum oder Trauma?, in Festschrift für Geimer, S. 529 (534); *Schack*, ZZP 107 (1994), S. 279 (281); *Schlosser* NJW 1977, S. 457; *Tarko*, ÖJZ 1999, S. 401 (407).

[55] *Jenard*, Bericht zu dem Übereinkommen über die gerichtliche Zuständigkeit und die Vollstreckung gerichtlicher Entscheidungen in Zivil- und Handelssachen, ABl. EG 1979 Nr. C 59, S. 1 (7); *Nagel/Gottwald*, Europäisches Zivilprozessrecht, § 3 Rn. 10; *Kropholler*, Handbuch des internationalen Zivilverfahrensrechts, Band I, Kapitel III Rn. 608; MünchKomm/*Gottwald*, Vor Art. 1 EuGVÜ Rn. 2.

enorm. Ein Vollstreckungstitel wurde nach Erlass des EuGVÜ relativ leicht gewährt. Die Anhörung des Vollstreckungsgegners wurde dabei nicht vorausgesetzt. Die einheitlichen Zuständigkeiten sicherten, dass alle nationalen Gerichte die gleichen Zuständigkeiten in Anspruch nahmen.[56] So wurde das Vertrauen in die ausländischen Gerichte und Rechtssysteme gestärkt.[57] Die Vereinheitlichung der Gerichtsstandsnormen steigerte ferner die Rechtssicherheit, denn dadurch wurden positive und negative Kompetenzkonflikte der Gerichte vermieden.[58] Viele Länder kannten exorbitante Gerichtsstände, die meist den eigenen Bürger einen Gerichtsstand im eigenen Land verschaffen sollten. Diese durften nach Art. 3 EuGVÜ unter den Vertragsstaaten des Übereinkommens nicht mehr angewandt werden.

Die Freizügigkeit von Gerichtsentscheidungen hätte nicht in diesem Maße erreicht werden können, wenn man nur eine isolierte Regelung über die Anerkennung und Vollstreckung von Gerichtsentscheidungen getroffen hätte. Zusätzlich war die Harmonisierung der Gerichtszuständigkeiten nötig.[59] Die einheitlichen Gerichtsstände ermöglichten folglich erst die Akzeptanz der vereinfachten Anerkennung und Vollstreckung von Gerichtsentscheidungen. Deshalb stellte die Vereinheitlichung der Gerichtsstände eine korrekte Erfüllung der Ziele des Art. 220 EGV dar. Wenn die Gerichtsstände durch Art. 220 EGV geregelt werden durften, fallen sie auch unter den Anwendungsbereich von Art. 65 EGV, weil beide Vorschriften den gleichen Wortlaut haben.

II. Beschränkung von Art. 65 EGV auf Rechtsakte, die den freien Personenverkehr regeln?

Geht man von der Überschrift des Titels IV des EGV aus, müssen alle auf Art. 65 EGV gestützten Rechtsakte die Grundfreiheit des freien Personenverkehrs fördern. Die Regelungen über die Gerichtsstände, darunter auch Art. 5 Nr. 1 EuGVÜ, betreffen dagegen die Warenverkehrsfreiheit, den Kapitalverkehr und die Dienstleistungsfreiheit; der freie

---

[56] *Hay*, Common Market, S. 151, 159 ff.

[57] *Schlosser*, Das internationale Zivilprozeßrecht der Europäischen Wirtschaftsgemeinschaft und Österreich, in Festschrift für Kralik, S. 287.

[58] *Schmidt-Parzefall*, Die Auslegung des Parallelübereinkommens von Lugano, S. 5.

[59] *Besse*, ZEuP 1999, S. 107 (119); *Geimer*, NJW 1976, S. 441 f.

Personenverkehr wird nur am Rande betroffen.[60] Deshalb ist zu untersuchen, ob die Gerichtsstandsregelungen auf Art. 65 EGV gestützt werden durften.
Alle anderen Vorschriften in Titel IV, die den sog. Schengener Besitzstand betreffen, weisen einen sehr starken Bezug zum freien Personenverkehr auf. Art. 65 EGV ist ein Fremdkörper in diesem Titel.[61] Die systematische Einordnung dieser Vorschrift unter der Überschrift des freien Personenverkehrs kann zwar ein Indiz für die Einschränkung seines Regelungsbereichs sein.[62] Möglich ist aber auch, dass bei der Auswahl der Überschrift nicht bedacht wurde, dass sie den Anwendungsbereich von Art. 65 EGV einschränken kann. Der Schengener Besitzstand und die justitielle Zusammenarbeit wurden nicht bewusst in einem Abschnitt verbunden, es wurde lediglich die Einordnung des Vertrags von Maastricht übernommen.

Die historische Untersuchung der Entwicklung der justitiellen Zusammenarbeit gibt den entscheidenden Hinweis, dass eine Einschränkung auf Rechtsakte mit einem Bezug auf den freien Personenverkehr nicht gewollt war: Die justitielle Zusammenarbeit wurde erstmals durch Art. K.1 Nr. 6 EUV des Vertrags von Maastricht in den

---

[60] *Basedow* EuZW 1997, S. 609; *Basedow*, CML Rev. 2000, S. 687 (699); *Basedow*, Die Vergemeinschaftung des Kollisionsrechts nach dem Vertrag von Amsterdam, in Systemwechsel im europäischen Kollisionsrecht, S. 19 (32); *Jayme/Kohler,* IPRax 2001, S. 501; *Kohler*, Vom EuGVÜ zur EuGVVO: Grenzen und Konsequenzen der Vergemeinschaftung, in Festschrift für Geimer, S. 461 (466) stellt fest, dass die Materie der EuGVO die Umsetzung aller Vertragsfreiheiten betrifft.

[61] Näher dazu *Müller-Graff*, Der Vertrag von Amsterdam, in Festschrift für Zäch, S. 733 (744 ff.). Sehr vernünftig ist der Vorschlag von *Leible/Staudinger*, EuLF 2000/2001, S. 225 f., den Bereich der justitiellen Zusammenarbeit vom Schengener Besitzsstand zu trennen und entweder einen eigenen Titel dafür zu schaffen oder Art. 65 EGV aufgrund seiner Binnenmarktnähe zu Art. 95 EGV zuzuordnen. Ähnlich auch *Besse*, ZEuP 1999, S. 107 (117), der vorschlägt bis dies geschehen ist, alle Rechtsakte aufgrund von Art. 95 EGV zu erlassen.

[62] So *Basedow*, Die Vergemeinschaftung des Kollisionsrechts nach dem Vertrag von Amsterdam, in Systemwechsel im europäischen Kollisionsrecht, S. 19; *Basedow*, EuZW 1997, S. 609; *Basedow*, CML Rev. 2000, S. 687 (699); *Besse*, ZEuP 1999, S. 107 (115); *Drappatz*, Die Überführung des internationalen Zivilverfahrensrechts in eine Gemeinschaftskompetenz nach Art. 65 EGV, S. 106; *Jayme/Kohler* IPRax 2000, S. 454 (464); *Kohler*, Rev.crit.dr.int.pr. 1999, S. 1 (17); *Kohler*, Die Revision des Brüsseler und des Luganer Übereinkommens über die gerichtliche Zuständigkeit und die Vollstreckung gerichtlicher Entscheidungen in Zivil- und Handelssachen - Generalia und Gerichtsstandsproblematik, in Revision des EuGVÜ - Neues Schiedsverfahrensrecht, S. 1 (7); *Kubis*, ZEuP 2001, S. 737 (748); *Schack*, ZEuP 1999, S. 805 (807).

Unionsvertrag aufgenommen. Diese Zusammenarbeit sollte „der Verwirklichung der Ziele der Union“ dienen. Der freie Personenverkehr wurde in Art. K.1 Nr. 6 EUV lediglich beispielhaft als eines dieser Ziele („insbesondere“) genannt. Daraus folgt, dass Art. K.1 Nr. 6 EUV des Vertrags von Maastricht alle Maßnahmen auf dem Gebiet der justitiellen Zusammenarbeit in Zivilsachen erfasste, solange sie irgendeinem Ziel der Gemeinschaft dienten. Dort bestand also (noch) keine Beschränkung auf den freien Personenverkehr. Art. 65 EGV überführte die justitielle Zusammenarbeit aus der zwischenstaatlichen Zusammenarbeit gemäß Art. K.1 Nr. 6 EUV in eine Kompetenz der Gemeinschaft. Eine Kompetenzeinschränkung auf den freien Personenverkehr war dabei nicht gewollt.[63]
Daneben sprechen noch andere Gründe gegen eine Begrenzung auf die Förderung des freien Personenverkehrs. Würde man Art. 65 EGV auf den freien Personenverkehr einschränken, hätte die Vorschrift einen sehr engen Anwendungsbereich. Außerdem betreffen viele Rechtsakte neben dem freien Personenverkehr noch andere Grundfreiheiten. In solchen Fällen würden sich stets schwierige und unnötige Abgrenzungsfragen der einzelnen Rechtsgrundlagen ergeben.[64] Wenn die Begrenzung auf den freien Personenverkehr befürwortet wird, ist schwer zu erklären, warum Art. 65 EGV ausdrücklich die Anerkennung und Vollstreckung ausländischer Urteile nennt. Denn auch die Anerkennung und Vollstreckung betreffen den freien Personenverkehr nur am Rande.[65]

Deshalb muss sich Art. 65 EG auf alle Grundfreiheiten beziehen. Er hat in erster Linie dem Binnenmarkt zu dienen und erst dann der Freizügigkeit der Personen.[66] Die Zuständigkeiten der Gerichte, die nicht primär den

---

[63] So auch *Dietze/Schnichels*, EuZW 2001, S. 581; *Drappatz,* Die Überführung des internationalen Zivilverfahrensrechts in eine Gemeinschaftskompetenz nach Art. 65 EGV, S. 106; *Mansel*, Zum Systemwechsel im europäischen Kollisionsrecht nach Amsterdam und Nizza, in Systemwechsel im europäischen Kollisionsrecht, S. 1 (5).
[64] *Drappatz,* Die Überführung des internationalen Zivilverfahrensrechts in eine Gemeinschaftskompetenz nach Art. 65 EGV, S. 106.
[65] So auch *Mansel*, Zum Systemwechsel im europäischen Kollisionsrecht nach Amsterdam und Nizza, in Systemwechsel im europäischen Kollisionsrecht, S. 1 (5).
[66] *Drappatz*, Die Überführung des internationalen Zivilverfahrensrechts in eine Gemeinschaftskompetenz nach Art. 65 EGV, S. 105; *Grabitz/Hilf/Röben*, Das Recht der Europäischen Union Art. 65 EGV Rn. 2.

freien Personenverkehr betreffen, konnten deshalb aufgrund von Art. 65 EGV geregelt werden.[67]

III. Sperrwirkung des EuGVÜ

Zu prüfen ist, ob Art. 293 EGV (Ex-Art. 220) den Mitgliedstaaten die Kompetenz zur Regelung des Bereichs der Anerkennung und Vollstreckung gerichtlicher Entscheidungen zuweist und dem europäischen Gesetzgeber damit keinen Raum für eine eigene Regelung über diese Rechtsgebiete lässt.[68] Dann könnte das bereits bestehende Übereinkommen eine Sperrwirkung auf Art. 65 EGV haben und so den Erlass der EuGVO verhindern.
Das EuGVÜ wurde aufgrund von Ex-Art. 220 EGV (jetzt Art. 293 EGV) als Staatsvertrag geschlossen. Art. 293 EGV/Ex-Art. 220 EGV ermächtigt die Mitgliedstaaten, die Anerkennung und Vollstreckung von Gerichtsentscheidungen zu vereinfachen. Bislang erfüllte das EuGVÜ diesen Auftrag. Es war kein Bestandteil der Gemeinschaftsrechtsordnung, sondern ein völkerrechtlicher Vertrag, den die Mitgliedstaaten untereinander abgeschlossen hatten.[69]

Dem Übereinkommen ist keine Sperrwirkung zuzusprechen. Hätte das EuGVÜ eine solche Sperrwirkung, würde Art. 65 EGV gar keine Wirkung entfalten, denn er regelt die gleichen Sachgebiete.
Ex-Art. 220 EGV (jetzt Art. 293 EGV) wurde in den Vertrag von Amsterdam übernommen, damit eine Rechtsgrundlage für einen Staatsvertrag auf dem Gebiet der EuGVO mit Dänemark besteht. Staatsvertragliche Regelungen waren früher dem Integrationsstand der Gemeinschaft angemessen. Nachdem die europäische Integration in den letzten Jahren sehr weit fortgeschritten ist, sind Staatsverträge der gemeinschaftlichen Rechtssetzung gegenüber subsidiär.[70]

---

[67] *Adolphsen*, ZZP 113 (2000), S. 85 f.; *Besse,* ZEuP 1999, S. 107 (115); *Drappatz*, Die Überführung des internationalen Zivilverfahrensrechts in eine Gemeinschaftskompetenz nach Art. 65 EGV, S. 106; *Geimer*, IPRax 2002, S. 69; *Heß,* NJW 2000, S. 23 (27); *Piltz*, NJW 2002, S. 789.
[68] *Besse*, ZEuP 1999, S. 107.
[69] Die Rechtsnatur des EuGVÜ ist sehr umstritten und wird ausführlich in § 7 B III 1d diskutiert.
[70] *Basedow*, NJW 1996, S. 1921 f.; *Besse* ZEuP 1999, S. 107 (118); *Groeben/Thiesing/Ehlermann/Schwartz*, EU-/EG-Vertrag Kommentar, Art. 220 EGV Rn. 4, 6, 41 ff; *Schwartz*, EG-Kompetenzen für den Binnenmarkt: Exklusiv oder

Die Existenz des EuGVÜ als völkerrechtlicher Vertrag hindert die Gemeinschaft also nicht, ihre Rechtssetzungskompetenz aus Art. 65 EGV auszuüben.

IV. Verletzung des Subsidiaritäts- und Verhältnismäßigkeitsprinzips, Art. 2 Abs. 2 EUV, Art. 5 EGV, durch den Erlass der EuGVO?

1. Einführung in die Problematik

Besonders umstritten ist, ob der Wechsel der Handlungsform vom Staatsübereinkommen zur Verordnung das Subsidiaritätsprinzip verletzt.[71] Das Subsidiaritätsprinzip ist in Art. 2 Abs. 2 EUV und Art. 5 EGV geregelt. Es soll eine ausufernde Inanspruchnahme der gemeinschaftlichen Regelungsgewalt verhindern und begrenzt die gemeinschaftlichen Rechtssetzungskompetenzen.[72] Das Subsidiaritätsprinzip zwingt den europäischen Gesetzgeber, sein Tätigwerden zu rechtfertigen.

Art. 5 EGV besteht aus drei Absätzen: Im ersten Absatz ist das Prinzip der begrenzten Einzelermächtigung normiert. Für jeden Rechtsakt der Gemeinschaft muss eine ausdrückliche gemeinschaftsrechtliche Kompetenzgrundlage bestehen. Wenn mehrere Kompetenznormen in Frage kommen, ist die richtige auszuwählen. Es ist umstritten, ob Art. 65 EGV die richtige Ermächtigungsgrundlage für den Erlass der EuGVO ist. Diesbezüglich wird eingewandt, dass die EuGVO besser auf Grund von Art. 95 EGV oder Art. 308 EGV hätte erlassen werden müssen.[73]

Art. 5 Absatz 2 EGV regelt das Subsidiaritätsprinzip im eigentlichen Sinne. Es ist nur bei Rechtsakten der konkurrierenden gemeinschaftlichen Kompetenzen einschlägig.[74] Es ist zunächst zu untersuchen, ob die Ziele der Maßnahme auf Ebene der Mitgliedstaaten ausreichend realisiert

---

konkurrierend/subsidiär?, in Festschrift für Everling, Band II, S. 1331 (1352), anderer Ansicht wohl nur *Kort*, JZ 1997, S. 641.

[71] So *Schack*, ZeuP 1999, S. 805 f.

[72] *Herdegen*, Europarecht, Rn. 101.

[73] Siehe näher dazu § 1 IV 2 b.

[74] Art. 5 Absatz 2 EGV ist also nur zu beachten, wenn die EuGVO konkurrierende Gesetzgebung ist.

werden können. Ist dies nicht der Fall, wird geprüft, ob die Ziele der Maßnahme tatsächlich besser auf Gemeinschaftsebene erreicht werden. Manche Autoren[75] sehen in der Nichtteilnahme Dänemarks an der EuGVO einen Verstoß gegen das Subsidiaritätsprinzip im eigentlichen Sinne. Es wird die Frage gestellt, ob das Übereinkommen nicht geeigneter war, das Verfahrensrecht in allen Mitgliedstaaten zu vereinheitlichen.[76]

Art. 5 Absatz 3 EGV stellt die Verhältnismäßigkeit der erlassenen Maßnahmen sicher. An dieser Stelle ist zu prüfen, ob die EuGVO nicht eventuell als Richtlinie zu erlassen war.[77] Richtlinien beeinträchtigen die Mitgliedstaaten nicht so stark wie Verordnungen, denn bei ihrer Umsetzung steht den Mitgliedstaaten ein größerer Spielraum zur Verfügung.

In seiner Entscheidung zur Tabakwerbeverbot-Richtlinie hat sich der EuGH erstmals grundlegend mit der Kompetenzabgrenzung zwischen der Europäischen Gemeinschaft und deren Mitgliedstaaten beschäftigt.[78] Er erklärte die in diesem Fall streitige Richtlinie für nichtig und zeigte damit seine Bereitschaft, der Rechtsetzungsbefugnis der Gemeinschaft - wenn nötig - deutliche Grenzen zu setzen.[79] Wäre beim Erlass der EuGVO ebenfalls gegen das Subsidiaritätsprinzip verstoßen worden, so würde sie das Schicksal der Tabakwerbeverbot-Richtlinie teilen und der EuGH müsste sie für nichtig erklären.

2. *Art. 5 Absatz 1 EGV: Das Prinzip der begrenzten Einzelermächtigung*

In Art. 5 Absatz 1 EGV ist das Prinzip der begrenzten Einzelermächtigung festgelegt: Bei der Frage, ob eine Regelung gegen das Subsidiaritätsprinzip verstößt, ist zu prüfen, *ob* die Gemeinschaft auf einem bestimmten Gebiet überhaupt tätig werden darf.[80] Dabei genügt es nicht, irgendeine Ermächtigungsnorm zu finden, die die Gemeinschaft zur Regelung der

---

75 *Schack*, ZEuP 1999, S. 805 (807 f.); ihm folgend *Kubis*, ZEuP 2001, S. 737 (748).
76 Dies wird in § 1 IV 3 untersucht.
77 Siehe § 1 IV 4.
78 *Calliess*, Jura 2001, S. 311.
79 *Götz*, JZ 2001, S. 34, Anm. zu EuGH 5.10.2000 - Rs. C-376/98, Bundesrepublik Deutschland/Parlament und Rat, Slg. 2000, S. I-8419.
80 *Calliess/Ruffert/Calliess*, Kommentar zu EU-Vertrag und EG-Vertrag, Art. 5 EGV Rn. 9; *Möschel*, NJW 1993, S. 3025 f. Ausführlich *Kraußer*, Das Prinzip begrenzter Ermächtigung im Gemeinschaftsrecht als Strukturprinzip des EWG-Vertrages, S. 16 ff.

Materie ermächtigt. Es muss die richtige Kompetenznorm gefunden werden, denn je nach Rechtsgrundlage kann das vorgeschriebene Rechtssetzungsverfahren variieren.[81] Diese Auswahl ist nach objektiven Kriterien zu treffen.[82] Zu beachten sind dabei insbesondere das Ziel und der Inhalt des zu erlassenden Rechtsaktes.[83]

Es ist umstritten, ob Art. 65 EGV die richtige Ermächtigungsgrundlage zum Erlass der EuGVO ist.[84] Sowohl Art. 65, 95 und 308 EGV ermächtigen zum Erlass von Regelungen zum internationalen Zivilverfahrensrecht.[85] Deshalb ist im Folgenden zu prüfen, ob der europäische Gesetzgeber die richtige Kompetenznorm zum Erlass der EuGVO gewählt hat.

a) Erlass der EuGVO aufgrund von Art. 95 EGV?

Aus Art. 95 EGV, der allgemeinen Binnenmarktskompetenz,[86] ergibt sich für die Gemeinschaft auch auf dem Gebiet des internationalen Zivilprozessrechts eine Rechtssetzungskompetenz. Art. 95 EGV wurde bereits für viele gemeinschaftliche Rechtsakte mit international-, privat-

---

[81] *Calliess/Ruffert/Calliess*, Kommentar zu EU-Vertrag und EG-Vertrag, Art. 5 EGV Rn. 9 weist darauf hin, dass es sehr wichtig ist, die richtige Rechtsgrundlage für den erlassenen Rechtsakt zu bestimmen, weil für die verschiedenen Rechtsgrundlagen jeweils andere Verfahren festgelegt sind. So auch *Breier*, EuR 1995, S. 46.

[82] Ständige Rechtsprechung, EuGH 17.03.1993 – Rs. C-155/91, Kommission und Europäisches Parlament/Rat, Slg. 1993, S. 939 Rn. 7, Anm. *Ruffert*, Jura 1994, S. 635 ff.; EuGH 28.06.1994 – Rs. C- 187/93, Europäisches Parlament/Rat, Slg. 1994, S. 2857 Rn. 17.

[83] Ständige Rechtsprechung, EuGH 17.03.1993 - Rs. C-155/91, Kommission und Europäisches Parlament/Rat, Slg. 1993, S. 939 Rn. 7, Anm. *Ruffert*, Jura 1994, S. 635 ff.; EuGH 28.06.1994 – Rs. C- 187/93, Europäisches Parlament/Rat, Slg. 1994, S. 2857 Rn. 17.

[84] *Basedow* EuZW 1997, S. 609; *Besse*, ZEuP 1999, S. 107 (117); *Jayme/Kohler*, IPRax 1997, S. 385 f.

[85] *Mansel*, Zum Systemwechsel im europäischen Kollisionsrecht nach Amsterdam und Nizza, in Systemwechsel im europäischen Kollisionsrecht, S. 1, (5) bezeichnet dieses Verhältnis zu Recht als Kompetenzdschungel.

[86] *Caliess/Ruffert/Kahl*, Kommentar zu EU-Vertrag und EG-Vertrag, Art. 95 EGV Rn. 4.

und verfahrensrechtlichen Regelungen als Rechtsgrundlage herangezogen.[87]

Viele Autoren sehen das Rechtssetzungsverfahren des Art. 95 EGV als geeigneter an, die Materie des EuGVÜ zu regeln, obwohl Art. 65 EGV spezieller für die justitielle Zusammenarbeit ist.[88]

Vergleicht man Art. 65 EGV und Art. 95 EGV miteinander, fallen zunächst zwei Unterschiede im Rechtssetzungsverfahren auf: Im Verfahren des Art. 95 EGV entscheidet der Europäische Rat mehrheitlich, während Art. 65 EGV eine einstimmige Entscheidung fordert. Das Verfahren des Art. 95 EGV ist deshalb integrationsfreundlicher, denn Gemeinschaftsrechtsakte können nicht durch einzelne Staaten blockiert werden und kommen so leichter zustande. Art. 95 EGV sieht außerdem im Verfahren die Beteiligung des Europäischen Parlaments an der Entscheidung vor. Das Rechtssetzungsverfahren des Art. 95 EGV ist durch die Beteiligung des Parlaments demokratischer.[89]

Die Mehrheitsentscheidung der Mitgliedstaaten erleichtert außerdem Reformen der durch Art. 95 EGV erlassenen Rechtsakte. Wäre die EuGVO auf dieser Rechtsgrundlage erlassen worden, könnte sie in Zukunft leichter und schneller abgeändert und dadurch besser den Bedürfnissen des Rechtsverkehrs angepasst werden. Deshalb stellt sich die Frage, warum gerade Art. 65 EGV mit seinem schwerfälligen Verfahren als Ermächtigungsnorm für die Vielzahl von Verordnungen zum europäischen Verfahrensrecht gewählt wurde. Vermutlich fiel den Mitgliedsstaaten der

---

[87] *Kohler* ZEuS 2001, S. 575 (580) weist auf die Richtlinien zum Verbraucherschutz hin: Richtlinien 93/13/EWG vom 5.04.1993, ABl. EG 1993 L 95, S. 29 ff; 94/47/EG vom 26.10.1994, ABl. EG 1994 L 280, S. 83 ff.; 97/7/EG vom 27.05.1997, ABl. EG 1997 L 144, S. 19 ff.; 98/27; vom 19.05.1998, ABl. EG 1998 L 166, S.51ff.

[88] Angesprochen von Drappatz Die Überführung des internationalen Zivilverfahrensrechts in eine Gemeinschaftskompetenz nach Art. 65 EGV, S. 47 und *Leisle*, Dependenzen auf dem Weg vom EuGVÜ, über die EuGVVO, zur EuZPO, S. 31.

[89] *Basedow*, EuZW 1997, S. 609; *Jayme/Kohler*, IPRax 2001, S. 501 (505); *Kohler,* Vom EuGVÜ zur EuGVVO; Grenzen und Konsequenzen der Vergemeinschaftung, in Festschrift für Geimer, S. 461 (465); *Mansel*, Zum Systemwechsel im europäischen Kollisionsrecht nach Amsterdam und Nizza, in Systemwechsel im europäischen Kollisionsrecht, S. 1 (3 f). Dieser beklagt, dass Rechtsakten die aufgrund Art. 65 erlassen werden, die parlamentarische Legitimität fehlt.

Erlass dieser Verordnungen durch das Einstimmigkeitserfordernis leichter. Kein Staat musste dadurch Rechtverluste befürchten.[90]

Es gibt keinen inhaltlichen Grund, für die nach Art. 65 EGV vorgesehenen Rechtsakte ein so strenges und schwerfälliges Verfahren vorzusehen. Dieses Verfahren wurde wegen den politisch schwierigen Materien des Schengener Besitzstandes im Titel IV gewählt.[91] Die einzelnen Länder wollten damit vermeiden, in den politisch besonders sensiblen Themen der Asyl- und Visapolitik überstimmt zu werden. Bei der Ausarbeitung des Vertrags von Nizza wurde die Sonderstellung des Art. 65 EGV in Titel IV berücksichtigt: Man legte fest, dass für Maßnahmen, die aufgrund von Art. 65 EGV erlassen werden, künftig das Mitentscheidungsverfahren nach Art. 251 ff. EGV anzuwenden ist. Außerdem müssen die auf Art. 65 EGV gestützten Rechtsakte nicht mehr einstimmig beschlossen werden; vielmehr reicht eine qualifizierte Mehrheit aus.[92] In Zukunft wird die EuGVO also ebenso leicht zu reformieren sein, wie ein nach Art. 95 EGV erlassener Rechtsakt.

Das Verhältnis von Art. 65 EGV zu Art. 95 EGV ist somit folgendermaßen zusammenzufassen: Beide Vorschriften haben einen Bezug zum Binnenmarkt und können Rechtsakten zum internationalen Zivilprozessrecht als Ermächtigungsgrundlage dienen. Auf Art. 95 EGV werden allgemein Normen gestützt, die einen direkten Binnenmarktbezug haben,[93] während Art. 65 EGV im Bereich der justitiellen Zusammenarbeit die speziellere Norm ist.

---

[90] *Drappatz*, Die Überführung des internationalen Zivilverfahrensrechts in eine Gemeinschaftskompetenz nach Art. 65 EGV, S. 137. In dieser Richtung auch *Mansel*, Zum Systemwechsel im europäischen Kollisionsrecht nach Amsterdam und Nizza, in Systemwechsel im europäischen Kollisionsrecht, S. 1 (7), der darauf aufmerksam macht, dass die einzelnen Staaten sich die gleiche Enscheidungsfreiheiten und Vetorechte sichern wollten, wie früher beim EuGVÜ.

[91] *Kohler*, Vom EuGVÜ zur EuGVVO: Grenzen und Konsequenzen der Vergemeinschaftung, in Festschrift für Geimer, S. 461 (466).

[92] *Kohler*, Vom EuGVÜ zur EuGVVO: Grenzen und Konsequenzen der Vergemeinschaftung, in Festschrift für Geimer, S. 461 (466), wobei die Abkehr von der Einstimmigkeit für familienrechtliche Aspekte nicht gilt. Ein Überblick über die Neuregelung verschaffen *Kohler* ZEuS 2001, S. 575 ff und *Linke*, Die Europäisierung des Internationalen Privat- und Verfahrensrechts - Traum oder Trauma?, in Festschrift für Geimer, S. 529 (544 ff.).

[93] *Mansel*, Zum Systemwechsel im europäischen Kollisionsrecht nach Amsterdam und Nizza, in Systemwechsel im europäischen Kollisionsrecht, S. 1 (7); *Linke*, Die

Art. 65 EGV zeichnete sich zwar zunächst durch ein schwerfälliges und undemokratisches Verfahren aus, dieser Nachteil wird aber mit dem Vertrag von Nizza beseitigt.

b) Erlass der EuGVO aufgrund von Art. 308 EGV?

Art. 308 EGV dient der Gemeinschaft als Generalermächtigung für Rechtsakte, die im Rahmen des gemeinsamen Marktes den Zielen der Gemeinschaft dienen. Art. 308 EGV eröffnet der Gemeinschaft also weitreichende Möglichkeiten zur Rechtssetzung.[94]

Es wäre eventuell möglich gewesen, aufgrund dieser Vorschrift die EuGVO zu erlassen. Diese Idee wurde jedoch aus gutem Grund nicht weiter verfolgt. Bevor das EVÜ geschlossen wurde, wurde vorgeschlagen, das Kollisionsrecht der Arbeitsverträge auf Grund von Art. 308 EGV zu regeln. Dabei war heftig umstritten, ob Art. 308 EGV dafür eine taugliche Ermächtigungsgrundlage ist.[95] Der Streit wurde erst beigelegt, als man das Kollisionsrecht für Arbeitsverträge im EVÜ normierte.[96] Um einen ähnlichen Konflikt für die Materie des EuGVÜ zu vermeiden, wurde hier auf die Anwendung von Art. 308 EGV verzichtet.

Außerdem eignet sich Art. 65 EGV besser als Art. 308 EGV zum Erlass der EuGVO, denn er ist spezieller auf das Verfahrensrecht ausgerichtet.

3. Art. 5 Absatz 2 EGV – Das Subsidiaritätsprinzip im eigentlichen Sinne

Art. 5 Absatz 2 EGV bestimmt, ob Bedarf für Gemeinschaftshandeln besteht oder bestimmte Maßnahmen von den Mitgliedsstaaten zu treffen

---

Europäisierung des Internationalen Privat- und Verfahrensrechts - Traum oder Trauma?, in Festschrift für Geimer, S. 529 (531).

[94] *Calliess/Ruffert/Calliess,* Kommentar zu EU-Vertrag und EG-Vertrag, Art. 308 EGV Rn. 3. Auf Art. 308 EGV gestützt wurden z.B. die Verordnung über die Gemeinschaftsmarke, EG 40/94, Abl. EG 1994 L 11, S. 1 vom 20.12.1993 Siehe dazu auch *Calliess*, Subsidiaritäts- und Solidaritätsprinzip in der Europäischen Union, S. 37 f.

[95] Siehe die Entwürfe von 1972 und 1976, RdA 1972, S. 225; RdA 1978, S. 57.

[96] *Linke*, Die Europäisierung des Internationalen Privat- und Verfahrensrechts - Traum oder Trauma?, in Festschrift für Geimer, S. 529 (534).

sind (Subsidiaritätsprinzip im eigentlichen Sinne).[97] Art. 5 Absatz 2 EGV ist nur für Rechtsakte der konkurrierenden Gesetzgebung zu beachten.[98] Er besagt, dass die Gemeinschaft nur tätig werden darf, sofern und soweit die Ziele des Rechtsaktes auf Ebene der Mitgliedstaaten nicht ausreichend erreicht und diese Ziele auf Gemeinschaftsebene besser erfüllt werden können.[99] Ziel der EuGVO ist es, den Rechtsschutz der in der Gemeinschaft ansässigen Personen zu verstärken und anzugleichen.[100]

Da Großbritannien, Irland und Dänemark den auf Art. 65 EGV gestützten Rechtsakten fernbleiben können, sprachen sich viele Autoren für die Beibehaltung des EuGVÜ aus.[101] Ein Rechtsakt nach Art. 65 EGV sei nicht in der Lage, das Recht innerhalb der Mitgliedstaaten zu vereinheitlichen, wenn er den Nichtbeitritt einzelner Länder dulde.[102] Deshalb wurde befürchtet, dass der Erlass der EuGVO gegen das Subsidiaritätsprinzip im eigentlichen Sinne verstößt und deshalb nichtig ist.

a) Die EuGVO als konkurrierende Gesetzgebung

Bevor ein Verstoß gegen das Subsidiaritätsprinzip im eigentlichen Sinne geprüft wird, ist zunächst zu untersuchen, ob die Gemeinschaft beim Erlass der EuGVO Art. 5 Absatz 2 EGV überhaupt beachten musste. Das ist nur der Fall, wenn die Rechtssetzungsbefugnis aus Art. 65 EGV zur konkurrierenden Gesetzgebung gehört. Dies ergibt sich nicht eindeutig aus der Vorschrift.

Rechtsakte, die auf Art. 65 EGV gestützt werden, sind bis der Vertrag von Nizza ratifiziert wird, einstimmig zu beschließen. Bei der Rechtssetzung ist also eine hohe Hürde zu überwinden. Eine ausschließliche Regelungskompetenz der Europäischen Gemeinschaft würde die

---

97 *Calliess/Ruffert/Calliess*, Kommentar zu EU-Vertrag und EG-Vertrag, Art. 5 EGV Rn. 17; *Calliess*, Subsidiaritäts- und Solidaritätsprinzip in der Europäischen Union, S. 76.

98 *Calliess/Ruffert/Calliess*, Kommentar zu EU-Vertrag und EG-Vertrag, Art. 5 EGV Rn. 18 ff.

99 *Calliess/Ruffert/Calliess*, Kommentar zu EU-Vertrag und EG-Vertrag, Art. 5 EGV Rn. 2; *Merten*, Die Subsidiarität Europas, S. 77,79, 82. *Streinz*, Europarecht, Rn. 145a.

100 Siehe die Erwägungsgründe 1ff. der EuGVO.

101 *Schack*, ZEuP 1999, S. 805 (807 f.); ihm folgend *Kubis* ZEuP 2001, S. 737 (748).

102 *Besse*, Die Vergemeinschaftung des EuGVÜ, S. 26.

Mitgliedstaaten hindern, eigene notwendige Regelungen zu treffen, solange ein langwieriger europäischer Entscheidungsprozess andauert.[103] Das kann nicht gewollt sein, da Großbritannien, Irland und Dänemark den gemäß Art. 65 EGV erlassenen Rechtsakten sogar fernbleiben können (Art. 69 EGV). Diese Länder müssen in der Lage sein, die Materie des Art. 65 EGV selbst zu regeln.[104]

Hinzu kommt, dass Art. 293 lit. a Spiegelstrich 4 EGV (Ex.-Art. 220 EGV) sich mit einer ähnliche Materie wie Art. 65 EGV befasst. Art. 293 EGV (Ex-Art. 220 EGV) erlaubt den Mitgliedstaaten Staatsverträge untereinander zu schließen, um die Anerkennung und Vollstreckung richterlicher Entscheidungen zu vereinfachen. Diese Vorschrift wurde auch nach dem Amsterdamer Vertrag beibehalten. Auch sie spricht für einen verbleibenden Kompetenzrest der Mitgliedsstaaten für diese Materie. Art. 293 EGV (Ex.-Art. 220 EGV) wird deshalb zukünftig als Grundlage für den Abschluss eines mit der EuGVO inhaltsgleichen Staatsvertrages zwischen Dänemark und den restlichen Mitgliedstaaten herangezogen werden.[105] Die Gemeinschaft ist also nicht ausschließlich zuständig für den Regelungsbereich der EuGVO. Art. 65 EG gehört folglich zur konkurrierenden Gesetzgebung. Art. 5 Absatz 2 EGV muss daher beachtet werden.

b) *Verbesserung der Funktionsfähigkeit des Binnenmarktes?*

Der EuGH beschäftigte sich kürzlich im Urteil zur Tabakwerbeverbot-Richtlinie mit der Kompetenzabgrenzung der Mitgliedstaaten zur Gemeinschaft. Er zeigte dabei die Bereitschaft, der Gemeinschaftsrechtssetzung deutlich Grenzen zu setzen.[106] Der

---

[103] *Bleckmann*, Europarecht, Rn. 392.

[104] *Drappatz*, Die Überführung des internationalen Zivilverfahrensrechts in eine Gemeinschaftskompetenz nach Art. 65 EGV, S.1 12; *Hailbronner/Thiery,* EuR 1998, S. 583 (586).

[105] Deshalb ist es verfehlt Art. 293 EGV als nutzlos zu bezeichnen, wie es *Leisle*, Dependenzen auf dem Weg vom EuGVÜ, über die EuGVVO, zur EuZPO, S. 20 und *Tarko*, ÖJZ 1999, S. 401 (407) tun. *Basedow* sieht die Berechtigung von Art. 293 EG darin, dass er die Anerkennung und Durchsetzung von Entscheidungen in Straf-, Steuer- und Verwaltungssachen sicherstellen soll, *Basedow*, Die Vergemeinschaftung des Kollisionsrechts nach dem Vertrag von Amsterdam, in Systemwechsel im europäischen Kollisionsrecht, S. 19 (35).

[106] *Caliess*, Jura 2001, S. 311.

Gerichtshof verlangt in diesem Urteil, dass alle aufgrund von Art. 95 EGV erlassenen Rechtsakte das Funktionieren des Binnenmarktes nachhaltig und spürbar verbessern müssen.[107] Ein nur mittelbarer Bezug der Regelung zum Binnenmarkt oder unterschiedliche Regelungen in den verschiedenen Mitgliedstaaten reichen für die Ausübung der gemeinschaftlichen Regelungskompetenz nicht aus.[108] Manche Autoren[109] bezweifeln, dass ein Rechtsakt, der die Gerichtszuständigkeiten regelt, einer Verbesserung der Funktionsfähigkeit des Binnenmarktes dienen kann. Andere[110] sehen im EuGVÜ das geeignetere Instrument zur Angleichung des Zivilverfahrensrechts in der europäischen Gemeinschaft.

Auch die Mitgliedstaaten haben in einem Protokoll zum Amsterdamer Vertrag[111] näher bestimmt, wann das Funktionieren des Binnenmarktes verbessert wird: „Jede Feststellung, dass ein Gemeinschaftsziel besser auf Gemeinschaftsebene erreicht werden kann, [muss] auf qualitativen oder – soweit möglich – auf quantitativen Kriterien beruhen“[112].

Die EuGH Rechtsprechung zu Art. 95 EGV könnte Auswirkungen auf die Rechtssetzungsbefugnis in Art. 65 EGV haben: Zwischen beiden Vorschriften bestehen Parallelen; so beziehen sich beide auf das „Funktionieren des Binnenmarktes“.

Der Wortlaut von Art. 65 EGV und Art. 95 EGV unterscheidet sich aber: Art. 95 EGV spricht vom Funktionieren des Binnenmarktes, Art. 65 EGV verlangt dagegen dessen „reibungsloses“ Funktionieren. Der Binnenmarktsbezug ist deshalb bei Art. 65 EGV schwächer ausgeprägt als bei Art. 95 EGV.[113] Rechtsakte, die auf Art. 65 EGV gestützt werden, müssen nicht die hohe Hürde des „nachhaltigen und spürbaren“

---

[107] EuGH 5.10.2000 - Rs. C-376/98, Bundesrepublik Deutschland/Parlament und Rat, mit Anm. von *Götz,* JZ 2001, S. 32 ff. *Callies*, Jura 2001, S. 311 ff.; *Heß*, IPRax 2001, S. 389 (394).

[108] *Lambers*, EuR 1993, S. 229 (236).

[109] *Besse*, ZEuP 1999, S. 107 (111, 116); *Heß*, NJW 2000, S. 23; wohl auch *Jayme/Kohler*, IPRax 1999, S. 401 f.; *Schack* ZEuP 1999, S. 805 (807).

[110] *Schack*; ZEuP 1999, S. 805 (807 f.); *Kubis*, ZeuP 2001, S. 737 (748).

[111] Protokoll über die Anwendung der Grundsätze der Subsidiarität und der Verhältnismäßigkeit, BGBl. 1998 II, S. 434, vgl. *Kohler*, ZEuS 2001, S. 575.

[112] Protokoll über die Anwendung der Grundsätze der Subsidiarität und der Verhältnismäßigkeit, BGBl. 1998 II, S. 434., vgl. *Kohler*, ZEuS 2001, S. 575.

[113] *Mansel*, Zum Systemwechsel im europäischen Kollisionsrecht nach Amsterdam und Nizza, in Systemwechsel im europäischen Kollisionsrecht, S. 1 (7).

Funktionierens des Binnenmarktes überwinden, es reicht aus, wenn sie irgendwie das Funktionieren des Binnenmarktes erleichtern.[114] Art. 95 EGV wurde bisher benutzt, um auf Wettbewerbsverzerrungen und vergleichbare Beschränkungen der Marktfreiheiten zu reagieren. Das wird in Zukunft ebenfalls so bleiben.

Teilweise wird Art. 65 EGV lediglich als Ergänzung der Binnenmarktskompetenz von Art. 95 EGV angesehen.[115] Das ist abzulehnen, denn Art. 65 EGV ist spezieller für die justitielle Zusammenarbeit als Art. 95 EGV. Er beinhaltet einen Kompetenzzuwachs der Gemeinschaft,[116] denn er überführt die justitielle Zusammenarbeit in den EG Vertrag. Art. 65 EGV soll ähnlich wie die Umwelt- und Verbraucherpolitik, positive Standards in der Gemeinschaft schaffen.[117] Als Ergebnis ist ein einheitliches Verfahrensrecht gewollt, das grenzüberschreitende Streitigkeiten im Europäischen Justizraum regelt.[118]

Rechtsakte, die auf Art. 65 EGV gestützt werden, gelten nicht für alle Mitgliedstaaten. Großbritannien, Irland und Dänemark müssen sich diesen Rechtsakten nicht anschließen. Deshalb wird eine Rechtszersplitterung im europäischen Raum befürchtet.[119] Diese drei Länder wollten nicht gezwungen sein, alle Asyl- und Visaentscheidungen der Gemeinschaft mitzutragen.[120] Im Verfahrensrecht treten solche Konflikte nicht auf. Deshalb schlossen sich das Vereinigte Königreich und Irland, trotz vieler gegenteiligen Befürchtungen,[121] der EuGVO an.[122] Das muss als Erfolg

---

[114] *Kohler*, ZEuS 2001, S. 575 (578); *Leible/Staudinger* EuLF 2000/2001, S. 225 (228); *Mansel*, Zum Systemwechsel im europäischen Kollisionsrecht nach Amsterdam und Nizza, in Systemwechsel im europäischen Kollisionsrecht, S. 1 (6).

[115] *Basedow*, CML Rev. 2000, S. 687 (697).

[116] *Heß* JZ 2001, S. 573 f.; *Kohler* ZEuS 2001, S. 575 (581); so auch *Leible/Staudinger*, EuLF 2000/2001, S. 225 (231); *Remien* CML Rev. 2001, S. 53 (73).

[117] *Heß*, IPRax 2001, S. 389 (394).

[118] *Heß*, IPRax 2001, S. 389 (394); *Leible/Staudinger*, EuLF 2000/2001, S. 225 (228).

[119] *Besse*, ZEuP 1999, S. 107 (111, 116); *Leisle*, Dependenzen auf dem Weg vom EuGVÜ, über die EuGVVO, zur EuZPO, S. 31.

[120] *Basedow*, CML Rev 2000, S. 687 (695); *Kohler*, Vom EuGVÜ zur EuGVVO: Grenzen und Konsequenzen der Vergemeinschaftung, in Festschrift für Geimer, S. 461 (469).

[121] *Basedow*, CML Rev. 2000, S. 687 (697); *Besse*, ZEuP 1999, S. 107 (111); *Kubis*, ZEuP 2001, S. 737 (748); *Schack*, ZeuP 1999, S. 805 (807).

[122] Sie schlossen sich bisher auch allen anderen Rechtsakte der justitiellen Zusammenarbeit an.

betrachtet werden, wurde doch gerade in England das EuGVÜ als wissenschaftliches und praxisfernes Recht kritisiert.[123]

Obwohl Dänemark am 1.11.1986 dem EuGVÜ beitrat, nimmt es an der EuGVO nicht teil. Der Grund dafür ist nicht in einer Ablehnung der inhaltlichen Ziele der Verordnung zu suchen, sondern darin, dass Dänemark im Unterschied zu Irland und dem Vereinigten Königreich nicht in ein laufendes Verfahren eintreten oder nachträglich einzelne Maßnahmen des Art. 65 EGV annehmen kann.[124] Im Verhältnis zwischen Dänemark und den übrigen Mitgliedstaaten muss deshalb weiterhin das EuGVÜ mit seinen Auslegungsprotokollen angewandt werden.[125] Man beabsichtigt aber, die Geltung der EuGVO auch auf Dänemark zu erstrecken, indem es mit den anderen Mitgliedstaaten einen inhaltsgleichen Staatsvertrag aufgrund von Art. 293 EGV abschließt.

In der Europäischen Gemeinschaft ist nun auf dem Gebiet des europäischen Verfahrensrechts nicht nur die EuGVO, sondern auch das EuGVÜ zu beachten. Das führt zu zwei unterschiedlichen Rechtsquellen in der Gemeinschaft, welche die gleiche Rechtsmaterie regeln. Indem das EuGVÜ durch eine europäische Verordnung ersetzt wurde, kam es zu einer Rechtsquellenzersplitterung in der Europäischen Gemeinschaft auf dem Gebiet des Verfahrensrechts. Viele empfinden dies als Rückschritt in der europäischen Entwicklung.[126] Deshalb wird bezweifelt, dass die EuGVO tatsächlich zweckmäßiger ist, das europäische Recht zu vereinheitlichen.[127] Wenn das EuGVÜ - ein durch die Mitgliedsstaaten geschlossener Staatsvertrag - besser geeignet war, das Recht in Europa zu

---

[123] *Jayme/Kohler*, IPRax 1998, S. 417.

[124] *Caliess/Ruffert/Brechmann*, Kommentar zu EU-Vertrag und EG-Vertrag, Art. 69 EGV Rn. 9. Das Dänische Protokoll zu Art. 69 EGV ermöglicht es Dänemark nicht, sich nachträglich Rechtsakten der justitielle Zusammenarbeit anzuschließen.

[125] ABl. EG 2001 Nr. L 12, S. 1 vom 16.01.2001; *Linke*, Die Europäisierung des Internationalen Privat- und Verfahrensrechts - Traum oder Trauma?, in Festschrift für Geimer, S. 529 (534) befürchtet eine Ausgrenzung Dänemarks, die aber durch ein inhaltsgleiches völkerrechtliches Übereinkommen leicht auszuräumen ist. *Leisle*, Dependenzen auf dem Weg vom EuGVÜ, über die EuGVVO, zur EuZPO, S. 25 f. unterschätzt dagegen die Auswirkungen des Fernbleibens Dänemarks.

[126] *Geimer*, IPRax 2002, S. 69 f; *Jayme/Kohler*, IPRax 1999, S. 401 (403); *Schack*, ZeuP 1999, S. 805 (807); ihm folgend *Kubis*, ZEuP 2001, S. 737 (748).

[127] *Besse*, ZEuP 1999, S. 107 (111); *Schack*, ZEuP 1999, S. 805 (807).

vereinheitlichen als die EuGVO, verstößt der Erlass der Verordnung gegen das Subsidiaritätsprinzip in Art. 5 Absatz 2 EGV.[128]

Wäre das EuGVÜ lediglich reformiert und nicht in einen neuen Rechtsakt transformiert worden, wie es ursprünglich geplant war,[129] hätten die Reformen auch in Dänemark ratifiziert werden müssen. Es hätte weiterhin nur eine Rechtsquelle in der Europäischen Gemeinschaft gegeben, welche die gerichtliche Zuständigkeit, Anerkennung und Vollstreckung von Zivil- und Handelssachen in der Europäischen Gemeinschaft regelt.

Die EuGVO sollte nicht vorschnell als zur Vereinheitlichung des internationalen Rechts angesehen werden, nur weil sie aufgrund von Art. 65 EGV erlassen wurde. Es ist zunächst zu untersuchen, wie groß der Nachteil ist, der der Gemeinschaft durch die gleichzeitige Existenz von zwei Rechtsquellen entsteht. Außerdem ist zu untersuchen, ob sich durch das Beibehalten des EuGVÜ negative Auswirkungen ergeben hätten. Erst dann kann man beide Möglichkeiten vergleichen, die dem Gesetzgeber offen standen, und die vorzugswürdigere aussuchen.

Sowohl das Vereinigte Königreich, als auch Irland nehmen an der EuGVO teil. Der räumliche Bereich, in dem die Verordnung nicht angewandt wird, ist also überschaubar.[130] Die Bedenken, das Verfahrensrecht würde inhaltlich divergieren, so dass es statt zu einer rechtlichen Vereinheitlichung zu einer Rechtszersplitterung kommt,[131] greifen aus mehreren Gründen nicht durch: Zwischen Dänemark und den übrigen Mitgliedstaaten gilt zwar weiterhin das EuGVÜ und dessen Auslegungsprotokoll.[132] Es ist aber beabsichtigt, die EuGVO bald durch ein bilaterales Übereinkommen mit Dänemark inhaltlich zu übernehmen.[133] Außerdem ist für die Auslegung des EuGVÜ und der EuGVO[134] jeweils der EuGH zu-

---

[128] *Besse*, ZEuP 1999, S. 107 (111); *Schack*, ZEuP 1999, S. 805 (807).

[129] Siehe dazu *Kohler*, Die Revision des Brüsseler und des Luganer Übereinkommens über die gerichtliche Zuständigkeit und die Vollstreckung gerichtlicher Entscheidungen in Zivil- und Handelssachen - Generalia und Gerichtsstandsproblematik, in Revision des EuGVÜ - Neues Schiedsverfahrensrecht, S. 1 ff.

[130] *Geimer*, IPRax 2002, S. 69 f.

[131] *Besse*, ZEuP 1999, S. 107 (111); *Schack*, ZeuP 1999, S. 805 (807).

[132] Vgl. Erwägungsgrund 22 der EuGVO.

[133] *Kohler,* Vom EuGVÜ zur EuGVVO: Grenzen und Konsequenzen der Vergemeinschaftung, in Festschrift für Geimer, S. 461 (471).

[134] Die EuGVO legt der EuGH nun Kraft eigener Zuständigkeit aus, gemäß Art. 220 ff. EGV.

ständig. Dadurch wird ebenfalls ein Auseinanderdriften der Rechtsquellen verhindert. Dieses Bemühen des EuGH hat sich bereits in seiner Rechtsprechung konkret niedergeschlagen.[135]

Wenn man Kritik an der Verordnung übt, darf man die Schwächen des EuGVÜ nicht außer Acht lassen. Das Verfahren von Ex-Art. 220 (jetzt Art. 293 EGV), nach welchem das EuGVÜ erlassen wurde, ist möglicherweise nicht mehr effizient genug, um die Gemeinschaftsziele zu erreichen.

Obwohl Ex-Art. 220 (jetzt Art. 293 EGV) schon relativ lange gilt, lässt sich nur das EuGVÜ als einziges erfolgreiches Übereinkommen[136] vorweisen.[137] Aus dem Wortlaut von Ex-Art. 220 EGV ergibt sich, dass mehrere solche Übereinkommen geplant waren. Ein Übereinkommen über die gegenseitige Anerkennung von Gesellschaften und juristischen Personen[138] wurde zwar am 29.2.1968 geschlossen. Es scheiterte aber, weil nur wenige Staaten es ratifizierten.[139] Deshalb unternahm man keinen

---

[135] EuGH 1.10.2002 – Rs. C-167/00, Verein für Konsumenteninformation/Henkel, Slg. 2002, S. I-8111. Es kann dahingestelt bleiben, ob es wünschenswert oder überhaupt zulässig ist, das EuGVÜ im Lichte der EuGVO auszulegen. Aus dem Urteil zeigt sich aber das Bemühen des EuGH eine Rechtsdivergenz zu vermeiden.

[136] Obwohl die damals vertragsschließenden Staaten das EVÜ (Römisches EWG Übereinkommen vom 11.06.1980 über das auf vertragliche Schuldverhältnisse anzuwendende Recht, ABl. EG 1980 Nr. L 266, S. 1 ff. vom 9.10.1980) als folgerichtige Ergänzung des EuGVÜ verstanden wissen wollen, wurde dieses nicht aufgrund von Art. 293 EG (Ex-Art. 220 EGV) erlassen. Das Internationale Privatrecht ist nicht Regelungsgegenstand von Art. 293 EG. Man wollte das EVÜ zwar wie ein auf Ex-Art. 220 EGV gestütztes Übereinkommen behandeln, dessen Auslegungsprotokolle wurden jedoch nicht hinreichend ratifiziert. Im Bereich der justitiellen Zusammenarbeit wurden auch andere Übereinkommen ohne den Auftrag von Ex-Art. 220 EGV geschlossen, wie z.B. das Übereinkommen zur Befreiung von Urkunden von der Legislation, aus dem Jahr 1987 (veröffentlicht auf italienisch in der Riv.dir.int.priv.proc. 1991, S. 526) und das Übereinkommen über die Vereinfachung der Verfahren zur Geltendmachung von Unterhaltsansprüche, aus dem Jahr 1990 (*Jayme/Hausmann* Nr. 221, Text mit Einführung von *Kropholler* in Staudinger, EGBGE Art. 18 Anh. III). Da aber auch diese nicht hinreichen ratifiiziert wurden, sind sie nicht in Kraft getreten.

[137] *Linke*, Die Europäisierung des Internationalen Privat- und Verfahrensrechts - Traum oder Trauma?, in Festschrift für Geimer, S. 529 (534).

[138] BGBl. 1972 II, S. 370; Abgedruckt bei *Jayme/Hausmann*, Nr. 21; näheres zu diesem Abkommen *Beitzke*, AWD 1968, S. 91; *Drobnik*, ZHR 129 (1966), S. 93; *Goldmann*, RabelsZ 31 (1967), S. 201.

[139] Zu den Gründen *Beitzke*, AWD 1968, S. 91; *Sandrock/Austmann*, RIW 1989, S. 251.

weiteren Versuch, dieses Problem gesetzlich zu regeln und überließ es dem EuGH zur Klärung.[140]

Es wurde ferner versucht das internationale Konkursrecht aufgrund von Art. 293 EGV zu regeln. Eine Einigung kam weder über den Vorentwurf von 1970 noch über den Entwurf von 1980 zustande.[141] 1995 einigte man sich schließlich auf ein Übereinkommen zum internationalen Insolvenzrecht.[142] Dieses scheiterte, da Großbritannien die Unterzeichnung aus rein politischen Gründen verweigerte,[143] die nichts mit dem Inhalt des Abkommens zu tun hatten.

Die längst fällige Regelung[144] wurde schließlich als Verordnung über Insolvenzverfahren[145] erlassen (InsolvenzVO, in Kraft seit 31.05.2002), gestützt auf Art. 65 EGV der neuen Rechtssetzungskompetenz des Amsterdamer Vertrages. Diese neue Kompetenzvorschrift führte dazu, dass auch andere Verordnungen[146] zügig verabschiedet wurden. Sie alle, außer der BeweisVO, waren zwar schon in das Stadium des Staatsvertrages vorgedrungen, aber aus verschiednen Gründen nicht oder noch nicht in Kraft getreten.

Das Hauptproblem bei Rechtsakten, die auf Ex-Art. 220 EGV (jetzt Art. 293 EGV) gestützt wurden, war meist die mangelnde Ratifizierung durch die Mitgliedstaaten. Dieses Problem stellte sich jedes Mal, wenn ein neuer Mitgliedstaat der EG beitrat. Dann musste er durch einen gesonderten Vertragsschluss auch dem EuGVÜ beitreten. Infolgedessen musste das Übereinkommen erneut in allen Ländern ratifiziert werden. Das war sehr zeitaufwendig und wurde von manchen Vertragsstaaten nachlässig

---

140 Siehe EuGH 9.03.1999 – Rs. C–212/97, Centros Ltd./Erhvervs- og Selskabsstyrelsen, Slg. 1999, S. I-1484, darin wird die in Deutschland herrschende Sitztheorie abgelehnt.

141 Vergleiche RabelsZ 36 (1972), S. 734 ff.; *Jahr* RabelsZ 36 (1972), S. 620; *Thieme*, RabelsZ 45 (1981), S. 459.

142 Text in ZEuP 1996,S. 325 abgedruckt.

143 Die Britische Regierung betrieb aufgrund der BSE Maßnahmen der anderen Mitgliedstaaten eine Verweigerungspolitik, siehe den Bericht von *Jayme/Kohler*, IPRax 1996, S. 377.

144 *Linke*, Die Europäisierung des Internationalen Privat- und Verfahrensrechts - Traum oder Trauma?, in Festschrift für Geimer, S. 529 (536).

145 ABl. EG 2000 Nr. L 160, S. 1 vom 30.06.2000.

146 Die EheGVO trat am 1.03.2002 in Kraft, die ZustVO am 31.05.2002, die bereits angesprochene InsolvenzVO am 31.05.2002.

behandelt. Einige Länder zögerten in der Vergangenheit sehr lange, bis sie die Änderungen des Übereinkommens ratifizierten. Belgien beispielsweise ratifizierte das letzte Beitrittsübereinkommen von Donastia San Sebastian von 1989 erst im Jahr 1997.[147] Das EuGVÜ fand im Verhältnis zwischen Belgien auf der einen und Portugal und Spanien auf der anderen Seite deshalb acht Jahre lang keine Anwendung. Die Kommission musste gegen Belgien schließlich ein Vertragsverletzungsverfahren einleiten, damit das Übereinkommen in innerstaatliches Recht umgesetzt wurde.[148] Das führte zu Rechtsunsicherheit,[149] denn der Rechtsanwender musste langwierige Nachforschungen anstellen, um herauszufinden in welcher Fassung das Übereinkommen zwischen zwei bestimmten Ländern galt.

Ähnliche Fälle wären für die anstehende EU-Osterweiterung zu befürchten.[150] Nach dem Beitritt der osteuropäischen Länder bedarf es ungefähr doppelt so vieler Ratifikationsverfahren wie 1989. Die Rechtsform der Verordnung erleichtert die in Zukunft anstehenden EU Beitritte, da die Verordnung automatisch auf dem Staatsgebiet der Beitrittsländer gilt.[151]

Als weiteres Negativbeispiel eines Staatsvertrages sei das EVÜ angeführt. Es wurde als kollisionsrechtliches Gegenstück zum EuGVÜ geschaffen. Inzwischen gilt das EVÜ in allen Mitgliedstaaten. Es gelang allerdings bis heute nicht, dem EuGH eine eigene Auslegungskompetenz zuzugestehen, weil die Auslegungsprotokolle von 1988 immer noch nicht von allen

---

[147] *Besse*, ZEuP 1999, S. 107 (120).

[148] Die dogmatische Begründung dieses Verfahrens ist sehr problematisch, da das EuGVÜ nicht Teil des Gemeinschaftsrechts ist. Um die Legitimation dieses Verfahrens zu begründen, konstruiert zum Beispiel *Besse*, Die Vergemeinschaftung des EuGVÜ, S. 41 die These, das EuGVÜ hätte sich vom Völkervertrag im Laufe der Zeit zum Teil des Gemeinschaftsrechts entwickelt. Näher zur Rechtsnatur des EuGVÜ in § 7 B III 1 d. Auch Deutschland verhielt sich in der Vergangenheit nicht immer vorbildlich bei der Ratifizierung europäischer Richtlinien.

[149] *Basedow,* CML Rev. 2000, S. 687 f.; *Heß,* NJW 2000, S. 23 f. Aufschlussreich ist die von *Schwartz*, Wege zur EG-Rechtsvereinheitlichung: Verordnungen der Europäischen Gemeinschaft oder Übereinkommen unter den Mitgliedsstaaten?, in Festschrift für *Von Caemmerer,* S. 1067 (1081) abgedruckte tabellarische Darstellung.

[150] *Besse*, Die Vergemeinschaftung des EuGVÜ, S. 19; *Leible/Staudinger*, EuLF 2001/2000, S. 225 (233 f.).

[151] *Kohler*, Vom EuGVÜ zur EuGVVO: Grenzen und Konsequenzen der Vergemeinschaftung, in Festschrift für Geimer, S. 461 (473); *Mansel*, Zum Systemwechsel im europäischen Kollisionsrecht nach Amsterdam und Nizza, in Systemwechsel im europäischen Kollisionsrecht, S. 1 (3).

Staaten ratifiziert wurden.[152] Diese Auslegungsprotokolle sollten, wie beim EuGVÜ, durch eine Auslegungskompetenz des EuGH eine einheitliche Anwendung des Übereinkommens in allen Mitgliedstaaten sichern.[153] Die Zukunft des EVÜ ist ungewiss, eventuell wird es ebenfalls in einer Verordnung zusammengefasst.[154] Das wäre zu begrüßen, denn nur so kann man eine einheitliche Anwendung in den einzelnen Staaten sichern.

Das Problem der mangelnden Ratifizierung, mit dem das EuGVÜ zu kämpfen hatte, ist typisch für alle multilateralen Staatsverträge. Eine Einigung über den Inhalt ist im Vorfeld aufgrund der Einstimmigkeitsvoraussetzungen nur mühsam zu erzielen. Ist dies gelungen sind die nationalen Parlamente nur schwer zu einer Ratifikation zu bewegen, weil das Übereinkommen im Ganzen übernommen werden muss.[155] Der Erlass von Verordnungen löst dieses Problem, denn sie gelten unmittelbar und ohne Ratifizierungsakte in den Mitgliedstaaten.[156] Es können zwar nicht alle Vorbehalte der Mitgliedsstaaten berücksichtigt werden, dafür wird aber die europäische Integration gefördert. Deshalb ist der größte Vorteil der neuen Verordnung, dass das komplizierte und langwierige Ratifizierungsverfahren wegfällt.[157]

---

[152] Obwohl Deutschland in BGBl. 1995 II 914 seine Zustimmung zu den Auslegungsprotokollen gab, ist dies also unbeachtlich. Näher dazu *Kropholler*, Die Auslegung von EG-Verordnungen zum Internationalen Privat- und Verfahrensrecht - eine Skizze, in Aufbruch nach Europa - 75 Jahre Max-Planck-Institut für Privatrecht, S. 583 f. Fn. 5. Die Auslegungsprotokolle waren es aber, die das EuGVÜ so erfolgreich gemacht hatten, *Heß*, JZ 1998, S. 1021.

[153] Näher dazu *Arnold*, NJW 1972, S. 977.

[154] *Jayme/Kohler*, IPRax 2001, S. 501 (510).

[155] *Zweigert/Kötz*, Einführung in die Rechtsvergleichung, S. 23.

[156] *Besse*, ZEuP 1999, S. 107 (120); *Dietze/Schnichels*, EuZW 2001, S. 581; *Geimer*, IPRax 2002, S. 69 (71); *Mansel*, Zum Systemwechsel im europäischen Kollisionsrecht nach Amsterdam und Nizza, in Systemwechsel im europäischen Kollisionsrecht, S. 1 (3). *Kohler*, Vom EuGVÜ zur EuGVVO: Grenzen und Konsequenzen der Vergemeinschaftung, in Festschrift für Geimer, S. 461 (473), macht auf die institutionelle Schwerfälligkeit aufmerksam und erklärt, dass Spürsinn nötig war, um herauszufinden in welchem Land welche Fassung des EuGVÜ galt.

[157] *Besse*, ZEuP 1999, S. 107 (120); *Dietze/Schnichels*, EuZW 2001, S. 581; *Geimer*, IPRax 2002, S. 69 (71); *Kohler*, Vom EuGVÜ zur EuGVVO: Grenzen und Konsequenzen der Vergemeinschaftung, in Festschrift für Geimer, S. 461 (473); *Mansel*, Zum Systemwechsel im europäischen Kollisionsrecht nach Amsterdam und Nizza, in Systemwechsel im europäischen Kollisionsrecht, S. 1 (3). Die Nachteile des Verfahrens wurden bereits früh erkannt, *Rauscher*, Verpflichtung und Erfüllungsort in Art. 5 Nr. 1 EuGVÜ, S. 1 kritisiert das langwierige Ratifikationsverfahren 1984.

In Zukunft wird die Revision der EuGVO erleichtert. Die Einstimmigkeit von Rechtsakten, die auf Art. 65 EGV gestützt worden sind, wird mit dem Vertrag von Nizza abschafft. So kann die EuGVO besser den Bedürfnissen der Bürger und Unternehmen angepasst werden, indem ein immer „schnelleres Austauschsystem" im Binnenmarkt zur Verfügung gestellt wird.[158] Ein Staatsvertrag kann dagegen nur einstimmig geändert werden. Seine Reformen sind langwierig und schwierig durchzuführen. Bis der Vertrag von Nizza in Kraft tritt, können Rechtsakte, die aufgrund von Art. 65 EGV erlassen werden, nur einstimmig geändert werden.[159] So lange wird die gleiche Lage wie beim Staatsvertrag vorliegen und die Konsensfähigkeit der Mitgliedstaaten beeinträchtigen. Nachdem der Vertrag von Nizza[160] in Kraft tritt, können die Reformen mit einfacher Mehrheit der Mitgliedstaaten beschlossen werden.

Die obigen Ausführungen zeigen, dass sowohl das EuGVÜ als auch die EuGVO Vor- und Nachteile haben. Der Einwand der zwei Rechtsquellen in der Gemeinschaft wiegt aber nicht so schwer wie die entfallende Ratifizierung des Staatsvertrages. Art. 293 EGV (Ex-Art. 220 EGV) ist als Kompetenznorm nicht in dem Maße geeignet wie Art. 65 EGV um das europäische Verfahrensrecht zu regeln, vor allem wenn man die anstehenden EU-Beitritte bedenkt. Art. 65 EGV kann bereits jetzt eine größere Erfolgsbilanz an längst überfälligen Übereinkommen vorweisen. Durch die zunehmende Überwindung der Staatlichkeit im Rahmen der europäischen Integration, musste sich das System des EuGVÜ neuen Herausforderungen der Europäischen Integration stellen,[161] denen Staatsverträge nicht mehr gerecht werden.[162] Deshalb musste das EuGVÜ in eine Verordnung überführt werden.

---

[158] KOM (97), 609 endg; der Vorschlag ist auch im Abl. EG 1998 C 33, S. 20 abgedruckt.

[159] Am 18. Oktober 2001 erteilte der Deutsche Bundestag mit überwältigender Mehrheit dem Vertrag von Nizza seine Zustimmung. 570 Abgeordnete stimmten mit Ja, 32 dagegen und 2 enthielten sich der Stimme.

[160] Näher zum Vertrag von Nizza, *Pache/Schorkopf*, NJW 2001, S. 1377 ff.

[161] *Kohler*, Systemwechsel im europäischen Annerkennungsrecht: Von der EuGVVO zur Abschaffung des Exequaturs, in Systemwechsel im europäischen Kollisionsrecht, S. 147.

[162] *Kohler,* Vom EuGVÜ zur EuGVVO: Grenzen und Konsequenzen der Vergemeinschaftung, in Festschrift für Geimer, S. 461.

c) *Art. 5 Absatz 3 EGV – Das Verhältnismäßigkeitsprinzip*

Art. 5 Absatz 3 EGV enthält den allgemeinen Rechtsgrundsatz der Verhältnismäßigkeit.[163] Die von der Gemeinschaft getroffenen Maßnahmen dürfen nicht über das zur Erreichung der Ziele des EG-Vertrags erforderliche Maß hinausgehen. Es geht um die Art, *wie* der europäische Gesetzgeber tätig werden darf.[164]

Es wird vorgeschlagen, dass der Gesetzgeber grundsätzlich immer Richtlinien statt Verordnungen erlassen soll.[165] So können die Mitgliedstaaten zwischen mehreren Möglichkeiten auswählen, um das gemeinsame Ziel zu verwirklichen.[166] Manche Autoren sehen durch die Formulierung "Förderung der Vereinbarkeit" in Art. 65 lit. b EGV keine Möglichkeit Verordnungen zu erlassen, denn darin sei keine Kompetenz zur Rechtsangleichung der Gemeinschaft gegeben. Deshalb halten sie den Erlass von Richtlinien für die einzig mögliche Handlungsform in Art. 65 EGV.[167]

In der Vergangenheit wurde erkannt, dass Richtlinien nicht das geeignete Mittel sind, um das Recht der einzelnen Mitgliedstaaten einander anzunähern.[168] Vor allem die Erfahrung mit zahlreichen Verbraucherschutzrichtlinien dient als Warnung, Richtlinien zur Rechtsvereinheitlichung einzusetzen.[169] Es besteht die Gefahr, dass sie

---

[163] Ständige Rechtsprechung des EuGH EuGH 19.7.1980 – verbundene Rs. 41, 121 und 796/79, Testa/Bundesanstalt für Arbeit, Slg. 1980, S. 1979 Rn. 21.

[164] *Calliess/Ruffert/Calliess*, Kommentar zu EU-Vertrag und EG-Vertrag, Art. 5 EGV Rn. 45 mit weiteren Nachweisen; *Schmidhuber/Hitzler*, NVwZ 1992, S. 720 f.

[165] *Linke*, Die Europäisierung des Internationalen Privat- und Verfahrensrechts - Traum oder Trauma?, in Festschrift für Geimer, S. 529 (546).

[166] Protokoll über die Anwendung der Grundsätze der Subsidiarität und der Verhältnismäßigkeit, BGBl. 1998 II, S. 434.

[167] *Kohler*, ZEuS 2001, S. 578 f.; *Remien* CML Rev. 2001, S. 53; zweifelnd welche Rechtsmaßnahmen gemeint sind, auch *Besse*, ZEuP 1999, S. 107 (115).

[168] *Geimer*, Aktuelles aus dem Europarecht und dem Internationalen Verfahrensrecht, in Winfried-Kralik-Symposium, S. 1 (3); *Leible/Staudinger*, EuLF 2000/2001, S. 225 (233).

[169] *Geimer*, Aktuelles aus dem Europarecht und dem Internationalen Verfahrensrecht, in Winfried-Kralik-Symposium, S. 1 (3). *Staudinger*, ZfRV 2000, S. 93 ff. Dieser Meinung ist auch *Leisle*, Dependenzen auf dem Weg vom EuGVÜ, über die EuGVVO, zur EuZPO, S. 22 f.

unterschiedlich auf nationaler Ebene umgesetzt werden und so der Rechtsvereinheitlichung entgegenstehen.[170]
Auch der Einwand, der Erlass von Verordnungen sei nicht mit dem europäischen Verhältnismäßigkeitsgrundsatz zu vereinbaren, solange nicht der Versuch einer Ratifizierungsempfehlung mit Fristsetzung unternommen worden ist,[171] ist nicht überzeugend. Dieser Weg führt nur zu weiteren Verzögerungen, wie sich am Beispiel des EVÜ zeigen lässt. Es wurde lange Zeit nicht von allen Ländern ratifiziert, obwohl die Kommission in ihrer Stellungnahme zum Entwurf „den Erlass eines auf den EWG – Vertrag gestützten Rechtsaktes zur Verwirklichung der Vereinheitlichung des internationalen Privatrechts“[172] angedroht hatte. Anders als die Richtlinien gelten Verordnungen unmittelbar in den Mitgliedstaaten und haben dadurch hohe integrative Bedeutung.[173] Nur durch eine Verordnung kann man effektiv die Ziele der Europäischen Union verwirklichen.

4. Ergebnis

Beim Erlass der EuGVO wurde das Gebot der Subsidiarität des Art. 5 EGV beachtet.

C. Verstoß gegen deutsches Verfassungsrecht

Die Übertragung von Hoheitsrechten auf die EG muss hinreichend deutlich aus dem parlamentarischem Zustimmungsgesetz zu entnehmen sein.[174] Deshalb wurde im Schrifttum zur Diskussion gestellt, ob das

---

[170] *Jayme/Kohler,* IPRax 1997, S. 385 (388) unter Hinweis der Richtlinie 97/7/EG (Fernabsatzrichtlinie), Abl. EG 1997 Nr. L 144, S. 19 vom 4.06.1997. *Schwarze* stellt eine allgemeine Zunahme der nicht fristgerechten oder ungenauen Umsetzung von gemeinschaftlichen Richtlinien fest, *Schwarze*, JZ 1998, S. 1077 (1081 Fn. 46).
[171] *Linke*, Die Europäisierung des Internationalen Privat- und Verfahrensrechts - Traum oder Trauma?, in Festschrift für Geimer, S. 529 (546).
[172] ABl. EG 1980 Nr. L 94, S. 39 vom 11.04.1980.
[173] *Mansel*, Zum Systemwechsel im europäischen Kollisionsrecht nach Amsterdam und Nizza, in Systemwechsel im europäischen Kollisionsrecht, S. 1 (3); allgemein zur Handlungsform der Verordnung, *Oppermann*, Europarecht, Rn. 541.
[174] BVerfGE 89, S.155 (187 f.). Zur Übertragung von Hoheitsrechte auf die Europäische Gemeinschaft, *Uhrig*, Die Schranken des Grundgesetzes für die europäische Integration, S. 46 ff.

Zustimmungsgesetz zum Amsterdamer Vertrag (Art. 23 Abs. 1 S. 2 GG), die Regelungen der EuGVO abdeckt.[175] Art. 65 EG ist allgemein gefasst, und es wird zum Teil bezweifelt, dass sich daraus die Regelung für die Materien der EuGVO erkennen lässt.[176]
Dieser Einwand wurde bereits geprüft und abgelehnt.[177] Aus der nicht abschließenden katalogartigen Auflistung in Art. 65 EGV[178] ist deutlich zu erkennen, dass das internationale Verfahrensrecht geregelt werden soll. Dazu gehört auch die Materie, die früher im EuGVÜ und heute in der EuGVO normiert ist.

Trotzdem wurden Rufe laut, das BVerfG solle überprüfen, ob die Verordnung durch eine im primären Gemeinschaftsrecht und im nationalen Zustimmungsgesetz hinreichend bestimmbare und normierte Ermächtigung[179] gedeckt ist,[180] und die in seiner Maastricht Entscheidung[181] angekündigte Prüfungskompetenz ausüben.

Gerade dieses Urteil des BVerfG ist aber heftig umstritten.[182] Es besteht Uneinigkeit zwischen dem BVerfG und dem EuGH, wer letztverbindlich zu entscheiden hat, ob Rechtsakte der Europäischen Gemeinschaft die ihr eingeräumten Befugnisse überschreiten. Beide Gerichte nehmen diese Letztentscheidungskompetenz jeweils für sich in Anspruch.[183] Rechtsakte,

---

175 So *Kubis*, ZEuP 2001, S. 737 (748), angesprochen auch von *Heß*, IPRax 2001, S. 389 (394).

176 *Kubis*, ZEuP 2001, S. 737 (748), *Heß*, IPRax 2001, S. 389 (394).

177 Siehe § 1 B.

178 *Linke*, Die Europäisierung des Internationalen Privat- und Verfahrensrechts - Traum oder Trauma?, in Festschrift für Geimer, S. 529 (542) spricht davon, dass die Auflistung den Anwendungsbereich transparenter macht.

179 BVerfGE 89, S. 155 (188); dazu *Nicolaysen/Nowak*, NJW 2001, S. 1233 (1234, 1236). Dieses Urteil wird jedoch in der Literatur als zu eng empfunden, *Dreier/Pernice*, Kommentar zum Grundgesetz, Band II, Art. 23 GG Rn. 3; *Fromont*, JZ 1995, S. 800 ff.; *Hirsch*, NJW 1996, S. 2457 (2458 ff.); *Zuleeg*, ELRev. 1997, S. 19 (26 ff.).

180 *Kubis*, ZEuP 2001, S. 737 (749).

181 BVerfGE 89, S. 155 ff. Näher dazu *Winkelmann*, Das Maastricht-Urteil des Bundesverfassungsgerichts vom 12.10.1993 (Dokumentation des Verfahrens mit Einführung).

182 *Hasselbach*, JZ 1997, S. 942; *Hirsch*, NJW 1996, S. 2457.

183 In BVerfGE 89, S. 155 (188, 209f.) sieht sich das BVerfG als letztentscheidendes Organ, während der EuGH das gleiche für sich beansprucht, siehe auch *Sendler*, NJW 1996, S. 825; *Isensee*, Vorrang des Europarechts und deutsche Verfassungsvorbehalte - offener Dissens, in Festschrift für Stern, S. 1239 ff.; *Steinberger*, Die Europäische Union im Lichte der Entscheidung des Bundesverfassungsgerichts vom 12. Oktober

die von den Kompetenzen des EG Vertrags nicht mehr gedeckt sind, sollen laut BVerfG im deutschen Hoheitsbereich nicht verbindlich sein.[184] Die deutschen Staatsorgane müssten ihnen die Gefolgschaft verweigern.[185]
Das Maastricht Urteil gefährdet die Rechtssicherheit in der Europäischen Gemeinschaft.[186] Wenn jedes untere nationale Gericht in der Lage ist, die Rechtsakte der Europäischen Gemeinschaft für nicht anwendbar zu erklären, führt das zu einer Rechtszersplitterung in der Gemeinschaft.[187] Besonders unbequeme Rechtsakte könnten so von den einzelnen nationalen Gerichten außer Kraft gesetzt werden. Daher darf und muss nur der EuGH die einheitliche Rechtsanwendung in der Gemeinschaft gewährleisten. Die Maastricht-Grundsätze des BVerfG sind abzulehnen.

Aber selbst wenn man die Maastricht-Grundsätze anwendet, ist ein Einschreiten des BVerfG sehr unwahrscheinlich. Das BVerfG hat zu erkennen gegeben, dass es nur im Falle erheblicher bzw. evidenter Kompetenzüberschreitungen der EG-Organe einschreiten würde.[188] Im Fall der EuGVO liegt, wie bereits gezeigt, überhaupt keine Kompetenzüberschreitung der Gemeinschaft vor.

D. *Zusammenfassung*

Festzuhalten bleibt, dass trotz erheblicher Kritik in der Vergangenheit, Art. 65 EGV die richtige Ermächtigungsnorm für den Erlass der EuGVO ist. Art. 65 EGV ist nicht nur auf Rechtsakte beschränkt, die ausschließlich

---

1993in Festschrift für Bernhardt, S. 1313 (1332). *Nicolaysen/Nowak*, NJW 2001, S. 1233 f. sprechen von einem Konfliktkurs zwischen BVerfG und EuGH.

[184] BVerfGE 89, S. 155 (188, 209f.)

[185] Das führt dazu dass sich z.B der BGH NJW 1994, S. 2697 (2609) damit beschäftigt hat, ob sich die Auslegung von Gemeinschaftsrecht noch im Rahmen der dem EuGH zugewiesene Auslegungsbefugnis hält. Sollte man ein Verwerfungsmonopol des BVerfG bejahen, dann müsste man zumindest analog Art. 100 I GG dieses Verwerfungsmonopol beim BVerfG ansiedeln, *Herdegen*, Europarecht, Rn. 247; *Hirsch*, NJW 1996, S. 2457 (2462).

[186] *Nicolaysen/Nowak*, NJW 2001, S. 1233.

[187] *Hirsch*, NJW 1996, S. 2457 (2463).; Dem EuGH die Kompetenz zur Verwerfung von Rechtsakten zu lassen widerspricht auch nicht dem deutschen Verfssungsrecht, *Meessen*, NJW 1994, S. 549 (552); EuGH – 15.07.1964 – Rs. 6/64, Flaminio Costa/E.N.E.L., Slg. 1964, S. 1253 (1269 f.).

[188] So *Schwarze*, JZ 1999, S. 637 (641). *Nicolaysen/Nowak*, NJW 2001, S. 1233 (1236). Sie weisen aber darauf hin, dass man dies nicht absolut sicher vorhersehen kann.

den freien Personenverkehr betreffen,[189] sondern soll alle Grundfreiheiten fördern. Die Nichtteilnahme Dänemarks an der Verordnung bringt zwar gewisse Nachteile mit sich, diese werden jedoch durch die Vorteile der entfallenden Ratifizierung und erleichterten Revision der Verordnung mehr als aufgewogen. Beim Erlass der EuGVO wurde das Subsidiaritätsprinzip gewahrt. Alle ernstzunehmenden Bedenken gegen die Wirksamkeit der EuGVO wurden somit entkräftet.

Trotz der Diskussion, ob die Gemeinschaft die gerichtliche Zuständigkeit und die Anerkennung und Vollstreckung von Zivil- und Handelssachen in einer Verordnung regeln oder das bewährte EuGVÜ beibehalten sollte, hat die Entwicklung vom Staatsvertrag zur Verordnung ihren Lauf genommen. Die größere Handlungsfähigkeit des europäischen Gesetzgebers ist zu begrüßen und nicht als Usurpation von Zuständigkeiten zu bewerten. Die Kritiker werden in den folgenden Jahren kaum die Vorteile der Verordnung als Handlungsform übersehen können. Die EuGVO erleichtert die künftigen EU-Beitritte und kann in Zukunft schneller und besser den Bedürfnissen des Rechtsverkehrs angepasst werden.

[189] *Junker*, RIW 2002, S. 569.

§ 2: Ratio legis von Art. 5 Nr. 1

Die EuGVO und zuvor das EuGVÜ privilegieren grundsätzlich den Beklagten.[191] Sie gehen vom Prinzip des „actor sequitur forum rei" aus. Die Klage ist grundsätzlich am Wohnsitz des Beklagten zu erheben. Dieser allgemeine Gerichtsstand ist in Art. 2 Absatz 1 EuGVÜ/EuGVO normiert. Das Prinzip des „actor sequitur forum rei" ist zwar rechtspolitisch umstritten,[192] hat aber in den europäischen Prozessrechtsordnungen eine lange Tradition. Dieser allgemeine Gerichtsstand verfolgt überwiegend zwei Ziele. Er soll dem Beklagten die Verteidigung erleichtern[193] und ein Ausgleich für dessen Einlassungszwang im Gerichtsverfahren sein[194]. Der allgemeine Gerichtsstand berücksichtigt dabei aber einseitig die Beklagteninteressen.[195] Das europäische Zuständigkeitssystem war deshalb bemüht einen Ausgleich zum allgemeinen Gerichtsstand zu schaffen, indem es zusätzliche Zuständigkeiten regelte, die auch andere Interessen berücksichtigen.[196]

---

[191] *Schröder*, Internationale Zuständigkeit, S. 229; *Lando*, Die Aufgabe des Gerichtshofes und das System des Brüsseler Übereinkommens, in Internationale Zuständigkeit und Urteilsanerkennung in Europa, S. 21 (24); *Jenard*, Bericht zu dem Übereinkommen über die gerichtliche Zuständigkeit und die Vollstreckung gerichtlicher Entscheidungen in Zivil- und Handelssachen, ABl. EG 1979 Nr. C 59, S. 1(18) begründet warum dieses Prinzip für grenzüberschreitende Streitigkeiten so wichtig ist. Der EuGH geht davon aus, dass dieses Prinzip dem Beklagten die Verteidigung erleichtern soll, EuGH 17.06.1992 – Rs. 26/91, TMVS/Handte, Slg. 1992, S. I-3967 Rn. 14.

[192] Siehe bereits § 2 A.

[193] EuGH 17.06.1992 – Rs. 26/91, Jakob Handte & Co GmbH/Traitements Mecano Chimiques des Surfaces Sa, Slg. 1992, S. I- 3967 Rn. 14.

[194] *Neuner*, Internationale Zuständigkeit, S. 23; *Schack*, Internationales Zivilverfahrensrecht, Rn. 192.

[195] *Geimer/Schütze*, Internationale Urteilsanerkennung, Band 1, 1. Halbband, S. 551.

[196] *Broggini*, Zuständigkeit am Ort der Vertragserfüllung, in Schwander, Das Luganer Übereinkommen S. 123; *Kaye*, Civil Jurisdiction and Enforcement of foreign Judgements, S. 253 ff.; *Kropholler*, Internationales Privatrecht, § 58 III 2 a, S. 574, *Lando*, Die Aufgabe des Gerichtshofes und das System des Brüsseler Übereinkommens, in: Urteilsanerkennung in Europa, S. 21 (24); *Valloni*, Der Gerichtsstand des Erfüllungsortes nach dem Lugano- und Brüsseler-Übereinkommen, S. 152; *Pfeiffer*, Internationale Zuständigkeit und prozessuale Gerechtigkeit, S. 601; *Geimer*, Internationales Zivilprozeßrecht, Rn. 1131; *Schack*, Internationales Zivilverfahrensrecht, Rn. 256; *Schack*, Erfüllungsort im deutschen, ausländischen und internationalen Privat- und Zivilprozeßrecht, Rn. 141; *Geimer*, Internationalrechtliches zum Justizgewährungsanspruch. Eine Skizze, Beiträge zum internationalen Recht und zur Schiedsgerichtsbarkeit, Festschrift für Nagel, S. 36 (41); *Spellenberg*, IPRax 1981, S.

Dies ist auch in den nationalen Rechtsordnungen zu beobachten: Jede Prozessordnung, die auf dem Grundsatz des „actor sequitur forum rei" aufgebaut ist, hat eine Reihe von besonderen Gerichtsständen ausgestaltet, die einen gerechten Ausgleich zwischen Kläger- und Beklagteninteressen schaffen sollen. Dem Kläger entstehen durch ein räumlich nahes Gericht weniger Aufwand und Kosten. Der Entschluss, einen Prozess zu führen, fällt deshalb leichter.[197] Wenn der Rechtsstreit vor dem Heimatgericht geführt wird, kann sich die Partei an einen Anwalt aus ihrer Region wenden, zu dem oft bereits ein Vertrauensverhältnis besteht.

A. Notwendigkeit eines Vertragsgerichtsstands

Die EuGVO stellt den allgemeinen Gerichtsstand am Wohnsitz des Beklagten, Art. 2 EuGVO für alle vertraglichen Rechtsstreitigkeiten zur Verfügung. Der allgemeine Gerichtsstand ist unabhängig vom konkreten Rechtsstreit und gilt für alle möglichen Rechtsstreitigkeiten.[198] Zum Teil wird deshalb im Schrifttum die komplette Abschaffung von Art. 5 Nr. 1 EuGVÜ gefordert.[199] Die Vertreter dieser Ansicht sehen keinen Sinn in einem besonderen Gerichtsstand für Vertragssachen. Ein besonderer Vertragsgerichtsstand sei überhaupt nicht nötig, wenn bereits Art. 2 EuGVO sicherstellt, dass immer am Wohnort des Beklagten geklagt werden kann.[200]

Andere plädieren für die Abschaffung des Art. 5 Nr. 1 EuGVÜ, weil sie die Rechtsprechung des EuGH zu dieser Vorschrift als unbefriedigend emp-

---

76; *Wieczorek/Schütze/Hausmann,* Zivilprozeßordnung und Nebengesetze, § 29 ZPO Rn. 1.

[197] *Hackenberg*, Der Erfüllungsort von Leistungspflichten unter Berücksichtigung des Wirkungsortes von Erklärungen im UN-Kaufrecht und der Gerichtsstand des Erfüllungsortes im deutschen und europäischen Zivilprozeßrecht, S. 200; *Schack*, Internationales Zivilverfahrensrecht, Rn. 200.

[198] *Buchner*, Kläger- und Beklagtenschutz im Recht der internationalen Zuständigkeit, S. 21.

[199] *Droz*, Recuréil Dalloz, 1997, Chron. S. 351, *Droz*, D. 1977, Chron. 293, *Droz* Rev.crit.dr.int.pr. 76 (1987), S. 797 (803); *Droz* RC 1996, 505 f.; *Klima* RIW 1991, S. 415; *Gaudemet-Tallon*, Les Conventions de Bruxelles et de Lugano, S. 133; *Hill*, ICLQ 1995, S. 591 (616); *Lasok/Stone*, Conflict of Laws in the European Community (1987), S. 220f.; *Rochaix*, Internationale Produkthaftung, S. 117, 183.

[200] Zur Diskussion gestellt von *Hill*, ICLQ 1995, S. 591 (616).

fanden, aber keine bessere Lösung für eine Neukonzeption der Vorschrift anbieten konnten.[201]
Sowohl Kläger, wie auch Beklagter haben in der Regel ein Interesse an einem Heimatgerichtsstand. Das europäische Zuständigkeitsrecht bevorzugt jedoch einseitig den Beklagten, indem es in Art. 2 EuGVO von dem Grundsatz des actor sequitur forum rei ausgeht.

Eine Zuständigkeitsordnung, die keine besondere Zuständigkeit für Vertragssachen enthält und nur auf den allgemeinen Gerichtsstand am Wohnort des Beklagten abstellt, ist unvollständig,[202] weil der Gerichtsstand am Wohnort des Beklagten sich nach Vertragsschluss ändern kann, während der Gerichtsstand aus Art. 5 Nr. 1 EuGVÜ vom Zeitpunkt des Vertragsschlusses an feststeht und danach unverändert bleibt. Dies muss aber nicht unbedingt für die Notwendigkeit eines Vertragsgerichtsstands sprechen. Das Problem kann auch durch einen Zusatz in Art. 2 EuGVO behoben werden.[203] Ohne diese legislative Änderung des Art. 2 EuGVO darf Art. 5 Nr. 1 EuGVO, der eine vom Vertragsschluss an feststehende Gerichtszuständigkeit anbietet, nicht abgeschafft werden.

Der allgemeine Gerichtsstand gewährleistet, dass dieses Forum für die Parteien immer verfügbar ist und keine Lücken im Zuständigkeitssystem entstehen können.[204] Eine Rechtsordnung, die keinen Vertragsgerichtsstand kennt, müsste immer auf den Wohnsitz des Beklagten ausweichen. Der „actor sequitur forum rei" ist einer der Grundgedanken der EuGVO, er ist aber rechtspolitisch nicht unumstritten.[205]

---

[201] *Droz*, D. 1997, Chron. S. 351.

[202] *Hill*, ICLQ 1995, S. 591 (616).

[203] Art. 2 EuGVO könnte dann folgendermaßen lauten:

(1) Vorbehaltlich der Vorschriften dieser Verordnung sind Personen, die ihren Wohnsitz im Hoheitsgebiet eines Mitgliedstaats haben, ohne Rücksicht auf ihre Staatsangehörigkeit vor den Gerichten dieses Mitgliedstaats zu verklagen. *Als Wohnsitz gilt, wenn ein Vertragsverhältnis vorliegt, der Wohnsitz beim Vertragsschluss.*

(2) Auf Personen, die nicht dem Mitgliedstaat, in dem sie ihren Wohnsitz haben, angehören, sind die für Inländer maßgebenden Zuständigkeitsvorschriften anzuwenden.

[204] *Buchner*, Kläger- und Beklagtenschutz im Recht der internationalen Zuständigkeit, S. 21.

[205] Grundlegend *Schröder*, Internationale Zuständigkeit, S. 229 ff.. Ihm folgend *Pfeiffer*, Internationale Zuständigkeit und prozessuale Gerechtigkeit, S. 596; *Geimer*, Internationales Zivilprozessrecht, Rn. 1131; *Geimer*, Verfassungsrechtliche Vorgaben bei der Normierung der internationalen Zuständigkeit, in Festschrift für Schwind, S. 17 (38); *Lando,* Die Aufgabe des Gerichtshofes und das System des Brüsseler Übereinkommens,

Es wird bezweifelt, ob ein solcher Schutz des Beklagten notwendig und berechtigt ist.

Der Grundsatz des actor sequitur forum rei kann auf eine lange Geschichte zurückblicken.[206] Im römischen Recht war dieser Grundsatz eine notwendige Konsequenz der räumlichen und persönlichen Beschränktheit der Gerichtsgewalt: Die Munizipalmagistrate konnten nur in den eigenen Provinzen Urteilsgerichte einsetzen und ihre Machtbefehle vollstrecken.[207] Jurisdiktion hatten nur die Magistrate, denen der Beklagte gehorchen musste, also nur die Magistrate am Wohn- oder Aufenthaltsort des Beklagten.[208] Im römischen Recht bezweckte der Grundsatz des actor sequitur forum rei nicht den Schutz des Beklagten, sondern stellte sicher, dass überhaupt Recht gesprochen wurde. Diese Rahmenbedingungen haben sich aber mittlerweile geändert: Ein Forum kann jede zivilrechtliche Streitigkeit der Welt entscheiden.[209]

Der Justizgewährungsanspruch steht beiden Parteien zu. Dabei muss beiden der gleiche Zugang zum Gericht gewährt werden, unabhängig von ihrer Eigenschaft als Kläger oder Beklagter. Es wird für nötig gehalten einen Ausgleich zugunsten des Beklagten vorzunehmen, da dieser die Last der Verteidigung hat.[210] Um dem Kläger auch einen (beschränkten) Ausgleich für seinen Justizanspruch zu gewähren, werden die besonderen Gerichtsstände geschaffen.[211]

---

in Internationale Zuständigkeit und Urteilsanerkennung in Europa, S. 21 (24) trägt Gegenargumente zusammen und kommt zum Ergebnis dass er Art. 2 EuGVÜ/Art. 2 EuGVO nicht den Status eines Grundsatzes zubilligen möchte, von dem nicht abgewichen werden kann; *Valloni*, Der Gerichtsstand des Erfüllungsortes nach dem Lugano- und Brüsseler-Übereinkommen, S. 5 ff., 149 steht ihm auch kritisch gegenüber, betrachtet diesen Gerichtsstand aber als Tradition; *Ost*, Doppelrelevante Tatsachen im Internationalen Zivilverfahrensrecht, S. 8 bezeichnet den actor sequitur forum rei als Konstante des deutschen und europäischen Verfahrensrechts.

[206] Näher dazu *Buchner*, Kläger- und Beklagtenschutz im Recht der internationalen Zuständigkeiten, S. 81 ff.

[207] *Bethmann-Hollweg*, Der römische Civilprozeß, S. 115 ff.

[208] *Buchner*, Kläger- und Beklagtenschutz im Recht der internationalen Zuständigkeiten, S. 82.

[209] *Buchner*, Kläger- und Beklagtenschutz im Recht der internationalen Zuständigkeiten, S. 84.

[210] *Schack*, Internationales Zivilverfahrensrecht, Rn. 192.

[211] *Buchner*, Kläger- und Beklagtenschutz im Recht der internationalen Zuständigkeiten, S. 85; *Geimer*, NJW 1987, S. 1132; *Schack*, Internationales Zivilverfahrensrecht, Rn. 256.

Der Kläger wird als Angreifer des status quo angesehen und deshalb als weniger schutzwürdig eingestuft.[212] Dabei ist jedoch zu bedenken, dass was der status quo ist, erst durch den Prozess geklärt werden soll. Dabei kann sich ergeben, dass der Beklagte Vertragspflichten nicht erfüllt hat und durch diese Nichterfüllung das bestehende Rechtsverhältnis angegriffen hat.[213] Es kann nicht gesagt werden, dass typischerweise der Kläger oder der Beklagte im Unrecht ist. Somit reicht dieses Argument für die Rechtfertigung des actor sequitur forum rei nicht aus.

Oft ist es zufällig welche Partei die Rolle des Klägers oder des Beklagten einnimmt. Es leuchtet nicht ein, warum die Seite weniger schutzwürdig sein soll, die die Initiative zur Klärung des Rechtsstreits ergreift.[214] Der Kläger hat zwar die Wahl ob er klagen will oder auf die Klage verzichtet. Doch wenn seine Rechte bestritten werden kann er diese nur durch eine gerichtliche Klärung durchsetzen. Ihm wird der Prozess durch den Beklagten aufgezwungen. Deshalb kann man nicht von einer echten Wahl des Klägers sprechen.[215] Nicht einmal in der Wahl des Zeitpunkts der Klage ist der Kläger vollkommen frei, muss er doch äußere Faktoren wie Verjährungsfristen berücksichtigen.[216]

1. Ergebnis

Art. 2 EuGVO bevorzugt einseitig den Beklagten. Diese Bevorzugung ist nicht immer gerechtfertigt. Deswegen ergänzen alle Rechtsordnungen, die vom Grundsatz des actor sequitur forum rei ausgehen diesen durch besondere Gerichtsstände.[217] Diese ermöglichen dem Kläger manchmal am

---

[212] *Schack*, Internationales Zivilverfahrensrecht, Rn. 192.

[213] *Buchner*, Kläger- und Beklagtenschutz im Recht der internationalen Zuständigkeiten, S. 86.

[214] *Buchner*, Kläger- und Beklagtenschutz im Recht der internationalen Zuständigkeiten, S. 86 f.

[215] *Pfeiffer* , Internationale Zuständigkeit und prozessuale Gerechtigkeit, S. 599 f; *Buchner*, Kläger- und Beklagtenschutz im Recht der internationalen Zuständigkeiten, S. 90.

[216] *Buchner*, Kläger- und Beklagtenschutz im Recht der internationalen Zuständigkeiten, S. 90.

[217] In den Niederlanden gibt es zwar keinen Vertragsgerichtsstand, Art. 126 WBRv bestimmt als allgemeinen Gerichtsstand den Wohnsitz des Beklagten. Für einen Interessensausgleich zwischen den Interessen des Klägers und Beklagten sorgen jedoch Art. 126 Abs. 2 und 3 WBRv, die hilfsweise den Aufenthaltsort des Beklagten und den Wohnsitz des Klägers als zuständigkeitsbegründend ansehen. Die niederländischen Re-

eigenen und nicht am Beklagtenwohnort zu klagen. Deshalb ist Art. 5 Nr. 1 EuGVÜ schon immer eine der wichtigsten Zuständigkeiten des Übereinkommens gewesen.[218]
Ein ausgewogenes Gerichtsstandssystem sollte deswegen Gerichtsstände zur Verfügung stellen, die nicht an der Parteieigenschaft des Klägers und Beklagten anknüpfen.

B. Sinn und Zweck des Gerichtsstandes am Erfüllungsort

Dem Gerichtsstand am Erfüllungsort werden im Schrifttum und in der Rechtsprechung eine Vielzahl von Funktionen zugeschrieben. Dabei herrscht große Uneinigkeit über seinen Zweck[219] und die einzelnen vorgeschlagenen Ansätze widersprechen sich teilweise. Deshalb muss zunächst herausgearbeitet werden, welchen Zweck der Gerichtsstand am Erfüllungsort verfolgt.

I. Identität vom materiellen und prozessualen Erfüllungsort

1. Perpetuierung[220]

Art. 5 Nr. 1 EuGVÜ wurde nach Vorbild des deutschen § 29 ZPO geschaffen. Deshalb wurde seine Auslegung von der deutschen Literatur und Rechtsprechung stark beeinflusst. Die wohl herrschende Meinung im deutschen Schrifttum sieht zwischen dem materiellen und prozessualen Erfüllungsort eine enge Verbindung.[221] Die Rechtfertigung des Gerichts-

---

gelungen werden deshalb als klägerfreundlich betrachtet, *Schack*, Der Erfüllungsort im deutschen, ausländischen und internationalen Privat- und Zivilprozeßrecht, Rn. 264.

[218] So auch *Hertz*, Jurisdiction in Contract and Tort under the Brussels Convention, S. 160, der die Zuständigkeit bei vertraglichen Streitigkeiten als "useful" bezeichnet.

[219] *Gsell*, IPRax 2002, S. 484 (487).

[220] Der Begriff der Perpetuierung wurde von *Spellenberg*, IPRax 1981, S. 75 (77) eingeführt

[221] *Geimer*, EuR 1977, S. 341 (356); *Geimer*, EuZW 1992, S. 518; *Geimer/Schütze*, Internationale Urteilsanerkennung, Band 1, 1. Halbband, S. 553, 594 f.; *Geimer*, Kompetenzkonflikte im System des Europäischen gerichtsstands- und Vollstreckungsübereinkommens, in Festschrift für Kralik, S. 179 (184); *Gothot/Holleaux*, Rev.crit.dr.int.pr. 66 (1977), S. 763; *Mezger*, RIW 1978, S. 334 f.; *Pfeiffer*, Grundlagen und Grenzen der autonomen Auslegung des EuGVÜ, in Europäisches Privatrecht, Jahr-

stands des Erfüllungsortes wird im Gleichlauf zwischen prozessualem und materiellem Erfüllungsort gesehen. Diese Theorie wurde zunächst für den deutschen § 29 ZPO entwickelt, aber vom EuGH für Art. 5 Nr. 1 EuGVÜ übernommen, weil sich diese Vorschrift am deutschen § 29 ZPO orientierte[222].

Diese „Perpetuierungstheorie“ hat ihren Ursprung im römischen Recht. Nach dem aktionenrechtlichen Denken der römischen Juristen bildeten das Erfüllungsverlangen und die Klage eine Einheit.[223] Der Gerichtsstand am Erfüllungsort wird deshalb traditionell durch die prozessuale Wirkung des materiellen Rechts gerechtfertigt.[224] Deshalb sollen der materielle und prozessuale Erfüllungsort nach ein und demselben Recht bestimmt werden,[225] was dazu führt, dass beide deckungsgleich sind.[226]

---

buch junger Zivilrechtswissenschaftler, S. 71 (82); *Pocar*, RabelsZ 42 (1978), S. 405 (418); *Rauscher*, Verpflichtung und Erfüllungsort in Art. 5 Nr. 1 EuGVÜ, S. 150; *Schlosser*, IPRax 1984, S. 65; *Schlosser*, Vertragsautonome Auslegung, nationales Recht, Rechtsvergleichung und das EuGVÜ, in Gedächtnisschrift für Bruns, S. 46 (57); *Wrangel*, Der Gerichtsstand des Erfüllungsortes im deutschen, italienischen und europäischen Recht S. 13, 54; skeptisch, *Broggini*, Zuständigkeit am Ort der Vertragserfüllung, in Schwander, Das Lugano-Übereinkommen, Band. 2, S. 111. Für § 29 ZPO deutsche Rechtsprechung: RGZ 1, 438, 446; 49, 72 f.; OLG Hamburg 1.12.1976 IPRspr. 1976, Nr. 147, 427 f. deutsche Literatur: *Diederichsen,* BB 1974, 377; *Geimer* Internationales Zivilprozeßrecht, Rn. 1482; *Lohse*, Das Verhältnis von Vertrag und Delikt, S. 37 f.; *Musielak/Smid*, Kommentar zur Zivilprozeßordnung, § 29 ZPO Rn.1; *Stein/Jonas/Schumann*, Kommentar zu Zivilprozessordnung, § 29 ZPO Rn. 23a; *Wieczorek/Schütze/Hausmann*, Zivilprozessordnung, § 29 ZPO Rn. 34; *Wrangel*, Der Gerichtsstand des Erfüllungsortes im deutschen, italienischen und europäischen Recht, S. 176; unkritisch kürzlich auch *Ost,* Doppelrelevante Tatsachen im Internationalen Zivilverfahrensrecht, S. 10 ff, 153 ff. 160, der die geplante Reform des Art. 5 Nr. 1 EuGVÜ nicht beachtet und ihre Auswirkung auf doppelrelevanten Tatsachen im Zivilverfahren nicht untersucht.

[222] Siehe nur EuGH 6.10.1976 – Rs. 12/76, Tessili/Dunlop, Slg. 1976, S. 1473.

[223] Näher ausgeführt von *Schröder*, Internationale Zuständigkeit, S. 284 ff. mit weiteren Nachweisen.

[224] *Geimer/Schütze*, Europäisches Zivilverfahrensrecht, Art. 5 EuGVÜ Rn. 3 ff.; *Spellenberg*, IPRax 1981, S. 75 (77); *Wrangel*, Der Gerichtsstand des Erfüllungsortes im deutschen, italienischen und europäischen Recht, S. 177; Siehe auch die deutsche Literatur zu § 29 ZPO: *Wieczorek/Schütze/Hausmann*, Zivilprozeßordnung, § 29 Rn. 34 m.w.Nachw.

[225] *Bülow/Böckstiegel/Geimer/Schütze/Auer*, Der internationale Rechtsverkehr in Zivil- und Handelssachen, Art. 5 EuGVÜ Rn. 50.

[226] *Mezger*, RIW 1978, S. 354 f.; *Spellenberg*, IPRax 1981,S. 75 (77); *Hackenberg*, Der Erfüllungsort von Leistungspflichten unter Berücksichtigung des Wirkungsortes von

Ziel dieser Theorie ist es, auch im Prozess die Interessenwertung aufrechtzuerhalten, die das materielle Recht für die Leistungspflicht bereits getroffen hat.[227] Die Gerichtspflichtigkeit soll der materiellen Leistungspflicht des jeweiligen Schuldners folgen.
Spellenberg[228] begründet den Sinn des Gerichtsstandes am Erfüllungsort ähnlich. Er führte dabei den Begriff „Reiselast" ein: Der Gläubiger soll im Prozess so weit reisen, wie er auch bei freiwilliger Leistung des Schuldners hätte reisen müssen um die Leistung zu erhalten. Eine rein prozessuale Definition des Erfüllungsortes, losgelöst von dem Recht, welches auf den Vertrag anzuwenden ist, kann diese Theorie nicht liefern.

Zwar kann die Perpetuierungstheorie auf eine lange Tradition - vor allem im deutschen Schrifttum - zurückblicken.[229] Auf der Suche nach einer schlüssigen Begründung muss man sich aber mit der Aussage begnügen, dass ein innerer Zusammenhang zwischen materiellem und prozessualem Erfüllungsort vorläge und dieser nicht zerrissen werden dürfe.[230] Auch der Begriff der „Reiselast"[231] kann diese Identität nicht mehr schlüssig begründen, wenn weder Gläubiger noch Schuldner selbst reisen, sondern nur die Ware und das Geld, wie es beim Versendungskauf der Fall ist.[232]

Erklärungen im UN-Kaufrecht und der Gerichtsstand des Erfüllungsortes im deutschen und europäischen Zivilprozeßrecht, S. 198.

[227] *Schröder*, Internationale Zuständigkeit, S. 290 ff.; *Valloni*, Der Gerichtsstand des Erfüllungsortes nach dem Lugano- und Brüsseler-Übereinkommen, S. 162 f.; *Wrangel*, Der Gerichtsstand des Erfüllungsortes im deutschen, italienischen und europäischen Recht, S. 175.

[228] *Spellenberg*, IPRax 1981, S. 75 (77).

[229] *Geimer/Schütze*, Europäisches Zivilverfahrensrecht, Art. 5 EuGVÜ Rn. 3 ff.; *Spellenberg*, IPRax 1981, S. 75 (77); *Wrangel*, Der Gerichtsstand des Erfüllungsortes im deutschen, italienischen und europäischen Recht, S. 177. Siehe auch die deutsche Literatur zu § 29 ZPO: *Wieczorek/Schütze/Hausmann*, Zivilprozessordnung und Nebengesetze, § 29 ZPO Rn. 34 mit weiteren Nachweisen. Das deutsche Schrifttum hat sich sehr intensiv damit beschäftigt, weil § 29 ZPO als Vorbild für Art. 5 Nr. 1 EuGVÜ diente.

[230] Siehe *Schröder*, Internationale Zuständigkeit, S. 290 ff. mit weiteren Nachweisen. Auch *Schlosser*, IPRax 1984, S. 65: Ein Auseinanderfallen von materiellem und prozessualem Erfüllungsort entbehre „jeglicher Legitimation".

[231] *Spellenberg*, IPRax 1981, S. 75; *Schack*, Der Erfüllungsort im deutschen, ausländischen und internationalen Privat- und Zivilprozeßrecht, Rn. 77.

[232] *Schack*, Der Erfüllungsort im deutschen, ausländischen und internationalen Privat- und Zivilprozeßrecht, Rn. 148.

Obwohl der EuGH sich bei der Auslegung des Art. 5 Nr. 1 EuGVÜ dieser Theorie anschloss,[233] wurde sie in der Entscheidungspraxis nicht ohne Ausnahmen durchgesetzt. So bediente sich der EuGH verschiedener „Kunstgriffe“,[234] um den Gerichtsstand an einem Ort zu begründen, der nicht materieller Leistungsort der gerade streitigen Verpflichtung war. Es ist dabei beispielsweise auf die Rechtsprechung des EuGH hinzuweisen, nach der Sekundäransprüche am Erfüllungsort der Primäransprüche einzuklagen sind und nicht an ihrem eigenen Erfüllungsort.[235]
Die Perpetuierungstheorie verkennt, dass der prozessuale und materielle Erfüllungsort von verschiedenen Wertungen getragen sind.[236] Der materielle Erfüllungsort wurde nicht konzipiert, um über zuständigkeitsrechtliche Streitigkeiten zu entscheiden.[237] Seine Aufgabe ist es, die Risikoverteilung im Vertrag zu regeln.[238] Der materielle Erfüllungsort bestimmt, an welchem Ort die Leistungshandlung zu erbringen ist, also ob eine Hol-, Schick- oder Bringschuld vorliegt und welche Partei die Leistungsgefahr zu tragen hat.[239] Zuständigkeitsvorschriften müssen dagegen andere Aufgaben erfüllen. Sie sichern den Umfang des inländischen Justizgewährungsanspruchs des Klägers und den status negativus des Beklagten gegenüber gerichtlicher Hoheitsgewalt.[240] Außerdem soll ein einfacher, leicht feststellbarer Gerichtsstand,[241] der nach Vertragsschluss nicht einseitig veränderbar ist, als Alternative zu Art. 2 EuGVO geschaffen werden. Für den Gerichtsstand

---

[233] EuGH 6.10.1976 – Rs. 12/76, Tessili/Dunlop, Slg 1976, S. 1473.

[234] *Schack*, Der Erfüllungsort im deutschen, ausländischen und internationalen Privat- und Zivilprozeßrecht, Rn. 196.

[235] *Lüderitz,* Fremdbestimmte internationale Zuständigkeit? Versuch einer Neubestimmung von § 29 ZPO, Art. 5 Nr.1 EuGVÜ, in Festschrift für Zweigert, S. 233 (242); *Schack*, Der Erfüllungsort im deutschen, ausländischen und internationalen Privat- und Zivilprozeßrecht, Rn. 196 ff.

[236] *Lüderitz*, Fremdbestimmte internationale Zuständigkeit? Versuch einer Neubestimmung von § 29 ZPO, Art. 5 Nr.1 EuGVÜ, in Festschrift für Zweigert, S. 233 (238); *Rauscher*, Verpflichtung und Erfüllungsort in Art. 5 Nr. 1 EuGVÜ, S. 151; *Schack*, Internationales Zivilverfahrensrecht, Rn. 270; *Schack*, IPRax 1987, S. 215 (217).

[237] *Ancel*, rev.crit.dr.int.pr. 89 (2000), S. 260 (262); *Buchner*, EWS 2000, S. 147 (149); *Gsell*, IPRax 2002, S. 484 (487); *Leipold*, Internationale Zuständigkeit am Erfüllungsort - das neueste aus Luxemburg und Brüssel, in Festschrift für Lüderitz, S. 431(439); *Kadner*, Jura 1997, S. 240 (245).

[238] Siehe *Esser/Schmidt*, Schuldrecht Band I, § 15 I, S. 254; § 269 Abs. 3 BGB.

[239] Siehe *Esser/Schmidt*, Schuldrecht Band I, § 15 I, S. 254.

[240] *Pfeiffer*, Internationale Zuständigkeit und prozessuale Gerechtigkeit, S. 678.

[241] *Schack*, Der Erfüllungsort im deutschen, ausländischen und internationalen Privat- und Zivilprozeßrecht, Rn. 205.

des Erfüllungsortes geben also prozessuale Praktikabilitätserwägungen den Ausschlag und nicht materielle Gefahrtragungsvorschriften.[242]

2. *Freiwillige Unterwerfung der Parteien am Gerichtsstand des Erfüllungsortes*

Bethmann-Hollweg[243] kommt zum Ergebnis, dass jeder, der sich an einen fremden Ort begibt, um dort Geschäfte zu tätigen, auch konkludent der dortigen Gerichtsbarkeit unterwirft. Andernfalls wäre niemand bereit mit Ausländern Verträge zu schließen. Die Legitimation des Gerichtsstands am Erfüllungsort soll auf einer stillschweigenden Gerichtsstandsvereinbarung der Parteien beruhen.[244] Diese Vorstellung ist sehr alt und wurde schon in der Preußischen Allgemeine Gerichtsordnung von 1793 aufgegriffen.[245] Diese Theorie wurde mit dem Zusammenhang zwischen Klage und Leistung begründet: Die Klage wurde als gerichtliche Aufforderung zur

---

[242] *Schack*, Der Erfüllungsort im deutschen, ausländischen und internationalen Privat- und Zivilprozeßrecht, Rn. 206.

[243] *Bethmann-Hollweg*, Versuche über einzelne Theile der Theorie des Civilprozesses, S. 20.

[244] Diese These wurde zunächst von *Bethmann-Hollweg*, Versuche über einzelne Teile der Theorie des Civilprozesses (1827), S. 18 aufgestellt und aufgegriffen von *Lüderitz*, Fremdbestimmte internationale Zuständigkeit? Versuch einer Neubestimmung von § 29 ZPO, Art. 5 Nr.1 EuGVÜ, in Festschrift für Zweigert, S. 233 (242); *Savigny*, System des heutigen Römischen Rechts VIII, S. 206; *Broggini*, Zuständigkeit am Ort der Vertragserfüllung, in Schwander, Das Lugano-Übereinkommen, S. 111 (118) will das ganze als stillschweigende Gerichtsstandsvereinbarung sehen. Der Gerichtsstand des Erfüllungsortes würde den gemeinsamen Erwartungen und Interessen der Parteien entsprechen. S. *Schack*, Der Erfüllungsort im deutschen, ausländischen und internationalen Privat- und Zivilprozeßrecht, Rn. 145.

[245] In Teil I, Titel 2, § 148 wurde bestimmt, dass:
„Zu den Fällen, dass wegen einer ausdrücklichen oder stillschweigenden Einwilligung des Beklagten ein außerordentlicher Gerichtsstand stattfindet, gehört es zuvörderst, wenn wegen eines Kontrakts bei den Gerichten des Orts, wo derselbe geschlossen worden oder erfüllt werden sol, geklagt wird."
Obwohl das Preußische Tribunal diesem Grundsatz folgte, bemerkten schon damals die Kommentatoren aber, dass diese Einigung vom Gesetzgeber fingiert werde. Bei weiteren Entwürfe, versuchte man das Problem dadurch zu lösen, indem man die gleichzeitige Anwesenheit beider Parteien im Gerichtsstaat bei Prozeßbeginn zu fordern, § 74 des preußischen Entwurfs, wobei auch dem zu Recht entgegnet wurde, dass die Anwesenheit der Parteien zufällig sei und nicht immer mit dem Vertrag zusammenhängt. nähere Nachweise bei *Schröder*, Internationale Zuständigkeit, S. 292.

Leistung angesehen.[246] Die Klage wurde als „Betreibung der Forderung" angesehen.[247] An dem Ort, an dem die Erfüllung geschuldet ist, muss man sich auch gerichtlich belangen lassen.[248]

Dabei wird übersehen, dass es sich bei der Übereinkunft, an einen bestimmten Ort zu leisten, nur um eine materielle Verpflichtungen des Schuldners handelt und nicht um eine prozessuale.[249] Kritisiert wird die Fiktion dieser Theorie, dass die Parteien sich der Gerichtsbarkeit des Erfüllungsortes unterwerfen wollen.[250] Wenn die Parteien nicht die Zuständigkeit eines Gerichts vereinbaren, so kann daraus jedoch nur geschlossen werden, dass sie sich gerade keinem Gerichtsstand freiwillig unterwerfen wollen.[251] Die Parteien unterwerfen sich nicht dem Gerichtsstand am Erfüllungsort, das Gesetz zwingt ihnen diesen Gerichtsstand auf.[252] Fraglich ist auch, ob es noch zeitgemäß ist, anzunehmen, dass niemand einen Vertrag schließen würde, wenn sein Vertragspartner sich weigert vor seinem heimischen Gericht gerichtspflichtig zu sein. Früher war es mühsamer vor einem ausländischen Gericht zu klagen und verklagt zu werden. Aber im Zeitalter der fortschreitenden Globalisierung und einer zusammenwachsenden Europäischen Gemeinschaft kann dem nicht mehr gefolgt werden.

II. Der Gerichtsstand am Erfüllungsort – ein Klägergerichtsstand?

Im europäischen Zuständigkeitssystem wird grundsätzlich der Beklagte privilegiert.[253] Der allgemeine Gerichtsstand berücksichtigt dabei aber ein-

---

[246] *Bethmann-Hollweg*, der Civilprozeß des gemeinen Rechts in geschichtlicher Entwicklung, 17 ff.
[247] *Albrecht*, Über das Motiv des Forum contractus, S. 13 ff.
[248] *Albrecht*, Über das Motiv des Forum contractus, S. 13 ff.
[249] *Schröder*, Internationale Zuständigkeit, S. 299 mit weiteren Nachweisen.
[250] *Schröder*, Internationale Zuständigkeit, S. 299.
[251] *Schack*, Der Erfüllungsort im deutschen, ausländischen und internationalen Privat- und Zivilprozeßrecht, Rn. 145.
[252] *Albrecht*, Über das Motiv des Forum contractus, S. 27.
[253] *Schröder*, Internationale Zuständigkeit, S. 229; *Lando*, Die Aufgabe des Gerichtshofes und das System des Brüsseler Übereinkommens, in Internationale Zuständigkeit und Urteilsanerkennung in Europa, S. 21 (24); *Jenard*, Bericht zu dem Übereinkommen über die gerichtliche Zuständigkeit und die Vollstreckung gerichtlicher Entscheidungen in Zivil- und Handelssachen, ABl. EG 1979 Nr. C 59, S. 1(18) begründet warum dieses Prinzip für grenzüberschreitende Streitigkeiten so wichtig ist. Der EuGH geht davon aus, dass dieses Prinzip dem Beklagten die Verteidigung erleichtern soll, EuGH 17.06.1992 – Rs. 26/91, TMVS/Handte, Slg. 1992, S. I-3967 Rn. 14.

seitig die Beklagteninteressen.[254] Das europäische Zuständigkeitssystem war deshalb bemüht einen Ausgleich zum allgemeinen Gerichtsstand zu schaffen, indem es zusätzliche Zuständigkeiten regelte, die auch andere Interessen berücksichtigen.[255]
Art. 5 Nr. 1 EuGVO ermöglicht es dem Kläger, nicht nur am Wohnort des Beklagten die Klage zu erheben, sondern stattdessen auch auf den Erfüllungsort des Vertrags auszuweichen.[256] Trotzdem ist auch Art. 5 Nr. 1 EuGVO, wie das gesamte europäische Zuständigkeitssystem, vom Gedanken des Beklagtenschutzes geprägt.[257] Der Grundsatz des „actor sequitur forum rei" dient als Auslegungshilfe für die Bestimmung der Reichweite aller besonderen Gerichtsstände.[258] Sie werden vom EuGH deshalb grundsätzlich eng ausgelegt, um den Beklagten zu schützen.[259]

Art. 5 Nr. 1 EuGVO ergänzt also den allgemeinen Gerichtsstand des Art. 2 Absatz 1 EuGVO, indem er nicht nur den Beklagtenschutz berücksichtigt. Ziel der Vorschrift ist es aber nicht, grundsätzlich einen Klägergerichts-

---

[254] *Geimer/Schütze*, Internationale Urteilsanerkennung, Band 1, 1. Halbband, S. 551.
[255] *Broggini*, Zuständigkeit am Ort der Vertragserfüllung, in Schwander, Das Luganer Übereinkommen S. 123; *Kaye*, Civil Jurisdiction and Enforcement of foreign Judgements, S. 253 ff.; *Kropholler*, Internationales Privatrecht, § 58 III 2 a, S. 574, *Lando*, Die Aufgabe des Gerichtshofes und das System des Brüsseler Übereinkommens, in: Urteilsanerkennung in Europa, S. 21 (24); *Valloni*, Der Gerichtsstand des Erfüllungsortes nach dem Lugano- und Brüsseler-Übereinkommen, S. 152; *Pfeiffer*, Internationale Zuständigkeit und prozessuale Gerechtigkeit, S. 601; *Geimer*, Internationales Zivilprozeßrecht, Rn. 1131; *Schack*, Internationales Zivilverfahrensrecht, Rn. 256; *Schack*, Erfüllungsort im deutschen, ausländischen und internationalen Privat- und Zivilprozeßrecht, Rn. 141; *Geimer*, Internationalrechtliches zum Justizgewährungsanspruch. Eine Skizze, Beiträge zum internationalen Recht und zur Schiedsgerichtsbarkeit, Festschrift für Nagel, S. 36 (41); *Spellenberg*, IPRax 1981, S. 76; *Wieczorek/Schütze/Hausmann*, Zivilprozeßordnung und Nebengesetze, § 29 ZPO Rn. 1.
[256] *Geimer/Schütze*, Europäisches Zivilverfahrensrecht, Art. 5 EuGVÜ Rn. 3; *Kropholler*, Internationales Zivilprozeßrecht, Art. 5 EuGVÜ Rn. 2; *Schack*, Der Erfüllungsort im deutschen, ausländischen und internationalen Privat- und Zivilprozeßrecht, Rn. 141; *Spellenberg*, IPRax 1981, S. 76.
[257] *Ost*, Doppelrelevante Tatsachen im Internationalen Zivilverfahrensrecht, S. 9.
[258] *Hertz*, Jurisdiction in Contract and Tort under the Brussels Convention, S. 47, *Jayme*, IPRax 1995, S. 13 f.; *Wrangel*, Der Gerichtsstand des Erfüllungsortes im deutschen, italienischen und europäischen Recht, S. 168; EuGH 27.09. 1988 – Rs. 189/87, Kalfelis/Schröder, Slg. 1988, S. 5565 Rn. 19; EuGH 17.06. 1992 – 26/91, Handte/TCMS, Slg. 1992, S. I-3967 Rn. 14; EuGH 15.02.1989 – Rs. 32/88, Six Construction/Humbert, Slg. 1989, S. 341 Rn. 18.
[259] EuGH 27.09.1988 – Rs. 189/87, Kalfelis/Bankhaus Schröder, Münchmeyer, Hengst u. a., Slg. 1988, S. 5565 Rn. 8.

stand für alle Vertragsklagen bereitzustellen.[260] Zum einen wird der Kläger allgemein als nicht in dem Maße schützenswert angesehen wie der Beklagte, weil sich die Gerichtsgewalt in erster Lienie gegen den Beklagten richtet[261] und er als Angegriffener in einer schwächeren Position sei.[262] Die Verteidigung im Ausland wird aber durch eine fremde Sprache, eine unbekannte Gerichtsorganisation und der weiten Distanz zum Gerichtsort erschwert.[263] Dem Kläger soll deswegen grundsätzlich kein eigener Gerichtsstand zugestanden werden.[264] Zum anderen knüpft Art. 5 Nr. 1 EuGVO nicht an die Kläger- oder Beklagteneigenschaft, sondern an den Streitgegenstand an.[265]

---

[260] Siehe den *Jenard*, Bericht zu dem Übereinkommen über die gerichtliche Zuständigkeit und die Vollstreckung gerichtlicher Entscheidungen in Zivil- und Handelssachen, ABl. EG 1979 Nr. C 59, S. 1(Rn. 23), in dem der Gerichtsstand am Entstehungsort unter anderem deswegen abgelehnt wird, weil dieser über Umwegen zu einen Gerichtsstand des Klägers gelangt. Andere Gründe waren, dass viele Länder einen solchen Gerichtsstand nicht kannten, man befürchtete eine Gerichtsstandsvermehrung und Schwierigkeiten bei der Bestimmung des Abschlussortes beim Vertragsschluss unter Abwesenden. *Droz*, Compétence judicaire et effets des jugements dans le Marché Commun, Rn. 64; *Geimer/Schütze*, Europäisches Zivilverfahrensrecht, Art. 5 EuGVÜ Rn. 3; *Geimer/Schütze*, Internationale Urteilsanerkennung, Band 1, 1. Halbband, S. 552; *Lizier Tessiore*, Riv.trim.dir.proc.civ. 1980, S. 134 f.; *Kropholler*, Europäisches Zivilprozeßrecht, Art. 5 EuGVÜ Rn. 2; *Schack*, Der Erfüllungsort im deutschen, ausländischen und internationalen Privat- und Zivilprozeßrecht, Rn. 204; *Valloni*, Der Gerichtsstand des Erfüllungsortes nach dem Lugano- und Brüsseler-Übereinkommen, S. 155. Anderer Ansicht *Broggini*, Zuständigkeit am Ort der Vertragserfüllung, in Schwander, Das Lugano-Übereinkommen, S. 111 (118); *Hau*, IPRax 2000, S. 355 (357); *Schröder*, Internationale Zuständigkeit, S. 299, 322; *Spellenberg*, IPRax 1981, S. 76.

[261] *Neuner*, Internationale Zuständigkeit, S. 23; *Schack*, Internationales Zivilverfahrensrecht, Rn. 192.

[262] EuGH 17.06.1992 – Rs. 26/91, Jakob Handte & Co GmbH/Traitements Mecano Chimiques des Surfaces Sa, Slg. 1992, S. I-3967. In der Literatur *Hoffmann*, IPRax 1982, S. 217 f.; *Neuhaus*, RabelsZ 20 (1955), S. 201 (232).

[263] *Bülow/Böckstiegel/Geimer/Schütze/Schlafen*, Der internationale Rechtsverkehr in Zivil- und Handelssachen, Art. 2 EuGVÜ Anm. 1.

[264] *Schack*, Der Erfüllungsort im deutschen, ausländischen und internationalen Privat- und Zivilprozeßrecht, Rn. 149, *Schack* weist darauf hin, dass diese Bevorzugung aber doch oft der Fall ist, wenn für die Zulässigkeit der Klage lediglich die schlüssige Behauptung eines Erfüllungsorts genügt. Andererseits würde es die Zulässigkeitsprüfung zu kompliziert machen, wenn man den Erfüllungsort beweisen müsste.

[265] *Besse*, Die Vergemeinschaftung des EuGVÜ, S. 23 f.; *Geimer/Schütze*, Europäisches Zivilverfahrensrecht, Art. 5 EuGVÜ Rn. 3; *Buchner*, Kläger- und Beklagtenschutz im Recht der internationalen Zuständigkeit, S. 98 ff., der einen Gerichtsstand am Beklagtenwohnort komplett ablehnt; *Geimer/Schütze*, Internationale Urteilsanerkennung, Band 1, 1. Halbband, S. 552; *Ost*, Doppelrelevante Tatsachen im Internationalen Zivilverfah-

Art. 5 Nr. 1 EuGVO ist als parteiunabhängiger Gerichtsstand konzipiert, der Alternativen zu Art. 2 EuGVO schafft, aber nicht den Kläger pauschal bevorzugen soll. Im europäischen Zuständigkeitssystem sollten Alternativen zum Beklagtengerichtsstand angeboten werden sollten, diese sollten aber nicht an der Person des Klägers oder des Beklagten festgemacht werden, sondern am Streitgegenstand.[266]
Festzuhalten ist, dass es für beide Parteien mühsamer ist, einen Prozess im Ausland zu führen, als im Inland.[267] Welcher Partei die Gerichtsnähe zustehen soll, ist aber schwer zu beantworten: So wie der Kläger das Bedürfnis hat, vor einem heimischen Gericht zu klagen, hat der Beklagte das Bedürfnis, sich vor seinem heimischen Gericht zu verteidigen. Der europäische Gesetzgeber gewichtet das Bedürfnis des Beklagten grundsätzlich höher und trägt dem durch Art. 2 Absatz 1 EuGVO Rechnung. Es ist nicht Sinn von Art. 5 Nr. 1 EuGVO, dem Kläger pauschal einen Gerichtsstand an seinem Wohnsitz zu eröffnen.[268]

Faktisch ist es so, dass der Kläger nur dann auf den Gerichtsstand von Art. 5 Nr. 1 EuGVO ausweichen wird, wenn dieser für ihn vorteilhafter als der Beklagtengerichtsstand ist. Der Kläger wird vor allem dann auf den Gerichtsstand aus Art. 5 Nr. 1 EuGVO zurückgreifen, wenn der Erfüllungsort nicht mit dem Wohnort des Beklagten zusammenfällt, sondern am Wohnsitz des Klägers zu lokalisieren ist.[269]

Geldleistungen werden häfiger als Sachleistungen eingeklagt. Der Erfüllungsort der eingeklagten Leistung wurde vor der Reform durch einen Rückgriff auf die lex causae bestimmt.[270] Viele nationale Rechtsordnungen

---

rensrecht, S. 9; *Pfeiffer*, Internationale Zuständigkeit und prozessuale Gerechtigkeit, S. 619; *Schmidt-Parzefall*, Die Auslegung des Parallelübereinkommens von Lugano, S. 5; *Schröder*, Internationale Zuständigkeit, S. 327; *Wieczorek/Schütze/Hausmann*, Zivilprozessordnung, Art. 5 EuGVÜ Rn. 2; MünchKomm/*Gottwald*, Art. 5 EuGVÜ Rn. 1; *Wrangel*, Der Gerichtsstand des Erfüllungsortes im deutschen, italienischen und europäischen Recht, S. 12 hält daneben auch das Konzentrationsinteresse für wichtig; siehe auch OLG Saarbrücken, 3.04.1979 – 2 U 185/76, RIW 1980. 797.

[266] *Schack*, Internationales Zivilverfahrensrecht, Rn. 256.

[267] *Valloni*, Der Gerichtsstand des Erfüllungsortes nach dem Lugano- und Brüsseler-Übereinkommen, S. 149.

[268] *Hackenberg*, Der Erfüllungsort von Leistungspflichten unter Berücksichtigung des Wirkungsortes von Erklärungen im UN-Kaufrecht und der Gerichtsstand des Erfüllungsortes im deutschen und europäischen Zivilprozeßrecht, S. 200 f.

[269] *Hau*, IPRax 2000, S. 354 (357).

[270] EuGH 6.10.1976 – Rs. 12/76, Tessili/Dunlop, Slg 1976, S. 1473.

haben Geldschulden als Bringschulden ausgestaltet.[271] Auch das UN-Kaufrecht sieht den Erfüllungsort der Kaufpreiszahlung gemäß Art. 57 Absatz 1 lit. a CISG am Wohnort des Verkäufers. Dadurch führte Art. 5 Nr. 1 EuGVÜ immer dann zum Klägergerichtsstand, wenn eine Geldschuld eingeklagt wurde, die in der lex causae als Bringschuld ausgestaltet war.
Es wurde aber gezeigt, dass Art. 5 Nr. 1 EuGVÜ/EuGVO nicht pauschal einen Klägergerichtsstand schaffen darf. Er muss am Streitgegenstand anknüpfen, also am Vertrag, und parteineutral sein.

III. Sach- , Beweis- und Rechtsnähe

Die besonderen Gerichtsstände wurden nach dem *Jenard* Bericht ins Übereinkommen aufgenommen, weil zwischen dem Rechtsstreit und dem zuständigen Gericht eine besonders enge Verknüpfung existiere.[272] Ob eine solche Verknüpfung für den Gerichtsstand am Erfüllungsort tatsächlich vorhanden ist, ist zu untersuchen.

Die Verbindung zwischen Rechtsstreit und zuständigem Gericht ist bei den ausschließlichen Gerichtsständen (Art. 22 EuGVO) zweifellos sehr eng, diese zeichnen sich durch besondere Sach- und Beweisnähe aus.[273] Eine solche Nähe besteht am allgemeinen Gerichtsstand am Wohnort des Beklagten nicht, denn dieser Gerichtsstand orientiert sich nicht am Streitgegenstand, sondern an einer Parteieigenschaft.
Es liegt auch im Interesse der Parteien, wenn das angerufene Gericht eine hohe Beweis-, Sach- und Rechtsnähe aufweist. Dadurch ist eher gewährleistet, dass die Entscheidung des Gerichts fehlerfrei ergeht und gleichzeitig die Verfahrenskosten möglichst gering gehalten werden.[274] Wird die Sach-, Beweis- und Rechtsnähe des Erfüllungsortes genutzt, trägt dies also in der Regel zu einer sachgerechten Prozessführung bei und führt dazu, dass die Rechtssicherheit[275] ausgebaut wird.[276] Die Berücksichtigung

---

[271] Nachweise in *Lando/Beale*, Principles of Contract Law, S. 329 ff.
[272] *Jenard*, Bericht zu dem Übereinkommen über die gerichtliche Zuständigkeit und die Vollstreckung gerichtlicher Entscheidungen in Zivil- und Handelssachen, ABl. EG 1979 Nr. C 59, S. 1 (22).
[273] *Schack*, Der Erfüllungsort im deutschen, ausländischen und internationalen Privat- und Zivilprozeßrecht, Rn. 140, 235.
[274] *Hill*, ICLQ 1995, 595; *Schack*, Internationales Zivilverfahrensrecht, Rn. 201; *Valloni*, Der Gerichtsstand des Erfüllungsortes nach dem Lugano- und Brüsseler-Übereinkommen, S. 147; *Wrangel*, Der Gerichtsstand des Erfüllungsortes im deutschen, italienischen und europäischen Recht, S. 170.
[275] EuGH 17.06.1992 – Rs. 26/91, TMVS/Handte, Slg. 1992, S. I - 3967, Rn. 13.

dieser Grundsätze liegt also sowohl im Interesse der Parteien als auch im Interesse des europäischen Gesetzgebers und ist deshalb für das Prozessrecht von großer Bedeutung.[277]

Der EuGH sieht den Erfüllungsort als den Ort an, an dem die engste Verbindung zwischen dem Vertrag und dem zuständigen Gericht besteht.[278] Nur der Gerichtsstand am Erfüllungsort berücksichtige vertragliche Aspekte, die im Zusammenhang mit dem konkreten Rechtsstreit stünden, und sei von seiner Konzeption her in der Lage, einen sachnahen Gerichtsstand bereitzustellen.[279] Die Sach- und Beweisnähe wurden vom EuGH aber teilweise zugunsten der Vorhersehbarkeit des Gerichtsstandes am Erfüllungsort vernachlässigt.[280] Sie können daher nicht der Hauptgrund für die

---

276 *Valloni*, Der Gerichtsstand des Erfüllungsortes nach dem Lugano- und Brüsseler-Übereinkommen, S. 158.

277 *Heldrich*, Die Interessen bei der Regelung der internationalen Zuständigkeit, in Festschrift für Ficker, S. 205 (212); *Heldrich*, Internationale Zuständigkeit und anwendbares Recht, 112 ff; *Hill*, ICLQ 1995, 593; *Lando*, Die Aufgaben des Gerichtshofes und das System des Brüsseler Übereinkommens, in Internationale Zuständigkeit und Urteilsanerkennung in Europa, S. 21 f.; *Lohse*, Das Verhältnis von Vertrag und Delikt, S. 42; *Schack*, Internationales Zivilverfahrensrecht, Rn. 201; *Trunk*, Die Erweiterung des EuGVÜ-Systems am Vorabend des Europäischen Binnenmarktes, S. 4 .

278 EuGH 15.01.1987 – Rs. 266/85, Shenavai/Kreischer, Slg. 1986, 239, 256, Rn. 18; EuGH 29.06.1994 – Rs. C-288/92, Custom Made Commercial/Stawa Metallbau, Slg. 1994, S. I-2913 Rn. 13.

279 *Campeis/Pauli*, La proceduracivile internazionale, 161; *Droz*, Rev.crit.dr.int.pr. 65 (1976), S. 123 ; *Geimer*, Internationales Zivilprozeßrecht, Rn. 1127; *Huet*, JDI 1977, 718 f; *Huet*, Die Stellung des Artikels 5 im Gefüge des Übereinkommens. Die Zuständigkeit in Vertragssachen, in Internationale Zuständigkeit und Urteilsanerkennung in Europa, S. 55 f.; *Jenard*, Bericht zu dem Übereinkommen über die gerichtliche Zuständigkeit und die Vollstreckung gerichtlicher Entscheidungen in Zivil- und Handelssachen, ABl. EG 1979 Nr. C 59, S. 1 (22). *Kohler*, Die Stellung des Artikels 5 im Gefüge des Übereinkommens. Die Zuständigkeit in Vertragssachen, in Internationale Zuständigkeit und Urteilsanerkennung in Europa, S. 41; Generalanwalt *Lenz* in EuGH 29.06.1994 – Rs. C-288/92, Custom Made Commercial/Stawa Metallbau, Slg. 1994, S. I-2913 (2920); *Lüderitz*, Fremdbestimmte internationale Zuständigkeit?, in Gedächtnisschrift für Zweigert, S. 233 (245); *Rauscher*, Verpflichtung und Erfüllungsort in Art. 5 Nr. 1 EuGVÜ, S. 154; *Rennpferdt*, Die Internationale Harmonisierung des Erfüllungsrechts für Geldschulden, S. 87 f.; *Spellenberg*, IPRax 1981, S. 75 f.; *Wrangel*, Der Gerichtsstand des Erfüllungsortes im deutschen, italienischen und europäischen Recht, S. 169 f.; *Zöller/Vollkommer*, Zivilprozessordnung, § 12 ZPO Rn.3; EuGH 6.10.1976 – Rs. 12/76, Tessili/Dunlop, Slg 1976, S. 1486 Rn. 13; EuGH 17.01.1980 – Rs. 56/79, Zelger/Salinitri, Slg. 1980, S. 89 Rn. 3 ; EuGH 29.06.1994 – Rs. C-288/92, Custom Made Commercial/Stawa Metallbau, Slg. 1994, S. I-2913, Rn. 13.

280 EuGH 29.06.1994 – Rs. C-288/92, Custom Made Commercial/Stawa Metallbau, Slg. 1994, S. I-2913, der die fehlende Sachnähe eines Gerichts zum Rechtsstreit nicht als

Existenz des Gerichtsstands am Erfüllungsort sein. Deshalb ist zu prüfen, wie „die enge Verbindung zwischen Vertrag und entscheidendem Gericht" zu berücksichtigen ist oder ob tatsächlich am Gerichtsstand des Erfüllungsortes auf Sach-, Beweis- und Rechtsnähe verzichtet werden kann.

1. *Sach- und Beweisnähe*[281]

Der EuGH hat in seinen Entscheidungen oft angedeutet, dass zwischen dem Gericht am Erfüllungsort des Vertrags und dem Vertrag selbst eine besondere Sachnähe bestehe, die den Gerichtsstand des Erfüllungsorts rechtfertige.[282] Sachnah ist ein Gericht, an dem die Beweiserhebung mit wenig Aufwand durchgeführt werden kann.[283] Beweisnähe hängt von den typischerweise auftretenden, streitigen Fragen ab. Bei Verträgen können dies beispielsweise Streitigkeiten über den Abschluss, den Bestand oder den Inhalt des Vertrags sein, sowie die Erbringung der Primärleistungen oder Gewährleistungsklagen.

Bei näherer Betrachtung zeigt sich, dass der Erfüllungsort weder für den Abschluss noch für den Bestand oder den Inhalt des Vertrags besonders zum Beweis geeignet ist.[284] Am Erfüllungsort können nur Teilaspekte des

---

Ausschlusskriterium für ein Forum sieht, solange alle anderen Voraussetzungen des Art. 5 Nr. 1 EuGVÜ vorliegen.

[281] Mit den Schlagworten Sach- und Beweisnähe ist das gleiche gemeint: sach- und beweisnah ist ein Gericht an dem die Beweiserhebung besonders gut durchgeführt werden kann.

[282] EuGH 17.01.1980 – Rs. 59/79, Zelger/Salinitri, Slg. 1980, S. 89; EuGH 26.05.1982 – Rs. 133/81, Ivenel/Schwab, Slg. 1982, S. 1891 Rn. 11. EuGH 29.06.1994 – Rs. C-288/92, Custom Made Commercial/Stawa Metallbau, Slg. 1994, S. I-2913 Rn. 13 spricht davon dass der Erfüllungsort in der Regel der Ort sei, der die engste Verbindung zwischen der Streitigkeit und dem zuständigem Gericht aufzeigt, gibt also zu, dass der Erfüllungsort nicht immer der sachnächste Gerichtsstand ist. So auch im *Jenard*, Bericht zu dem Übereinkommen über die gerichtliche Zuständigkeit und die Vollstreckung gerichtlicher Entscheidungen in Zivil- und Handelssachen, ABl. EG 1979 Nr. C 59, S. 1 (24), der eine Beweisnähe bejaht, wenn ein Sachverständigengutachten angefertigt werden soll, oder Untersuchungen durchgeführt werden sollen. *Geimer/Schütze*, Internationale Urteilsanerkennung, Band 1, 1. Halbband, S. 554; *Spellenberg*, IPRax 1981, S. 75 f.

[283] *Schack*, Internationales Zivilverfahrensrecht, Rn. 201, *Wrangel*, Der Gerichtsstand des Erfüllungsortes im deutschen, italienischen und europäischen Recht, S. 170.

[284] *Geimer*, EuR 1977, S. 456; *Geimer*, EuZW 1992, S. 518; *Geimer/Schütze*, Europäisches Zivilverfahrensrecht, Art. 5 EuGVÜ Rn. 5; *Schack*, Der Erfüllungsort im

Vertrags besser bewiesen werden, als an anderen Orten. Er eignet sich gut zum Beweis z. B. wenn es um die Auslieferung, Mängelfeststellung oder Mängelrüge geht und sich die Sache noch am Erfüllungsort befindet.[285] In diesen Fällen kann der Richter am Erfüllungsort die erbrachte Leistung tatsächlich am besten beurteilen.[286]
Befindet sich die Sache aber noch nicht am Erfüllungsort und wird die Leistung der Sache oder Schadensersatz wegen Nichterfüllung eingeklagt, so ist das Argument der Beweisnähe nicht mehr tragfähig.[287] Zugunsten des Gerichts am Erfüllungsort kann in diesen Fällen nur gesagt werden, dass man dort am einfachsten feststellen kann, ob die Erfüllung schon stattgefunden hat.[288]

Auch in der EuGH Rechtsprechung fehlt eine einheitliche Linie, welche Bedeutung der Sach- und Beweisnähe zukommt: Der EuGH stellte in der *Custom Made Commercial/Stawa* Entscheidung fest, die Vorhersehbarkeit der Gerichtsstände sei am wichtigsten,[289] dafür müssten die Parteien auch ein nicht sachnahes Gericht in Kauf nehmen.[290] In der *Besix/WABAG* Entscheidung begründete er aber nach langer Zeit eine Entscheidung zu Art. 5 Nr.1 EuGVÜ mit der engsten Verknüpfung des Gerichts mit dem Streitgegenstand und argumentierte mit der Sach- und Beweisnähe. In diesem Urteil lehnte er die Bestimmung des Erfüllungsortes de lege causae ab, wenn eine Verpflichtung unendlich viele Erfüllungsorte habe und zu keinem eine besonders enge Verknüpfung aufweise.[291] Sach- und Beweisnähe

---

deutschen, ausländischen und internationalen Privat- und Zivilprozeßrecht, Rn. 335; *Schröder*, Internationale Zuständigkeit, S. 322f.; *Spellenberg*, IPRax 1981, S. 75 f.

[285] *Geimer/Schütze*, Internationales Zivilverfahrensrecht, Art. 5 EuGVÜ Rn. 5; *Wrangel*, Der Gerichtsstand des Erfüllungsortes im deutschen, italienischen und europäischen Recht, S. 171.

[286] *Schröder*, Internationale Zuständigkeit, S. 110.

[287] *Geimer/Schütze*, Europäisches Zivilverfahrensrecht, Art. 5 EuGVÜ Rn. 5; *Schröder*, Internationale Zuständigkeit, S. 322 f.; *Spellenberg*, IPRax 1981, S. 75 f.; *Wrangel*, Der Gerichtsstand des Erfüllungsortes im deutschen, italienischen und europäischen Recht, S. 171.

[288] *Valloni*, Der Gerichtsstand des Erfüllungsortes nach dem Lugano- und Brüsseler-Übereinkommen, S. 159.

[289] EuGH 29.06.1994 – Rs. C-288/92, Custom Made Commercial/Stawa Metallbau, Slg. 1994, S. I-2913, Rn. 16 ff.

[290] EuGH 29.06.1994 – Rs. C-288/92, Custom Made Commercial/Stawa Metallbau, Slg. 1994, S. I-2913 Rn. 16 ff.

[291] Besix SA/Wasserreinigungsbau Alfred Kretzschmar GmbH & Co. KG (WABAG) und Planungs- und Forschungsgesellschaft W. Kretzschmar GmbH 6 KG (PLAFOG), Slg. 2002, S. I-1699.

sind nicht die ausschlaggebende ratio legis des Gerichtsstands am Erfüllungsort.[292]

a) *Ergebnis*

Die Sach- und Beweisnähe führen als ratio legis des Gerichtsstandes am Erfüllungsort nicht weiter. Es ist nicht möglich einen Ort zu bestimmen, an dem der Beweis für alle Streitigkeiten aus einem Vertrag immer leicht zu führen ist. Es ist lediglich feststellbar, dass der Erfüllungsort der Kaufpreiszahlung selten besonders gut zum Beweis geeignet ist, denn dort kann lediglich bewiesen werden, ob die Zahlung eingegangen ist. Die Zahlung wird aber oft verweigert, weil eine mangelhafte Sache geliefert wurde - diese Mangelhaftigkeit kann am Erfüllungsort des Kaufpreises jedoch nicht bewiesen werden. Deshalb ist dieser als Erfüllungsort des gesamten Vertrages ungeeignet.

2. *Rechtsnähe*

Ein Gericht ist rechtsnah, wenn sein materielles Heimatrecht auf den Vertrag anzuwenden ist.[293] Dies bedeutet, dass lex fori und lex causae zusammenfallen. Der EuGH weist oft auf die enge Verknüpfung zwischen dem Gerichtsstand am Erfüllungsort und dem Vertrag hin.[294] Unklar ist, ob damit auch die Rechtsnähe gemeint ist.[295]

---

[292] *Geimer*, EuR 1977, S. 456; *Geimer*, EuZW 1992, 518; *Geimer/Schütze*, Europäisches Zivilverfahrensrecht, Art. 5 EuGVÜ Rn. 4; *Geimer/Schütze*, Internationale Urteilsanerkennung, Band 1, 1. Halbband, S. 554; *Rauscher*, Verpflichtung und Erfüllungsort in Art. 5 Nr. 1 EuGVÜ, S. 179ff.; *Schröder*, Internationale Zuständigkeit, S. 322 f.; *Spellenberg*, IPRax 1981, S. 75 f.; *Spellenberg*, ZZP 91 (1978), S. 56; *Schack*, Der Erfüllungsort im deutschen, ausländischen und internationalen Privat- und Zivilprozeßrecht, Rn. 335.

[293] *v. Savigny*, System des heutigen Römischen Rechts VIII, S. 246; *Nolde*, Z.f.Vgl.RWiss. 1940/1941, S. 284 f.; *Schack*, Der Erfüllungsort im deutschen, ausländischen und internationalen Privat- und Zivilprozeßrecht, Rn. 233; *Schack*, Internationales Zivilverfahrensrecht, Rn. 202; *Schröder*, Internationale Zuständigkeit, S. 323 f.

[294] EuGH 17.01.1980 – Rs. 56/79, Zelger/Salinitri, Slg. 1980, S. 89; EuGH 17.06.1992 – Rs. 26/91, TMVS/Handte, Slg. 1992, S. I - 3967, Rn. 13; EuGH 15.01.1987 – Rs. 266/85, Shenavai/Kreischer, Slg. 1986, 239, 256, Rn. 18; EuGH 29.06.1994 – Rs. C-288/92, Custom Made Commercial/Stawa Metallbau, Slg. 1994, S. I-2913 Rn. 13.

[295] *Valloni*, Der Gerichtsstand des Erfüllungsortes nach dem Lugano- und Brüsseler-Übereinkommen, S 161.

Teilweise wird der Rechtsnähe eines Gerichts große Bedeutung zugemessen. Ein Gleichlauf zwischen anwendbarem Recht und internationaler Zuständigkeit wird für wünschenswert gehalten.[296] In England wird die Rechtsnähe aus den übrigen Zuständigkeitsinteressen herausgenommen und zu einem eigenen Zuständigkeitsgrund gemacht.[297] Der Vorteil der Rechtsnähe liegt darin, dass zuständige Richter sich in ihrem Heimatrecht besser auskennen als im ausländischen Recht. Ein rechtsnaher Gerichtsstand führt deshalb zu einer Verminderung von Rechtsfehlern bei der gerichtlichen Entscheidung.[298] Die Gerichtsverfahren sind dadurch kürzer.[299]

Die Rechtsnähe sollte jodch nicht zu hoch gewichtet werden. Oft hängt es vom Zufall ab, ob tatsächlich Gleichlauf eintritt.[300] In erster Linie bestimmen die Parteien, welches Recht auf den Vertrag anzuwenden ist,[301] Art. 27 EGBGB/Art. 3 EVÜ. Wenn keine ausdrückliche Rechtswahl vorliegt, wird für die Bestimmung des auf den Vertrag anwendbaren Rechts nicht mehr auf den Erfüllungsort des Vertrags zurückgegriffen,[302] weil dies bei synallagmatischen Verträgen schwierig ist. Dort gibt es zumindest zwei gleichwertige Leistungspflichten mit fast immer verschiedenen Erfüllungsorten.[303] Stattdessen ist auf den Vertrag nach Art. 28 EGBGB/Art. 4 EVÜ das Recht des Staates anzuwenden, welcher die engste Verbindung zum Rechtsverhältnis aufweist.

---

[296] *Schröder*, Internationale Zuständigkeit, S. 323 verweist auf *Savigny*, System des heutigen Römischen Rechts VIII, S. 246.

[297] RSC Order 11, rule 1 (1) (d) (iii); siehe auch *Schack*, Internationales Zivilverfahrensrecht, Rn. 216.

[298] *Hackenberg*, Der Erfüllungsort von Leistungspflichten unter Berücksichtigung des Wirkungsortes von Erklärungen im UN-Kaufrecht und der Gerichtsstand des Erfüllungsortes im deutschen und europäischen Zivilprozeßrecht, S. 200; *Rauscher*, Verpflichtung und Erfüllungsort in Art. 5 Nr. 1 EuGVÜ, S. 214.

[299] *Heldrich*, Internationale Zuständigkeit und anwendbares Recht, S. 110 ff., *Hill*, ICLQ 1995, S. 595; *Schack*, Der Erfüllungsort im deutschen, ausländischen und internationalen Privat- und Zivilprozeßrecht, Rn. 233; *Schack*, Internationales Zivilverfahrensrecht, Rn. 202.

[300] Vergleiche auch den *Giuliano/Lagarde* Bericht zu Art. 3 EVÜ; *Schröder*, Internationale Zuständigkeit, 323 f.

[301] Vergleiche auch den *Giuliano/Lagarde* Bericht zu Art. 3 EVÜ; *Schröder*, Internationale Zuständigkeit, 323 f.

[302] So aber die frühere Rechtslage, siehe MünchKomm/*Martiny*, Art. 28 EGBGB Rn. 81

[303] *Geimer/Schütze*, Internationales Zivilverfahrensrecht, Art. 5 EuGVÜ Rn. 6; *Valloni*, Der Gerichtsstand des Erfüllungsortes nach dem Lugano- und Brüsseler-Übereinkommen, S. 161.

a) Ergebnis

Es ist nicht möglich, für einen Vertrag einen Ort zu finden, der durchgängig zum Beweis geeignet ist. Manche Tatsachen lassen sich am Abschlussort gut beweisen, andere dagegen am Erfüllungsort.[304] Ob Beweisnähe vorliegt, hängt davon ab, worüber die Parteien streiten.[305] Es können aber Orte genannt werden, die sich kaum zum Beweis eignen, wie beispielsweise den Erfüllungsort der Kaufpreiszahlung[306].

Daraus ist erkennbar, dass der Gerichtsstand des Erfüllungsortes zwar eine örtliche Nähe zum Vertrag enthält, aber keinesfalls immer der sachnächste Gerichtsstand ist. Dessen Sach- und Beweisnähe wurde von manchen Autoren sogar als nur schwach ausgeprägt bezeichnet.[307]

IV. Vollstreckungsnähe

Ein Gericht ist vollstreckungsnah, wenn der Kläger nach dem gerichtlichen Verfahren möglichst schnell und effektiv vollstrecken kann.[308] Die Klage ist Mittel zur zwangsweisen Durchsetzung der geschuldeten Leistung, deshalb ist eine effiziente Vollstreckung des Urteils sehr wichtig.[309] Die Vollstreckung wird erleichtert, wenn die Parteien keine aufwendigen Verfahren zur Anerkennung des Urteils durchführen müssen.[310] Kein Anerkennungsverfahren muss durchgeführt werden, wenn der Ort des Ge-

---

[304] *Schack*, Der Erfüllungsort im deutschen, ausländischen und internationalen Privat- und Zivilprozeßrecht, Rn.146; *Schröder*, Internationale Zuständigkeit, S. 323.

[305] *Gsell*, IPRax 2002, S. 484 (489).

[306] *Schack*, Der Erfüllungsort im deutschen, ausländischen und internationalen Privat- und Zivilprozeßrecht, Rn. 145; *Spellenberg*, ZZP 91 (1978), S. 38 (56); *Spellenberg*, IPRax 1981, S. 75 (77 Fn. 19).

[307] *Gsell*, IPRax 2002, S. 484 (489).

[308] *Hackenberg*, Der Erfüllungsort von Leistungspflichten unter Berücksichtigung des Wirkungsortes von Erklärungen im UN-Kaufrecht und der Gerichtsstand des Erfüllungsortes im deutschen und europäischen Zivilprozeßrecht, S. 201.

[309] *Schack*, Der Erfüllungsort im deutschen, ausländischen und internationalen Privat- und Zivilprozeßrecht, Rn. 149.

[310] *Hackenberg*, Der Erfüllungsort von Leistungspflichten unter Berücksichtigung des Wirkungsortes von Erklärungen im UN-Kaufrecht und der Gerichtsstand des Erfüllungsortes im deutschen und europäischen Zivilprozeßrecht, S. 201; *Valloni*, Der Gerichtsstand des Erfüllungsortes nach dem Lugano- und Brüsseler-Übereinkommen, S. 148.

richtsstandes mit dem Vollstreckungsort identisch ist.[311] Das in der EuGVO geregelte Verfahren zur Vollstreckung ausländischer Titel vereinfacht zwar eine Vollstreckung in einem vom Urteilsstaat verschiedenen Mitgliedsstaat der EuGVO. Dennoch überwieden noch die Nachteile: Der Kläger muss mit erhöhten Kosten und Aufwand rechnen, wenn er einen Rechtsanwalt im Ausland beauftragen und fremdes Vollstreckungsrecht beachten muss.

Das Interesse an einer schnellen und einfachen Vollstreckung ist beim Kläger gegeben, aber auch der Beklagte hat hieran ein Interesse, wenn die Klage abgewiesen wurde und er seine Kosten eintreiben will oder wenn er erfolgreich eine Widerklage erhoben hat.[312]

Der Gerichtsstand am Erfüllungsort wird gegenüber dem zufälligen Gerichtsstand am Abschlussort als vollstreckungsnäher angesehen, denn die Parteien können sich am Abschlussort nur vorübergehend aufhalten.[313] In vielen Fällen kommen Vollstreckungsorte in mehreren Staaten in Betracht, wenn der Schuldner in mehreren Staaten Vermögen besitzt. Wenn jedoch alle diese Orte berücksichtigt werden würden, käme es zu Rechtsunsicherheit, wenn für den Gerichtsstand nur leichte Vollstreckbarkeit beachtet würde.[314] Außerdem sind Vermögenswerte, insbesondere Bankguthaben, heutzutage leicht zu transferieren. Niemand kann sagen, ob im Zeitpunkt der Zwangsvollstreckung das Vermögen noch am Ort des Gerichtsstandes sein wird. Wenn man ein besonders vollstreckungsnahes Gericht anrufen möchte, so ist es am besten, am Wohnort oder der Niederlassung des Beklagten zu klagen. Dort wird in der Regel Vermögen des Beklagten vorhanden sein.

---

311 *Hau*, Positive Kompetenzkonflikte im Internationalen Zivilprozessrecht, S. 33; *Heldrich*, Die Interessen bei der Regelung der internationalen Zuständigkeit, in Festschrift für Ficker, S. 205 (208); *Krause*, Zur Lehre vom Gerichtsstand nach dem Entwurf der Civilprozeßordnung für das Deutsche Reich, S. 52; *Schack*, Der Erfüllungsort im deutschen, ausländischen und internationalen Privat- und Zivilprozeßrecht, Rn. 149; *Schack*, Internationales Zivilverfahrensrecht, Rn. 203; .

312 *Hackenberg*, Der Erfüllungsort von Leistungspflichten unter Berücksichtigung des Wirkungsortes von Erklärungen im UN-Kaufrecht und der Gerichtsstand des Erfüllungsortes im deutschen und europäischen Zivilprozeßrecht, S. 201; *Schack*, Internationales Zivilverfahrensrecht, Rn. 204; *Schröder*, Internationale Zuständigkeit, S. 237.

313 *Savigny*, System des heutigen Römischen Rechts VIII, S. 207.

314 *Hackenberg*, Der Erfüllungsort von Leistungspflichten unter Berücksichtigung des Wirkungsortes von Erklärungen im UN-Kaufrecht und der Gerichtsstand des Erfüllungsortes im deutschen und europäischen Zivilprozeßrecht, S. 201.

1. Ergebnis

Die Vollstreckbarkeitsnähe ist als ratio von Art. 5 Nr. 1 EuGVO abzulehnen. Bei international operierenden Unternehmen kommen oft mehrere Orte in Betracht, die vollstreckungsnah sind. Würde für die Bestimmung des Erfüllungsortes hauptsächlich die effiziente Vollstreckbarkeit berücksichtigt, so würde dies deshalb zu Rechtsunsicherheit führen. Außerdem kann die Vollstreckungsnähe nach Klageerhebung vom Beklagten durch Vermögensumschichtung beseitigt werden.

V. Vorhersehbarkeit des Gerichtsstands

Die Parteien müssen von Vertragsschluss an vorhersehen können, wo sie gerichtspflichtig sind. So können sie sich auf einen möglichen Rechtsstreit genügend vorbereiten[315] oder zu ihrem Schutz eine Gerichtsstandsvereinbarung mit dem Vertragspartner abschließen. Also müssen alle in Frage kommenden Gerichtsstände aufgrund von möglichst einfachen und überschaubaren Kriterien bestimmt werden können.[316] Vorhersehbare Gerichtsstände fördern die Rechtssicherheit. Diese zu erhöhen, ist eines der Ziele des Übereinkommens und nun der Verordnung.[317] Von einer Vorhersehbarkeit der möglichen Gerichtsstände profitieren beide Parteien.

Vorhersehbarkeit wird am besten erreicht, wenn das Gericht bei der Bestimmung der Zuständigkeit auf eine komplizierte Rechts- und

---

[315] *Hackenberg*, Der Erfüllungsort von Leistungspflichten unter Berücksichtigung des Wirkungsortes von Erklärungen im UN-Kaufrecht und der Gerichtsstand des Erfüllungsortes im deutschen und europäischen Zivilprozeßrecht, S. 202; *Hill*, ICLQ 1995, 593; *Schack*, Internationales Zivilverfahrensrecht, Rn. 203; EuGH 19.02.2002 – Rs. 256/00, Besix SA/Wasserreinigungsbau Alfred Kretzschmar GmbH & Co. KG (WABAG) und Planungs- und Forschungsgesellschaft W. Kretzschmar GmbH & KG (PLAFOG), Slg. 2002, S. I-1699. EuGH 28.09.1999 – Rs. C-440/97, GIE Groupe Concorde/Suhadiwarno Panjan, Slg. 1999, S. I-6307.

[316] *Linke*, Internationales Zivilprozeßrecht, Rn. 153; *Schack*, Der Erfüllungsort im deutschen, ausländischen und internationalen Privat- und Zivilprozeßrecht, Rn. 152; *Valloni*, Der Gerichtsstand des Erfüllungsortes nach dem Lugano- und Brüsseler-Übereinkommen, S. 148. Auch der EuGH bezeichnet den Gerichtsstand am Erfüllungsort als klares und eindeutiges Kriterium - EuGH 29.06.1994 - Rs. C-288/92, Custom Made Commercial/Stawa Metallbau, Slg. 1994, S. I-2913.

[317] Siehe bereits die Präambel des EuGVÜ und nun die Erwägungsgründe zur EuGVO.

Sachprüfung verzichten kann.[318] Um den Erfüllungsort nach der *Tessili/Dunlop* Rechtsprechung zu bestimmen, muss bereits für die Zuständigkeitsbestimmung das auf den Vertrag anwendbare Recht bestimmt werden. Eine autonome Definition des Erfüllungsorts verzichtet dagegen darauf und vereinfacht die Zuständigkeitsprüfung. Prozessökonomische Gründe sprechen dafür, die Zulässigkeitsprüfung der Klagen kurz zu halten. Punkte, die erst für die Begründetheit relevant sind, müssen nicht schon in der Zulässigkeitsprüfung vorweggenommen werden.[319] Dies entlastet zum einen die Gerichte, zum anderen bringt es aber auch den Parteien Vorteile, wenn sie möglichst schnell wissen, ob das angerufene Gericht für den Rechtsstreit zuständig ist.

Diejenigen, die die Vorhersehbarkeit des Gerichtsstands am Erfüllungsort als nicht so wichtig erachten, weisen darauf hin, dass mit dem Gerichtsstand am Wohnsitz des Beklagten bereits ein sehr gut vorauszusehender Gerichtsstand vorhanden sei.[320] Dem ist zu widersprechen: Gerichtsstandsbegründend für Art. 2 EuGVO ist der Wohnsitz des Beklagten bei Erhebung der Klage und nicht der Wohnsitz bei Vertragsschluss. Der Gerichtsstand am Erfüllungsort steht dagegen schon bei Vertragsabschluss fest[321] und beide Parteien können ihn deshalb schon zu diesem Zeitpunkt vorhersehen. Der Beklagte kann sich ihm durch einen Wohnsitzwechsel

---

[318] *Hackenberg*, Der Erfüllungsort von Leistungspflichten unter Berücksichtigung des Wirkungsortes von Erklärungen im UN-Kaufrecht und der Gerichtsstand des Erfüllungsortes im deutschen und europäischen Zivilprozeßrecht, S. 201; *Schack*, Der Erfüllungsort im deutschen, ausländischen und internationalen Privat- und Zivilprozeßrecht, Rn. 344; *Schack*, Internationales Zivilverfahrensrecht, Rn. 203. Siehe auch EuGH 6.10. 1983 – Rs. 34/82, Martin Peters Bauunternehmung GmbH gegen Zuid Nederlandse Aannemers Vereniging, Slg. 1983, S. 987 Rn. 17.

[319] Angedacht und abgelehnt von *Ost*, Doppelrelevante Tatsachen im Internationalen Zivilverfahrensrecht, S. 123.

[320] *Droz*, Compétence judicaire et effets des jugements dans le Marché Commun, S. 58 Nr. 64 ; *Lüderitz*, Fremdbestimmte internationale Zuständigkeit? Versuch einer Neubestimmung von § 29 ZPO, Art. 5 Nr.1 EuGVÜ, in Festschrift für Zweigert, S. 233 (248).

[321] *Geimer/Schütze*, Europäisches Zivilverfahrensrecht, Art. 5 EuGVÜ Rn. 3; *Geimer/Schütze*, Internationale Urteilsanerkennung, Band 1, 1. Halbband, S. 552, MünchKomm/*Gottwald*, Art. 5 EuGVÜ Rn. 1; *Pfeiffer*, Internationale Zuständigkeit und prozessuale Gerechtigkeit, S. 619; *Schröder*, Internationale Zuständigkeit, S. 327; *Wieczorek/Schütze/Hausmann,* Zivilprozeßordnung und Nebengesetze, Art. 5 EuGVÜ Rn. 2; *Wrangel*, Der Gerichtsstand des Erfüllungsortes im deutschen, italienischen und europäischen Recht, S. 12 hält daneben auch das Konzentrationsinteresse für wichtig; OLG Saarbrücken, 3.04.1979 – 2 U 185/76, RIW 1980. 797.

nur schwer entziehen.[322] Dies ist nur möglich, wenn er an einen Ort umzieht, an dem die EuGVO nicht anwendbar ist. Er kann also seinen Wohnsitz außerhalb der Europäischen Gemeinschaft[323] verlegen. Ein solcher Wohnsitzwechsel wird in der Praxis nicht allzu oft vorkommen.[324] Die Zuständigkeit aus Art. 2 Absatz 1 EuGVO verändert sich dagegen mit jedem Wohnsitzwechsel des Beklagten innerhalb der Europäischen Gemeinschaft. Ein solcher Umzug ist nicht ganz so beschwerlich. Es macht einen großen Unterschied, ob der Wohnsitz von Deutschland nach Frankreich oder von Deutschland nach China verlegt wird.

Die Vorhersehbarkeit des Gerichtsstands schafft Rechtssicherheit. Die Bestimmung des Erfüllungsortes durch die lex causae war langwierig und kompliziert. Der Gerichtsstand des Erfüllungsortes war schwer zu bestimmen und vorherzusehen.

Wenn Rechtssicherheit erreicht werden soll, ist es zwingend notwendig, dass der Gerichtsstand des Art. 5 Nr. 1 lit. b EuGVO aufgrund von Kriterien bestimmt wird, die bereits beim Vertragsschluss feststehen und vorhersehbar sind.

VI. Gerichtsstand am Erfüllungsort aufgrund wirtschaftlicher Aktivitäten einer Partei

Pfeiffer[325] analysiert, warum der Gesetzgeber gerade den Erfüllungsort als gerichtsstandsbegründend ansieht, anstatt z. B. auf den Abschlussort des Vertrages abzustellen. Er meint, daraus zu erkennen, dass der Gesetzgeber die wirtschaftlichen Aktivitäten der Parteien am Erfüllungsort als besonders relevant für die Zuständigkeit ansieht.

---

[322] *Buchner*, EWS 2000, S. 147, 149; *Huber*, ZZPInt 1 (1996), S. 171 (181); *Pfeiffer*, Internationale Zuständigkeit und prozessuale Gerechtigkeit, S. 596; *Schack*, Erfüllungsort im deutschen, ausländischen und internationalen Privat- und Zivilprozeßrecht, Rn. 344; *Schack*, ZEuP 1995, S. 655, (660f.); *Schack*, ZEuP 1998, S. 931 (938).; *Schröder*, Internationale Zuständigkeit, S. 327ff; *Valloni*, Der Gerichtsstand des Erfüllungsortes nach dem Lugano- und Brüsseler-Übereinkommen, S. 156, 292f.

[323] Wenn der Beklagte in Dänemark wohnt, ist das EuGVÜ anzuwenden. In der Schweiz und in anderen nahen Ländern ist das LuGÜ anzuwenden.

[324] So auch *Hill*, ICLQ 1995, S. 591 (616).

[325] *Pfeiffer*, Internationale Zuständigkeit und prozessuale Gerechtigkeit, S. 678.

Pfeiffer lehnt deshalb auch den Rückgriff auf das materielle Recht bei der Bestimmung des Erfüllungsortes ab. Der Erfüllungsort soll sich nur aus der Intensität der wirtschaftlichen Aktivitäten des Beklagten außerhalb seines Wohnsitzstaates ergeben.[326] Dieser Ansatz wägt ab, inwieweit die Parteien den Schutz ihres Heimatstaates aufgegeben haben, um Vorteile im Ausland zu suchen.[327]

Auch *Kadner*[328] schließt sich dieser Theorie an. Er fordert aber zusätzlich, dass beide Parteien oder ihre Vertreter am prozessualen Erfüllungsort zu irgendeiner Zeit physisch präsent waren.

An den wirtschaftlichen Aktivitäten der Parteien anzusetzen, leuchtet zunächst ein. Wer sich ins Ausland begibt, um dort Geschäfte abzuwickeln, muss damit rechnen, dass er den Schutz der eigenen Rechtsordnung verlässt und sich dadurch im Ausland gerichtspflichtig machen kann.

Problematisch an diesem Ansatz ist aber bereits was als zuständigkeitsbegründende wirtschaftliche Aktivität zu verstehen ist. Dabei wird wohl eine einzelfallbezogene Abwägung durchzuführen sein, was auf Kosten der Vorhersehbarkeit und Rechtssicherheit geht. An diesem Ansatz wird zu Recht auch der Umstand kritisiert, dass die wirtschaftlichen Aktivitäten der einen Partei die andere Partei dort gerichtspflichtig machen kann, auch wenn sie selbst dort nicht aktiv wurde.[329] Der Verkäufer kann so durch seine Lieferung auch den Käufer am Lieferort gerichtsstandspflichtig machen.

Ist eine Partei an mehreren Orten wirtschaftlich aktiv, führt die Theorie der wirtschaftlichen Aktivitäten zu keinem eindeutigen Ergebnis.

Beispiel: V wohnt in Deutschland, K in Frankreich. V verkauft K eine Maschine in Deutschland. K nimmt die Maschine sofort mit. V fährt daraufhin nach Frankreich um die Maschine dort zu montieren und anzuschließen.

Hier hilft das Abstellen auf die wirtschaftlichen Aktivitäten der Parteien nicht mehr weiter: V wird sowohl in Deutschland als auch in Frankreich tätig. Welche wirtschaftlichen Aktivitäten die Zuständigkeit begründen sol-

---

326 *Pfeiffer*, Internationale Zuständigkeit und prozessuale Gerechtigkeit, S. 679.
327 *Buchner*, Kläger- und Beklagtenschutz im Recht der internationalen Zuständigkeit, S. 123 der den Grundsatz des „purposeful availment“ im U.S. amerikanischen Rechts darstellt.
328 *Kadner*, Jura 1997, S. 240 (247).
329 *Gsell*, IPRax 2002, S. 484 (488).

len ist unklar, deshalb wird diese Theorie zu recht als unpräzise bezeichnet.[330]

Ein Abstellen auf die physische Präsenz einer Partei oder ihrer Verteter am Erfüllungsort, wie von *Kadner*[331] gefordert, ist abzulehnen. Es ist unüblich, dass beide Parteien am Erfüllungsort persönlich präsent sind. Beim für die Praxis enorm wichtigen Versendungskauf treffen die Parteien gar nicht aufeinander, nur die Ware und das Geld reisen.[332]

Die Bestimmung des Erfüllungsortes anhand wirtschaftlicher Aktivitäten ist unpräzise und nicht vorhersehbar. Sie ist somit abzulehnen

VII. Ergebnis

Festzuhalten bleiben folgende Ergebnisse:

1. Der prozessuale Begriff des Erfüllungsorts muss unabhängig vom materiellen Recht gesehen werden, die Perpetuierungstheorie ist aufzugeben. Sie verkennt, dass der prozessuale und materielle Erfüllungsort von verschiedenen Wertungen getragen sind. Während der materielle Leistungsort die Gefahrtragung beim Vertrag berücksichtigt, muss der prozessuale Erfüllungsort nur prozessuale Wertungen berücksichtigen.

2. Der Gerichtsstand am Erfüllungsort kann nicht als stillschweigende Gerichtsstandsvereinbarung zugunsten des Erfüllungsortes gesehen werden.

3. Sach- und Beweisnähe sind für jeden Gerichtsstand wünschenswert, doch wurde gezeigt, dass je nachdem welche Ansprüche eingeklagt werden, jeweils andere Orte beweis- und sachnah sind. Die Rechtsnähe ist als Kriterium zur Bestimmung des Vertragsgerichtsstands abzulehnen, da die Rechtswahl nach Art. 28 EGBGB, Art. 3 EGBGB unabhängig vom zuständigen Gericht ist.

4. Die einfache Vollstreckbarkeit gehört nicht zum ratio legis des Gerichtsstands am Erfüllungsort.

---

[330] *Gsell*, IPRax 2002, S. 484 (488).
[331] *Kadner*, Jura 1997, S. 240 (247).
[332] So auch *Hackenberg*, Der Erfüllungsort von Leistungspflichten unter Berücksichtigung des Wirkungsortes von Erklärungen im UN-Kaufrecht und der Gerichtsstand des Erfüllungsortes im deutschen und europäischen Zivilprozeßrecht, S. 261.

5. Der Gerichtsstand am Erfüllungsort muss bereits bei Vertragsschluss für die Parteien vorhersehbar sein. Er sollte möglichst einfach ohne komplizierte Rechtsprüfung zu bestimmens sein. Er sollte - anders als Art. 2 EuGVO – eine Zuständigkeit schaffen, die ab Vertragsschluss feststeht und nicht mehr verändert werden kann.

6. Die wirtschaftlichen Aktivitäten einer Partei im Ausland können keine präzise Definition für den Erfüllungsort liefern und sind nicht vorhersehbar.

7. Der Gerichtsstand am Erfüllungsort muss in erster Linier vorhersehbar sein und ohne Rückgriff auf das materielle Recht bestimmt werden. Sach- und Beweisnähe sind zwar wünschenswert, aber kein Ort ist für jeden Streitpunkt aus einem Vertrag beweisnah, deshalb wird sich dies in der Praxis nicht verwirklichen lassen.

§ 3: Untersuchung der Reformbedürftigkeit von Art. 5 Nr. 1 EuGVÜ

Der Gerichtsstand am Erfüllungsort wurde als „Nest von Streitfragen“[333] bezeichnet und hat eine lange Kette von Gerichtsentscheidungen hervorgerufen[334]. Das Schrifttum und die Rechtsprechung zu Art. 5 Nr. 1 EuGVÜ sind außerordentlich umfangreich und unübersichtlich. Die folgenden Ausführungen sollen dennoch einen Überblick über deren Entwicklung geben. Gleichzeitig werden die Punkte herausgearbeitet, die in der Praxis Schwierigkeiten bereiteten und deshalb als reformbedürftig empfunden wurden.[335]

Wenn ein Kläger sich auf die Zuständigkeit aus Art. 5 Nr. 1 EuGVÜ berufen möchte, müssen folgende Voraussetzungen vorliegen: Zunächst muss der Anwendungsbereich des Übereinkommens gem. Art. 1 EuGVÜ eröffnet sein. Daneben muss der Rechtsstreit auf einem vertraglichen Anspruch beruhen, es muss die für den Erfüllungsort maßgebliche Verpflichtung bestimmt werden, und schließlich wird der Erfüllungsort dieser Verpflichtung ermittelt.

---

[333] *Hertz*, Jurisdiction in Contract and Tort under the Brussels Convention, S. 156; *Mezger*, Über einige Lücken des EuGVÜ (Brüssel 1968) und des deutschen Ausführungsgesetzes, in Gedächtnisschrift für Constantinesco, S. 503 (514). *Rauscher*, Verpflichtung und Erfüllungsort in Art. 5 Nr. 1 EuGVÜ, S. 3 nennt Art. 5 Nr. 1 EuGVÜ eine „Quelle von Unsicherheit“.

[334] *Bajons*, Der Gerichtsstand des Erfüllungsortes: Rück- und Ausblick auf eine umstrittene Norm, in Festschrift für Geimer, S. 15 (17); *Kennett*, Place of Performance and Predictability, Yearbook of European Law, 1995, S. 193; *Pocar*, RabelsZ 42 (1978), S. 405 (414).

[335] Die Arbeitsgruppe, die eine Reform des Übereinkommens ausarbeiten sollte, hatte nur einen begrenzten Reformauftrag: Bei der Reform sollte zwar die praktische Wirksamkeit des Übereinkommens verstärkt werden. Dabei sollten aber die Grundprinzipien des Übereinkommens gewahrt werden, und gezielt nur die Bestimmungen reformiert werden, die in der Praxis Schwierigkeiten bereitet hatten. Näher dazu *Kohler,* Die Revision des Brüsseler und des Luganer Übereinkommens über die gerichtliche Zuständigkeit und die Vollstreckung gerichtlicher Entscheidungen in Zivil- und Handelssachen - Generalia und Gerichtsstandsproblematik, in Revision des EuGVÜ - Neues Schiedsverfahrensrecht, S. 1 (3 f.); *Staudinger/Hausmann*, Anhang II zu Art. 27 – 37 EGBGB, Rn. 2 a. Zum Auftrag der Arbeitsgruppe vgl. auch Ratsdokument 12308/97 JUSTCIV, S. 86 vom 14.11.1997.

A. *Anwendbarkeit des Übereinkommens, Art. 1 EuGVÜ*

I. *Definition der Begriffe Handels- und Zivilsachen*

Der sachliche Anwendungsbereich des Übereinkommens ist gemäß Art. 1 Absatz 1 EuGVÜ für Handels- und Zivilsachen eröffnet, die einen internationalen Bezug haben[336].[337] Diese Begrenzung auf Handels- und Zivilsachen ist typisch für viele Staatsverträge auf dem Gebiet des internationalen Zivilprozessrechts[338].[339] Art. 1 Absatz 2 EuGVÜ nimmt folgende Streitigkeiten, die eigentlich dem Zivilrecht bzw. Handelsrecht angehören, aus dem Anwendungsbereich des Übereinkommens ausdrücklich aus: Streitigkeiten betreffend den Personenstand, die Rechts- und Handlungsfähigkeit und die gesetzliche Vertretung von natürlichen Personen, die ehelichen Güterstände, das Erbrecht, Konkurse, Vergleiche und ähnliche Verfahren, sowie Verfahren über die soziale Sicherheit und die Schiedsgerichtsbarkeit.

Eine der schwierigsten Fragen, die bei der Prüfung des Anwendungsbereichs auftrat, ist die nach der Abgrenzung öffentlich-rechtlicher Streitigkeiten von den Zivil- und Handelssachen. Was Zivil- und Handelssachen sind, geht aus dem Übereinkommen nicht hervor.[340] Diese Begriffe müssen

---

[336] EuGH 13.07. 2000 – Rs. C–412/98, Group Josi Reinsurance Company SA/Universal General Insurance Company (UGIC), Slg. 2000, S. I-5925; näher zum Meinungsstreit auch *Holl*, WiB 1995, S. 462; *Staudinger*, IPRax 2000, S. 483.

[337] *Jenard*, Bericht zu dem Übereinkommen über die gerichtliche Zuständigkeit und die Vollstreckung gerichtlicher Entscheidungen in Zivil- und Handelssachen, ABl. EG 1979 Nr. C 59, S. 1 (9 ff.).

[338] *Geimer/Schütze*, Europäisches Zivilverfahrensrecht, Art. 1 EuGVÜ Rn. 1, der auf Art. 1 HZÜ und Art. 1 HBÜ hinweist. Weitere Hinweise dazu auch in *Geimer*, Internationales Zivilprozeßrecht, Rn. 318, 2441.

[339] Aus deutscher Sicht hätte es genügt, den Anwendungsbereich des Übereinkommens nur für „Zivilsachen" zu eröffnen, denn das Handelsrecht ist in Deutschland Teil des Zivilrechts. Nur öffentlich rechtliche Handelssachen, wie das Einschreiten des Registergerichts gemäß § 132 FGG fallen nicht unter dem Anwendungsbereich des Übereinkommens. *Geimer*, NJW 1976, S. 441, (445); *Geimer*, EuR 1977, S. 341 (350 f.); *Kropholler*, Europäisches Zivilprozeßrecht, Art. 1 EuGVO Rn. 1. Mittlerweile ist auch in Frankreich die Einordnung des Handelsrechts zum Zivilrecht anerkannt, näher dazu *Geimer/Schütze,* Europäisches Zivilverfahrensrecht, Art. 1 EuGVÜ Rn. 21. Zur Beziehung zwischen Handels- und Zivilrecht in Frankreich siehe *Ferid/Sonnenberger*, Das französische Zivilrecht, Kapitel 1 A N 34.

[340] *Kropholler*, Europäisches Zivilprozeßrecht, Art. 1 EuGVO, Rn. 2 und *Valloni*, Der Gerichtsstand des Erfüllungsortes nach Lugano- und Brüsseler-Übereinkommen, S. 39

aber unbedingt definiert werden, denn sie bestimmen den Anwendungsbereich des Übereinkommens. Je nachdem wie weit der Kreis der Zivilsachen gezogen wird, umso größer - oder kleiner - ist der Anwendungsbereich des Übereinkommens. Der EuGH musste deshalb schon in einer der ersten Entscheidungen zum EuGVÜ *(LTU/Eurocontrol)*[341], eine solche Definition entwickeln. In dieser Rechtssache war unklar, ob die eingeklagten Geldleistungen dem öffentlichen Recht oder dem Zivilrecht zuzuordnen waren. Das vorlegende Gericht[342] fragte an, wie zu entscheiden sei, ob eine Streitigkeit dem öffentlichen oder dem Zivilrecht angehörte.[343] Dabei schlug es vor, entweder entweder das Recht des Staates, in dem über die Klage entschieden wird (Urteilsstaat) oder das Recht des Staates in dem die Vollstreckungsklausel erteilt werden soll (Vollstreckungsstaat), heranzuziehen.[344]

Der EuGH erkannte die Tragweite dieser Entscheidung. Er betonte deshalb, dass die Auslegung der Zivil- und Handelssachen in Art. 1 EuGVÜ von großer Bedeutung für den Anwendungsbereich des gesamten EuGVÜ ist.[345] Bei der Entwicklung einer Definition müsse deshalb besonders darauf geachtet werden, dass sich soweit wie möglich für die betroffenen Personen in den Mitgliedsstaaten gleiche und einheitliche Pflichten ergeben.[346]

Die einzelnen Vertragsstaaten gestalten die Abgrenzung zwischen Zivilbzw. Handelsrecht und öffentlichem Recht sehr unterschiedlich aus. Der

---

sind der Meinung, es ergäbe sich aus *Jenard*, Bericht zu dem Übereinkommen über die gerichtliche Zuständigkeit und die Vollstreckung gerichtlicher Entscheidungen in Zivil- und Handelssachen, ABl. EG 1979 Nr. C 59, S. 1 (9 f.), dass bewusst keine Defintion für die Zivil- und Handelssachen ins Übereinkommen aufgenommen wurde. Dies kann dem *Jenard* Bericht jedoch nicht entnommen werden.

341 EuGH 14.10.1976 – Rs. 29/76, LTU Lufttransportunternehmen/Eurocontrol, Slg. 1976, S. 1541.

342 Dies war im Fall das OLG Düsseldorf.

343 EuGH 14.10.1976 – Rs. 29/76, LTU Lufttransportunternehmen/Eurocontrol, Slg. 1976, S. 1541, Rn. 1.

344 EuGH 14.10.1976 – Rs. 29/76, LTU Lufttransportunternehmen/Eurocontrol, Slg. 1976, S. 1541, *Geimer/Schütze*, Europäisches Zivilverfahrensrecht, Art. 1 EuGVÜ Rn. 2. Eine Qualifikation nach der lex causae wird dort sogar als „abwegig“ bezeichnet.

345 EuGH 14.10.1976 – Rs. 29/76, LTU Lufttransportunternehmen/Eurocontrol, Slg. 1976, S. 1541 Rn. 3. Zustimmend die herrschende Literatur, siehe nur *Droz*, Rev.crit.dr.int.pr. 86 (1997), S. 779; *Geimer/Schütze*, Europäisches Zivilverfahrensrecht, Art. 1 EuGVÜ Rn. 4; *Kropholler*, Europäisches Zivilprozeßrecht, Art. 1 EuGVO Rn. 4; *Linke*, RIW 1977, S. 43; *Martiny*, RabelsZ 45 (1981), S. 427 (434). Kritisch dagegen *Schlosser*, IPRax 1981, S. 154.

346 EuGH 14.10.1976 – Rs. 29/76, LTU Lufttransportunternehmen/Eurocontrol, Slg. 1976, S. 1541.

Verweis auf nationales Recht kann deswegen keinen einheitlichen Anwendungsbereich des Übereinkommens in allen Vertragsstaaten gewährleisten.[347] Aus diesem Grund lehnte der EuGH folgerichtig den Verweis auf innerstaatliches Recht ab, ungeachtet ob auf das Recht des Urteils- oder des Vollstreckungsstaates verwiesen wurde. Damit nahm er den einzelnen Staaten die Möglichkeit, im eigenen Ermessen den Anwendungsbereich des Übereinkommens zu verändern, indem sie ihr nationales Recht umgestalteten, um die Zuordnung einzelner Rechtsinstitute zum öffentlichen und Zivilrecht zu ändern.[348]

Stattdessen entwickelte der EuGH den Begriff der Handels- und Zivilsachen autonom aus den Zielsetzungen und der Systematik des Übereinkommens.[349] Nur diese autonome Definition war in der Lage, den einheitlichen Anwendungsbereich des Übereinkommens zu sichern.[350] Sie schafft gleiche Rechte und Pflichten in allen Vertragsstaaten und verbessert dadurch den Rechtsschutz in der Gemeinschaft, indem sie gezielt forum shopping in der Europäischen Gemeinschaft bekämpft. Sie erleichtert auch die Anwendung des Übereinkommens in Großbritannien und Irland. Die vom EuGH entwickelte Definition war für diese Länder sehr hilfreich, denn dort ist die scharfe Trennung zwischen Zivilrecht und öffentlichem Recht nicht bekannt.[351]

---

[347] Das geben auch *Geimer/Schütze*, Europäisches Zivilverfahrensrecht, Art. 1 EuGVÜ Rn. 8 f.; *Kropholler*, Europäisches Zivilprozeßrecht, Art. 1 EuGVO, Rn. 3 und *Schlosser*, NJW 1977, S. 457 (460 f.) zu bedenken.

[348] *Geimer*, EuR 1977, S. 341 (346); *Geimer*, NJW 1977, S. 492; *Geimer/Schütze*, Europäisches Zivilverfahrensrecht, Art. 1 EuGVÜ Rn. 6; *Schack*, Internationales Zivilverfahrensrecht, Rn. 97; *Wieczorek/Schütze/Hausmann*, Zivilprozeßordnung und Nebengesetze, Art. 1 EuGVÜ Rn. 3.

[349] Vergleiche die Leitentscheidung EuGH 14.10.1976 – Rs. 29/76, LTU Lufttransportunternehmen/Eurocontrol, Slg. 1976, S. 1541 Rn. 3 f. Seitdem ständige Rechtsprechung, siehe z.B. EuGH 22.02.1979 – Rs. 133/78, Gourdain/Nadler, Slg. 1979, S. 733; EuGH 16.12.1980 – Rs. 814/79, Niederlande/Rüffer, Slg. 1980, S. 3807; EuGH 21.04.1993 – Rs. C-172/91, Sonntag/Waidmann, Slg. 1993, S. I–1963.

[350] Ständige Rechtsprechung, siehe EuGH 22.02.1979 – Rs. 133/78, Gourdain/Nadler, Slg. 1979, S. 733; EuGH 6.10. 1983 – Rs. 34/82, Martin Peters Bauunternehmung GmbH/ Zuid Nederlandse Aannemers Vereniging, Slg. 1983, S. 987; EuGH 27.09.1988 – Rs. 189/87, Kalfelis/Bankhaus Schröder, Münchmeyer, Hengst u. a., Slg. 1988, S. 5565.

[351] Siehe die Erklärung der Bundesregierung in EuGH 14.10.1976 – Rs. 29/76, LTU Lufttransportunternehmen/Eurocontrol, Slg. 1976, S. 1541 (1545 f.). Ergänzend dazu *Kropholler*, Europäisches Zivilverfahrensrecht, Art. 1 EuGVO Rn. 4; *Schlosser*, Bericht zu dem Übereinkommen über die gerichtliche Zuständigkeit und die Vollstreckung ge-

Der EuGH ordnet eine Streitigkeit dem öffentlichen Recht zu, wenn ein Rechtsstreit zwischen einer Person und einer Behörde vorliegt, der im Zusammenhang mit der Ausübung hoheitlicher Befugnisse steht.[352]

II. Bewertung und Reformbedürftigkeit der Begriffe Zivil- und Handelssachen

Die Abgrenzung zwischen öffentlich-rechtlichen Streitigkeiten sowie Zivil- und Handelssachen bereitet Großbritannien und Irland vereinzelt immer noch Schwierigkeiten.[353] Erst kürzlich meinte die britische Regierung, dass die Klage eines Verbraucherschutzvereins dem öffentlichen Recht zuzuordnen sei, weil der Verbraucherschutz im Interesse der Allgemeinheit liege.[354] Aus der britischen Perspektive lag eine solche Interpretation zwar nahe, denn der Verbraucherschutz ist in Großbritannien dem General Office of Fair Trading - einer staatlichen Behörde - übertragen.[355] Der Verein für Konsumenteninformation war jedoch weder Beliehener in dem Sinne, dass ihm echte Hoheitsrechte übertragen wären,[356] noch stand er zum Beklagten in einem Über- oder Unterordnungsverhältnis, wie es in den meisten Mitgliedsstaaten für das öffentliche Recht typisch ist.[357] Deswegen lag im Fall kein öffentlich-rechtliches Handeln des Vereins vor. Die Wahrscheinlichkeit, einen Fehler bei der Bestimmung des Anwendungsbereichs

---

richtlicher Entscheidungen in Zivil- und Handelssachen, ABl. EG 1979 C 59, S. 71 (82); *Schlosser*, EuGVÜ, Art. 1 EuGVÜ Rn. 3.

[352] EuGH 14.10.1976 – Rs. 29/76, LTU Lufttransportunternehmen/Eurocontrol, Slg. 1976, S. 1541 Rn. 4.

[352] EuGH 14.10.1976 – Rs. 29/76, LTU Lufttransportunternehmen/Eurocontrol, Slg. 1976, S. 1541 Rn. 4 f.

[353] *Schlosser*, Bericht zu dem Übereinkommen über die gerichtliche Zuständigkeit und die Vollstreckung gerichtlicher Entscheidungen in Zivil- und Handelssachen, ABl. EG 1979 C 59, S. 71 (82). Verwaltungs-, verfassungs- und steuerrechtliche Streitigkeiten werden in den Common Law Länder dem Zivilrecht zugerechnet.

[354] Erklärung des Vereinigten Königreichs zu EuGH 1.10.2002 – Rs. C-167/00, Verein für Konsumenteninformation/Henkel, Schlussantrag von Generalanwalt Jakobs, Slg. 2002, S. I-8111 Rn. 18.

[355] *Ellger*, Die Bündelung gleichgerichteter Interessen im englischen Zivilprozeß, in Die Bündelung gleichgerichteter Interessen im Prozeß, S. 103 (123).

[356] Vgl. insoweit zum deutschen Recht *Detterbeck*, Allgemeines Verwaltungsrecht, Rn 192 ff; *Maurer*, Allgemeines Verwaltungsrecht, § 23 Rn. 56.

[357] EuGH 14.10.1976 – Rs. 29/76, LTU Lufttransportunternehmen/Eurocontrol, Slg. 1976, S. 1541 Rn. 4; EuGH 16.12.1980 – Rs. 814/79, Niederländischer Staat/Reinhold Rüffer, Slg. 1980, S. 3807 Rn. 8 ff.

des Übereinkommens zu begehen, bleibt in den Common Law Länder wohl am größten.[358]

Die Einordnung von Verwaltungshandlungen, die sowohl öffentlich-rechtlich als auch privatrechtlich ausgestaltet werden können, ist dagegen in allen Länder problematisch.[359]

Die mittlerweile gefestigte Rechtsprechung des Gerichtshofs zum Begriff der „Zivil- und Handelssachen" führt jedoch in den meisten Fällen zu einheitlichen und vorhersehbaren Ergebnissen, so dass in diesem Bereich keine Reform nötig ist.

B. Vertrag oder vertraglicher Anspruch

Art. 5 Nr. 1 EuGVÜ ist nur für vertragliche Streitigkeiten anwendbar. Die Vertragsdefinition ist für Art. 5 Nr. 1 EuGVÜ ebenso grundlegend wie die Definition der Begriffe Zivil- und Handelssachen für das gesamte Übereinkommen: Der Begriff „Vertrag" bestimmt, wie weit der Anwendungsbereich von Art. 5 Nr. 1 EuGVÜ zu ziehen ist.[360]

Was Vertrag ist, wird weder in Art. 5 Nr. 1 EuGVÜ noch an einer anderen Stelle des Übereinkommens bestimmt. Diese Definition ist aber dringend notwendig, denn einige Rechtsinstitute sind im Grenzbereich zwischen Vertrags- und Deliktsrecht anzusiedeln. Dabei ist zu entscheiden ob der Anwendungsbereich von Art. 5 Nr. 1 EuGVÜ oder von Art. 5 Nr. 3 EuGVÜ, dem Gerichtsstand der unerlaubten Handlung eröffnet sein soll.[361] Die einzelnen Länder haben das System des Vertrags- und Deliktsrechts nicht

---

[358] Trotzdem darf man die autonome Definition nicht durch eine Definition de lege fori ersetzen. So auch *Kropholler*, Europäisches Zivilprozeßrecht, Art. 1 EuGVO Rn. 4.

[359] *Bülow/Böckstiegel/Geimer/Schütze/Safferling/Wolf*, Der internationale Rechtsverkehr in Zivil- und Handelssachen, Art. 1 EuGVÜ Rn. 11 mit Hinweis auf die Leistungsverwaltung, die entweder schlicht-hoheitlich handeln kann oder sich des Verwaltungsprivatrechts bedienen kann. Weitere Beispiele im *Schlosser*, Bericht zu dem Übereinkommen über die gerichtliche Zuständigkeit und die Vollstreckung gerichtlicher Entscheidungen in Zivil- und Handelssachen, ABl. EG 1979 C 59, S. 71 (83 f.).

[360] *Martiny*, Internationale Zuständigkeit für „vertragliche Streitigkeiten", in Festschrift für Geimer, S. 640 f.

[361] Dabei muss eine eindeutige Zurodnung getroffen werden, es ist nicht möglich dass aus beiden Vorschriften gleichzeitig eine Zuständigkeit eröffnet wird, *Kropholler*, Europäisches Zivilprozeßrecht, Art. 5 EuGVO Rn. 70.

einheitlich ausgestaltet[362] und jedes nationale Rechtssystem ordnet bestimmte Rechtsinstitute nach eigenem Ermessen diesen Rechtsgebieten zu.[363] So sind z.B. die culpa in contrahendo und die positive Forderungsverletzung in Deutschland vertraglich ausgestaltet,[364] wogegen Frankreich beides deliktisch regelt[365]. Im Gegensatz dazu sind die Geschäftsführung ohne Auftrag und bereicherungsrechtliche Ansprüche in Frankreich „Quasi-Verträge“[366], in Deutschland werden sie dagegen den gesetzlichen Schuldverhältnissen[367] außerhalb des Vertragsrechts zugeordnet.

I. Definition durch den EuGH

In einem der ersten Urteile zum Vertragsbegriff, in der Rechtssache *Peters/ZNAV*[368], wurde dem EuGH nahe gelegt, sich entweder für eine Bestimmung des Vertragsbegriffs de lege causae zu entscheiden oder aber ei-

---

[362] *Geimer/Schütze*, Europäisches Zivilverfahrensrecht, Art. 5 EuGVÜ Rn. 12; *Schack*, Der Erfüllungsort im deutschen, ausländischen und internationalen Privat- und Zivilprozeßrecht, Rn. 309; *Spellenberg*, ZZP 91 (1978) S. 38 (42 f.)

[363] *Schlosser*, IPRax 1984, S. 65 ff.; *Spellenberg*, ZZP 91 (1978), S. 38 (42); Vergleiche beispielsweise zur Culpa in Contrahendo, *Frick*, Culpa in Contrahendo – eine rechtsvergleichende und kollisionsrechtliche Studie, S. 140.

[364] Dazu schon *Frick*, Culpa in Contrahendo – eine rechtsvergleichende und kollisionsrechtliche Studie, S. 140; *Geimer/Schütze*, Europäisches Zivilverfahrensrecht, Art. 5 EuGVÜ Rn. 12; *Geimer/Schütze*, Internationale Urteilsanerkennung, Band I, 1. Halbband, § 83 VIII, S. 567; MünchKomm/*Gottwald*, ZPO, Art. 5 EuGVÜ Rn. 4; *Wieczorek/Schütze/Hausmann*, Zivilprozeßordnung und Nebengesetze, Art. 5 EuGVÜ Rn. 8. Das Schuldrechtmodernisierungsgesetz ordnet die culpa in contrahendo als „rechtsgeschäftliches Schuldverhältnis“ ein. § 311 BGB steht unter der Überschrift des Titels IV „Rechtsgeschäftsähnliche Schuldverhältnisse, Verschulden bei Vertragsverhandlungen (culpa in contrahendo)“. Diese Einordnung forderten schon *Bernstein,* RabelsZ 41 (1977), S. 281; *Spickhoff,* ZZP 109 (1996), S. 493 (512). Siehe zum Schadensersatz aus einem vorvertraglichem Vertragsverhältnis EuGH 17.09.2002 – Rs. 334/00, Fonderie Officine Meccaniche Tacconi SpA/Heinrich Wagner Sinto Maschinenfabrik GmbH, Slg 2002, S. I-7357.

[365] *Mazeaud/Tunc,* Traité theorique et pratique de la responsabilité civile délictuelle et contractuelle, I, p. 150.

[366] *Ferid/Sonnenberger*, Das Französische Zivilrecht, Kapitel 2 N 1 ff. *Gaudement-Tallon*, Rev.crit.dr.int.pr. 76 (1988), S. 614 ff.; *Lohse*, Das Verhältnis von Vertrag und Delikt, S. 194 ff.

[367] Siehe *Esser/Weyers*, Schuldrecht Band II, Besonderer Teil, Teilband 2, S. 27 ff. Das Bereicherungsrecht fällt deswegen nicht unter den Anwendungsbereich von § 29 ZPO, siehe nur *Zöller/Vollkommer*, Kommentar zur Zivilprozeßordnung, § 29 ZPO Rn. 14.

[368] EuGH 6.10. 1983 – Rs. 34/82, Martin Peters Bauunternehmung GmbH/Zuid Nederlandse Aannemers Vereniging, Slg. 1983, S. 987.

nen autonomen Vertragsbegriff aus dem Übereinkommen zu entwickeln.[369] Er musste bei dieser Entscheidung die Systematik und die Zielsetzungen des Übereinkommens berücksichtigen.[370] Eines der wichtigsten Ziele ist es, allen durch das Übereinkommen betroffenen Personen gleiche Rechte und Pflichten zu sichern.[371] Der Gerichtshof setzte sich in der Entscheidung ausführlich mit den verschiedenen Möglichkeiten auseinander, ob eine Qualifikation de lege fori, de lege causa oder autonom aus dem Übereinkommen sinnvoll ist.[372]

Die Qualifikation nach der lex fori - dem Recht des Urteilsstaates - ist für den Richter zwar sehr einfach, da er sein Heimatrecht anwendet. Die Probleme dieser Lösung lassen sich aber anhand des folgenden Beispiels zeigen: Es soll ein Schadensersatzanspruch aus culpa in contrahendo eingeklagt werden. Wird in Deutschland geklagt, qualifiziert der deutsche Richter den Anspruch als vertraglich und es ist Art. 5 Nr. 1 EuGVÜ als besonderer Gerichtsstand einschlägig. Der französische Richter ordnet den Anspruch dem Deliktsrecht zu und Art. 5 Nr. 3 EuGVÜ wäre anzuwenden. Die Qualifikation de lege fori führt also zu unterschiedlichen Gerichtsständen für ein und denselben Sachverhalt, abhängig davon, in welchem Land

---

[369] Für einen autonomen Vertragsbegriff die Erklärung der Kommission in EuGH 6.10. 1983 – Rs. 34/82, Martin Peters Bauunternehmung GmbH/Zuid Nederlandse Aannemers Vereniging, Slg. 1983, S. 987 (996) und die Erklärung der Regierung der Italienischen Republik in EuGH 6.10. 1983 – Rs. 34/82, Martin Peters Bauunternehmung GmbH/ Zuid Nederlandse Aannemers Vereniging, Slg. 1983, S. 987 (999); unentschieden dagegen die Erklärung der Firma Peters und Erklärung der Firma ZNAV, EuGH 6.10. 1983 – Rs. 34/82, Martin Peters Bauunternehmung GmbH/ Zuid Nederlandse Aannemers Vereniging, Slg. 1983, S. 987 (992 ff.), sowie die Erklärung der Bundesregierung in EuGH 6.10. 1983 – Rs. 34/82, Martin Peters Bauunternehmung GmbH/ Zuid Nederlandse Aannemers Vereniging, Slg. 1983, S. 987 (997).

[370] EuGH 6.10. 1983 – Rs. 34/82, Martin Peters Bauunternehmung GmbH/Zuid Nederlandse Aannemers Vereniging, Slg. 1983, S. 987, 1. Leitsatz. Diese Formel wird zu Recht als inhaltsleer kritisiert, *Stadler*, Vertraglicher und delikitischer Gerichtsstand im europäischen Zivilprozeßrecht, in Festschrift für Musielak, S. 529 f.

[371] EuGH 14.10.1976 – Rs. 29/76, LTU Lufttransportunternehmen/Eurocontrol, Slg. 1976, S. 1541; EuGH 6.10.1983 – Rs. 34/82, Martin Peters Bauunternehmung GmbH/Zuid Nederlandse Aannemers Vereniging, Slg. 1983, S. 987 Rn. 17. In der Präambel des EuGVÜ wird Ähnliches verlangt: Der Rechtsschutz innerhalb der Gemeinschaft für die dort ansässigen Personen soll verstärkt werden.

[372] EuGH 22.1983 – Rs. 34/82, Martin Peters Bauunternehmung GmbH/Zuid Nederlandse Aannemers Vereniging, Slg. 1983, S. 987.

geklagt wird.[373] Das kann zu forum shopping führen, denn durch das unterschiedliche materielle Recht der Vertragsstaaten ergeben sich unterschiedliche Rechte und Pflichten für die betroffenen Personen.

Die Qualifikation nach der lex causae – also dem durch das Kollisionsrecht ermittelten nationalen Recht, das auf das Rechtsverhältnis anzuwenden ist – ist aus den gleichen Gründen abzulehnen. Je nachdem, ob im Beispielsfall auf das vorvertragliche Verhältnis deutsches oder französisches Recht anzuwenden ist, ist der Vertrags- oder Deliktsgerichtsstand einschlägig. Wiederum ergeben sich verschiedene Gerichtsstände für ein und denselben Sachverhalt, hier jedoch abhängig vom anzuwendenden Recht und nicht vom Recht des Urteilsstaates.[374] Dabei wird die Zuständigkeitsprüfung komplizierter. Außerdem muss der Richter nun zusätzlich prüfen, welches Recht auf das Rechtsverhältnis anzuwenden ist, was ihn stark belastet.[375]

Sowohl eine Qualifikation nach der lex fori[376] als auch eine Qualifikation nach der lex causae[377] führen zu keiner einheitlichen Anwendung von Art. 5 Nr. 1 EuGVÜ in allen Vertragsstaaten. Die Hauptursache dafür ist die uneinheitliche Vertrags- und Deliktszuordnung mancher Rechtsinstitute in

---

[373] *Schack*, Erfüllungsort im deutschen, ausländischen und internationalen Privat- und Zivilprozeßrecht, Rn. 309. Ihm folgend *Valloni*, Der Gerichtsstand des Erfüllungsortes nach Lugano- und Brüsseler-Übereinkommen, S. 170 f.

[374] *Schack*, Erfüllungsort im deutschen, ausländischen und internationalen Privat- und Zivilprozeßrecht, Rn. 309 f. Ähnlich *Kropholler*, Europäisches Zivilprozeßrecht, Art. 5 EuGVO Rn. 20 in Bezug auf den Erfüllungsort.

[375] *Bülow/Böckstiegel/Geimer/Schütze/Auer*, Der internationale Rechtsverkehr in Zivil- und Handelssachen, Art. 5 EuGVÜ Rn. 19; *Kropholler*, Europäisches Zivilprozeßrcht, Art. 5 EuGVO Rn. 5; *Martiny*, Internationale Zuständigkeit für „vertragliche Streitigkeiten", in Festschrift für Geimer, S. 640 (645); *Valloni*, Der Gerichtsstand des Erfüllungsortes nach Lugano- und Brüsseler-Übereinkommen, S. 173.

[376] Diese Auffassung wird im deutschen Schrifttum nicht vertreten, dafür war vor der EuGH 22.1983 – Rs. 34/82, Martin Peters Bauunternehmung GmbH/Zuid Nederlandse Aannemers Vereniging, Slg. 1983, S. 987 Entscheidung aber noch Cour d'appell de Paris, Rev.crit.dr.int.pr. 68 (1979), S. 444.

[377] Befürwortet von *Geimer/Schütze*, Europäisches Zivilverfahrensrecht, Art. 5 EuGVÜ Rn. 10; *Geimer/Schütze*, Internationale Urteilsanerkennung, Band I . 1. Halbband, § 83 V, S. 563; *Lohse*, Das Verhältnis von Vertrag und Delikt, S. 227; *Piltz*, NJW 1981, S. 1876 (1877); *Schlosser*, IPRax 1984, S. 65; *Schlosser*, EuGVÜ, Art. 5 EuGVÜ Rn. 3; *Spellenberg*, ZZP 91 (1978), S. 42; *Stein/Jonas/Schumann*, Kommentar zur Zivilprozeßordnung, § 29 ZPO Rn. 51.

den Rechtsordnungen der Vertragsstaaten.[378] Die Vereinheitlichung des materiellen Vertrags- und Deliktsrechts würde zwar einen einheitlichen Anwendungsbereich sichern und eine prozessuale Definition des Begriffs Vertrag überflüssig machen. Ein solches ehrgeiziges Projekt ist aber nicht unbedingt wünschenswert, denn es nimmt den einzelnen Rechtsordnungen ihre nationalen Eigenheiten[379] und ist für den europäischen Binnenmarkt nicht erforderlich.

Nur ein gesamteuropäischer, prozessualer Vertragsbegriff, der für alle Länder gleich ist, eröffnet Art. 5 Nr. 1 EuGVÜ in allen Vertragsstaaten den gleichen Anwendungsbereich.[380] So ergeben sich für die betroffenen Personen einheitliche Rechte und Pflichten.[381] Deshalb entschied sich der Gerichtshof in der Rechtssache *Peters/ZNAV* für die autonome Auslegung des Vertragsbegriffs aus dem Übereinkommen.

Leider blieb der EuGH dabei auf der Hälfte des Wegs stehen: Wie die konkrete autonome Definition von „Vertrag" lauten sollte, bestimmte er in diesem Urteil nicht.[382] Der Cour d'appel kritisierte dies kurze Zeit später, denn

---

[378] *Geimer/Schütze*, Europäisches Zivilverfahrensrecht, Art. 5 EuGVÜ Rn. 12; *Schack*, Erfüllungsort im deutschen, ausländischen und internationalen Privat- und Zivilprozeßrecht, Rn. 309; *Spellenberg*, ZZP 91 (1978), S. 42 f.

[379] Ein solches Projekt zu realisieren wäre im jetzigen Integrationsstand der Gemeinschaft sehr schwierig, wenn gar unmöglich.

[380] EuGH 14.10.1976 – Rs. 29/76, LTU Lufttransportunternehmen/Eurocontrol, Slg. 1976, S. 1541. Zustimmend die wohl herrschende Meinung in der Literatur: *Kropholler*, Internationales Einheitsrecht (1975), S. 265 ff.; MünchKomm/*Gottwald*, ZPO, Art. 5 EuGVÜ Rn. 2; *Schack*, Erfüllungsort im deutschen, ausländischen und internationalen Privat- und Zivilprozeßrecht, Rn. 261; *Valloni*, Der Gerichtsstand des Erfüllungsortes nach Lugano- und Brüsseler-Übereinkommen, S. 171; *Virgós Soriano/Alférez*, Derecho Procesal Civil International Litigación international, Rn. 118; *Wiezcorek/Schütze/Hausmann*, Zivilprozeßordnung und Nebengesetze, Art. 5 EuGVÜ Rn. 4. Siehe ergänzend auch *Jenard*, Bericht zu dem Übereinkommen über die gerichtliche Zuständigkeit und die Vollstreckung gerichtlicher Entscheidungen in Zivil- und Handelssachen, ABl. EG 1979 Nr. C 59, S. 1 (22 f.).

[381] EuGH 14.10.1976 – Rs. 29/76, LTU Lufttransportunternehmen/Eurocontrol, Slg. 1976, S. 1541; EuGH 6.10. 1983 – Rs. 34/82, Martin Peters Bauunternehmung GmbH/Zuid Nederlandse Aannemers Vereniging, Slg. 1983, S. 987. In der Präambel des EuGVÜ wird verlangt, den Rechtsschutz in der Gemeinschaft ansässigen Personen zu verstärken. EuGH 8.03.1988 – Rs. 9/87, Arcado/Haviland, Slg. 1987, S. 1539 Rn. 10; zustimmend *Bülow/Böckstiegel/Geimer/Schütze/Auer*, Der internationale Rechtsverkehr in Zivil- und Handelssachen, Art. 5 EuGVÜ Rn. 18.

[382] Der EuGH stellte im Martin Peters Bauunternehmung GmbH/Zuid Nederlandse Aannemers Vereniging Urteil lediglich fest, dass zwischen dem Verein und seinen Ver-

er war gezwungen dem EuGH deshalb eine weitere Rechtssache zur Entscheidung vorlegen, um den Vertragsbegriff zu klären.[383] Der Gerichtshof musste in der Rechtssache *Arcado/Haviland* entscheiden, ob eine Klage auf Schadensersatz wegen missbräuchlicher Kündigung als vertraglich oder deliktisch zu qualifizieren ist.[384] Der EuGH lieferte auch diesmal keine ausdrückliche Vertragsdefinition. Zunächst wiederholte er, dass der Begriff „Vertrag" autonom aus dem Übereinkommen auszulegen ist.[385] Dann ordnete er die eingeklagten Schadensersatzansprüche dem Vertragsrecht zu, denn solche Ansprüche entstünden durch die Nichteinhaltung einer Vertragspflicht und hätten ihren Ursprung somit im Vertrag.[386] Eine allgemeine Vertragsdefinition erfolgte jedoch nicht.

Nach zwei EuGH Entscheidungen konnten die nationalen Gerichte immer noch nicht den Inhalt des autonomen Vertragsbegriffs erkennen. Der EuGH hatte zwei einzelne Problemfälle geklärt: ob die Mitgliedschaft in einem Verein und der Schadensersatz wegen missbräuchlicher Kündigung dem Vertragsbegriff zuzuordnen sind. Den Gerichten fehlte aber eine Definition, mit der sie eigenständig arbeiten konnten. Daher war es abzusehen, dass weitere Vorlagen folgen würden.

Der EuGH hatte in seiner *TMCS/Handte* Entscheidung[387] schließlich die Gelegenheit, eine brauchbare Definition für den Begriff „Vertrag" zu liefern. Ein Endverbraucher hatte den Produzenten einer Maschine auf Schadensersatz verklagt, obwohl er diese von einem Zwischenhändler gekauft hatte. Zwischen dem Produzenten und dem Endkäufer hatte es überhaupt keine Rechtsbeziehungen gegeben.[388] Die Frage, ob ein Vertrag vorliegt, würde der deutsche Rechtsanwender sofort verneinen. Zu beachten ist aber, dass Produkthaftungsansprüche nach französischem Recht vertragsrechtlich ausgestaltet sind.[389] Der Gerichtshof konnte sich in diesem Fall nicht mehr

---

einsmitgliedern eine ähnlich enge Bindung wie zwischen Vertragsparteien bestehen würde, daher sei es sachgerecht Art. 5 Nr. 1 EuGVÜ anzuwenden.

[383] EuGH 8.03.1988 – Rs. 9/87, Arcado/Haviland, Slg. 1987, S. 1539 Rn. 6 ff..

[384] EuGH 8.03.1988 – Rs. 9/87, Arcado/Haviland, Slg. 1987, S. 1539 Rn. 7.

[385] EuGH 8.03.1988 – Rs. 9/87, Arcado/Haviland, Slg. 1987, S. 1539 Rn. 10 f.

[386] EuGH 8.03.1988 – Rs. 9/87, Arcado/Haviland, Slg. 1987, S. 1539 Rn. 13.

[387] EuGH 17.06.1992 – Rs. 26/91, Jakob Handte & Co GmbH/Traitements Mecano Chimiques des Surfaces Sa, Slg. 1992, S. I-3967.

[388] Das französische Recht gestaltet Produkthaftungsansprüche vertraglich aus, das deutsche Recht dagegen deliktisch. Siehe ausführlich *Sonnenberger*, Neue Wege der Produzentenhaftung im französischen Recht, in Festschrift für Steindorf, S. 777.

[389] Siehe den Hinweis des Generalanwalts Jacob in seinem Schlussantrag zu EuGH 17.06.1992 – Rs. 26/91, Jakob Handte & Co GmbH/Traitements Mecano Chimiques des

mit der Ausführung begnügen, der Vertragsbegriff sei autonom zu bestimmen.

Deshalb arbeitete er folgende Vertragsdefinition aus: Ein Vertrag im Sinne von Art. 5 Nr. 1 EuGVÜ liegt nur dann vor, wenn zumindest eine Partei gegenüber der anderen eine Verpflichtung freiwillig eingegangen ist.[390] Der EuGH berücksichtigte in dieser Definition das Prinzip der Vorhersehbarkeit: Ein normal informierter Beklagter soll vorhersehen können, vor welchem anderen Gericht als an seinem Wohnsitz er verklagt werden kann.[391] Verklagt ein Endverbraucher den Produzenten, liegt keine vertragliche Klage vor, weil der Produzent keine freiwillige Verpflichtung mit dem Endverbraucher eingegangen ist.

Somit lag nun eine allgemeine Definition vor, die es den innerstaatlichen Gerichten ermöglichte, in den meisten Fällen zwischen Delikts- und Vertragsgerichtsstand abzugrenzen.

Der Gerichtsstand am Erfüllungsort wird für bereicherungsrechtliche Ansprüche teilweise eröffnet, wenn ein nichtiger oder angefochtener Vertrag im Wege der Leistungskondiktion rückabgewickelt wird.[392]

II. *Autonome Bestimmung – der richtige Weg?*

Der autonome Vertragsbegriff des EuGH wurde von einer starken Literaturmeinung kritisiert, die vor allem in Deutschland vertreten wurde.[393] Man

---

Surfaces Sa, Slg. 1992, S. I-3967 Rn. 3, dass diese Ansprüche weder im deutschen noch im englischen Recht vertraglich ausgestaltet sind. Rechtsvergleichend zur Produzentenhaftung *Sonnenberger*, Neue Wege der Produzentenhaftung im französischen Recht, in Festschrift für Steindorf. Das französische Deliktsrecht gewährt, wenn Dritte einbezogen sind, einen weiteren Schutz als das deutsche, *Geimer/Schütze*, Europäisches Zivilverfahrensrecht, Art. 5 EuGVÜ Rn. 13; *Zweigert/Kötz*, Einführung in die Rechtsvergleichung, S. 620 ff.

[390] EuGH 17.06.1992 – Rs. 26/91, Jakob Handte & Co GmbH/Traitements Mecano Chimiques des Surfaces Sa, Slg. 1992, S. I-3967 Rn. 15; bestätigt in EuGH 27.10.1998 - Rs. C-51/97, Réunion européenne/Spliethoff's Bevrachtingskantoor, Slg. 1998, S. I-6511 Rn. 17.

[391] EuGH 17.06.1992 – Rs. 26/91, Jakob Handte & Co GmbH/Traitements Mecano Chimiques des Surfaces Sa, Slg. 1992, S. I-3967 Rn. 18.

[392] *Martiny*, Internationale Zuständigkeit für „vertragliche Streitigkeiten“, in Festschrift für Geimer, S. 640 (655).

[393] *Geimer*, NJW 1988, S. 3089 f.; *Geimer/Schütze*, Europäisches Zivilverfahrensrecht, Art. 5 EuGVÜ Rn. 10; *Geimer/Schütze*, Internationale Urteilsanerkennung, Band I, 1.

wollte die Vertragsdefinition statt dessen der lex causae entnehmen. Das Auseinanderfallen von prozessualem und materiellrechtlichem Vertragsbegriff stelle einen viel zu hohen Preis für die einheitliche Anwendung des EuGVÜ dar.[394] Ein solches Auseinanderfallen könnte vermieden werden, wenn man den prozessualen Vertragsbegriff der lex causae entnimmt.[395] Dem kann nur zugestimmt werden, wenn überzeugende Argumente die Nachteile eines solchen Auseinanderfallens nahe legen.

Die Kritiker behaupten, es mache keinen Sinn, wenn ein Gericht aufgrund des europäischen Prozessrechts eine vertragsrechtliche Klage annimmt, in der Sache aber ein gesetzliches Rechtsverhältnis gegeben sieht.[396] Man müsse einen inneren Entscheidungseinklang gewährleisten.[397] Eine schlüssige Begründung, warum ein fehlender innerer Entscheidungseinklang nachteilig und unerträglich wäre, wird jedoch nicht geliefert.[398]

Die größte Schwäche der lex causae Theorie ist, dass kein einheitliches, europäisches Verfahrensrecht geschaffen werden kann, wenn man auf die lex causae ausweicht.[399] Es wird übersehen, dass die Spaltung des Vertragsbegriffs in einen prozessualen und einen materiellen[400] nicht zwingend zu Wer-

---

Halbband, § 83 V, S. 563; *Holl*, WiB 1995, S. 462 f.; *Lohse*, Das Verhältnis von Vertrag und Delikt, S. 227; *Piltz*, NJW 1981, S. 1876 f.; *Schlosser*, IPRax 1984, S. 65; *Schlosser*, EuGVÜ, Art. 5 EuGVÜ Rn. 3; *Spellenberg*, ZZP 91 (1978), S. 38 (42); *Stein/Jonas/Schumann*, Kommentar zur Zivilprozeßordnung, § 29 ZPO Rn. 51.

394 *Geimer/Schütze*, Internationale Urteilsanerkennung, Band I, 1. Halbband, § 83 V, S. 563; *Schlosser*, IPrax 1984, S. 65 (68); *Geimer/Schütze*, Europäisches Zivilverfahrensrecht, Art. 5 EuGVÜ Rn. 10.

395 *Bülow/Böckstiegel/Geimer/Schütze/Auer*, Der internationale Rechtsverkehr in Zivil- und Handelssachen, Art. 5 EuGVÜ Rn. 17; *Geimer/Schütze*, Europäisches Zivilverfahrensrecht, Art. 5 EuGVÜ, Rn. 11; *Schlosser*, EuGVÜ, Art. 5 EuGVÜ Rn. 3; *Stadler*, Vertraglicher und delikitischer Gerichtsstand im europäischen Zivilprozeßrecht, in Festschrift für Musielak, S. 529.

396 *Geimer/Schütze*, Internationale Urteilsanerkennung, Band I, 1. Halbband, § 83 V, S. 563, *Holl*, WiB 1995, S. 462 f.

397 *Geimer/Schütze*, Internationale Urteilsanerkennung, Band I, 1. Halbband, § 83 V, S. 563; *Spellenberg*, ZZP 91 (1978), S. 38 (44); *Piltz*, NJW 1981, S. 1876.

398 Laut *Geimer/Schütze*, Europäisches Zivilverfahrensrecht, Art. 5 EuGVÜ Rn. 65 ist dieses Erfordernis „evident". Leider fehlt eine überzeugende Begründung dafür. Die mangelnde Begründung kritisiert auch *Schack*, Erfüllungsort im deutschen, ausländischen und internationalen Privat- und Zivilprozeßrecht, Rn. 335

399 *Schack*, Erfüllungsort im deutschen, ausländischen und internationalen Privat- und Zivilprozeßrecht, Rn. 331 ff.; *Valloni*, Der Gerichtsstand des Erfüllungsortes nach Lugano- und Brüsseler-Übereinkommen, S. 247.

400 *Geimer/Schütze*, Europäisches Zivilverfahrensrecht, Art. 5 EuGVÜ Rn. 11.

tungswidersprüchen führen muss.[401] Der Gerichtsstand des Erfüllungsortes kann auch dann angewandt werden, wenn eine Rechtsordnung einen Anspruch deliktisch ausgestaltet, der aufgrund autonomer Selbstbindung[402] entstanden ist. Dieser Gerichtsstand ist dann in ganz Europa für alle Klagen dieser Art – mit internationalem Bezug – einheitlich ausgestaltet.

Der autonome Vertragsbegriff ist mit der Definition des EuGH meist leicht zu handhaben.[403] Sogar die Kritiker geben zu, dass er zu praktikablen Ergebnissen führt.[404] Die autonome Auslegung hat den Vorteil, dass sie einen Entscheidungseinklang besser als die Qualifikation nach der lex causae oder nach der lex fori gewährleistet, und ist daher der richtige methodische Ansatz.[405]

Aber auch hierbei gibt es noch offene Fragen. Man gibt bei autonomer Auslegung folgendes Risiko zu bedenken: Ein Gericht erklärt sich für eine Vertragssache zuständig, muss die Klage aber als unbegründet abweisen, da das Sachrecht, das es auf den Anspruch anwenden muss, den Anspruch als deliktisch ansieht.[406] Andere bezeichnen dieses Ergebnis als „sinnlos".[407] Diese Schlussfolgerung ist falsch, weil strikt zwischen der Zuständigkeit und der Begründetheit der Klage zu trennen ist.

---

401 Grundlegend *Schack*, Erfüllungsort im deutschen, ausländischen und internationalen Privat- und Zivilprozeßrecht, Rn. 331 ff.

402 *Schlosser*, IPRax 1984, S. 65 f.; *Martiny*, Internationale Zuständigkeit für „vertragliche Streitigkeiten", in Festschrift für Geimer, S. 640 (652 ff.); *Stadler*, Vertraglicher und delikitischer Gerichtsstand im europäischen Zivilprozeßrecht, in Festschrift für Musielak, S. 529 (541).

403 *Bülow/Böckstiegel/Geimer/Schütze/Auer*, Der internationale Rechtsverkehr in Zivil- und Handelssachen, Art. 5 EuGVÜ Rn. 18.

404 *Bülow/Böckstiegel/Geimer/Schütze/Auer*, Der internationale Rechtsverkehr in Zivil- und Handelssachen, Art. 5 EuGVÜ Rn. 18, *Geimer/Schütze*, Internationale Urteilsanerkennung, Band I, 1. Halbband, § 83 V, S. 563; *Loussouarn/Bourel*, Droit internationale privé, Rn. 485.

405 *Bülow/Böckstiegel/Geimer/Schütze/Auer*, Der internationale Rechtsverkehr in Zivil- und Handelssachen, Art. 5 EuGVÜ Rn. 18 f.; *Martiny*, Internationale Zuständigkeit für „vertragliche Streitigkeiten", in Festschrift für Geimer, S. 640 (646).

406 *Holl*, WiB 1995, S. 462 f.; *Martiny*, Internationale Zuständigkeit für „vertragliche Streitigkeiten", in Festschrift für Geimer, S. 640 (647) unter Hinweis auf *Virgós Soriano/Alférez*, Derecho Procesal Civil International Litigación international, Rn. 118; *Schlosser*, EuGVÜ, Art. 5 EuGVÜ Rn. 3.

407 *Geimer/Schütze*, Internationale Urteilsanerkennung, Band I, 1. Halbband, § 83 V, S. 563; dem folgend *Holl*, WiB 1995, S. 462 f.

Das Gericht prüft in der Zuständigkeit, ob der Gerichtsstand am Erfüllungsort gegeben ist. Hierbei wendet es den europäischen autonomen Vertragsbegriff an. Wenn das Gericht sich nach dieser Prüfung für zuständig erachtet, prüft es auch die Begründetheit der Klage. Dabei prüft das Gericht die materiellen Tatbestandsvoraussetzungen des Anspruchs nach der anzuwendenden lex causae. Der hier anzuwendende Vertragsbegriff der lex causae ist nicht mit dem europäischen Vertragsbegriff identisch. Weil es sich um unterschiedliche Begriffe handelt, kann das Gericht auch nicht durch die Prüfung im Rahmen der Zuständigkeit gebunden sein. Es spielt keine Rolle, ob der geprüfte Anspruch durch die lex causae dem Vertrags- oder Deliktsrecht zugeordnet wird.

Die bereicherungsrechtliche Rückabwicklung eines Vertrages ist zwar gesetzlich ausgestaltet. Aufgrund des inneren Zusammenhangs dieser Ansprüche mit dem beabsichtigten Vertragsverhältnis sind diese am Gerichtsstand des Art. 5 Nr. 1 EuGVÜ einzuklagen.[408]

III. Anwendung von Art. 5 Nr. 1 EuGVÜ wenn die Existenz des Vertrags streitig ist?

Der EuGH hatte sich mit der Frage zu befassen, ob Art. 5 Nr. 1 EuGVÜ auch dann anwendbar ist, wenn darüber gestritten wird, ob zwischen den Parteien überhaupt ein Vertrag geschlossen wurde.[409]

Vergleicht man die einzelnen sprachlichen Fassungen des Übereinkommens, die alle verbindlich sind, lässt sich keine eindeutige Lösung finden:[410] Die französische und italienische Fassung sprechen in Art. 5 Nr.1 EuGVÜ von der „matière contractuelle" bzw. von der „materia contrattuale". Daraus ergibt sich nicht eindeutig, ob die Vorschrift auch bei einem

---

[408] *Martiny*, Internationale Zuständigkeit für „vertragliche Streitigkeiten", in Festschrift für Geimer, S. 640 (649 f.);

[409] EuGH 4.03.1982 – Rs. 38/81, Effer S.p.A./Hans-Joachim Kantner, Slg. 1982, S. 825.

[410] EuGH 4.03.1982 – Rs. 38/81, Effer S.p.A./Hans-Joachim Kantner, Slg. 1982, S. 825 Rn. 5. Bei der EuGVÜ waren die dänische, deutsche, englische, finnische, französische, griechische, irische, italienische, niederländische, portugiesische, schwedische und spanische Fassung gleichermaßen verbindlich, Art. 68 EuGVÜ. *Martiny*, RabelsZ 45 (1981), S. 427 (444f.) beklagt 1981, dass wenn vier Sprachen verbindlich sind, die Fassungen oft auseinanderfallen. Bei zwölf Vertragssprachen verschlimmert sich die Lage noch weiter.

streitigen Vertragsschluss angewandt werden darf.[411] Die Anwendung ist eher abzulehnen, denn nach dem Wortlaut muss ein vertraglicher Anspruch bestehen. Wird die Wirksamkeit des Vertrags aber bestritten, so handelt es sich nicht um eine Vertragssache. Die deutsche Fassung ist weiter gefasst und eröffnet den Anwendungsbereich für „Verträge und Ansprüche aus Verträgen". Der Wortlaut der deutschen Fassung deutet auf einen weiteren Anwendungsbereich als die italienische und die französiche Fassung. Der deutsche Wortlaut schließt auch Ansprüche aus Verträgen ein, für welche nicht zwingend einen bestehenden Vertrag vorliegen muss. Eine Anwendung von Art. 5 Nr. 1 EuGVÜ ist nicht ausgeschlossen, wenn das Bestehen des Vertrags streitig ist, denn bei der Feststellung ob ein Vertrag vorliegt handelt es sich auch um einen „Anspruch aus Vertrag".[412]

Der EuGH musste deshalb diese Frage aufgrund von teleologischen Erwägungen lösen, indem er Gegenstand und Zweck des Übereinkommens bedachte (Rechtssache *Effer/Kantner*).[413]

Wenn man Art. 5 Nr. 1 EuGVÜ bei streitigem Vertragsschluss nicht anwendet, könnte der Beklagte diesen Gerichtsstand durch Bestreiten des Vertrags regelmäßig ausschließen.[414] Man müsste ihn stets gemäß Art. 2 EuGVÜ an seinem Wohnort verklagen oder zumindest damit rechnen, dass das Gericht eine Verweisung vornimmt, wenn das Bestehen des Vertrags bestritten wird oder wenn das Gericht der Meinung ist, dass kein Vertrag vorliegt. Das ist für den Beklagten vorteilhaft. Ziel des Übereinkommens ist es aber, den Rechtsschutz innerhalb der Gemeinschaft zu verstärken.[415] Dabei dürfen die besonderen Gerichtsstände nicht ausgeschaltet werden. Es darf nicht vergessen werden, dass besondere Gerichtsstände ins Überein-

---

[411] EuGH 4.03.1982 – Rs. 38/81, Effer S.p.A./Hans-Joachim Kantner, Slg. 1982, S. 825, Schlussantrag von Generalanwalt Reischl, Rn. 1.

[412] EuGH 4.03.1982 – Rs. 38/81, Effer S.p.A./Hans-Joachim Kantner, Slg. 1982, S. 825, Schlussantrag von Generalanwalt Reischl, Rn. 1; *Schack*, Erfüllungsort im deutschen, ausländischen und internationalen Privat- und Zivilprozeßrecht, Rn. 311.

[413] EuGH 4.03.1982 – Rs. 38/81, Effer S.p.A./Hans-Joachim Kantner, Slg. 1982, S. 825 Rn. 5.

[414] EuGH 4.03.1982 – Rs. 38/81, Effer S.p.A./Hans-Joachim Kantner, Slg. 1982, S. 825 Rn. 5; So auch Generalanwalt Reischl in EuGH 4.03.1982 – Rs. 38/81, Effer S.p.A./Hans-Joachim Kantner, Slg. 1982, S. 825 (838) Rn. 3. Zustimmend *Kropholler*, Europäisches Zivilprozeßrecht, Art. 5 EuGVÜ, Rn. 10; *Schack*, Erfüllungsort im deutschen, ausländischen und internationalen Privat- und Zivilprozeßrecht, Rn. 311; *Schack*, Internationales Zivilverfahrensrecht, Rn. 264; *Droz*, Rev.crit.dr.int.pr. 65 (1976), S. 131; *Holl*, WiB 1995, S. 462 f.

[415] Siehe die Präambel des EuGVÜ.

kommen aufgenommen wurden, um den Grundsatz des actor sequitur forum rei zu durchbrechen.[416] Jeder Beklagte würde behaupten, dass kein Vertrag vorliegt, um die Zuständigkeit am eigenen Wohnsitz zu erzwingen. Würde man bei jedem Bestreiten eines Vertragsabschlusses nur das Gericht am Wohnsitz des Beklagten für zuständig erachten, so könnte man Art. 5 Nr. 1 EuGVÜ auch abschaffen,[417] weil er dann bedeutungslos werden würde.[418]

Freilich ist auch ein Missbrauch der Vorschrift durch den Kläger denkbar. Der Kläger könnte stets behaupten, es läge ein Vertrag vor und sich so die Zuständigkeit am Erfüllungsort sichern. Das führt dazu, dass die Klage am Vertragsgerichtsstand zulässig ist, sie aber vom Gericht als unbegründet abgewiesen werden muss, wenn kein wirksamer Vertrag vorliegt.[419] Ein vernünftiger Kläger würde diesen Weg nicht gehen, weil seine Klage als unbegründet abgewiesen werden müsste. Um einen möglichen Missbrauch durch den Kläger zu verhindern, verlangt der EuGH einen schlüssigen Vortrag über das Bestehen des Vertrags.[420]

---

[416] *Geimer*, Internationalrechtliches zum Justizgewährungsanspruch. Eine Skizze, Beiträge zum internationalen Recht und zur Schiedsgerichtsbarkeit, in Festschrift für Nagel, S. 36 (41); *Geimer*, Internationales Zivilprozeßrecht, Rn. 1131; *Kropholler*, Internationales Privatrecht, § 58 III 2 a, *Pfeiffer*, Internationale Zuständigkeit und prozessuale Gerechtigkeit, S. 601; *Schack*, Erfüllungsort im deutschen, ausländischen und internationalen Privat- und Zivilprozeßrecht, Rn. 141; *Schack*, Internationales Zivilverfahrensrecht, Rn. 256; *Spellenberg*, IPRax 1981, S. 75 f.; *Valloni*, Der Gerichtsstand des Erfüllungsortes nach dem Lugano- und Brüsseler-Übereinkommen, S. 152; *Wieczorek/Schütze/Hausmann,* Zivilprozeßordnung und Nebengesetze, § 29 ZPO Rn. 1. Oft wird Art. 2 Abs. 1 EuGVÜ/EuGVO auch als „Schuldnerschutzvorschrift" bezeichnet, *Geimer/Schütze*, Europäisches Zivilverfahrensrecht, Art. 5 EuGVÜ Rn. 1.

[417] In diesem Sinne auch *Gottwald*, IPRax 1983, S. 13 f.

[418] EuGH 4.03.1982 – Rs. 38/81, Effer S.p.A./Hans-Joachim Kantner, Slg. 1982, S. 825 Rn. 7.

[419] Siehe den Schriftsatz von Kantner, EuGH 4.03.1982 – Rs. 38/81, Effer S.p.A./Hans-Joachim Kantner, Slg. 1982, S. 825 (827). Deshalb kann man nicht von einer „unzumutbaren Gerichtspflicht des Beklagten" sprechen wie *Geimer/Schütze*, Europäisches Zivilverfahrensrecht, Art. 5 EuGVÜ Rn. 54; *Geimer/Schütze*, Internationale Urteilsanerkennung, Band I, 1. Halbband, § 74 XVII S. 469 und § 83 X, S. 582 f..

[420] EuGH 4.03.1982 – Rs. 38/81, Effer S.p.A./Hans-Joachim Kantner, Slg. 1982, S. 825 Rn. 7. Zustimmend *Kropholler*, Europäisches Zivilprozeßrecht, Art. 19 EuGVO Rn. 5; MünchKomm/*Gottwald*, ZPO, Art. 19 EuGVÜ Rn. 3. *Geimer/Schütze*, Europäisches Zivilverfahrensrecht, Art. 5 EuGVÜ Rn. 54; *Geimer/Schütze*, Internationale Urteilsanerkennung, Band I, 1. Halbband, § 83 X, S. 582 f. fordern ergänzend dazu den äußeren Tatbestand eines Vertragsschlusses.

Die Grundsätze der *Effer/Kantner*-Entscheidung fügen sich auch gut in die bereits bestehende Rechtsprechung des EuGH ein. Art. 16 Nr.1 EuGVÜ (jetzt Art. 22 Nr. 1 EuGVO), der Gerichtsstand für Klagen über Miete und Pacht, ist für Streitigkeiten über das Bestehen der Miet- oder Pachtverträge anwendbar.[421]

IV. Abgrenzung von Art. 5 Nr. 1 EuGVÜ zu Art. 5 Nr. 3 EuGVÜ – Der Gerichtsstand der unerlaubten Handlung

1. Problematik

Die Vertragsdefinition des EuGH stößt an ihre Grenzen, wenn zwischen Delikts- und Vertragsrecht angesiedelte Rechtsinstitute in Art. 5 EuGVÜ auf Nr. 1 und Nr. 3 zugeordnet werden müssen. Sie versagt vor allem bei gesetzlich geregelten Verhaltensregeln für den rechtsgeschäftlichen Verkehr.[422] Eine Abgrenzung zwischen Delikts- und Vertragsrecht fällt schon im materiellen Recht schwer.[423] Deshalb kann nicht erwartet werden, dass sich die prozessuale Abgrenzung zwischen unerlaubter Handlung und Vertrag einfacher gestaltet.[424]

Der EuGH bestimmt den Begriff der unerlaubten Handlung autonom aus dem Übereinkommen.[425] So sichert er Art. 5 Nr. 3 EuGVÜ einen europa-

---

[421] EuGH 14.12.1977 – Rs. 73/77, Theodorus Engelbertus Sanders/Ronald van der Putte, Slg. 1977, S. 2383.
[422] *Stadler*, Vertraglicher und delikitischer Gerichtsstand im europäischen Zivilprozeßrecht, in Festschrift für Musielak, S. 529 (543).
[423] *Spellenberg*, ZZP 91 (1978), S. 38 ff.; *Valloni*, Der Gerichtsstand des Erfüllungsortes nach Lugano- und Brüsseler-Übereinkommen, S. 170 für das schweizerische Recht.
[424] *Stadler*, Vertraglicher und delikitischer Gerichtsstand im europäischen Zivilprozeßrecht, in Festschrift für Musielak, S. 529 (543).
[425] EuGH 27.09.1988 – Rs. 189/87, Kalfelis/Bankhaus Schröder, Münchmeyer, Hengst u. a. , Slg. 1988, S. 5565, Rn. 15f. Zustimmend im Schrifttum: *Desantes Real*, La competencia judicial en la Communidad Europea, S. 315; *Gothot/Holleaux*, La convention de Bruxelles du 27.09.1968, Rn. 86; *Heinrichs*, Die Bestimmung der gerichtlichen Zuständigkeit nach dem Begehungsort im nationalen und internationalen Zivilprozeßrecht, S. 46; *Huet*, Clunet 1989, S. 457 (460); *Kaye*, Civil Jurisdiction and Enforcement of foreign Judgments, S. 562; *Kohler*, Zivilrechtliche Schadens- und Unterlassungsklagen – Gerichtliche Zuständigkeit und Verfahrensfragen, in Rechtsfragen grenzüberschreitender Umweltbelastungen, S. 159 (162); *Kropholler* Europäisches Zivilverfahrensrecht, Art. 5 EuGVÜ Rn 3; *Schack*, ZZP 100 (1987), S. 442 (450); *Valloni*, Der Gerichtsstand

weit einheitlichen Anwendungsbereich.[426] Eine Streitigkeit aus unerlaubter Handlung liegt nach ständiger Rechtsprechung vor, wenn ein Schaden eingeklagt wird, der nicht an einen „Vertrag" im Sinne von Art. 5 Nr. 1 EuGVÜ anknüpft.[427] Art. 5 Nr. 3 EuGVÜ ist also Auffangtatbestand von Art. 5 Nr. 1 EuGVÜ.[428] Der Vertrags- und Deliktsgerichtsstand schließen sich zwar gegenseitig aus,[429] aber sie stehen in einem Systemzusammenhang,[430] da sich aus der Vertragsdefinition negativ die Definition der unerlaubten Handlung ergibt.[431]

Der EuGH setzte sich jüngst in drei Entscheidungen mit der Abgrenzung von deliktischen und vertraglichen Ansprüchen auseinander.[432]

In der Rechtssache *Gabriel* musste der EuGH über Ansprüche aus einem „unverbindlichen" Gewinnversprechen entscheiden.[433] Es lag ein Verbraucherschutzorganisationen gut bekannter Fall vor: Ein Unternehmen spiegelte Konsumenten vor, sie hätten einen hohen Geldbetrag in einem Gewinnspiel gewonnen. Dieser Gewinn könne aber nur ausbezahlt werden, wenn die Verbraucher Waren in Höhe eines vorgegebenen Mindestbestellwertes bestellen würden. Das Gewinnversprechen wurde versteckt im Kleinge-

---

des Erfüllungsortes nach Lugano- und Brüsseler-Übereinkommen, S. 74 f. Kritisch dagegen *Gottwald*, IPRax 1989, S. 272 (274).

[426] EuGH 27.09.1988 – Rs. 198/87, Kalfelis/Bankhaus Schröder, Münchmeyer, Hengst u. a., Slg. 1988, S. 5565 Rn.15.

[427] EuGH 27.09.1988 – Rs. 198/87, Kalfelis/Bankhaus Schröder, Münchmeyer, Hengst u. a., Slg. 1988, S. 5565; EuGH 26.03.1992 – Rs. 261/90, Mario Reichert u.a./Dresdner Bank AG, Slg. 1992, S. I–2149. Allgemein bestätigt im Schrifttum siehe nur *Geimer/Schütze*, Europäisches Zivilverfahrensrecht, Art. 5 EuGVÜ Rn. 161; *Kropholler*, Europäisches Zivilprozeßrecht, Art. 5 EuGVO Rn. 65.

[428] *Gaudemet-Tallon*, Les Conventions de Bruxelles et de Lugano, S. 157. Anderer Ansicht *Wolf*, IPRax 1999, S. 82 (86).

[429] In diese Richtung deuten auch rechtsvergleichende Untersuchungen des germanischen und romanischen Rechtskreises. In Frankreich ist ein Nebeneinander von deliktischen und vertraglichen Ansprüchen ausgeschlossen, vgl. *Zweigert/Kötz*, Einführung in die Rechtsvergleichung, S. 261; In Deutschland wird § 823 BGB bei reinen Vermögensschäden nicht angewandt, § 826 BGB wird nur in Ausnahmefällen angewandt.

[430] *Schwarz*, Gerichtsstand der unerlaubten Handlung, S. 113.

[431] *Stadler*, Vertraglicher und deliktischer Gerichtsstand im europäischen Zivilprozeßrecht, in Festschrift für Musielak, S. 529 (533).

[432] EuGH 11.07.2002 – Rs. C-96/00, Gabriel, Slg. 2002, S. I-6367; EuGH 17.09.2002 – Rs. C-334/00, Tacconi SpA/Wagner Maschinenfabrik, Slg. 2002, S. I-7357; EuGH 1.10.2002 – Rs. C-167/00, Verein für Konsumenteninformation/Henkel, Slg. 2002, S. I-8111,

[433] EuGH 11.07.2002 – Rs. C-96/00, Gabriel, Slg. 2002, S. I-6367.

druckten als „unverbindlich" bezeichnet.[434] Ein Konsument klagte seinen Anspruch auf Gewinnauszahlung ein, nachdem er Waren bestellt und die versprochene Gewinnsumme daraufhin nicht erhalten hatte. Sein Anspruch auf Gewinnauszahlung stützte sich auf § 5 j des österreichischen Konsumentenschutzgesetzes (KSchG). Das österreichische Vorlagegericht fragte an, ob der Anspruch aus § 5 j österreichisches KSchG als deliktisch oder vertraglich zu qualifizieren sei.[435] Der EuGH bejahte ein vertragliches Verhältnis zwischen dem Unternehmer und dem Konsumenten, denn die Warenbestellung begründe vertragliche Pflichten zwischen den Parteien. In diesem Fall ging Art. 13 EuGVÜ als lex specialis Art. 5 Nr. 1 EuGVÜ vor, weil ein Verbraucher am Vertrag beteiligt war.

Im Schrifttum wurde dieses Ergebnis kritisiert: Man warf dem EuGH vor, den Sanktionscharakter der österreichischen Vorschrift nicht genügend gewürdigt zu haben, denn § 5 j des österreichischen KSchG richte sich gegen eine Form des unlauteren Wettbewerbs.[436]

Im Urteil *Tacconi SpA/HWS* musste der EuGH die Rechtsnatur von Schadensersatzansprüchen bestimmen, die sich aus einer vorvertraglichen Rechtsbeziehung ergeben.[437] Er führte aus, die vorvertraglichen Verpflichtungen seien der anderen Partei gegenüber nicht freiwillig eingegangen worden.[438] Solche Schadensersatzansprüche entstünden aus Verstoß gegen Rechtsvorschriften: In diesem Fall sollte ein Verstoß gegen Treu und Glauben vorliegen. Deshalb seien die vorvertraglichen Rechtsbeziehungen deliktisch. Der EuGH sprach zwar auch den fehlenden Vertragsschluss zwischen den Parteien an. Gleichzeitig führte er aber aus, dieser sei nicht der alleinige Grund für die deliktische Qualifikation der Ansprüche. Ein Ver-

---

[434] EuGH 11.07.2002 – Rs. C-96/00, Gabriel, Slg. 2002, S. I-6367.

[435] Siehe zur Rechtsnatur des Anspruchs aus Gewinnzusagen, *Leipold*, Der Anspruch aus Gewinnzusage (§ 661a BGB) in dogmatischer Betrachtung, in Festschrift für Musielak, S.317.

[436] *Leible*, IPRax 2003, S. 28 (31); *Leipold*, Der Anspruch aus Gewinnzusage (§ 661a BGB) in dogmatischer Betrachtung, in Festschrift für Musielak, S.317; *Stadler*, Vertraglicher und delikitischer Gerichtsstand im europäischen Zivilprozeßrecht, in Festschrift für Musielak, S. 529 (532).

[437] EuGH 17.09.2002 – Rs. C-334/00, Tacconi SpA/Wagner Maschinenfabrik, Slg. 2002, S. I-7357.

[438] EuGH 17.09.2002 – Rs. C-334/00, Tacconi SpA/Wagner Maschinenfabrik, Slg. 2002, S. I-7357 Rn. 22 f.

tragsschluss sei für die Anwendung von Art. 5 Nr. 1 EuGVÜ nicht zwingend notwendig.[439]

In der Entscheidung *Verein für Konsumenteninformation/Henkel*[440] klagte ein österreichischer Konsumentenschutzverein gegen einen deutschen Unternehmer, der gesetzeswidrige AGB in seinen Verträgen benutzte. Der EuGH wies darauf hin, dass zwischen dem Verein und dem Beklagten keine direkten Vertragsbeziehungen bestehen. Außerdem ergäbe sich die Klagebefugnis des Vereins lediglich aus einer gesetzlichen Ermächtigung.[441] Deshalb sei der Gerichtsstand der unerlaubten Handlung einschlägig.

Diese drei vorgestellten Entscheidungen eignen sich nicht als allgemeine Richtlinien für die nationalen Gerichte. Dabei fällt die mangelnde Kontinuität der Rechtsprechung auf: Schadensersatzansprüche aus vorvertraglichen Geschäftsbeziehungen, die dem Vertragsschluss nahe stehen, sieht der EuGH als unerlaubte Handlung an, eine Vorschrift mit Sanktionscharakter, wie § 5 j KSchG, wird dagegen ohne nähere Begründung dem Vertragsrecht zugeordnet.

2. *Lösungsansatz*

Die Rechtsprechung bestätigt die anfangs aufgestellte These: Wenn Verhaltensregeln für den rechtsgeschäftlichen Verkehr gesetzlich geregelt sind, ist die Vertragsdefinition des EuGH nicht präzise genug, um Grenzfälle eindeutig zuzuordnen.

Eine Definition der Begriffe Vertrag und unerlaubte Handlung de lege causae würde zu eindeutigen Abgrenzungskriterien führen.[442] Bei der Anwendung der lex causae ergeben sich aber, wie bereits gezeigt, zahlreiche Probleme. Stattdessen sollte man die autonome Vertragsdefinition des EuGH weiterentwickeln.

---

[439] 17.09.2002 – Rs. C-334/00, Tacconi SpA/Wagner Maschinenfabrik, Slg. 2002, S. I-7357 Rn. 22

[440] EuGH 1.10.2002 – Rs. C-167/00, Verein für Konsumenteninformation/Henkel, Slg. 2002, S. I-8111.

[441] EuGH 1.10.2002 – Rs. C-167/00, Verein für Konsumenteninformation/Henkel, Slg. 2002, S. I-8111 Rn. 38 ff.

[442] Die lex causae weist das problematische Rechtsinstitut eindeutig dem Delikts- oder dem Vertragsrecht zu.

Nach dieser Definition umfasst Art. 5 Nr. 1 EuGVÜ freiwillig[443] eingegangene Sonderbeziehungen zwischen den Parteien.[444] Diese Definition muss verbessert und präzisiert werden. Der größte Schwachpunkt der Definition ist die vom EuGH verlangte „freiwillige" Übernahme der Verpflichtung.[445] Verpflichtungen, die aufgrund von Abschlusszwang oder Rechtsscheinhaftung zustande kommen, werden beispielsweise nicht freiwillig eingegangen. Sie sind aber trotzdem vertraglich.[446] Auch Sekundäransprüche, wie die Ansprüche auf Schadensersatz oder auf Gewährleistung, treten an die Stelle der Primärpflichten und sind unstreitig vertraglicher Natur.[447] Trotzdem unterwirft man sich solchen Pflichten in den seltensten Fällen freiwillig, sie werden dem Rechtsverkehr durch Gesetze aufgezwungen. Deshalb hilft die Unterscheidung nach Pflichten, die sich aus Parteivereinbarung oder aus Gesetz ergeben, nicht weiter. Stattdessen sollte man prüfen, ob die Sonderbeziehung, aus der sich die eingeklagte Pflicht ergibt, freiwillig begründet wurde.[448] Nur wenn die Sonderbeziehung mit dem Ziel geschlossen wurde, eine rechtliche Bindung zu begründen, ist die streitige Pflicht vertraglich. Der Begriff der unerlaubten Handlung wird dann negativ bestimmt: Eine unerlaubte Handlung liegt vor, wenn Rechtspflichten verletzt sind, die nicht aufgrund einer Sonderbeziehung zwischen den Parteien entstanden sind. Hilfreich für die Abgrenzung ist, gegenüber wem die Pflicht besteht: Ist sie gegenüber einem durch die Sonderbeziehung begrenzten

---

[443] Ständige Rechtsprechung, siehe nur EuGH 27.10.1998 - Rs. C-51/97, Réunion européenne/Spliethoff's Bevrachtingskantoor, Slg. 1998, S. I-6511; EuGH 17.06.1992 – Rs. 26/91, Jakob Handte & Co GmbH/Traitements Mecano Chimiques des Surfaces Sa, Slg. 1992, S. I-3967 Rn. 15.

[444] *Stadler*, Vertraglicher und delikitischer Gerichtsstand im europäischen Zivilprozeßrecht, in Festschrift für Musielak, S. 529 (539).

[445] *Martiny*, Internationale Zuständigkeit für „vertragliche Streitigkeiten", in Festschrift für Geimer, S. 640 (649 f.).

[446] *Martiny*, Internationale Zuständigkeit für „vertragliche Streitigkeiten", in Festschrift für Geimer, S. 640 (650).

[447] So schon EuGH 6.10.1976 – Rs. 14/76, de Bloos/Bouyer, Slg. 1976, S. 1497. Siehe auch *Geimer/Schütze*, Europäisches Zivilverfahrensrecht, Art. 5 EuGVÜ Rn. 18; *Kropholler*, Internationales Zivilprozeßrecht, Art. 5 EuGVÜ Rn. 10; Mankowski, IPRax 2003, S. 127 (131); *Martiny*, Internationale Zuständigkeit für „vertragliche Streitigkeiten", in Festschrift für Geimer, S. 640 (652 f.); *Schlosser*, EuGVÜ, Art. 5 EuGVÜ Rn. 4; *Stadler*, Vertraglicher und delikitischer Gerichtsstand im europäischen Zivilprozeßrecht, in Festschrift für Musielak, S. 529 (539).

[448] *Martiny*, Internationale Zuständigkeit für „vertragliche Streitigkeiten", in Festschrift für Geimer, S. 640 (652 ff.); *Stadler*, Vertraglicher und delikitischer Gerichtsstand im europäischen Zivilprozeßrecht, in Festschrift für Musielak, S. 529 (542). Beide mit Ausführungen zur Geschäftsführung ohne Auftrag; Gefälligkeitsverhältnissen, Rückabwicklungsansprüche aus Schuldverhältnissen und Rechtsscheinhaftung.

Personenkreis zu beachten, handelt es sich um eine vertragliche Verbindlichkeit. Besteht sie gegenüber jedermann, ist sie deliktisch.[449]

Kann man einen Fall dennoch nicht eindeutig zuordnen, ist zu überlegen, ob man sich im Zweifel für den vertraglichen oder deliktischen Gerichtsstand entscheiden sollte. Für Streitigkeiten aus unerlaubter Handlung ist das Gericht am Tatort zuständig, Art. 5 Nr. 3 EuGVÜ. Werden die Tatbestandsmerkmale der unerlaubten Handlung an verschiedenen Orten verwirklicht, bei sog. Distanzdelikten, ist der Tatort schwierig festzustellen.[450] In solchen Fällen sind sowohl der Handlungs- als auch der Erfolgsort der unerlaubten Handlung zuständigkeitsbegründend.[451] Die unerlaubte Handlung gilt nach dem Ubiquitätsprinzip also überall dort als begangen, wo ein wesentlicher Teil des Tatbestandes erfüllt wurde.[452] Dem Geschädigten wird so die Rechtsverfolgung erleichtert,[453] denn er kann entscheiden, vor welchem Gericht er seine Klage einreichen will.[454] Diese Wahlmöglichkeit benachteiligt den Beklagten.[455] Deswegen sollte in Grenzfällen Art. 5 Nr. 1 EuGVÜ angewandt werden, dessen Folgen für den Beklagten nicht so schwerwiegend sind.

Die drei Entscheidungen des EuGH sind nach den erarbeiteten Grundsätzen noch einmal kritisch zu überprüfen:

---

[449] *Stadler*, Vertraglicher und delikitischer Gerichtsstand im europäischen Zivilprozeßrecht, in Festschrift für Musielak, S. 529 (543).

[450] Dieses Problem tritt beim klassischen Verkehrsunfall kaum auf, dafür aber sehr häufig im Umweltrecht, bei fehlerhaften Produkte, Kartellverstöße, unlauterer Wettbewerb oder bei ehrverletzende Presseveröffentlichungen. Weitere Beispiele bei Kropholler, Europäisches Zivilprozeßrecht, Art. 5 EuGVO Rn. 66. Ausführlich zu Patentrechtsverletzungen, *Grabinski*, GRUR Int. 2001, S. 199 (203 ff.); Ein weiteres Beispiel ist der „Schuss über die Grenze", *Schack*, Internationales Zivilverfahrensrecht, Rn. 293.

[451] EuGH 30.11.1976 – Rs. 21/76, Bier/Mines de Potasse d'Alsace, Slg. 1976, S. 1735; Bestätigt durch EuGH 27.10.1998 - Rs. C-51/97, Réunion européenne/Spliethoff's Bevrachtingskantoor, Slg. 1998, S. I-6511.

[452] *Kropholler*, Europäisches Zivilprozeßrecht, Art. 5 EuGVO Rn. 72; *Schack*, Internationales Zivilverfahrensrecht, Rn. 293;.

[453] *Geimer/Schütze*, Europäisches Zivilverfahrensrecht, Art. 5 EuGVÜ, Rn. 179.

[454] Siehe ausführlich dazu *Geimer/Schütze*, Europäisches Zivilverfahrensrecht, Art. 5 EuGVÜ, Rn. 179 ff.; *Kropholler*, Europäisches Zivilprozeßrecht, Art. 5 EuGVO Rn. 73 ff.

[455] *Kropholler*, Europäisches Zivilprozeßrecht, Art. 5 EuGVO Rn. 73; *Schack*, Internationales Zivilverfahrensrecht, Rn. 293, 222. *Schack* macht darauf aufmerksam, dass dies ein Mittel des Gesetzgebers sei, um den Kläger in bestimmten Fällen zu begünstigen. *Schack* bezeichnet den Beklagten als „Freiwild" und findet dieses Wahlrecht unangemessen.

Im Fall *Gabriel* hätte der Verbraucher ohne das Gewinnversprechen keine Waren bestellt. Es wurde also in seine Willensbildung eingegriffen.[456] Eine vertragliche Streitigkeit muss bejaht werden, denn das Vertragsrecht schützt auch die Freiheit der Willensbildung beim Vertragsschluss.[457]
Im Fall *Tacconi SpA/HWS* übersieht der EuGH, dass die Aufnahme von vorvertraglichen Beziehungen Pflichten begründet, die eng mit dem Vertrag zusammenhängen.[458] Auch hier muss eine Zuständigkeit aus Art. 5 Nr. 1 EuGVÜ bejaht werden.[459]

Im Fall *Verein für Konsumenteninformation/Henkel*[460] ist dem EuGH zuzustimmen. Es ist kein vertraglicher Anspruch gegeben.[461] Zwischen den Parteien liegen keine Vertragsbeziehungen vor und auch sonst haben beide Parteien in keiner Weise Kontakt miteinander gehabt. Würde man trotzdem einen vertraglichen Gerichtsstand annehmen, wäre dies ein Verstoß gegen das Gebot der Vorhersehbarkeit. Die Vorhersehbarkeit der Gerichtsstände gehört zu den wichtigsten Zielen des Übereinkommens. Der Kläger muss ohne Schwierigkeiten feststellen können, welches Gericht er anrufen kann. Ein verständiger Beklagter muss erkennen können, vor welchen Gerichten

---

[456] *Stadler*, Vertraglicher und delikitischer Gerichtsstand im europäischen Zivilprozeßrecht, in Festschrift für Musielak, S. 529 (549).

[457] *Stadler*, Vertraglicher und delikitischer Gerichtsstand im europäischen Zivilprozeßrecht, in Festschrift für Musielak, S. 529 (549). Im Ergebnis auch *Leible*, IPRax 2003, S. 28 (31).

[458] *Schack*, Der Erfüllungsort im deutschen, ausländischen und internationalen Privat- und Zivilprozeßrecht, Rn. 310; *Schlosser*, EuGVÜ, Art. 5 EuGVÜ Rn. 5.

[459] *Geimer/Schütze*, Europäisches Zivilverfahrensrecht, Art. 5 EuGVÜ Rn. 161; *Valloni*, Der Gerichtsstand des Erfüllungsortes nach Lugano- und Brüsseler-Übereinkommen, S. 81. *Kropholler*, Europäisches Zivilprozeßrecht, Art. 5 EuGVO, Rn. 67 und Mankowski, IPRax 2003, S. 127 (131) differenzieren: Sie empfehlen, für die Verletzung von Aufklärungs- und Beratungspflichten Art. 5 Nr. 1 EuGVO anzuwenden. Werden jedoch deliktische Obhuts- und Erhaltungspflichten verletzt, sei Art. 5 Nr. 3 EuGVO anzuwenden. Diese Lösung entspricht dem autonomen deutschen Zivilprozessrecht, siehe *Bernstein*, RabelsZ 41 (1977), S. 289 ff. Zum EuGVÜ *Geimer/Schütze*, Europäisches Zivilverfahrensrecht, Art. 5 EuGVÜ Rn. 18; MünchKomm/*Gottwald*, ZPO, Art. 5 EuGVÜ Rn. 5; Anderer Ansich: *Bülow/Böckstiegel/Geimer/Schütze/Auer*, Der internationale Rechtsverkehr in Zivil- und Handelssachen, Art. 5 EuGVÜ Rn. 24 der Ansprüche aus culpa in contrahendo generell unter Art. 5 Nr. 1 EuGVÜ fallen läßt.

[460] EuGH 1.10.2002 – Rs. C-167/00, Verein für Konsumenteninformation/Henkel, Slg. 2002, S. I-8111.

[461] Im Ergebnis so auch *Michalidou*, IPRax, 2003, S. 223(225), *Stadler*, ZZP Int 8 (2003).

er verklagt werden kann.[462] In diesem Fall konnte der Beklagte nicht vorhersehen, dass und wo ihn ein Konsumentenschutzverein verklagt. Es handelte sich deshalb um eine deliktische Pflicht.

3. *Ergebnis*

Allgemein ist eine Tendenz zur autonomen Begriffsbestimmung im europäischen Prozessrecht zu beobachten. Der EuGH bemüht sich, dadurch ein einheitliches europäisches Verfahrensrecht zu entwickeln. Die Vorteile dieser Methode liegen auf der Hand und viele deutsche Autoren, die prozessuale Begriffe nach der lex causae bestimmen möchten, müssen dieser Entwicklung ins Auge sehen. Vor allem muss das typisch deutsche Problem des inneren Entscheidungseinklangs überwunden werden: Prozessuale und materiellrechtliche Begriffe müssen nicht deckungsgleich sein, sie haben verschiedene Funktionen zu erfüllen.

Die Vertragsdefinition des EuGH – Vertrag ist eine freiwillig übernommene Verpflichtung – liefert bei einfacheren Sachverhalten vernünftige Ergebnisse. In Grenzfällen sollte der EuGH nicht prüfen, ob sich die streitige Pflicht aus dem Gesetz oder einer Parteivereinbarung ergibt, sondern auf das Kriterium abzustellen, ob diese Pflicht durch ein freiwillig eingegangenes Sonderrechtsverhältnis begründet wurde.

V. *Abgrenzung von Art. 5 Nr. 1 EuGVÜ zum Verbrauchergerichtsstand – Art. 13 ff. EuGVÜ (jetzt Art. 15 f. EuGVO)*

Der Verbrauchergerichtsstand gemäß Art. 13 ff. EuGVÜ (jetzt Art. 15 f. EuGVO) ist lex specialis zu Art. 5 Nr. 1 EuGVÜ (jetzt Art. 5 Nr. 1 lit. a EuGVO).[463]

---

[462] EuGH 19.02.2002 – Rs. 256/00, Besix SA/Wasserreinigungsbau Alfred Kretzschmar GmbH & Co. KG (WABAG) und Planungs- und Forschungsgesellschaft W. Kretzschmar GmbH & KG (PLAFOG), Slg. 2002, S. I-1699 Rn. 25 f.; EuGH 17.09.2002 – Rs. C-334/00, Tacconi SpA/Wagner Maschinenfabrik, Slg. 2002, S. I-7357 Rn. 20.

[463] Allgemein anerkannt: *Benicke*, WM 1997, S. 945; *Geimer/Schütze*, Europäisches Zivilverfahrensrecht, Art. 13 EuGVÜ Rn. 3; *Thorn*, IPRax 1994, S. 426; *Wieczorek/Schütze/Hausmann*, Zivilprozeßordnung und Nebengesetze, vor Art. 13 EuGVÜ Rn. 3. Die Art. 13 ff. EuGVO schließen auch Gerichtsstandsvereinbarungen zulasten des Verbrauchers aus, *Mankowski*, RIW 1997, S. 990 f.

Art. 13 ff. EuGVÜ (jetzt Art. 15 f. EuGVO) werden angewandt, wenn ein Vertrag[464] zwischen einem Verbraucher[465] und einem Unternehmer besteht. Ratio legis der Vorschriften ist, den Verbraucher als den wirtschaftlich schwächeren und rechtlich unerfahreneren Vertragspartner zu schützen.[466] Die Verbraucherschutzvorschriften erleichtern die gerichtliche Wahrnehmung seiner Rechte. Der Verbraucher kann am eigenen Wohnsitz klagen, anstatt sich zur Niederlassung seines Vertragspartners begeben zu müssen.[467]

Art. 13 ff. EuGVÜ (jetzt Art. 15 f. EuGVO) sind als Ausnahmevorschriften eng auszulegen.[468] Sie sind nur auf den nicht berufsbezogen handelnden, privaten Endverbraucher anwendbar, der einen in Art. 14 EuGVÜ (jetzt Art. 15 f. EuGVO) aufgeführten Vertrag abgeschlossen hat.[469] Wird zum Beispiel die Forderung eines Verbrauchers aus einem solchen Vertrag an einen Nichtverbraucher abgetreten, so kann der Zessionar den Verbrau-

---

[464] Näher zur autonomen Definition des Verbrauchervertrags EuGH 19.01.1993 – Rs. 89/91, Shearson Lehmann Hutton Inc./TVB Treuhandgesellschaft für Vermögensverwaltung und Beteiligung mbH, Slg. 1993, S. I–139 Rn. 13. Ausführlich zum Verbrauchervertrag *Valloni*, Der Gerichtsstand des Erfüllungsortes nach Lugano- und Brüsseler-Übereinkommen, S. 90 ff.

[465] Ausführlich zum Verbraucherbegriff mit rechtsvergleichenden Hinweisen *Lüderitz*, „Verbraucherschutz" im internationalen Vertragsrecht – ein Zuständigkeitsproblem, in Festschrift für Riesenfeld, S. 147 (153 ff.).

[466] EuGH 19.01.1993 – Rs. 89/91, Shearson Lehmann Hutton Inc/TVB Treuhandgesellschaft für Vermögensverwaltung und Beteiligung, Slg. 1993, S. I-139; *Geimer/Schütze*, Europäisches Zivilverfahrensrecht, Art. 13 EuGVÜ Rn. 1; *Geimer/Schütze*, Internationale Urteilsanerkennung, Band I, 1. Halbband, § 74 III S. 394 ff.; *Kropholler*, Europäisches Zivilprozeßrecht, Art. 13 EuGVÜ Rn. 1; *Schack*, Internationales Zivilverfahrensrecht, Rn. 278 ff.; *Schlosser*, Bericht zu dem Übereinkommen über die gerichtliche Zuständigkeit und die Vollstreckung gerichtlicher Entscheidungen in Zivil- und Handelssachen, ABl. EG 1979 C 59, S. 71 (117); dem folgend *Valloni*, Der Gerichtsstand des Erfüllungsortes nach Lugano- und Brüsseler-Übereinkommen, S. 87; *Wieczorek/Schütze/Hausmann*, Zivilprozeßordnung und Nebengesetze, vor Art. 13 EuGVÜ Rn. 1.

[467] EuGH 19.01.1993 – Rs. 89/91, Shearson Lehmann Hutton Inc/TVB Treuhandgesellschaft für Vermögensverwaltung und Beteiligung, Slg. 1993, S. I-139.

[468] EuGH 3.07.1997 – Rs. 269/95, Benincasa/Dentalkit, Slg.1999, S. I-3767 Rn. 13 ff. *Geimer/Schütze*, Europäisches Zivilverfahrensrecht, Art. 13 EuGVÜ Rn. 14; *Kropholler*, Europäisches Zivilprozeßrecht, Art. 15 EuGVO Rn. 6.

[469] *Schlosser*, Bericht zu dem Übereinkommen über die gerichtliche Zuständigkeit und die Vollstreckung gerichtlicher Entscheidungen in Zivil- und Handelssachen, ABl. EG 1979 C 59, S. 71 (117), *Geimer/Schütze*, Europäisches Zivilverfahrensrecht, Art. 13 EuGVÜ Rn. 14, zustimmend *Valloni*, Der Gerichtsstand des Erfüllungsortes nach Lugano- und Brüsseler-Übereinkommen, S. 89.

chergerichtsstand nicht geltend machen, da bei ihm die Verbrauchereigenschaft fehlt.[470]

VI. Abgrenzung von Art. 5 Nr. 1 EuGVÜ zu Art. 16 EuGVÜ (jetzt Art. 22 EuGVO)

Art. 16 EuGVÜ regelt eine ausschließliche Zuständigkeit. Diese verdrängt sowohl den allgemeinen Gerichtsstand am Wohnsitz des Schuldners (Art. 2 EuGVÜ/EuGVO) als auch die besonderen Zuständigkeiten.

Art. 16 EuGVÜ (jetzt Art. 22 EuGVO) ist für die dort aufgezählten Vertragstypen spezieller als Art. 5 Nr. 1 EuGVÜ (jetzt Art. 5 Nr. 1 lit. a EuGVO). Art. 16 EuGVÜ (jetzt Art. 22 EuGVO) ist auf folgende Sachverhalte anzuwenden: Streitigkeiten um Rechte an unbeweglicher Sachen, Miet- und Pachtstreitigkeiten, Klagen bezüglich der Auflösung von Gesellschaften oder juristischer Personen, Klagen über die Nichtigkeit von Beschlüssen von Organen juristischer Personen, Klagen über die Gültigkeit von Eintragungen in öffentlichen Registern, Klagen über die Eintragung und Gültigkeit von Patenten, Mustern und Modellen, sowie Verfahren, welche die Zwangsvollstreckung aus Entscheidungen zum Gegenstand haben.

1. Gesellschaftsrechtliche Spezialfragen

Das EuGVÜ und die EuGVO regeln die internationale Zuständigkeit für Ansprüche aus gesellschaftsrechtlicher Haftung nicht ausdrücklich.

Das Rechtsverhältnis von Aktionären untereinander und von Aktionären zur Gesellschaft ist als vertraglich zu qualifizieren,[471] denn die verpflichtende Wirkung der Satzung beruht stets auf der Zustimmung des einzelnen Aktionärs.[472]

---

[470] EuGH 19.01.1993 – Rs. 89/91, Shearson Lehmann Hutton Inc/TVB Treuhandgesellschaft für Vermögensverwaltung und Beteiligung mbH, Slg. 1993,S. I-139 Rn. 23 f.

[471] EuGH 10.03. 1992 – Rs. C-214/89, Powell Duffryn/Petereit, Slg. 1992, S. I-1745 Rn. 15 f.

[472] EuGH 10.03.1992 – Rs. C-214/89, Powell Duffryn/Petereit, Slg. 1992, S. I-1745 Rn. 15 f. Dem ist auch aus deutscher Sicht zuzustimmen. Eine Satzung und noch deutlicher, der GmbH Vertrag, haben einen vertraglichen Charakter. Vergleiche auch *Scholz/Emmerich*, GmbHG, § 2 Rn. 3 ff; *Schmidt*, Gesellschaftsrecht, S. 79 ff. Das er-

Aktuell ist die Frage nach der gerichtlichen Zuständigkeit für Innenhaftungsansprüche aus organschaftlicher Rechtsstellung und für die Haftung im qualifizierten faktischen Konzern.

a) *Zuständigkeit für Innenhaftungsansprüche aus organschaftlicher Rechtsstellung*

Zu prüfen ist, welcher Gerichtsstand für Streitigkeiten im Innenverhältnis zwischen einem Organ und der Gesellschaft einschlägig ist.

Art. 16 Nr. 2 EuGVÜ (jetzt Art. 22 Nr. 2 EuGVO) ist nur für die Gültigkeit von Organbeschlüssen und für Fragen über das Zustandekommen der Gesellschaft einschlägig.[473] Die Vorschrift darf nicht analog auf alle gesellschaftsrechtlichen Streitigkeiten angewandt werden, weil ein ausschließlicher Gerichtsstand für alle gesellschaftsrechtlichen Fragen nicht wünschenswert ist.[474] Deshalb begründet Art. 16 Nr. 2 EuGVÜ (jetzt Art. 22 Nr. 2 EuGVO) keine Zuständigkeit für die Ansprüche gegen Organe aus Innenhaftung. Obwohl Art. 16 Nr. 2 EuGVÜ (jetzt Art. 22 Nr. 2 EuGVO) einige gesellschaftsrechtliche Fragen ausdrücklich regelt, schließt er deswegen die besonderen Gerichtsstände nicht für andere gesellschaftsrechtliche Streitigkeiten aus.[475]

Die Ansprüche gegen ein Organ aus Innenhaftung sind möglicherweise gemäß Art. 5 Nr. 1 EuGVÜ (jetzt Art. 5 Nr. 1 lit. a EuGVO) als vertraglich zu qualifizieren. Der Wortlaut von Art. 5 Nr. 1 EuGVÜ (jetzt Art. 5 Nr. 1

---

gibt sich in Frankreich aus Art. 1832 Abs. 1 Code Civil, vergleiche dazu *Ripert/Roblot*, Traité de droit commercial, Band 1, Rn. 1013. In Italien aus Art. 2247 Codice Civile.

[473] Diess geht aus fast allen Fassungen des Übereinkommens hervor. Unklar ist nur die englische Fassung „(...) proceedings which have as their object the validity of the constitution (...) or the decisions of their organs (...)“. Der englische Wortlaut schließt nicht aus, dass sämtliche Klagen, die im Zusammenhang mit Geschäftführerbeschlüssen stehen, nach Art. 16 Nr. 2 EuGVÜ zu beurteilen sind. Die Lehre und Rechtsprechung in England und Irland sind aber dem restriktiven „kontinentaleuropäischen“ Verständnis gefolgt; vergleiche Newtherapeutics Ltd. v. Katz (1990) 3 WLR 1183 (High Court 5.03.1990) abgedruckt auch in *Kaye*, European Case Law On The Judgements Convention, Case 206.

[474] *Geimer/Schütze*, Europäisches Zivilverfahrensrecht, Art. 16 EuGVÜ Rn. 142; *Kropholler*, Europäisches Zivilprozeßrecht, Art. 22 EuGVO Rn. 40.

[475] *Haubold*, IPRax 2000, S. 375 (377); *Kropholler*, Europäisches Zivilprozeßrecht, Art. 22 EuGVO Rn. 40; *Zimmer*, IPRax 1998, S. 187 (189).

lit. a EuGVO) schließt die Anwendung auf gesellschaftsrechtliche Fragen grundsätzlich nicht aus.[476] Zu bedenken ist aber, dass die Organstellung sich nicht unmittelbar durch Vertrag ergibt, sondern durch einseitige Bestellung. Die bestellte Person muss der Organbestellung aber zustimmen.[477] Es liegt also eine Annahme der angebotenen Organstellung vor. Die Organstellung ist deshalb eine Sonderbeziehung zwischen zwei Parteien. Ein weiteres Indiz dafür ist der zwischen Gesellschaft und Organ bestehende Anstellungsvertrag,[478] der in manchen Ländern nicht streng vom Organverhältnis getrennt ist.[479]

Somit ist die Innenhaftung der Gesellschaftsorgane vertraglich zu qualifizieren, Art. 5 Nr. 1 EuGVÜ (jetzt Art. 5 Nr. 1 lit. a EUGVO) ist einschlägig.[480]

b) Zuständigkeit bei Ansprüchen aus Haftung im qualifiziert faktischen Konzern

aa) Definition des qualifiziert faktischen Konzerns

Ein einfaches faktisches Konzernverhältnis liegt vor, wenn mehrere rechtlich selbständige Gesellschaften unter einheitlicher Leitung stehen, ohne dass ein Beherrschungsvertrag abgeschlossen wurde.[481] Das herrschende Unternehmen muss eine Schädigung des Vermögens durch nachteilige Geschäftsführungsmaßnahmen einer abhängigen AG gemäß § 317 i.V.m. § 311 AktG ausgleichen. Bei einer abhängigen GmbH ergibt sich der Ausgleichsanspruch aus der gesellschaftlichen Treuepflicht.[482]

---

[476] *Haubold*, IPRax 2000, S. 375 (377).
[477] *Haubold*, IPRax 2000, S. 375 (377); *Schmidt*, Gesellschaftrecht, S. 416.
[478] *Haubold*, IPRax 2000, S. 375 (377).
[479] In der Schweiz, die Mitgliedsstaat des LuGÜ ist, liegt ein einheitliches Rechtsverhältnis vor, *Forstmoser/Meier-Hayoz*, Schweizerisches Aktienrecht, § 28 Rn 2 ff. In Frankreich liegt eine Trennung vor, *Ripert/Roblot*, Traité de droit commercial, Band. 1, No. 1696.
[480] *Brödermann*, ZIP 1996, S. 491 f.; *Haubold*, IPRax 2000, S. 375 (377).
[481] Vergleiche §§ 17, 18, 311 ff. AktG.
[482] BGHZ 65, 15 (18f.); *Scholz/Emmerich*, GmbHG, Anhang Konzernrecht, Rn. 68, 70; *Lutter/Hommelhoff*, GmbHG, Anh. § 13 Rn. 16 ff.; *Hachenburg/Ulmer*, GmbHG, Band 3, Anh. § 77 GmbHG Rn. 73 und 76 ff.

Wird die Einflussnahme des beherrschenden Unternehmens so groß, dass die einzelnen Schäden nicht mehr identifiziert, verhindert oder ausgeglichen werden können, liegt ein sog. qualifizierter faktischer Konzern vor.[483] Das beherrschte Unternehmen befindet sich faktisch in der gleichen Lage wie in einem Vertragskonzern. Deswegen werden auf solche Rechtsverhältnisse die Regeln des Vertragskonzerns analog angewandt: Diese Schäden müssen nach § 302 AktG analog ausgeglichen werden.[484]

In Deutschland ist streitig, wie die Regeln der Konzernhaftung zu qualifizieren sind.[485] In den übrigen Mitgliedsstaaten bestehen nur vereinzelt spezielle Regeln für Konzernsachverhalte,[486] die einen Hinweis auf die Rechtsnatur der Konzernhaftung geben könnten.[487]

bb) *Zuständigkeit für Innenhaftung*

Wenn das beherrschte Unternehmen Schadensersatz vom herrschenden Unternehmen verlangt, liegt ein Fall der Innenhaftung vor. Den qualifiziert faktischen Konzern als vertraglich zu qualifizieren, scheint zunächst fern zu liegen, denn es handelt sich dabei gerade nicht um einen Vertragskonzern.[488] Die Interessenslage entspricht jedoch, wie oben ausgeführt, derjenigen im Vertragskonzern. Das herrschende Unternehmen muss genauso

---

[483] BGHZ 122, 123 (126ff.); BGH WM 1977, S. 316 f.; BGH NJW 1994, S. 446, mit Anm. von *Schmidt*; DStR 1996, S. 839 f., mit Anm. *Goette*; OLG Rostock, NZG 1999, S. 170 mit Anm. *Habersack*; OLG Hamm, NZG 1999, S. 837, mit Anm. *Michalski/Bohlmann*; OLG München, NZG 1999, S. 1169, mit Anm. *Michalski/de Vries*; siehe im Schrifttum ausführlich *Gätsch*, Gläubigerschutz im qualifizierten faktischen GmbH-Konzern; *Goette*, DStR 1997, S. 503; *Habersack*, NZG 1999, S. 171; *Kölling*, NZG 2000, S. 8 ff.; *Lutter/Hommelhoff* GmbHG, Anh. § 13 Rn. 24 ff.; *Schmidt*, Gesellschaftsrecht, S. 1220 ff.

[484] BGHZ 95, 330 (345); BGHZ 197, 7 (15 ff.); BGHZ 115, 187 (192); BGHZ 122, 123 (126 ff.).

[485] Der Meinungsstand ist beispielsweise bei *Hachenburg/Ulmer*, GmbHG, Band. 3, Anh. § 77 Rn. 97 dargestellt.

[486] Länderberichte in *Lutter*, Konzernrecht im Ausland, ZGR Sonderheft 11, 1994.

[487] Es bieten sich mindestens fünf Möglichkeiten an. Man kann sie als vertraglich nach Art. 5 Nr. 1 EuGVÜ oder als deliktisch, Art. 5 Nr. 3 EuGVÜ qualifizieren. Man kann das beherrschte Unternehmen als Zweigniederlassung im Sinne von Art. 5 Nr. 5 EuGVÜ betrachten oder den Gerichtsstand der Streitgenossenschaft aus. Art. 6 Nr. 1 i.V.m. Art. 2 Abs. 1 EuGVÜ annehmen. Es kann aber auch sein, dass keiner der genannten besonderen Gerichtsstände einschlägig ist und es bei Art. 2 Abs. 1 EuGVÜ zu einem Gerichtsstand am Sitz des herrschenden Unternehmens kommt, Art. 53 Abs. 1 EuGVÜ.

[488] Das OLG München, ZIP 1999, S. 558 bezeichnet den Anspruch als vertraglich.

gestellt werden, wie es mit Beherrschungsvertrag stehen würde. Zu prüfen ist also, ob die Ansprüche gegen einen Vertragskonzern nach der autonomen Vertragsdefinition des EuGH für das europäische Prozessrecht als vertraglich anzusehen sind.[489]
Dafür spricht, dass der Zusammenschluss beider Unternehmen durch freie Willensentscheidung entsteht. Das herrschende Unternehmen entschließt sich, freiwillig Anteile des beherrschten Unternehmens zu erwerben, das beherrschte Unternehmen lässt diesen Erwerb zu.[490]

Deswegen fällt die Haftung beim Vertragskonzern unter Art. 5 Nr. 1 EuGVÜ (jetzt Art. 5 Nr. 1 lit. a EuGVO).[491] Die Haftung aus einem qualifiziert faktischen Konzern fällt aufgrund der gleichen Interessenslage ebenfalls unter diese Regelung.

cc) Zuständigkeit für Außenhaftung

Macht ein Gläubiger des beherrschten Unternehmens Ansprüche gegen das herrschende Unternehmen geltend, wird ein Anspruch im Außenverhältnis geltend gemacht.

Die Gläubiger der beherrschten Gesellschaft sind nicht am gesellschaftsrechtlichen Mitgliedschaftsverhältnis beteiligt.[492] Sie stehen in keiner vertraglichen oder vertragsähnlichen Beziehung zum herrschenden Unternehmen, die eine vertragliche Haftung rechtfertigt.[493] Das herrschende Unter-

---

[489] Unmittelbare Ansprüche aus dem Beherrschungsvertrag der zwei Unternehmen sind unstreitig als vertraglich zu qualifizieren. Ob der Anspruch aus § 302 AktG vertraglich ist, wird dagegen bezweifelt. Viele Stimmen im Schrifttum sehen darin ein gesetzliches Schuldverhältnis: *Hüffer*, AktG, § 302 Rn.4; *Maul*, AG 1998, S. 404 (409). Für ein vertragliches Schuldverhältnis *Bülow/Böckstiegel/Geimer/Schütze/Auer,* Der internationale Rechtsverkehr in Zivil- und Handelssachen, Art. 5 EuGVÜ Rn. 25. Zu beachten ist, dass die innerstaatliche Einordnung des Anspruchs keine Auswirkung auf die autonome Bestimmung des EuGH haben muss.
[490] *Haubold*, IPRax 2000, S. 375 (380); *Kulms*, IPRax 2000, S. 488 (493); *Queirolo*, Riv.dir.int.priv.proc. 29 (1993), S. 69 (75).
[491] OLG München, ZIP 1999, S. 558.
[492] *Haubold*, IPRax 2000, S. 375 (381).
[493] OLG Düsseldorf in IPRax 1998, S. 210; *Bülow/Böckstiegel/Geimer/Schütze/Auer*, Der internationale Rechtsverkehr in Zivil- und Handelssachen, Art. 5 EuGVÜ Rn. 25; *Goette*, DStR 1997, S. 503 (505); *Maul*, AG 1998, S. 404 (407); *Zimmer* IPRax 1998, S. 187. Siehe auch EuGH 17.06.1992 – Rs. 26/91, Jakob Handte & Co GmbH/Traitements Mecano Chimiques des Surfaces Sa, Slg. 1992, S. I-3967 Rn. 15 f., der eine Durchgriffshaftung auf den Produzenten, der nicht Vertragspartner des Geschädigten ist, ver-

nehmen möchte nicht einem unbegrenzten Gläubigerkreis gegenüber freiwillig haften, wenn es Mitgliedschaftsrechte der Gesellschaft erwirbt. Charakteristisch für den Gerichtsstand des Erfüllungsortes ist es aber, dass man gerade vor dem haftungsauslösenden Ereignis voraussehen kann, wo geklagt werden muss und wer die möglichen Prozessgegner sind.[494]

Also muss Art. 5 Nr. 3 EuGVÜ/EuGVO in Fällen der Außenhaftung angewandt werden.[495]

Die Außenhaftung kann auch nach Art. 5 Nr. 5 EuGVÜ/EuGVO zu beurteilen sein. Dann muss das beherrschte Unternehmen als Zweigniederlassung[496] des herrschenden Unternehmens betrachtet werden können. Das abhängige und das herrschende Unternehmen müssen bei der Begründung der Verpflichtung den Anschein erwecken, dass das eine Unternehmen als bloße Niederlassung für das andere tätig ist.[497] Tritt das beherrschende Un-

---

neint. Für eine Zuständigkeit der Gerichte, die für den Vertrag zuständig sind, auch für die Durchgriffsansprüche gegen das herrschende Unternehmen *Möllers*, Internationale Zuständigkeit bei der Durchgriffshaftung; MünchKomm/*Gottwald*, ZPO, Art. 5 EuGVÜ Rn. 4; *Schlosser*, EuGVÜ, Art. 5 Rn. 6; *Wieczorek/Schütze/Hausmann*, Zivilprozeßordnung und Nebengesetze, Art. 5 EuGVÜ Rn. 7. *Goette*, DStR 1997, S. 503 (505) wendet zu Recht ein, dass diese Ansicht, die zwar einen einheitlichen Gerichtsstand schaffen will, übersieht aber, dass die Ansprüche der Gläubigers gegen das beherrschte Unternehmen eine andere Rechtsgrundlage als die konzernrechtliche Haftung haben.

494 EuGH 17.06.1992 – Rs. 26/91, Jakob Handte & Co GmbH/Traitements Mecano Chimiques des Surfaces Sa, Slg. 1992, S. I-3967 Rn. 18.

495 In diese Richtung deuten auch rechtsvergleichende Untersuchungen des germanischen und romanischen Rechtskreises. In Frankreich ist ein Nebeneinander von deliktischen und vertraglichen Ansprüchen ausgeschlossen, vgl. *Zweigert/Kötz*, Einführung in die Rechtsvergleichung, S. 261; in Deutschland wird § 823 BGB bei reiner Vermögensschädigung nicht angewandt, § 826 BGB wird nur in Ausnahmefälle angewandt.

496 Dem steht die rechtliche Selbständigkeit des Unternehmens nicht entgegen, EuGH 9.12.1987 – Rs. 218/86 – SAR Schotte/Parfums Rothschild, Slg. 1987, S. 4905. Im Schrifttum: *von Büren*, Der Konzern: rechtliche Aspekte eines wirtschaftlichen Phänomens, S. 432 f.; *Gaudemet-Tallon*, Les Conventions de Bruxelles et de Lugano, Rn. 204; *Geimer/Schütze*, Internationales Zuvilverfahrensrecht, Art. 5 EuGVÜ Rn. 234; *Kronke*, IPRax 1989, S. 81; *Thomas/Putzo/Hüßtege*, Zivilprozessordnung, Art. 5 EuGVÜ, Rn. 15; *Wieczorek/Schütze/Hausmann*, Zivilprozeßordnung und Nebengesetze, Art. 5 EuGVÜ Rn 79; *Zimmer*, IPRax 1998, S. 187 (190); *Zöller/Geimer*, Zivilprozessordnung, Art. 5 EuGVO Rn. 46.

497 EuGH 9.12.1987 – Rs. 218/86 – SAR Schotte/Parfums Rothschild, Slg. 1987, S. 4905 (4920), Rn. 12 ff. Im Schrifttum: *von Büren*, Der Konzern: rechtliche Aspekte eines wirtschaftlichen Phänomens, S. 432f.; *Goette*, DStR 1997, S. 503 f.; *Wieczorek/Schütze/Hausmann*, Zivilprozeßordnung und Nebengesetze, Art. 5 EuGVÜ Rn 79.

ternehmen völlig selbständig auf, kann Art. 5 Nr. 5 EuGVÜ/EuGVO nicht angewandt werden.

VII. Bewertung und Reformbedürftigkeit des Vertragsbegriffs

In den meisten Fällen führt die Definition des EuGH – Vertrag als eine freiwillig eingegangene Verpflichtung – zu brauchbaren und voraussehbaren Ergebnissen. Für Grenzfälle sind einige Modifikationen der Definition durchzuführen.

Auf keinen Fall sollte der Vertragsbegriff aus der lex causae bestimmt werden, da das zu einer uneinheitlichen Anwendung des Übereinkommens führen würde.

Trotz einiger Probleme bei der Anwendung der Vorschrift ist zweifelhaft, ob eine Reform des Vertragbegriffs sinnvoll ist. Selbst wenn man eine Legaldefinition des Vertrags einführen würde, wäre diese für die problematischen Grenzfälle nicht sehr hilfreich. Das lässt sich anhand der deutschen Vertragsdefinition zeigen: Ein Vertrag sind zwei übereinstimmende Willenserklärungen.[498] Diese Definition ist zu allgemein und kann Grenzfälle zwischen Vertrags- und Deliktsrecht nicht eindeutig zuordnen. Einen Katalog der problematischen Fälle im Übereinkommen aufzunehmen, ist ebenso verfehlt. Das Gesetz muss auch für neue Problemfälle eine Lösung bieten und darf deswegen keine starre Aufzählung beinhalten.

Im Hinblick darauf, dass das materielle Schuldrecht in nächster Zeit auf europäischer Ebene nicht vereinheitlicht werden wird, sollte weiterhin auf den vom EuGH entwickelten Vertragsbegriff abgestellt werden.

---

[498] Siehe nur *Staudinger/Löwisch*, Kommentar zum Bürgerlichen Gesetzbuch, § 305 BGB Rn. 5.

C. Die Bestimmung der für den Erfüllungsort maßgeblichen Verpflichtung

I. Die Leitlinien der EuGH Rechtsprechung - die Rechtssache de Bloos/Bouyer

1. Einleitung

Ein Vertrag besteht gewöhnlich aus mehreren Verbindlichkeiten. Jede dieser Verbindlichkeiten hat in der Regel einen eigenen Erfüllungsort. Deshalb ist zu prüfen, welcher Erfüllungsort für Art. 5 Nr. 1 EuGVÜ zu bestimmen ist. Die Frage nach dieser maßgeblichen Verbindlichkeit gewinnt vor allem an Bedeutung, wenn zwischen den Parteien jeweils mehrere Verbindlichkeiten aus einem Vertragsverhältnis bestehen.[499]
Bereits in der allerersten EuGH Entscheidung zu Art. 5 Nr. 1 EuGVÜ *(Tessili/Dunlop)* stellte das vorlegende Gericht die Frage, für welche aus mehreren Verbindlichkeiten eines Vertrags es den Erfüllungsort bestimmen muss.[500] Der EuGH ließ bei dieser Entscheidung die Frage zunächst offen. Er befasste sich damit ausführlich in der am gleichen Tag ergangenen *de Bloos/Bouyer* Entscheidung.[501]
In der Rechtssache *de Bloos/Bouyer* wurde über Ansprüche aus einem Vertragshändlervertrag gestritten. Der Vertragshändlervertrag ist für den internationalen Rechtsverkehr von großer Bedeutung.[502] Aus ihm ergeben sich zahlreiche Verpflichtungen für beide Parteien. Deshalb ist es schwierig die Verpflichtung auszuwählen, deren Erfüllungsort für Art. 5 Nr. 1 EuGVÜ maßgeblich sein soll. Der Cour d'appel schlug dem EuGH zwei Möglichkeiten vor: Entweder soll der Kläger irgendeine Verpflichtung des Vertrags

---

[499] *Rauscher*, Verpflichtung und Erfüllungsort in Art. 5 Nr. 1 EuGVÜ, S. 7 weist auf die wichtige Rolle des Vertriebshändlervertrages im internationalen Wirtschaftsverkehr hin.
[500] EuGH 6.10.1976 – Rs. 12/76, Tessili/Dunlop, Slg 1976, S. 1473 (1476), wird in der schriftlichen Erklärung der Firma Tessili vorgeschlagen auf die charakteristische Vertragsleistung abzustellen. Der EuGH äußerte sich in dieser Entscheidung nicht dazu.
[501] EuGH 6.10.1976 – Rs. 14/76, de Bloos/Bouyer, Slg. 1976, S. 1497.
[502] Ausführlich dazu *Rauscher*, Verpflichtung und Erfüllungsort in Art. 5 Nr. 1 EuGVÜ, S. 7.

auswählen und für diese ist der Erfüllungsort zu bestimmen[503] oder es ist der Erfüllungsort der im Fall streitigen Verpflichtung zu ermitteln. Die Möglichkeit, auf den Erfüllungsort der vertragscharakteristischen Leistung abzustellen, erkannte das belgische Gericht nicht,[504] ebenso wenig verfolgte der EuGH diesen Ansatz in seinem Urteil.[505]

Aus dem Wortlaut von Art. 5 Nr. 1 EuGVÜ ließ sich zur Beantwortung dieser Frage nichts entnehmen. Die französische und die niederländische Fassung von Art. 5 Nr. 1 EuGVÜ sprachen lediglich von „der Verpflichtung" („l'obligation", „de verbintenis"). Daraus kann am ehesten geschlossen werden, dass damit alle Verpflichtungen gemeint sind, die sich aus dem Vertrag ergeben können.[506] Die italienische Fassung war dagegen viel enger gefasst: Sie bezog sich nur auf den Erfüllungsort der „Verpflichtung, die den Gegenstand des Verfahrens bildet" („l'obbligazione dedotta in giudizio"). Die deutsche Fassung konnte je nach Betonung in beider Weise verstanden werden: „Ort an dem *die* Verpflichtung erfüllt worden ist"[507], als Beleg für die streitige Verpflichtung oder aber „Ort an dem die Verpflichtung erfüllt worden ist" für jede denkbare vertragliche Verpflichtung.[508]

Die einzelnen sprachlichen Fassungen des Übereinkommens sind gleichberechtigt.[509] Deshalb müssen sie alle bei der Auslegung der Vorschrift berücksichtigt werden.[510]

Die italienische Fassung des Art. 5 Nr. 1 EuGVÜ hat den engsten Anwendungsbereich. Es würde der italienischen Fassung widersprechen, wenn der

---

503 EuGH 6.10.1976 – Rs. 14/76, de Bloos/Bouyer, Slg. 1976, S. 1497.

504 *Rauscher*, Verpflichtung und Erfüllungsort in Art. 5 Nr. 1 EuGVÜ, S. 81.

505 Vom vorlegenden Gericht zwar nicht in Betracht gezogen, dafür aber schon in der Rechtssache Tessili/Dunlop schriftlich vorgebracht.

506 *Schlosser*, Bericht zu dem Übereinkommen über die gerichtliche Zuständigkeit und die Vollstreckung gerichtlicher Entscheidungen in Zivil- und Handelssachen, ABl. EG 1979 C 59, S. 71 (111).

507 Kursivdruck eingefügt durch die Verfasserin. Siehe auch *Geimer/Schütze*, Europäisches Zivilverfahrensrecht, Art. 5 EuGVÜ Rn. 55.

508 Man sieht die deutsche Fassung als Beleg für die streitige Verbindlichkeit an, so *Valloni*, Der Gerichtsstand des Erfüllungsortes nach Lugano- und Brüsseler-Übereinkommen, S. 218.

509 Bei der EuGVÜ waren der dänische, deutsche, englische, finnische, französische, griechische, irische, italienische, niederländische, portugiesische, schwedische und spanische Wortlaut gleichermaßen verbindlich, Art. 68 EuGVÜ.

510 *Bleckmann*, NJW 1982, S. 1177. Durch die Übersetzung ergeben sich aber unbeabsichtigte Unterschiede.

Erfüllungsort jeder beliebigen vertraglichen Verpflichtung für Art. 5 Nr. 1 EuGVÜ maßgeblich wäre. Mit allen anderen Sprachfassungen ist es dagegen vereinbar, auf die jeweils streitige Verbindlichkeit abzustellen.[511] Die französische und niederländische Fassung wären bei einem solchen Verständnis des Art. 5 Nr. 1 EuGVÜ ungenau gefasst. Aus dieser Beobachtung muss aber nicht zwingend folgen, dass die italienische Fassung die vorzugswürdigste ist. Die Übersetzer wählen oft eine Übersetzung, die dem eigenen nationalen Recht nahe steht.[512] Deshalb ist es möglich, dass der enge Anwendungsbereich der italienischen Fassung entstanden ist, weil der Übersetzer das heimische Recht[513] im Hinterkopf hatte und nicht weil er Erwägungen des europäischen Gesetzgebers berücksichtigen wollte.

Die Auslegung des Wortlautes von Art. 5 Nr. 1 EuGVÜ führt nicht weiter. Für welche Verbindlichkeit der Erfüllungsort gemäß Art. 5 Nr. 1 EuGVÜ zu bestimmen ist, muss durch die teleologische Auslegung bestimmt werden. Dabei sind Ziele und Systematik des Übereinkommens zu berücksichtigen.[514]

2. *„Irgendeine" Verbindlichkeit*

Die französische und niederländische Fassung sprechen dafür, jede beliebige Vertragsverbindlichkeit als maßgeblich für den Erfüllungsort von Art. 5 Nr. 1 EuGVÜ in Betracht zu ziehen.[515] Eine solche Auslegung hat zur Folge, dass der Kläger stets diejenige Verbindlichkeit wählen wird, die den für ihn günstigsten Erfüllungsort zur Folge hat. In den meisten Fällen wird er eine Verbindlichkeit aussuchen, deren Erfüllungsort mit seinem Wohnort zusammenfällt. Dies würde zu einem Klägergerichtsstand führen. Das EuGVÜ geht vom Grundsatz des „actor sequitur forum rei" aus, Art. 2 EuGVÜ. Mit Art. 5 Nr. 1 EuGVÜ sollte kein Klägergerichtsstand geschaffen werden, sondern ein Gerichtsstand, der an den Streitgegenstand anknüpft.[516]

---

[511] *Linke* RIW 1977, S. 43 (46); *Spellenberg* ZZP 91 (1978), S. 38 (58).

[512] Die Übersetzung lehnt sich an Art. 4 Nr. 2 italienischer CCP an; *Guliano/Pocar*, La giurisdizione civile italiana e lo straniero, S. 72 ff.; *Linke,* RIW 1977, S. 43 (46); *Pocar*, RabelsZ. 42 (1978), S. 405 (415); *Spellenberg*, EuR 1980, S. 329 (338).

[513] Siehe Art. 4 Nr. 2 italienischer CCP.

[514] Zustimmend *Kropholler*, Europäisches Zivilprozeßrecht, Art. 5 EuGVO Rn. 5.

[515] *Holleaux*, Clunet 1975, S. 95; *Weser*, Convention communautaire sur la compétence judiciaire et l'exécution des décisions, Nr. 221, S. 248.

[516] Siehe den *Jenard*, Bericht zu dem Übereinkommen über die gerichtliche Zuständigkeit und die Vollstreckung gerichtlicher Entscheidungen in Zivil- und Handelssachen,

Wenn der Erfüllungsort jeder Verbindlichkeit als maßgeblich für Art. 5 Nr. 1 EuGVÜ betrachtet wird, gibt es noch weitere Nachteile: Bei jedem Vertrag würden sich zahlreiche mögliche Gerichtsstände aus Art. 5 Nr. 1 EuGVÜ ergeben. Jede einzelne, unwichtige Verbindlichkeit würde einen solchen begründen. Der Beklagte weiß deshalb nicht im Voraus, welche Verbindlichkeit der Kläger für die Bestimmung des Erfüllungsortes auswählen wird.[517]

Deshalb sollte man nicht den Erfüllungsort irgendeiner Vertragsverbindlichkeit für Art. 5 Nr. 1 EuGVÜ bestimmen.[518] Als maßgebliche Verbindlichkeit für den Erfüllungsort kommen deshalb nur noch zwei Lösungen in Betracht: Es ist entweder auf den Erfüllungsort der vertragsprägenden Pflicht oder auf den Erfüllungsort der gerade streitigen Verbindlichkeit abzustellen.

ABl. EG 1979 Nr. C 59, S. 1 (23), in dem der Gerichtsstand am Entstehungsort unter anderem deswegen abgelehnt wird, weil dieser über Umwegen zu einem Klägergerichtsstand. *Droz*, Compétence judicaire et effets des jugements dans le Marché commun, Rn. 64; *Geimer/Schütze*, Europäisches Zivilverfahrensrecht, Art. 5 EuGVÜ Rn. 3; *Geimer/Schütze*, Internationale Urteilsanerkennung, Band.1, 1. Halbband, § 83 II, S. 552; *Kropholler*, Europäisches Zivilprozeßrecht, Art. 5 EuGVÜ Rn. 2; *Schack*, Der Erfüllungsort im deutschen, ausländischen und internationalen Privat- und Zivilprozeßrecht, Rn. 204; *Valloni*, Der Gerichtsstand des Erfüllungsortes nach dem Lugano- und Brüsseler-Übereinkommen, S. 155. Anderer Ansicht *Broggini*, Zuständigkeit am Ort der Vertragserfüllung, in Schwander, Das Luganer Übereinkommen, Band 2, S. 111 (118); *Hau*, IPRax 2000, S. 355 (357); *Schröder*, Internationale Zuständigkeit, S. 299 und 322; *Spellenberg*, IPRax 1981, S. 75 f.. Bestätigt durch EuGH 22.11.1978 - Rs. 33/78, Somafer/Saar-Ferngas, Slg. 1978, S. 2183 Rn. 7.

[517] *Jenard*, Bericht zu dem Übereinkommen über die gerichtliche Zuständigkeit und die Vollstreckung gerichtlicher Entscheidungen in Zivil- und Handelssachen, ABl. EG 1979 Nr. C 59, S. 1 (23).

[518] Allgemeine Ansicht: *Droz*, Rev.crit.dr.int.pr. 76 (1987), S. 797; *Geimer*, NJW 1977, S. 491; *Geimer*, NJW 1987, S. 1132; *Jayme/Kohler*, IPRax 1994, S. 410; *Kohler* Die Stellung des Artikels 5 im Gefüge des Übereinkommens. Die Zuständigkeit in Vertragssachen, in Internationale Zuständigkeit und Urteilsanerkennung in Europa, S. 41 (47); *Mezger*, IPRax 1987, S. 346; *Stein/Jonas/Schumann*, Kommentar zur Zivilprozeßordnung, § 29 ZPO Rn. 16.

3. *Die streitige Verbindlichkeit*[519]

Je weniger Gerichtsstände sich für ein Rechtsverhältnis ergeben können, umso vorhersehbarer ist das Ergebnis: Der Kläger kann einfacher das zuständige Gericht bestimmen und ein verständiger und informierter Beklagter kann voraussehen, wo er zusätzlich zu seinem allgemeinen Gerichtsstand an seinem Wohnort verklagt werden kann.[520] Wenn der Erfüllungsort der vertragstypischen Pflicht als zuständigkeitsbegründend angesehen würde, gäbe es für alle Streitigkeiten aus dem Vertrag nur einen einzigen Gerichtsstand. Wird hingegen jede beliebige Vertragsverpflichtung als zuständigkeitsbegründend in Betracht gezogen, wären mehrere mögliche Vertragsgerichtsstände gegeben.

Die Anzahl möglicher Gerichtsstände zu verringern, bedeutet nicht, dass zwangsweise nur ein einziger Gerichtsstand geschaffen werden muss. Der EuGH reduzierte die Anzahl der möglichen Gerichtsstände, obwohl er auf den Erfüllungsort der gerade im Fall streitigen Verpflichtung abstellte.[521] Dafür stellte er ergänzend folgende Grundsätze auf, um der Gerichtsstandszersplitterung vorzubeugen: Nebenpflichten sollen am Gerichtsstand der Hauptpflicht geltend gemacht werden,[522] Feststellungsklagen am Erfüllungsort der streitigen Leistungspflicht,[523] Klagen auf Rückerstattung oder Schadensersatz sollen am Erfüllungsort der ursprünglichen Hauptleistungspflicht eingeklagt werden[524]. So führt die EuGH Rechtsprechung für die

---

[519] Dafür *Geimer*, IPRax 1986, S. 85 (87); *Geimer/Schütze*, Europäisches Zivilverfahrensrecht, Art. 5 EuGVÜ Rn. 55 ff.; *Kohler* Die Stellung des Artikels 5 im Gefüge des Übereinkommens. Die Zuständigkeit in Vertragssachen, in Internationale Zuständigkeit und Urteilsanerkennung in Europa, S. 41 (47); *Kropholler*, Europäisches Zivilprozeßrecht, Art 5 EuGVÜ Rn. 15; *Schack*, ZEuP 1998, S. 931; *Schack*, Internationales Zivilverfahrensrecht, Rn. 265; *Valloni*, Der Gerichtsstand des Erfüllungsortes nach Lugano- und Brüsseler-Übereinkommen, S. 217 ff.

[520] So auch EuGH 13.07.1993 – Rs. C-125/92, Mulox/Hendrick, Slg. 1993, S. I-4075 Rn. 16.

[521] Ständige Rechtsprechung des EuGH seit EuGH 6.10.1976 – Rs. 14/76, de Bloos/Bouyer, Slg. 1976, S. 1497 Rn. 11, 13. Mit „streitger Verpflichtung" ist die Verpflichtung gemeint, die dem vertraglichen Anspruch entspricht, auf die der Kläger seinen Anspruch stützt.

[522] *Banniza von Bazan*, Der Gerichtsstand des Sachzusammenhangs im EuGVÜ, dem Lugano-Abkommen und im deutschen Recht, S. 96 ff, 107 f.; *Holl*, WiB 1995, S. 462 (464).

[523] OLG Stuttgart IPRax 1999, S. 103 mit Anm. *Wolf*, IPRax 1999, S. 82.

[524] EuGH 5.10.1999 – Rs. C-420/97, Leathertex/Bodetex, Slg. 1999, S. I–6747.

meisten Verträge zu zwei möglichen Vertragsgerichtsständen: einen am Erfüllungsort jeder Hauptleistungspflicht.[525]
Diese Grundsätze gelten in Deutschland bereits für § 29 ZPO,[526] dem Art. 5 Nr. 1 EuGVÜ nachgebildet war.[527] Deshalb wurde der Ansatz des EuGH, auf den Erfüllungsort der im Fall streitigen Verpflichtung abzustellen, besonders im deutschen Schrifttum als gelungen bezeichnet und es wird abgelehnt, auf die vertragstypische Leistung abzustellen.[528]
Nach dem Urteil des EuGH wurden die niederländische und französische Fassung 1978 neu gefasst[529] und präzisiert. Nach ständiger EuGH Rechtsprechung war also die Verpflichtung, auf die der Kläger seinen Anspruch stützte, „maßgeblich" für die Bestimmung des Erfüllungsorts.[530]

4. *Die vertragstypische Verbindlichkeit*[531]

Um die Anzahl der Gerichtsstände zu reduzieren und damit deren Vorhersehbarkeit zu steigern, ist am besten der Erfüllungsort der Verpflichtung geeignet, die dem Vertrag sein Gesamtgepräge gibt.[532] Die vertragstypische Verbindlichkeit ist zum Beispiel beim Kaufvertrag die Pflicht, die Kaufsache zu liefern und zu übereignen[533], bei Verträgen über Dienstleistungen, die Pflicht, die Dienstleistung zu erbringen. Die Geldzahlungspflicht ist grundsätzlich nicht vertragstypisch, denn die Zahlung von Geld kennzeich-

---

[525] *Schlosser*, EuGVÜ, Art. 5 EuGVÜ Rn. 7.
[526] Siehe den Wortlaut von § 29 ZPO. Dazu auch RGZ 1, 438, 446; RGZ 49, 72 f.; OLG Hamburg IPRspr. 1976, Nr. 147, S. 427 f.
[527] *Geimer/Schütze*, Europäisches Zivilverfahrensrecht, Art. 5 EuGVÜ Rn. 7; *Kropholler*, Internationales Zivilprozeßrecht, Art. 5 EuGVO Rn. 1; *Schlosser*, EuGVÜ, Art. 5 EuGVÜ Rn. 1; *Staudinger/Hausmann*, Anhang II zu Art. 27-37 EGBGB, Rn. 45.
[528] *Geimer/Schütze*, Europäisches Zivilverfahrensrecht, Art. 5 EuGVÜ Rn. 55 ff.; *Kropholler*, Europäisches Zivilprozeßrecht, Art. 5 EuGVÜ, Rn. 14 f.; *Schack*, Internationales Zivilverfahrensrecht, Rn. 265.
[529] Die französische Fassung lautet: „l'obligation qui sert de basse á la demande". niederländisch: „ „waar de verbintenis ist uitgevoerd"; Als das Vereinigte Königreich dem Übereinkommen beitrat, wählte man den Wortlaut „obligation in question".
[530] EuGH 6.10.1976 – Rs. 14/76, de Bloos/Bouyer, Slg. 1976, S. 1497.
[531] *Rauscher*, Verpflichtung und Erfüllungsort in Art. 5 Nr. 1 EuGVÜ, S. 207 ff.; *Spellenberg*, ZZP 91 (1978), S. 38 (51 ff.); *Linke* RIW 1997, S. 46 f.; mit Einschränkungen *Hill*, ICLQ 1995, S. 613; *Pocar*, RabelsZ 42 (1978), S. 405, (416).
[532] Diese Lösung wählt das französische Prozessrecht, Art. 46 Nouveau Code de procédure civile. Für ein Abstellen auf die Vertragstypische Verbindlichkeit auch *Spellenberg*, ZZP 91 (1978), S. 38 (53).
[533] Sofern nach der anzuwendenden lex causae eine gesonderte Übereignung notwendig ist.

net viele Verträge. An welchem Ort die Geldleistung zu erbringen ist, kann nur in seltenen Fällen eine Rolle spielen, zum Beispiel wenn bestimmte Devisenbeschränkungen zu beachten sind.[534] Normale Geldüberweisungen gehen mittlerweile sehr schnell und es ist für den Empfänger daher unwichtig, von wo sie ausgehen.[535]

Verträge haben in der Regel nur eine vertragstypische Pflicht. Würde auf den Erfüllungsort dieser Pflicht abgestellt, gäbe es dadurch nur einen Vertragsgerichtsstand.[536] Ein großer Vorteil dieser Lösung ist, dass alle Streitigkeiten aus einem Rechtsverhältnis auch nur vor einem Gericht zu führen sind.[537] Wenn man dagegen auf die im Fall streitige Verpflichtung abstellt und der Kläger mehrere Ansprüche einklagt, die jeweils einen anderen Erfüllungsort haben, muss er vor mehreren Gerichten klagen.[538] Wenn man den Erfüllungsort der vertragstypischen Verbindlichkeit bestimmt, wird eine größtmögliche Bündelung aller Vertragsstreitigkeiten an einem besonderen Gerichtsstand erreicht.[539] Die Kosten des Verfahrens sind niedriger, wenn von den Parteien die Möglichkeit genutzt wird alle Streitigkeiten auf einmal zu klären. Dieses Ergebnis ist auch aus prozessökonomischer Sicht zu befürworten: Beweisaufnahmen müssen nur einmal durchgeführt werden und der Richter, der sich bereits in den Fall eingearbeitet hat, kann über alle Streitigkeiten zusammen entscheiden.

An dieser Lösung wird kritisiert, dass der Schuldner der charakteristischen Leistung gegenüber seinem Vertragspartner bevorzugt werde.[540] Eine solche Bevorzugung sei mit dem Wesen des synallagmatischen Vertrags, in

---

[534] *Hertz*, Jurisdiction in Contract and Tort under the Brussels Convention, S. 165, 171.

[535] *Hertz*, Jurisdiction in Contract and Tort under the Brussels Convention, S. 171.

[536] *Spellenberg*, ZZP 91 (1978), S. 38 (56 f.).

[537] *Piltz* NJW 1981, S. 1876; *Pocar*, RabelsZ 42 (1978), S. 405 (416); *Rauscher*, Verpflichtung und Erfüllungsort in Art. 5 Nr. 1 EuGVÜ, S. 224; *Spellenberg* ZZP 91 (1978), S. 38 (51); *Wrangel*, Der Gerichtsstand des Erfüllungsortes im deutschen, italienischen und europäischen Recht, S. 13.

[538] Dies ist der Fall, wenn einer Partei zwei Leistungen mit unterschiedlichen Erfüllungsorten zustehen. So kann eine Hauptleistungspflicht beispielsweise in Deutschland zu erbringen sein, während eine selbständige Nebenpflicht in England zu erfüllen ist.

[539] *Bülow/Böckstiegel/Geimer/Schütze/Auer*, Der internationale Rechtsverkehr in Zivil- und Handelssachen, Art. 5 EuGVÜ Rn. 31.

[540] *Von Caemmerer*, Zahlungsort, in Festschrift für Mann, S. 3 (19); *Kropholler*, Europäisches Zivilprozeßrecht, Art. 5 EuGVÜ Rn. 15; MünchKomm/*Gottwald*, Art. 5 EuGVÜ Rn. 8; *Schack*, Erfüllungsort im deutschen, ausländischen und internationalen Privat- und Zivilprozeßrecht, Rn. 319; *Wieczorek/Schütze/Hausmann*, Zivilprozeßordnung und Nebengesetze, Art. 5 EuGVÜ Rn. 14.

dem beide Leistungen gleichwertig sind,[541] nicht vereinbar. Bei vielen Verträgen, vor allem bei gemischten Verträgen, sei die charakteristische Leistung schwer zu bestimmen.[542] Dadurch verunsichere man den Rechtsverkehr.[543]

Ratio legis von Art. 5 Nr. 1 EuGVÜ soll laut EuGH die Sachnähe des entscheidenden Gerichts zum Rechtsstreit sein.[544] Diese Sachnähe erleichtere die Prozessführung,[545] da die Beweiserhebung bei einem sachnahen Gericht einfacher sei. Die Kritiker des EuGH befürchten, das zuständige Gericht sei nicht mehr sach- und beweisnah, wenn der Erfüllungsort der Geldleistung vernachlässigt wird. Ob Sach- und Beweisnähe tatsächlich ratio legis der

---

[541] RGZ 107, 127; BGHZ 77, 363; BGH NJW 1962, S. 251; *Einsiedler*, NJW 2001, S. 1549; *Valloni*, Der Gerichtsstand des Erfüllungsortes nach Lugano- und Brüsseler-Übereinkommen, S. 224.

[542] *Geimer/Schütze*, Europäisches Zivilverfahrensrecht, Art. 5 EuGVÜ Rn. 56; *Kohler*, Die Stellung des Artikels 5 im Gefüge des Übereinkommens. Die Zuständigkeit in Vertragssachen, in Gerichtshof der EG, in Internationale Zuständigkeit und Urteilsanerkennung in Europa, S. 41 (43); *Kropholler*, Europäisches Zivilprozeßrecht, Art. 5 EuGVÜ Rn. 15; MünchKomm/*Gottwald*, Art 5 EuGVÜ Rn. 8; *Wieczorek/Schütze/Hausmann*, Zivilprozeßordnung und Nebengesetze, Art. 5 EuGVÜ Rn. 14.

[543] EuGH 15.01.1987 – Rs. 266/85, Shenavai/Kreischer, Slg. 1986, S. 239 Rn. 17.

[544] EuGH 6.10.1976 – Rs. 12/76, Tessili/Dunlop, Slg. 1976, S. 1473 Rn. 13; EuGH 22.11.1978 - Rs. 33/78, Somafer/Saar-Ferngas, Slg. 1978, S. 2183 Rn. 7; EuGH 17.01.1980 – Rs. 56/79, Zelger/Salinitri, Slg. 1980, S. 89 Rn. 3; EuGH 29.06.1994 – Rs. C-288/92, Custom Made Commercial/Stawa Metallbau, Slg. 1994, S. I-2913 Rn. 13. So auch die herrschende Meinung im Schrifttum *Campeis/Pauli*, La proceduracivile internazionale, S. 161; *Droz*, Rev. crit. dr. int. pr. 65 (1976), S. 123; *Huet*, JDI 1977, S. 718 f; *Huet*, Die Stellung des Artikels 5 im Gefüge des Übereinkommens. Die Zuständigkeit in Vertragssachen, in Internationale Zuständigkeit und Urteilsanerkennung in Europa, S. 55 f.; *Jenard*, Bericht zu dem Übereinkommen über die gerichtliche Zuständigkeit und die Vollstreckung gerichtlicher Entscheidungen in Zivil- und Handelssachen, ABl. EG 1979 Nr. C 59, S. 1 (22); *Kohler*, Die Stellung des Artikels 5 im Gefüge des Übereinkommens. Die Zuständigkeit in Vertragssachen, in Internationale Zuständigkeit und Urteilsanerkennung in Europa, S. 41; Generalanwalt *Lenz* in EuGH 29.06.1994 – Rs. C-288/92, Custom Made Commercial/Stawa Metallbau, Slg.1994, S. I-2913 (2920); *Lüderitz*, Fremdbestimmte internationale Zuständigkeit? Versuch einer Neubestimmung von § 29 ZPO, Art. 5 Nr. 1 EuGVÜ, in Festschrift für Zweigert, S. 233 (245); *Rauscher*, Verpflichtung und Erfüllungsort in Art. 5 Nr. 1 EuGVÜ, S. 154; *Rennpferd*, Die Internationale Harmonisierung des Erfüllungsrechts für Geldschulden, S. 87 f.; *Spellenberg*, IPRax 1981, S. 75 f.; *Wrangel*, Der Gerichtsstand des Erfüllungsortes im deutschen, italienischen und europäischen Recht, S. 169 f.; *Zöller/Vollkommer*, Zivilprozessordnung, § 12 ZPO Rn.3.

[545] EuGH 17.06.1992 – Rs. 26/91, Jakob Handte & Co GmbH/Traitements Mecano Chimiques des Surfaces Sa, Slg. 1992, S. I–3967 Rn. 13.

Vorschrift sind, wird bezweifelt.[546] Diese Frage kann hier aber noch offen bleiben, weil der Einwand der mangelnden Sach- und Beweisnähe nicht durchgreift. Das zeigt folgendes Beispiel: Verweigert ein Käufer die Kaufpreiszahlung, dann begründet er dies häufig damit, dass er die Kaufsache nicht erhalten habe oder diese mangelhaft sei.[547] Dieser Einwand kann am einfachsten dort bewiesen werden, wo sich die Kaufsache befindet bzw. wohin sie zu liefern war.[548] Wenn man auf den Erfüllungsort der Sachleistungspflicht abstellt, erleichtert man die Beweisführung, ohne hierbei die Interessen des Geldschuldners bei der Prozessführung zu verletzen.

Als zweiter Kritikpunkt wird ausgeführt, dass bei gemischten Verträgen die vertragstypische Leistung schwer zu bestimmen sei.[549] Es gibt zwar einige Vertragsarten, bei denen die vertragstypische Leistung unklar ist.[550] Meistens wird jedoch eine Leistungspflicht im Austausch gegen Geld erbracht. Diese Leistungspflicht ist dann vertragsprägend. Wenn tatsächlich zwei Verbindlichkeiten den Vertrag so stark prägen, dass beide die vertragstypische Verbindlichkeit darstellen können, gibt es zwei mögliche Lösungen: Entweder darf der Kläger frei auswählen, welche dieser vertragsprägenden Verpflichtungen für die Bestimmung des Erfüllungsortes maßgeblich sein soll oder er muss am Erfüllungsort der gerade streitigen Verbindlichkeit klagen. Dem Kläger ein Wahlrecht zwischen den Erfüllungsorten beider vertragstypischen Verbindlichkeiten zuzugestehen, ist nicht sachgemäß, denn das würde die Interessen des Beklagten beeinträchtigen.[551] Der Kläger hätte zwei Gerichtsstände zur Auswahl und er würde sich stets für den entscheiden, der ihm die meisten Vorteile bringt. Wer zuerst Klage erhebt, wäre im Vorteil, weil er sich damit den gewünschten Gerichtsstand sichern könnte. Deshalb ist bei Verträgen, die durch zwei Leistungen gleich stark geprägt werden (wie z. B. der Tauschvertrag) auf die Grundsätze der streitigen Verbindlichkeit zurückzugreifen, um keiner Partei einen Vorteil gegenüber der anderen zu verschaffen.

---

[546] Siehe ausführlich dazu § 2 B III.

[547] *Spellenberg* ZZP 91 (1978), S. 38 (56). *Schack*, Erfüllungsort im deutschen, ausländischen und internationalen Privat- und Zivilprozeßrecht, Rn. 213.

[548] Das ist oft der Wohnort des Gläubigers. *Spellenberg* ZZP 91 (1978), S. 38 (56); *Rauscher*, Verpflichtung und Erfüllungsort in Art. 5 Nr. 1 EuGVÜ, S. 208.

[549] *Wieczorek/Schütze/Hausmann*, Zivilprozeßordnung und Nebengesetze, Art. 5 EuGVÜ Rn. 11; dem folgend *Valloni*, Der Gerichtsstand des Erfüllungsortes nach Lugano- und Brüsseler-Übereinkommen, S. 224.

[550] Dazu gehören Tauschverträge, Gesellschaftsverträge, Franchising und Vertragshändlerverträge.

[551] Hier kann auf die Ausführungen zum Ubiquitätsprinzip verwiesen werden, § 3 B IV 2.

Die Kritikpunkte greifen also nicht durch. Der Geldschuldner wird nicht unangemessen benachteiligt, wenn der Erfüllungsort der vertragstypischen Verbindlichkeit für Art. 5 Nr. 1 EuGVÜ maßgeblich ist. Nur in den seltenen Fällen, in denen mehrere Verbindlichkeiten den Vertrag gleichstark prägen, ist auf die Grundsätze der im Fall streitigen Verpflichtung zurückzugreifen.

Festzuhalten ist, dass ein einheitlicher Gerichtsstand viele Vorteile hat:[552] Ein einziges Gericht entscheidet über den gesamten Rechtsstreit und der Kläger kann mehrere Ansprüche beim gleichen Gericht geltend machen. Dieser einzige Gerichtsstand ist für alle Parteien sehr gut vorhersehbar. Deshalb ist zu empfehlen, den Erfüllungsort der vertragstypischen Vertragsverpflichtung für Art. 5 Nr. 1 EuGVÜ zu bestimmen, anstatt den Erfüllungsort der gerade streitigen Verpflichtung als maßgeblich zu erachten.

Befürworter des Erfüllungsorts der streitigen Verpflichtung wenden ein, es sei möglich, auch mit ihrer Lösung ein einziges Gericht über den ganzen Sachverhalt entscheiden zu lassen. Sie weisen auf die Möglichkeit der Widerklage hin, die in Art. 6 Nr. 3 EuGVÜ/Art. 6 Nr. 3 EuGVO geregelt ist, und auf die Möglichkeit, dass sich das später angerufene Gericht gemäß Art. 21 ff. EuGVÜ/Art. 27 f. EuGVO für unzuständig erklärt. Dabei übersehen sie aber, dass der Anwendungsbereich der Widerklage begrenzt ist:[553] Diese ist nur für konnexe Ansprüche einschlägig.[554]

Werden mehrere Gerichte wegen desselben Anspruchs von den Parteien angerufen, so muss nach Art. 21 ff. EuGVÜ das später angerufene Gericht das Verfahren von Amts wegen aussetzen, bis feststeht, ob das zuerst angerufene Gericht zuständig ist. Art. 22 EuGVÜ garantiert, dass Entscheidungen in verschiedenen Staaten nicht ohne Rücksicht aufeinander ergehen. Dies geschieht, indem das später angerufene Gericht entweder das Verfahren aussetzt oder sogar die Klage abweist.[555] Art. 21 und 22 EuGVÜ beugen damit zwar widersprüchlichen Entscheidungen vor.[556] Problematisch ist aber, dass Art. 22 EuGVÜ nicht in allen Staaten angewendet werden darf.[557] Außerdem fällt auf, dass die Gerichte sehr wenig Gebrauch von dieser Vorschrift machen.[558]

---

552 *Kropholler*, Europäisches Zivilprozeßrecht, Art. 5 EuGVO Rn. 17 mit weiteren Nachweisen.

553 *Spellenberg* ZZP 91 (1978), S. 38 (55).

554 *Kropholler*, Europäischisches Zivilprozeßrecht, Art. 6 EuGVÜ Rn. 35 ff.

555 *Spellenberg* ZZP 91 (1978), S. 38 (55).

556 *Schack*, Erfüllungsort im deutschen, ausländischen und internationalen Privat- und Zivilprozeßrecht, Rn. 316; *Spellenberg* ZZP 91 (1978), S. 38 (55); *Pocar*, RabelsZ 42 (1978), S. 405 (416).

557 Art. 22 EuGVÜ wurde aus einem Rechtsgedanken der französischen und belgischen Rechtsordnung übernommen. Eine Voraussetzung für seine Anwendbarkeit ist, dass

Eine Gerichtsstandsspaltung eines Rechtsstreits kann bei der geltenden EuGH Rechtsprechung also nur durch eine Klage am Wohnort des Beklagten gemäß Art. 2 EuGVÜ/Art. 2 EuGVO ausgeschlossen werden. Ein vernünftiger Kläger, der mehrere Ansprüche geltend machen möchte, wird die Kosten und den Aufwand scheuen, vor zwei Gerichten zu klagen. Er wird deshalb den allgemeinen Gerichtsstand nach Art. 2 EuGVÜ vorziehen. Dadurch wird der Vertragsgerichtsstand entwertet.

5. *Der dritte Absatz des ersten Leitsatzes der de Bloos/Bouyer Entscheidung und seine Auswirkungen*

Der dritte Absatz des ersten Leitsatzes der *de Bloos/Bouyer* Entscheidung wurde von der Literatur kaum beachtet,[559] obwohl er für die Bestimmung der für den Erfüllungsort maßgeblichen Verpflichtung sehr wichtig ist. Der EuGH erweitert darin die Befugnisse der nationalen Gerichte: Diese dürfen prüfen, ob nach der lex causae der eingeklagte Anspruch als selbständige Verpflichtung zu qualifizieren ist oder ob er lediglich an die Stelle des Hauptanspruches getreten ist. Diese Zuordnung der eingeklagten Verbindlichkeit ist von erheblicher Bedeutung. Selbständige Vertragspflichten werden an ihrem eigenen Erfüllungsort eingeklagt, unselbständige Verpflichtungen müssen am Erfüllungsort der dazugehörigen Hauptpflicht geltend gemacht werden.[560]
Diese EuGH Rechtsprechung eröffnet der innerstaatlichen Gesetzgebung und Rechtsprechung oft die Möglichkeit, ein Gericht im eigenen Land entscheiden zu lassen. [561] Jedes Mal, wenn nicht offensichtlich eine Hauptpflicht eingeklagt wird, obliegt die Qualifikation, ob die Verpflichtung

---

nach Absatz 2 die Verbindung der im Zusammenhang stehenden Rechtssachen nach dem Recht des Staats, des Gerichts, das sich für unzuständig erklären will, zulässig ist. In Deutschland ist eine solche Verbindung zum Beispiel nicht möglich.

[558] *Pocar*, RabelsZ 42 (1978), S. 405 (416); Ein italienisches Gericht weigerte sich seine Zuständigkeit zugunsten eines deutschen Gerichts aufzugeben; Armet/Barth und Pohl, Trib. Bassano del Grappa, 13.02.1976; Rev.dir.int.priv.proc. 14 (1978), S. 74.

[559] Der dritte Absatz des ersten Leitsatzes lautet: „Werden Ausgleichsansprüche eingeklagt, so hat das innerstaatliche Gericht zu prüfen, ob es sich nach dem auf den Vertrag anwendbaren Recht um eine selbständige vertragliche Verpflichtung handelt, die an die Stelle der nichterfüllten vertraglichen Verpflichtung getreten ist.“. Ausführlich dazu *Bajons*, Der Gerichtsstand des Erfüllungsortes: Rück- und Ausblick auf eine umstrittene Norm, in Festschrift für Geimer, S. 15 ff.

[560] EuGH 15.01.1987 – Rs. 266/85, Shenavai/Kreischer, Slg. 1986, S. 239.

[561] *Schack*, Internationales Zivilverfahrensrecht, Rn. 267.

selbständig oder unselbständig ist, der lex causae.[562] Das materielle Recht in den einzelnen Ländern ist aber unterschiedlich ausgestaltet. Deshalb können die Ergebnisse, je nach angewandter lex causae, von Land zu Land verschieden ausfallen.

Die nationalen Gerichte und Gesetzgeber nutzten diese Möglichkeit rege und verschafften ihren Bürgern so einen Klägergerichtsstand. Das lässt sich an folgendem Beispiel zeigen: Vor der *de Bloos/Bouyer* Entscheidung sah die belgische Rechtsprechung den Anspruch auf Schadensersatz wegen missbräuchlicher Kündigung eines Vertragshändlervertrages als selbständige Vertragspflicht an, die am Wohnsitz des Herstellers zu erfüllen war.[563] Nach der *de Bloos/Bouyer* Entscheidung änderte sich die belgische Rechtsprechung. Die belgischen Gerichte sahen den oben genannten Schadensersatzanspruch plötzlich als sekundäre Pflicht an, die an die verletzte vertragliche Hauptpflicht anzuknüpfen habe.[564] Der Erfüllungsort dieser Hauptpflicht lag natürlich in Belgien. Besonders Belgien und Frankreich versuchen ihre Vertragshändler zu schützen, indem sie ihnen einen Heimatgerichtsstand eröffnen.[565] Frankreich sieht beispielsweise die Verpflichtung des Herstellers, das exklusive Vertriebsrecht eines Händlers zu respektieren, als Hauptpflicht an und schafft dadurch fast immer einen französischen Gerichtsstand.[566]

Diese Freiheit wurde den Gerichten und den nationalen Gesetzgebern wohl bewusst eingeräumt, damit sie ihr strenges innerstaatliches Handelsvertreterrecht durch die eigenen Gerichte bei grenzüberschreitenden Beziehungen anwenden konnten.[567] Bedenkt man aber die gravierenden Auswirkungen, muss man sich dem Urteil *Schacks* anschließen und den nationalen Gerichten eine Usurpation von Zuständigkeiten vorwerfen.[568]

---

562 *Schack*, Iinternationales Zivilverfahrensrecht, Rn. 267.

563 *Bajons*, Der Gerichtsstand des Erfüllungsortes: Rück- und Ausblick auf eine umstrittene Norm, in Festschrift für Geimer, S.15 (22); *Schack*, Erfüllungsort im deutschen, ausländischen und internationalen Privat- und Zivilprozeßrecht, Rn. 323.

564 Darauf macht *Schack*, Erfüllungsort im deutschen, ausländischen und internationalen Privat- und Zivilprozeßrecht, Rn. 323 aufmerksam.

565 *Schack*, Erfüllungsort im deutschen, ausländischen und internationalen Privat- und Zivilprozeßrecht, Rn. 323, mit weiteren Nachweisen.

566 *Schack*, Erfüllungsort im deutschen, ausländischen und internationalen Privat- und Zivilprozeßrecht, Rn. 323, mit weiteren Nachweisen.

567 *Rauscher*, Verpflichtung und Erfüllungsort in Art. 5 Nr. 1 EuGVÜ, S. 84 f.

568 *Schack*, Erfüllungsort im deutschen, ausländischen und internationalen Privat- und Zivilprozeßrecht, Rn. 324; *Schack*, Internationales Zivilverfahrensrecht, Rn. 267. Anderer Ansicht: *Geimer/Schütze*, Europäisches Zivilverfahrensrecht, Art. 5 EuGVÜ Rn. 64;

Es zeigt sich zum wiederholten Male, welche negativen Auswirkungen das Ausweichen auf die lex causae hat. Das Übereinkommen wird europaweit nicht einheitlich angewandt und es besteht die Gefahr von forum shopping. Der EuGH hätte besser autonom bestimmt, wann Haupt- und Nebenpflichten vorliegen,[569] oder sich gleich für den Erfüllungsort der vertragstypischen Pflicht entschieden.

II. Anwendung von Art. 22 EuGVÜ/Art. 27 EuGVO

Betrachtet man, wie der EuGH, den Erfüllungsort der im Fall streitigen Verpflichtung als entscheidend für Art. 5 Nr. 1 EuGVÜ ansieht, war es für den Kläger umständlich, mehrere Ansprüche am Vertragsgerichtsstand einzuklagen, wenn sie verschiedene Erfüllungsorte haben. Er musste dafür jeden Anspruch am eigenen Erfüllungsort einklagen und damit Prozesse an mehreren Orten führen. Der Kläger musste vor mehreren Gerichten klagen. Er nahm also hohe Kosten und viel Mühe auf sich. Nach den *de Bloos/Bouyer* Grundsätzen musste er entweder jede Verpflichtung an ihrem eigenen Erfüllungsort einklagen und damit eine Gerichtsstandszersplitterung in Kauf nehmen. Die andere Möglichkeit war, auf einen besonderen Gerichtsstand zu verzichten und alle Ansprüche am Wohnsitz des Beklagten gemäß Art. 2 EuGVÜ geltend zu machen. Deswegen wurde in vielen Fällen gleich am Wohnsitz des Beklagten die Klage erhoben, was den Vertragsgerichtsstand entwertete.

Diese Folge wurde von den einzelstaatlichen Gerichten als unbillig empfunden. Deshalb suchten sie einen Weg, um über mehrere im Sachzusammenhang stehende, eingeklagte Verbindlichkeiten gleichzeitig zu entscheiden, obwohl diese jeweils einen anderen Erfüllungsort hatten. In der Rechtssache *Jacqmain/Elefantenschuh* fragte der belgische Hof van Cassatie deshalb beim EuGH an, ob er sich in einem solchen Fall auch für die Verbindlichkeiten für zuständig erklären kann, deren Erfüllungsort nicht in Belgien lag.[570] Der Hof van Cassatie schlug vor, eine solche Zuständigkeit

---

Geimer/Schütze, Internationale Urteilsanerkennung, Band I, 1. Halbband, § 83 XII S. 589; *Piltz*, NJW 1981, S. 1877; *Wieczorek/Schütze/Hausmann*, Zivilprozeßordnung und Nebengesetze, Art. 5 EuGVÜ Rn 18.

[569] *Bajons*, Der Gerichtsstand des Erfüllungsortes: Rück- und Ausblick auf eine umstrittene Norm, in Festschrift für Geimer, S.15 (41 ff); *Kropholler*, Europäisches Zivilprozeßrecht, Art. 5 EuGVÜ Rn. 14; *Rüßmann* IPRax 1993, S. 38 ff.; *Schack*, Erfüllungsort im deutschen, ausländischen und internationalen Privat- und Zivilprozeßrecht, Rn. 323.

[570] EuGH 24.06.1981 – Rs. 150/81, Elefanten Schuh/Jacqmain, Slg. 1981, S. 1671.

des Sachzusammenhangs aus Art. 22 EuGVÜ (jetzt Art. 27 EuGVO) herzuleiten.[571]

Der EuGH lehnte dies strikt ab. Er erklärte, Art. 22 EuGVÜ begründe keine eigenen Zuständigkeiten.[572] Für die Anwendung von Art. 22 EuGVÜ gäbe es zwei Voraussetzungen: Das zuerst angerufene Gericht darf sich nach Art. 22 EuGVÜ nur dann für zuständig erklären, wenn die Verbindung zusammenhängender Verfahren nach seinem nationalen Recht möglich ist. Außerdem muss das zuerst angerufene Gericht bereits für alle erhobenen Klagen zuständig sein. Ratio von Art. 22 EuGVÜ sei es, gegensätzliche Entscheidungen zu vermeiden und so die geordnete Rechtspflege in der Gemeinschaft zu sichern.[573] Dabei obliegt die Koordinationsaufgabe dem zuerst angerufenen Gericht.[574] Ein Gerichtsstand des Sachzusammenhangs könne sich nicht aus Art. 22 EuGVÜ, sondern nur durch die in Art. 6 EuGVÜ geregelten Fälle ergeben.[575]

Die systematischen und teleologischen Argumente, die der EuGH benutzte, um die Nichtanwendbarkeit von Art. 22 EuGVÜ zu begründen, sind überzeugend. Die bestehende Rechtslage, die zu einer Gerichtsstandszersplitterung führte, wurde von den innerstaatlichen Gerichten und einem Teil des Schrifttums als unbefriedigend empfunden.[576] Art. 22 EuGVÜ war zwar nicht die richtige Norm für einen Gerichtsstand des Sachzusammenhanges. Der Rechtsverkehr hatte aber das Bedürfnis, einen einzigen besonderen Gerichtsstand für alle Klagen aus einem Rechtsverhältnis zu schaffen.

---

[571] EuGH 24.06.1981 – Rs. 150/81, Elefanten Schuh/Jacqmain, Slg. 1981, S. 1671.

[572] EuGH 24.06.1981 – Rs. 150/81, Elefanten Schuh/Jacqmain, Slg. 1981, S. 1671 Rn. 17.

[573] *Jenard*, Bericht zu dem Übereinkommen über die gerichtliche Zuständigkeit und die Vollstreckung gerichtlicher Entscheidungen in Zivil- und Handelssachen, ABl. EG 1979 Nr. C 59, S. 1 (41 f.).

[574] *Kropholler*, Europäisches Zivilprozeßrecht, Art. 22 EuGVÜ Rn 1.

[575] Art. 6 EuGVÜ bietet drei weitere Möglichkeiten, die den allgemeinen Gerichtsstand des Art. 2 EuGVÜ einschränken. Der Mehrparteiengerichtsstand erlaubt dem Kläger, wenn er mehrere Personen die in verschiedenen Staaten ihren Wohnsitz haben verklagen möchte, am Wohnsitz einer von ihnen zu klagen. Als zweite Möglichkeit kann man Gewährleistungs- oder Interventionsklage erheben. Diese kann aber nicht vor deutschen, österreichischen und spanischen Gerichten geltend gemacht werden. Als letzten und wichtigsten Fall nennt Art. 6 die Widerklage. *Geimer/Schütze*, Europäisches Zivilverfahrensrecht, Art. 5 EuGVÜ Rn. 57 f.

[576] *Mezger*, IPRax 1983, S. 153, (155) spricht von einem „Unbehagen" über diese Lösung.

III. Die Ivenel/Schwab Entscheidung – die Ausnahme für Arbeitsverträge

Der EuGH entschied in der Rechtssache *Ivenel/Schwab*, dass für Streitigkeiten aus einem individuellen Arbeitsvertrag nicht der Erfüllungsort der streitigen Verbindlichkeit maßgeblich ist.[577] Stattdessen müsse an dem Ort geklagt werden, an dem der Arbeitnehmer für gewöhnlich seine Arbeit verrichtet.[578] Bei Arbeitsverträgen wurde also ausnahmsweise an die vertragstypische Leistung angeknüpft.

Der EuGH begründete diese Ausnahme von der *de Bloos/Bouyer* Rechtsprechung mit dem Arbeitnehmerschutz. Diesen Schutzaspekt kennt auch das Übereinkommen über das auf vertragliche Schuldverhältnisse anzuwendende Recht (EVÜ):[579] Gemäß Art. 6 EVÜ wird das Recht des Staates, in dem der Arbeitnehmer seine Arbeit gewöhnlich verrichtet, auf Arbeitsverträge angewandt. Ziel dieser Norm ist es, die Interessen der sozial und wirtschaftlich schwächeren Partei zu schützen.[580] Als das EuGVÜ in Kraft trat, wurde zunächst keine Sonderregelung für das Arbeitsrecht eingefügt. Man war sich aber der unterlegenen Position des Arbeitnehmers bewusst, wollte aber keine ausschließliche Zuständigkeit für Arbeitsverträge schaffen.[581] Bis zur *Ivenel/Schwab* Entscheidung wurde keine solche Vorschrift ins EuGVÜ aufgenommen, deshalb sah sich der EuGH gezwungen, den Schutz auf diesem Wege zu gewährleisten. Diese Entscheidung wurde im deutschen Schrifttum als methodisch schlecht begründet kritisiert.[582]

Der Schutz des Arbeitnehmers ist grundsätzlich zu begrüßen. Zu beachten ist, dass nicht nur Arbeitnehmer sich in einer sozial und wirtschaftlich unterlegenen Position befinden können. Selbständige Handelsvertreter und andere Dienstleister befinden sich oft in der gleichen wirtschaftlichen Abhängigkeit.[583] Daher ist es schwer, die Grenze festzulegen, wann eine Partei vor ihren überlegenen Geschäftspartnern geschützt werden muss. Deshalb schlug Generalanwalt Reischl vor, stets auf die vertragstypische Verpflich-

---

[577] EuGH 26.05.1982 – Rs. 133/81, Ivenel/Schwab, Slg. 1982, S. 1891.
[578] EuGH 26.05.1982 – Rs. 133/81, Ivenel/Schwab, Slg. 1982, S. 1891 Rn. 20.
[579] Römisches EWG Übereinkommen über das auf vertragliche Schuldverhältnisse anzuwendende Recht, abgedruckt in BGBl. 1986 II, S. 810 in der Fassung des 3. Beitrittsübereinkommens vom 29.11.1996, BGBl. 1999 II, S. 7.
[580] *Holl*, IPRax 1997, S. 88 (90); *Kropholler*, Europäisches Zivilprozeßrecht, Art. 5 EuGVÜ Rn. 26.
[581] EuGH 26.05.1982 – Rs. 133/81, Ivenel/Schwab, Slg. 1982, S. 1891 Rn.12.
[582] *Schlosser*, EuGVÜ, Art. 5 EuGVÜ Rn. 8.
[583] *Mezger*, IPRax 1983, S. 153 (156).

tung abzustellen, um so eine schwierige Abgrenzung zu vermeiden.[584] Der EuGH weigerte sich jedoch die *de Bloos/Bouyer* Rechtsprechung aufzugeben und entschied, eine Ausnahme nur für Arbeitsverträge zu schaffen.[585]

In der Folgezeit spielte die Unterscheidung zwischen Arbeitsverträgen und andere Verträgen deshalb eine große Rolle. Je nachdem, ob ein Arbeitsverhältnis vorlag oder nicht, konnten sich große prozessuale Unterschiede ergeben.[586]

Der EuGH erlaubte zunächst den innerstaatlichen Gerichten nach der lex causae zu bestimmen, wann ein Arbeitsvertrag vorlag.[587] Dies war jedoch problematisch: Wenn ein innerstaatliches Gericht Arbeitsverträge großzügig interpretiert, kann es einheitlich über den gesamten Rechtsstreit entscheiden. Dabei wurden teilweise Einwände des „Arbeitgebers" nicht berücksichtigt.[588] Deshalb korrigierte dies der EuGH später und bestimmte, dass der Begriff Arbeitsvertrag autonom aus dem Übereinkommen zu definieren ist.[589]

Der besondere Erfüllungsort für Arbeitsstreitigkeiten wurde 1989 im zweiten und dritten Halbsatz von Art. 5 Nr.1 EuGVÜ kodifiziert.[590]

---

[584] Siehe den Schlussantrag von Generalanwalt Reischl in EuGH 26.05.1982 – Rs. 133/81, Ivenel/Schwab, Slg. 1982, S. 1891.

[585] Diese Rechtsprechung wurde in der EuGVÜ durch das 3. Beitrittsübereinkommen von 1989 in Art. 5 Nr. 1 Halbsatz 2 EuGVÜ kodifiziert.

[586] *Mezger*, IPRax 1983, S. 153 (156).

[587] EuGH 26.05.1982 – Rs. 133/81, Ivenel/Schwab, Slg. 1982, S. 1891.

[588] EuGH 26.05.1982 – Rs. 133/81, Ivenel/Schwab, Slg. 1982, S. 1891.

[589] Das geschieht in Übereinstimmung mit Art. 6 EVÜ, vgl. dazu MünchKomm/*Martiny*, Art. 30 EGBGB Rn. 8. Der EuGH nahm in der Rechtssache EuGH 15.01.1987 – Rs. 266/85, Shenavai/Kreischer, Slg. 1986, S. 239 kommentarlos die Einordnung des nationalen Gerichts als Arbeitsvertrag hin, obwohl die andere Seite dies bestritt. Bestätigt in EuGH 27.02.2002 - Rs. C-37/00, Herbert Weber/Universal Ogden Services Ltd., Slg. 2002, S. I-2013 mit Anm. von *Mankowski*, IPRax 2003, S. 21.

[590] *Schlosser*, EuGVÜ Art. 5 EuGVÜ Rn. 8. Eingefügt durch das dritte Beitrittsübereinkommen von 1989. Bis dahin wurde die Ivenel/Schwab Rechtsprechung als „schöpferische Auslegung" des Art. 5 Nr. 1 EuGVÜ bezeichnet: *Lando*, Die Aufgabe des Gerichtshofes und das System des Brüsseler Übereinkommens, in Internationale Zuständigkeit und Urteilsanerkennung in Europa, S. 21 (26).

IV. Weiterentwicklung der EuGH Rechtsprechung

Die *Ivenel/Schwab* Entscheidung hatte den Rechtsverkehr verunsichert.[591] Es war unklar, ob der Gerichtshof einen einheitlichen Erfüllungsort auch für ähnliche Verträge befürwortet. Es gibt viele Verträge, die dem Arbeitsvertrag ähnlich sind, weil eine sozial schwächere Partei daran beteiligt ist.

In einer der nächsten Vorlagen stellte sich die Frage, ob bei den Honorarforderungen eines Architekten ebenfalls auf den Erfüllungsort der vertragstypischen Verbindlichkeit abzustellen ist.[592] Die Leistung des Architekten war in Deutschland zu erbringen. Das deutsche Amtsgericht hatte sich aber für unzuständig erklärt, denn der Erfüllungsort der eingeklagten Honorarforderung lag in den Niederlanden. Das daraufhin angerufene Landgericht Kaiserslautern setzte das Verfahren aus und fragte beim EuGH an, ob es den Erfüllungsort der streitigen oder der vertragstypischen Verpflichtung zugrunde legen müsse.

Der EuGH stellte in seiner Entscheidung zunächst das Verhältnis zwischen *de Bloos/Bouyer* und der jüngst ergangenen *Ivenel/Schwab* Entscheidung klar. Die Grundsätze von *Ivenel/Schwab* sollten nur für reine Arbeitsverträge gelten, nicht jedoch für Werkverträge.[593] Nur die Arbeitnehmer als sozial schwächere Partei seien zu privilegieren.[594] Liege kein Arbeitsvertrag vor, sei es weder erforderlich noch zweckmäßig, auf die charakteristische Leistung abzustellen.[595]

Die große Ähnlichkeit des Architektenvertrags zum Arbeitsvertrag wurde vom EuGH nicht ausreichend gewürdigt. Im Schrifttum wurde vorgeschlagen die *de Bloos/Bouyer* Grundsätze für alle Dienstverträge zu durchbrechen, um einerseits Abgrenzungsschwierigkeiten zu vermeiden und andererseits die Interessen der wirtschaftlich und sozial schwächeren Partei zu schützen.[596] Die Regierung des Vereinigten Königreichs wollte auf die vertragstypische Leistung abstellen, weil nur so alle Verpflichtungen am gleichen Ort den besonderen Gerichtsstand haben.[597] Nur so könnte sich Art. 5

---

[591] *Geimer*, IPRax 1996, S. 85 f.
[592] EuGH 15.01.1987 – Rs. 266/85, Shenavai/Kreischer, Slg. 1986, S. 239.
[593] EuGH 15.01.1987 – Rs. 266/85, Shenavai/Kreischer, Slg. 1986, S. 239 Rn. 16.
[594] EuGH 15.01.1987 – Rs. 266/85, Shenavai/Kreischer, Slg. 1986, S. 239 Rn. 16 f.
[595] EuGH 15.01.1987 – Rs. 266/85, Shenavai/Kreischer, Slg. 1986, S. 239 Rn. 17.
[596] *Mezger*, IPRax 1983, S. 153 (155).
[597] Erklärung der Regierung des Vereinigten Königreichs in EuGH 15.01.1987 – Rs. 266/85, Shenavai/Kreischer, Slg. 1986, S. 239.

Nr. 1 EuGVÜ zu einer echten Alternative zum Gerichtsstand am Wohnsitz entwickeln.[598]

Der EuGH konnte sich jedoch nicht zu einer Änderung seiner Rechtsprechung entschließen. Aber er erkannte, dass die Gerichtsstandszersplitterung für die Parteien nachteilig ist.[599] Um diese Nachteile abzumildern, versuchte er, eine weitere Konzentration der Gerichtsstände herbeizuführen. Er legte fest, dass Nebensachen der Hauptsache zu folgen haben und bei mehreren streitigen Verpflichtungen der Erfüllungsort der Hauptsache über die Zuständigkeit des Gerichts entscheidet.[600] So konnten die nationalen Gerichte nicht mehr für „selbständige" Nebenpflichten einen eigenen Erfüllungsort bestimmen. Die nationalen Gerichte hatten diese Möglichkeit früher ausgenutzt.[601] So ließen sich z.B. englische Gerichte bei ihrer Entscheidung über die Zuständigkeit davon leiten, dass es besser sei, englische Gerichte entscheiden zu lassen, wenn englisches Recht auf den Rechtsstreit anzuwenden war.[602] Der Freiraum der nationalen Gerichte, den die *de Bloos/Bouyer* Rechtsprechung eröffnet, wurde eingeschränkt. So konnte man die Anzahl der möglichen Gerichtsstände reduzieren und das Übereinkommen einheitlicher in den einzelnen Vertragsstaaten anwenden.[603] Diese Rechtsprechungskorrektur konnte nur begrüßt werden.
Doch auch mit der Beschränkung auf den Erfüllungsort der Hauptpflicht konnte der EuGH die Gerichtsstandszersplitterung nicht verhindern, sondern nur begrenzen. Der belgische Hof van Cassatie legte erneut eine Rechtssache vor, die sich mit der für den Erfüllungsort maßgeblichen Verpflichtung beschäftigte *(Leathertex/Bodetex)*.[604] Zum wiederholten Male stand ein Handelsvertretervertrag im Mittelpunkt der Streitigkeit. Obwohl

---

[598] Erklärung der Regierung des vereinigten Königreichs in EuGH 15.01.1987 – Rs. 266/85, Shenavai/Kreischer, Slg. 1986, S. 239.

[599] EuGH 15.01.1987 – Rs. 266/85, Shenavai/Kreischer, Slg. 1986, S. 239 Rn. 19.

[600] EuGH 15.01.1987 – Rs. 266/85, Shenavai/Kreischer, Slg. 1986, S. 239 Rn. 19.

[601] House of Lords, 12.12.1991, 1 All E.R. 1992, 161 entschied, dass nicht die Verschiffung einer Sache als Hauptverpflichtung eines Reedereivertrags anzusehen sei, sondern die Benennung des Schiffs, das für den Transport eingesetzt wird. Der Ort, an dem das Schiff zu benennen war, lag nämlich in England. Anders OLG München RIW 1986, S. 998, der die Montagepflicht des Verkäufers richtig als Nebenpflicht ansieht.

[602] Einen solchen forum legis kennt das deutsche Recht für die freiwillige Gerichtsbarkeit in Nachlasssachen, in England dagegen ist sie für Vertragsstreitigkeiten vorgesehen, RSC Order 11, rule 1 (1) (d) (iii); näher dazu *Schack*, Internationales Zivilverfahrensrecht, Rn 216. Anerkannt ist aber, dass diese als exorbitante Zuständigkeit restriktiv gehandhabt werden muss, 2 All ER 884, 891 (H.L.).

[603] *Bajons*, Der Gerichtsstand des Erfüllungsortes: Rück- und Ausblick auf eine umstrittene Norm, in Festschrift für Geimer, S.15 (28).

[604] EuGH 5.10.1999 – Rs. C-420/97, Leathertex/Bodetex, Slg. 1999, S. I–6747.

mittlerweile geklärt war, dass Nebenpflichten am Ort der Hauptpflicht eingeklagt werden mussten, war dieser Grundsatz für den Rechtsstreit unerheblich. Die eingeklagten Ansprüche auf Entschädigung wegen einer Kündigung und Provisionsansprüche wurden vom belgischen Gericht als gleichrangig qualifiziert.[605] Das belgische Gericht hielt sich für die Ansprüche auf Kündigungsentschädigung für zuständig, weil deren Erfüllungsort in Belgien war. Der Erfüllungsort der Provisionsansprüche war dagegen in Italien. Daher fragte es beim EuGH an, ob es für beide Ansprüche zuständig sein könnte, wenn sie gleichrangig sind und im Sachzusammenhang stehen.[606]

Zunächst stellt der EuGH fest, dass es Sache der innerstaatlichen Gerichte ist, festzustellen, ob die streitigen Verpflichtungen in einem Über- und Unterordnungsverhältnis stehen oder gleichrangig sind.[607] Wiederholt zeigte der EuGH die Bereitschaft, bei wichtigen Entscheidungen den nationalen Gerichten einen großen Spielraum einzuräumen. Diese haben die Möglichkeit, durch die Qualifikation von Primär- und Sekundäransprüchen den Erfüllungsort zu beeinflussen, um zu dem gewünschten Ergebnis zu kommen.[608] Wenn man alle Ansprüche als gleichrangig qualifiziert, muss für jeden einzelnen der Erfüllungsort bestimmt werden. Wenn in einem solchen Fall eine Zuständigkeit kraft Sachzusammenhang zugelassen wird, ermöglicht dies einen Klägergerichtsstand, sofern sich nur ein Erfüllungsort der gleichrangigen Ansprüche am Wohnort des Klägers befindet. In der Praxis zeigt sich, dass Gerichte durchaus bereit sind ihre Bürger zu bevorzugen.[609]

Der EuGH stellt deshalb wiederholt fest, dass sich aus Art. 22 EuGVÜ keine Zuständigkeit kraft Sachzusammenhang ergeben kann, da er nur für be-

---

605 EuGH 5.10.1999 – Rs. C-420/97, Leathertex/Bodetex, Slg. 1999, S. I–6747.

606 EuGH 5.10.1999 – Rs. C-420/97, Leathertex/Bodetex, Slg. 1999, S. I–6747.

607 EuGH 5.10.1999 – Rs. C-420/97, Leathertex/Bodetex, Slg. 1999, S. I–6747 Rn. 21 und erteilt so dem Antrag der Regierung des Vereinigten Königreichs eine Absage, die eine Änderung der Vorlagefrage forderten. Kritisiert von *Kropholler*, Europäisches Zivilprozeßrecht, Art. 5 EuGVÜ, Rn. 16 und *Rüßmann*, IPRax 1993, S. 38 (40)

608 *Bajons*, Der Gerichtsstand des Erfüllungsortes: Rück- und Ausblick auf eine umstrittene Norm, in Festschrift für Geimer, S. 15 (33); *Schack*, Internationales Zivilverfahrensrecht, Rn. 268.

609 In der Rechtssache 5.10.1999 – Rs. C-420/97, Leathertex/Bodetex, Slg. 1999, S. I–6747 qualifizierte das vorlegende belgische Gericht die Ansprüche auf Entschädigung wegen einer Kündigung und Provisionsansprüche als gleichrangig. Vor der EuGH Entscheidung hatten die Gerichte anders entschieden.

reits anhängig gemachte Klagen bei verschiedenen Gerichten gilt.[610] Auf den Ort der charakteristischen Vertragsleistung abzustellen, sei nur für Klagen aus Arbeitsverträgen zulässig.[611] Eventuelle Nachteile für den Kläger, die durch das Auseinanderfallen der Gerichtsstände entstehen könnten, ließen sich durch eine Klage am allgemeinen Gerichtsstand nach Art. 2 EuGVÜ vermeiden.[612]

Erneut enttäuschte der EuGH die in ihn gesetzten Erwartungen und ging auf die Bedürfnisse des Rechtsverkehrs nicht ein.

V. Bewertung und Reformbedürftigkeit der für den Erfüllungsort maßgeblichen Verpflichtung

Der EuGH sah den Erfüllungsort der Verpflichtung, die den Gegenstand der Klage bildet, als maßgeblich für Art. 5 Nr. 1 EuGVÜ an.[613] Damit sich aus Art. 5 Nr. 1 EuGVÜ nicht zu viele Gerichtsstände ergeben, ergänzte er diese Rechtsprechung. Er legte fest, dass Nebenpflichten am Erfüllungsort der dazugehörigen Hauptpflichten einzuklagen sind. Dadurch erlaubte er den nationalen Gerichten, Verpflichtungen als Haupt- und Nebenpflicht zu qualifizieren. Diese Möglichkeit wurde von den Gerichten auch rege genutzt, um den eigenen Bürgern einen Heimatgerichtsstand zu eröffnen.

Ein einheitlicher Gerichtsstand am Erfüllungsort der vertragstypischen Verpflichtung ist sachgerechter. Diese Lösung befürwortete der EuGH bisher aber nur für Arbeitsverträge. Der einheitliche Gerichtsstand steigert die Vorhersehbarkeit des anzurufenden Gerichts und erreicht die größtmögliche Bündelung der Vertragsstreitigkeiten. Der Gerichtsstand am Erfüllungsort wird hierdurch an Bedeutung gewinnen, denn bisher entschieden sich Kläger oft gegen eine Zuständigkeit aus Art. 5 Nr. 1 EuGVÜ zugunsten des Art. 2 Absatz 1 EuGVÜ, damit das Gericht einheitlich über den Rechtsstreit entscheiden konnte.

---

610 So schon bereits EuGH 24.06.1981 – Rs. 150/81, Elefanten Schuh/Jacqmain, Slg. 1981, S. 1671 Rn. 17.
611 EuGH 5.10.1999 – Rs. C-420/97, Leathertex/Bodetex, Slg. 1999, S. I–6747 Rn. 21
612 EuGH 5.10.1999 – Rs. C-420/97, Leathertex/Bodetex, Slg. 1999, S. I–6747Rn. 36.
613 EuGH 6.10.1976 – Rs. 14/76, de Bloos/Bouyer, Slg. 1976, S. 1497 Rn. 9/12.

D. Bestimmung des Erfüllungsorts

I. Einführung in die Problematik

Schon die erste EuGH Entscheidung zum EuGVÜ betraf die Auslegung des Erfüllungsortes in Art. 5 Nr. 1 EuGVÜ.[614] Der Erfüllungsort wird in dem Übereinkommen nicht definiert, deshalb musste der Gerichtshof selbst eine Definition entwickeln. In dem Urteil zur Rechtssache *Tessili/Dunlop* stellte der EuGH deshalb Überlegungen darüber an, ob für den Erfüllungsort eine Definition autonom aus dem Übereinkommen entwickelt oder ob auf die Sachnormen des Rechts zurückgegriffen werden sollte, das nach den Kollisionsnormen des angerufenen Gerichts ermittelt wurde (lex causae).[615]
In dieser Entscheidung lehnte es der EuGH ab, sich allgemein auf eine Auslegungsmethode festzulegen, die für alle Rechtsbegriffe des Übereinkommens gültig ist. Ob ein Begriff autonom aus dem Übereinkommen definiert wird oder de lege causae bestimmt wird,[616] sollte für jede Bestimmung des Übereinkommens einzeln entschieden werden, wobei die Ziele des Art. 220 EGV/Art. 293 EGV zu berücksichtigen waren.[617]

II. Bestimmung des Erfüllungsortes

Der Erfüllungsort kann grundsätzlich auf drei Arten bestimmt werden. Man kann die Definition der lex fori oder der lex causae entnehmen oder aber eine autonome Definition aus dem Übereinkommen entwickeln.

1. lex fori

Für den nationalen Richter ist die Qualifikation nach der lex fori[618] zweifellos vorzugswürdig, denn er kann dabei das ihm bekannte nationale Recht

---

[614] EuGH 6.10.1976 – Rs. 12/76, Tessili/Dunlop, Slg. 1976, S. 1473.
[615] EuGH 6.10.1976 – Rs. 12/76, Tessili/Dunlop, Slg. 1976, S. 1473.
[616] EuGH 6.10.1976 – Rs. 12/76, Tessili/Dunlop, Slg. 1976, S. 1473 Rn. 11.
[617] EuGH 6.10.1976 – Rs. 12/76, Tessili/Dunlop, Slg. 1976, S. 1473 Rn. 9.
[618] *Franchi*, riv.dir.int.priv.proc. 12 (1976), S. 712 (717); Vor dem Tessili/Dunlop Urteil stellten belgische, italienische und französische Gerichte teilweise auf den Erfüllungsort der lex fori ab, siehe die Zusammenstellung bei *Pocar*, RabelsZ 42 (1978), S. 405 (417). Diese ältere Rechtsprechung und Literatur wurde nach der EuGH Entscheidung nicht

anwenden.[619] Der Richter kennt dieses Recht am besten und die Wahrscheinlichkeit, dass er bei dessen Anwendung Fehler macht, ist gering. Muss er dagegen ausländisches Recht anwenden, ist dieses dem Richter in seinen Feinheiten unbekannt, so dass hierbei häufiger Fehler auftreten können.

Der Begriff „Erfüllungsort" ist in der Regel sowohl im materiellen als auch im prozessualen Recht der Vertragsstaaten bekannt. Man kann deshalb entweder auf die prozessuale oder auf die materielle lex fori abstellen, um die Definition des Erfüllungsorts zu bestimmen.

a) Bestimmung des Erfüllungsortes nach der prozessualen lex fori

Der Gerichtsstand des Erfüllungsortes ist nicht Bestandteil aller europäischen Rechtsordnungen. Das niederländische Prozessrecht beispielsweise kennt keinen Gerichtsstand am Erfüllungsort.[620] Wenn man die prozessuale lex fori für die Bestimmung des Erfüllungsortes des Art. 5 Nr. 1 EuGVÜ heranzieht, könnte man den Gerichtsstand am Erfüllungsort für alle in den Niederlanden erhobenen Klagen nicht anwenden.[621]

Die Definition des Erfüllungsorts nach der prozessualen lex fori ist abzulehnen, weil nicht alle Vertragsstaaten einen solchen Gerichtsstand kennen.

---

mehr vertreten. Der EuGH befasst sich in der Tessili Entscheidung gar nicht mit der lex fori Lösung.

[619] *Valloni*, Der Gerichtsstand des Erfüllungsortes nach Lugano- und Brüsseler-Übereinkommen, S. 246 spricht davon, dass die lex fori Qualifikation „einfach" ist.

[620] *Kropholler*, Europäisches Zivilprozessrecht, Art. 5 EuGVÜ Rn. 20; *Lüderitz*, Fremdbestimmte internationale Zuständigkeit? Versuch einer Neubestimmung von § 29 ZPO, in Festschrift für Zweigert, S. 233 (236); *Schack*, Erfüllungsort im deutschen, ausländischen und internationalen Privat- und Zivilprozeßrecht, Rn. 330; *Wieczorek/Schütze/Hausmann*, Zivilprozeßordnung und Nebengesetze, Art. 5 EuGVÜ Rn. 22.

[621] So auch *Schack*, Erfüllungsort im deutschen, ausländischen und internationalen Privat- und Zivilprozeßrecht, Rn. 330.

b) *Bestimmung des Erfüllungsortes nach der materiellen lex fori*

Der Begriff des Erfüllungsortes wird auch im materiellen Recht benutzt.[622] Am materiellrechtlichen Erfüllungsort ist der Schuldner verpflichtet zu leisten und der Gläubiger berechtigt, die Leistung zu verlangen.[623]

Die Definition des Erfüllungsortes aus der materiellen lex fori kann zu einer Zuständigkeitshäufung oder zu Zuständigkeitsmängeln führen, wenn der Erfüllungsortbegriff in zwei Ländern voneinander abweicht.[624] So kann für ein und denselben Rechtsstreit das französische Recht den Erfüllungsort der streitigen Verpflichtung in Deutschland sehen, während das deutsche Recht den Erfüllungsort in Frankreich lokalisiert. Keines der Gerichte würde sich dann aus Art. 5 Nr. 1 EuGVÜ für zuständig erklären. Der Beklagte wäre in diesen Fällen auf den allgemeinen Gerichtsstand in Art. 2 EuGVÜ angewiesen und müsste auf den besonderen Vertragsgerichtsstand des Art. 5 Nr. 1 EuGVÜ verzichten.[625]

Der Erfüllungsort in Art. 5 Nr. 1 EuGVÜ kann bei dieser Definition aus der materiellen lex fori nicht europaweit einheitlich bestimmt werden. Damit würde in der Gemeinschaft die Möglichkeit zum forum shopping eröffnet, die das EuGVÜ gerade vermeiden wollte. Andere kritisieren den fehlenden inneren Entscheidungseinklang.[626] Der nach der lex fori bestimmte Erfüllungsort kann vom Erfüllungsort des auf den Vertrag anwendbaren nationalen Rechts (lex causae) abweichen.

---

[622] Siehe beispielsweise in Deutschland § 269 BGB, in Frankreich Art. 1247 Code Civile, 1609 Code Civile ist lex specialis für die Übergabe, in Italien Art. 1182 Codice Civile.

[623] Als Synonym für den materiellrechtlichen Erfüllungsort wird der Begriff „Leistungsort" gebraucht, siehe nur *Palandt/Heinrichs*, Bürgerliches Gesetzbuch, § 269 BGB Rn. 1.

[624] *Kropholler*, Europäisches Zivilprozessrecht, Art. 5 EuGVÜ Rn. 20; *Spellenberg*, ZZP 91 (1978), S. 38 (41 ff); *Spellenberg*, EuR 1980, S. 329 (341).

[625] *Spellenberg*, ZZP 91 (1978), S. 38 (44).

[626] *Geimer* WM S. 1976, S. 1290; *Geimer/Schütze*, Europäisches Zivilverfahrensrecht, Art. 5 EuGVÜ Rn. 65; *Geimer/Schütze*, Internationale Urteilsanerkennung, Band I , 1. Halbband, § 83 V, S. 594; *Schlosser* IPRax 1981, S. 154 ff.; *Schlosser*, IPRax 1984, S. 65; *Schlosser* Vertragsautonome Auslegung, nationales Recht, Rechtsvergleichung und das EuGVÜ, in Gedächtnisschrift für Bruns, S. 45 (57).

Die Qualifikation de lege fori wird deshalb von Rechtsprechung und Schrifttum allgemein abgelehnt.[627] Sie wurde in der Literatur nur vereinzelt in Erwägung gezogen und nur von wenigen nationalen Gerichten vor der *Tessili/ Dunlop* Entscheidung angewandt.[628]

2. *Bestimmung des Erfüllungsortes nach der lex causae*[629]

Der EuGH zog nicht in Erwägung, die Definition des Erfüllungsortes aus der lex fori zu bestimmen. Stattdessen prüft er, ob er der Erfüllungsortsbegriff autonom aus dem Übereinkommen entwickeln könnte er für die Definition auf die Regeln der lex causae zurückgreifen müsste. Bei diesen Überlegungen führte er aus, dass, wann immer möglich, autonome Definitionen entwickelt werden sollten. Eine autonome Definition ist unabhängig vom Recht der Vertragsstaaten und verweist auch nicht hierauf.[630] Nur eine solche Definition führt zu einer europaweit einheitlichen Anwendung des Übereinkommens.[631]

Bei der Untersuchung des Erfüllungsorts musste der EuGH feststellen, dass die einzelnen Rechtsordnungen sehr verschiedene materiellrechtliche Regelungen für den Erfüllungsort getroffen und den Vertragsgerichtsstand da-

---

[627] Vor dem Urteil des EuGH vom 6.10.1976, Tessili/Dunlop stellten belgische, italienische und französische Gerichte teilweise auf den Erfüllungsort der lex fori ab, siehe die Zusammenstellung bei *Pocar*, RabelsZ 42 (1978), S. 405 (417).

[628] Eine Übersicht der Rechtsprechung in *Pocar*, RabelsZ 42 (1978), S. 405 (417).

[629] *Forlati*, Riv. int. priv. proc. 12 (1976), S. 50 (64); *Geimer*, NJW 1975, S. 1086 f.; *Geimer/Schütze*, Europäisches Zivilverfahrensrecht, Art. 5 EuGVÜ Rn. 64; *Grunsky*, RIW/AWD 1977, S. 1 (5); *Hoffmann*, AWD 1973, S. 57 (61); *Holl*, WiB 1995, S. 462 (464); *Piltz*, NJW 1979, S. 1071 (1074); *Schlosser*, NJW 1977, S. 457 (460); *Schütze*, Deutsches internationales Zivilprozeßrecht, 1985, S. 62; *Spellenberg*; ZZP 91 (1978), S. 38 (44); *Spellenberg*, EuR 1980, S. 329 (342). Diese Lösung wurde schon vor der Tessili/Dunlop Entscheidung von den niederländischen Gerichte angewandt (welche sehr oft mit der lex fori zusammenfällt), Saras/Abend, Rb. Amsterdam, 19.06.1974, Neth.Int.L.Rev. 23 (1976), S. 353; Hof Arnhem, 25.6.1975, Ned.Jur 1977, S. 304; teilweise auch von belgischen Gerichten angewandt, Geerts/Organisation Bossard et Michel, Trib.com.Bruxelles, 29.10.1976, J.Trib. 1977, S. 137. In Deutschland: OLG Düsseldorf, RIW 1976, 297; OLG Göttingen, RIW 1977, S. 235; OLG Landshut, RIW 1977, S. 427; falsch angewandt von RG, JW 1913, S. 552 f. und RG, WarnR 1913, Nr. 302, die lex fori statt lex causae anwenden; dagegen OLG Oldenburg, WM 1976, S. 1288, das eine vertragsautonome Lösung bevorzugt; unentschieden *Fuchs*, IPRax 1991, S. 134.

[630] *Scholz*, Das Problem der autonomen Auslegung des EuGVÜ, S. 1.

[631] EuGH 6.10.1976 – Rs. 12/76, Tessili/Dunlop, Slg. 1976, S. 1473 Rn.14/15.

durch unterschiedlich ausgestaltet haben.[632] Ein gemeinsamer europäischer Erfüllungsortsbegriff könne deshalb nur aufgrund umfangreicher rechtsvergleichender Vorarbeiten entwickelt werden.[633]
Der Gerichtsstand für Vertragssachen war europaweit unterschiedlich ausgestaltet. Belgien und Italien kannten einen weiteren Gerichtsstand für Vertragssachen als das EuGVÜ. Neben dem Gericht am Erfüllungsort ist auch das Gericht am Abschlussort des Vertrags zuständig.[634] Luxemburg (bis 1974) und Frankreich (bis 1975) beschränkten den Gerichtsstand am Erfüllungsort zunächst auf Handelskäufe.[635] Dabei war das Gericht, in dessen Bezirk sich der Käufer zur Kaufpreiszahlung verpflichtet hatte, für den gesamten Vertrag zuständig. Seit 1975 gilt in Frankreich Art. 46 Nouveau Code Procedure Civile, der für alle Kauf- und Dienstleistungsverträge eine Zuständigkeit am Erfüllungsort der vertragstypischen Verpflichtung begründet. 1974 führte Luxemburg einen allgemeinen Gerichtsstand am Erfüllungsort ein.[636] Die Niederlande kennen den Gerichtsstand des Erfüllungsortes überhaupt nicht.

Materiell-rechtlich bestanden ebenfalls sehr unterschiedliche Regelungen. Vor allem beim Erfüllungsort für Geldschulden sind die nationalen Rechtsordnungen unterschiedlich ausgestaltet. Mal sind Geldschulden als Hol- mal als Bringschuld ausgestaltet.[637] Gemeinsame Grundsätze aus diesen unterschiedlichen Regelungen abzuleiten, ist deshalb schwierig.[638] Der EuGH konnte und wollte angesichts der Gleichwertigkeit der beteiligten Rechtsordnungen nicht einfach eine nationale Lösung übernehmen.[639] Deshalb erklärte er, ihm sei es unmöglich, beim gegenwärtigen Stand der Rechtsentwicklung und angesichts der so verschiedenen materiellrechtlichen Regelungen in den einzelnen Staaten eine vertragsautonome Definition für den Erfüllungsort zu entwickeln.[640] Ferner gab der EuGH zu bedenken, dass der Erfüllungsort maßgeblich vom Inhalt des Vertragsverhältnis-

---

[632] EuGH 6.10.1976 – Rs. 12/76, Tessili/Dunlop, Slg. 1976, S. 1473 Rn.14/15.
[633] EuGH 6.10.1976 – Rs. 12/76, Tessili/Dunlop, Slg. 1976, S. 1473 Rn.14/15.
[634] Siehe Art. 624 Nr. 2 Code Judiciaire; Art. 20 Codice di procedura civile.
[635] Siehe Art. 420 Code de Procedure Civile Alte Fassung für Frankreich und Luxemburg.
[636] Art. 25 Satz 2 des Gesetzes „concernant la compétence en matière contentieuse, civile et commerciale.
[637] Siehe die Zusammenstellung bei *Lando/Beale,* Principles of Contract Law, S. 329 ff. Das CISG sieht Geldschulden als Bringschulden an, Art. 57 Absatz 1 CISG.
[638] *Schack,* Erfüllungsort im deutschen, ausländischen und internationalen Privat- und Zivilprozeßrecht, Rn. 328.
[639] Spellenberg, EuR 1980, S. 329 (346).
[640] EuGH 6.10.1976 – Rs. 12/76, Tessili/Dunlop, Slg. 1976, S. 1473 Rn. 14.

ses abhängig sei.[641] Deshalb sei es am besten, wenn die nationalen Gerichte den Erfüllungsort nach der lex causae bestimmen.
Ein Teil des Schrifttums stimmte dem EuGH zu.[642] Ein autonom bestimmter und von der lex causae abweichender Erfüllungsort entbehre jeglicher Legitimation und widerspreche dem Grundsatz des inneren Entscheidungseinklangs.[643] Dieser innere Entscheidungseinklang verlange, dass der prozessuale und materielle Erfüllungsort nicht voneinander abweichen.[644] Es müsse stets an dem Ort geklagt werden, an welchem die Parteien nach dem materiellen Recht den Vertrag erfüllen und nicht an einem fiktiven, autonom durch das EuGVÜ bestimmten Ort.[645]

Es wurde darauf hingewiesen, dass die Definition des Erfüllungsortes aus der lex causae kein Fremdkörper in der Entscheidungspraxis des EuGH sei: Der EuGH hatte bereits andere Begriffe aus der lex causae bestimmt[646] und diese Praxis wurde sogar durch das Übereinkommen selbst vorgesehen. So ist zum Beispiel der Sitz einer Gesellschaft oder einer juristischen Person gemäß Art. 53 EuGVÜ de lege causae zu bestimmen.

---

641 EuGH 6.10.1976 – Rs. 12/76, Tessili/Dunlop, Slg. 1976, S. 1473 Rn. 13 nähert sich dem Argument des inneren Entscheidungseinklanges an.

642 *Forlati*, Riv. int. priv. proc. 12 (1976), S. 50 (64); *Geimer*, NJW 1975, S. 1086 f.; *Geimer/Schütze*, Europäisches Zivilverfahrensrecht, Art. 5 EuGVÜ Rn. 64; *Grunsky*, RIW/AWD 1977, S. 1 (5); *Hoffmann*, AWD 1973, S. 57 (61); *Holl*, WiB 1995, S. 462 (464); *Schlosser*, NJW 1977, S. 457 (460); *Piltz*, NJW 1979, S. 1071 (1074); *Schütze*, Deutsches internationales Zivilprozeßrecht, 1985, S. 62; *Spellenberg*; ZZP 91 (1978), S. 38 (44); *Spellenberg,* EuR 1980, S. 329 (342).

643 *Schlosser*, IPRax 1984, S. 65; *Schlosser*, Vertragsautonome Auslegung, nationales Recht, Rechtsvergleichung und das EuGVÜ, in Gedächtnisschrift für Bruns, S. 45 (57).

644 *Geimer,* WM 1976, S. 1289; *Geimer/Schütze*, Europäisches Zivilverfahrensrecht, Art. 5 EuGVÜ Rn. 65; *Geimer/Schütze*, Internationale Urteilsanerkennung, Band I , 1. Halbband, § 83 V, S. 594; *Schlosser* IPRax 1981, S. 154 ff.; *Schlosser*, IPRax 1984, S. 65; *Schlosser* Vertragsautonome Auslegung, nationales Recht, Rechtsvergleichung und das EuGVÜ, in Gedächtnisschrift für Bruns, S. 45 (57).

645 *Wrangel*, Der Gerichtsstand des Erfüllungsortes im deutschen, italienischen und europäischen Recht, S. 26.

646 Der EuGH stellt in EuGH 6.10.1976 – Rs. 12/76, Tessili/Dunlop, Slg. 1976, S. 1473 Rn. 11 fest, dass keine der beiden Auslegungsmethoden pauschal der Vorzug zu geben ist. Ob die Begriffsbestimmung vertragsautonom oder nach der lex causae erfolgt, soll für jede Bestimmung des Übereinkommens einzeln festgestellt werden.

3. *Vertragsautonome Qualifikation*[647] *des Erfüllungsorts*

Teile des Schrifttums[648] und manche nationalen Gerichte[649] befürworteten eine autonome Definition des Erfüllungsorts. Um den EuGH zur Entwicklung einer autonomen Definition zu bewegen, gab es nach der *Tessili/Dunlop* Entscheidung zahlreiche Vorlagefragen zur Auslegung des Erfüllungsortes.

In den *Tessili/Dunlop* nachfolgenden Entscheidungen zeigte der EuGH selbst, dass es möglich ist, Begriffe autonom zu definieren, obwohl diese in den einzelnen Vertragsstaaten unterschiedlich ausgestaltet sind. So wurden z.B. die „Zivil- und Handelssachen“[650] und der mehrdeutige Begriff „Teilzahlungskauf“[651] autonom bestimmt.

---

[647] *Samtleben*, NJW 1974, S. 1590f. sprach sich für eine autonome Bestimmung des Erfüllungsortbegriffs noch vor Inkrafttreten des Übereinkommens aus. Dafür auch *Jayme*, IPRax 1995, S. 13; *Lando*, Die Aufgabe des Gerichtshofes und das System des Brüsseler Übereinkommens, in Internationale Zuständigkeit und Urteilsanerkennung in Europa, S. 21 und S. 25f.; *Pocar*, RabelsZ 42 (1978), S. 405 (418); *Schack*, IPRax 1986, S. 82; *Schack*, IPRax 1987, S. 215; *Schack*, Erfüllungsort im deutschen, ausländischen und internationalen Privat- und Zivilprozeßrecht, Rn. 329; *Schack*, Internationales Zivilverfahrensrecht, Rn 325 ff.; *Schlechtriem*, IPRax 1981, S. 114; *Valloni*, Der Gerichtsstand des Erfüllungsortes nach Lugano- und Brüsseler-Übereinkommen, S. 264 ff

[648] *Samtleben*, NJW 1974, S. 1590f. sprach sich für eine autonome Bestimmung des Erfüllungsortbegriffs noch vor Inkrafttreten des Übereinkommens aus. Dafür auch *Jayme*, IPRax 1995, S. 13; *Lando*, Die Aufgabe des Gerichtshofes und das System des Brüsseler Übereinkommens, in Internationale Zuständigkeit und Urteilsanerkennung in Europa, S. 21 und S. 25f.; *Pocar*, RabelsZ 42 (1978), S. 405 (418); *Schack*, IPRax 1986, S. 82; *Schack*, IPRax 1987, S. 215; *Schack*, Erfüllungsort im deutschen, ausländischen und internationalen Privat- und Zivilprozeßrecht, Rn. 329; *Schack*, Internationales Zivilverfahrensrecht, Rn 325 ff.; *Schlechtriem*, IPRax 1981, S. 114; *Valloni*, Der Gerichtsstand des Erfüllungsortes nach Lugano- und Brüsseler-Übereinkommen, S. 264 ff

[649] Der französische Cour de Cassation kritisierte immer wieder die Tessili/Dunlop als verfehlt. Siehe nur die Vorlage EuGH 28.09.1999 – Rs. C-440/97, GIE Groupe Concorde/Suhadiwarno Panjan, Slg. 1999, S. I-6307.

[650] EuGH 14.10.1976 – Rs. 29/76, LTU Lufttransportunternehmen/Eurocontrol, Slg. 1976, S. 1541.

[651] EuGH 21.06.1978 – Rs. 150/77, Societé Bertrand/Paul Ott GmbH, Slg 1978, S. 1431 bezüglich des Teilzahlungskaufs, bezüglich des Begriffs „eheliche Güterstände“ EuGH 27.03.1979 – Rs. 143/78, de Clavel/de Clavel, Slg. 1979, S. 1055; dazu *Hausmann* FamRZ 1980, S. 418 ff.; die Begriffe „Konkurse, Vergleiche und ähnliche Verfahren“, EuGH 22.02.1979-Rs. 133/78, Gourdain/Nadler, Slg. 1979, S. 733; „Zweigniederlassung“; EuGH 22.11.1978 – Rs. 33/78, Somafer/Saar Ferngas, Slg. 1978, S. 2183 (2192); „unerlaubte Handlung“, EuGH 30.11.1976 – Rs. 21/76, Bier/Mines de Potasse

Es wurde deshalb vermutet, dass die Entscheidung, den Erfüllungsort nach der lex causae zu definieren, aus der Unerfahrenheit der ersten Stunde gefällt worden sei.[652] Man hatte Grund zu dieser Annahme, weil der EuGH hauptsächlich über öffentlich-rechtliche Materien zu entscheiden hatte, bevor ihm die Auslegungskompetenz des EuGVÜ übertragen wurde. Die Hoffnung auf eine Korrektur der Rechtsprechung zum Erfüllungsort legte sich aber schnell, denn der EuGH bestätigte die *Tessili/Dunlop* Grundsätze mehrmals.[653]

Der EuGH entwickelt autonome Definitionen für Rechtsbegriffe oft durch einen Vergleich der unterschiedlichen Rechtsordnungen.[654] Eine rechtsvergleichende Analyse durchzuführen, um eine europäische Definition des Erfüllungsortes zu bestimmen, ist zwar schwierig, denn dieser Begriff wird in den einzelnen Rechtsordnungen unterschiedlich ausgelegt.[655] Dem EuGH ist es jedoch gelungen andere Begriffe autonom zu definieren, bei den ähnliche Schwierigkeiten gegeben waren. Deshalb überzeugt die Feststellung des EuGH nicht, dass keine autonome Definition des Begriffs möglich sei, weil er keinen einheitlicher Erfüllungsort aufgrund rechtsvergleichender Überlegungen finden kann.

Die Definition de lege causae wurde nur selten für Begriffe des EuGVÜ benutzt, denn sie ist für eine einheitliche Anwendung des Übereinkommens gefährlich.[656] Die internationale Zuständigkeitsvereinheitlichung durch das EuGVÜ kann nur erfolgreich sein, wenn einheitliche, vertragsautonome

---

d'Alsace, Slg. 1976, S. 1735 (1746f.) mit Anm. von *Linke* in RIW 1979, S. 56; „streitige Verpflichtung" EuGH 6.10.1976 – Rs. 14/76, de Bloos/Bouyer, Slg. 1976, S. 1497.

[652] *Pescatore*, riv.int.dr.comp, 1980, S. 337 (344); *Schack* IPRax 1986, S. 82 f.; *Schlosser*, Gedächtnisschrift für Bruns, S. 45 (53).

[653] Siehe beispielsweise EuGH 5.10.1999 – Rs. C-420/97, Leathertex/Bodetex, Slg. 1999, S. I-6747 und EuGH 28.09.1999 – Rs. C-440/97, GIE Groupe Concorde/Suhadiwarno Panjan, Slg. 1999, S. I-6307.

[654] Der EuGH verweist oft auf die allgemeinen Rechtsgrundsätze innerhalb der einzelnen Vertragsstaaten siehe EuGH 14.10.1976 – Rs. 29/76, LTU Lufttransportunternehmen GmbH & Co. KG/Eurcontrol, Slg. 1976, S. 1541; EuGH 22.2.1979 – Rs. 133/78, Gourdain/Nadler, Slg. 1979, S. 733. *Schmidt-Parzefall*, Die Auslegung des Parallelübereinkommens von Lugano, S. 54 sieht immer dann, wenn der EuGH von einer integrationsfreundlichen Auslegung spricht, lediglich die Anwendung der rechtsvergleichenden Methode.

[655] *Schlosser*, Vertragsautonome Auslegung, nationales Recht, Rechtsvergleichung und das EuGVÜ, in Gedächtnisschrift für Bruns, S. 45 (54, 56); OLG Oldenburg, NJW 1976, S. 1044.

[656] *Rüßmann*, IPRax 1993, S. 38 f.

Begriffe entwickelt werden.[657] Sonst wird die europäische Integration erschwert.[658] Der EuGH wurde deshalb zu recht kritisiert. Ihm wurde Bequemlichkeit[659] vorgeworfen, weil er auf die einzelnen Rechtsordnungen verwies, anstatt selbst eine Definition zu entwickeln. Nur eine autonome Bestimmung des Erfüllungsortes hat zur Folge, dass die Zuständigkeitsregeln in der Gemeinschaft in allen Ländern einheitlich angewandt werden.

Der EuGH erkannte ebenfalls die Gefahren der Auslegung de lege causae. Nach der *Tessili/Dunlop* Entscheidung definierte er Begriffe des Übereinkommens sehr selten nach der lex causae.[660]

Die Befürworter der lex causae Definition versuchen zu zeigen, dass das Übereinkommen einheitlich in den Vertragsstaaten angewandt wurde. Sie weisen auf das vereinheitlichte europäische Kollisionsrecht hin.[661] Dieses würde zu europaweit einheitlichen Ergebnissen führen. Es ist richtig, dass mittlerweile für ein und dasselbe Vertragsverhältnis in allen Ländern die gleiche lex causae angewandt wird. [662] Aber selbst ein vereinheitlichtes Kollisionsrecht kann keine einheitliche Anwendung von Art. 5 Nr. 1 EuGVÜ sicherstellen, solange die innerstaatlichen Sachrechte voneinander abweichen.[663] Die Unterschiede sind vor allem bei der Ausgestaltung des Erfüllungsorts von Geldschulden sehr groß.[664] Der Erfüllungsort ist für Geldschulden in Dänemark (§ 3 Gældsbrevslov von 1938), den Niederlanden (Art. 6.116 BW), Griechenland (Art. 321 Abs. 1 Astikós Kodix), Irland (Section 29 des Sale of Goods Act), Italien (Art. 1182 Codice Civile) und

---

[657] *Schack*, IPRax 1986, S. 82 f.

[658] *Schack*, IPRax 1986, S. 82 f.; Schack Erfüllungsort im deutschen, ausländischen und internationalen Privat- und Zivilprozeßrecht Rn. 332 Fn. 54. So schon die Stellungnahme der deutschen Bundesregierung zur Rs. Tessili/Dunlop, Slg. 1976, S. 1473 (1479).

[659] *Schack*, Erfüllungsort im deutschen, ausländischen und internationalen Privat- und Zivilprozeßrecht, Rn. 329 ff.

[660] *Grundmann*, IPRax 2002, S. 136; *Pescatore*, Rev.int.dr.comp. 1980, S. 337 (344); *Schack*, IPRax 1986, S. 82; *Spellenberg* EuR 1980, S. 329 (340); Eine Auslegung nach der lex causae findet auch bei der Bestimmung der Staatsangehörigkeit statt, EuGH 7.07.1992 – Rs. 369/90, Micheletti/Delecatíon del Gobierno en Cantabria, Slg. 1992, I-4239, Rn.10.

[661] *Kropholler*, Europäisches Zivilprozeßrecht, Art. 5 EuGVO Rn. 19; *Piltz*, NJW 1981, S. 1876 (1878); *Wieczorek/Schütze/Hausmann,* Zivilprozeßordnung und Nebengesetze, Art. 5 EuGVÜ Rn 23.

[662] *Jayme*, IPRax 1995, S. 13.

[663] *Jayme* IPRax 1995, S. 13; *Schack*, IPRax 1986, S. 82 f.

[664] Eine aktuelle Übersicht bei *Lando*, Die Aufgabe des Gerichtshofes und das System des Brüsseler Übereinkommens, in: Internationale Zuständigkeit und Urteilsanerkennung in Europa, S. 21 (26).

im Vereinigten Königreichs[665] am Sitz des Gläubigers. In Frankreich (Art. 1247 Code Civil), Belgien (Art. 1247 Code Civil), Deutschland (§ 270 BGB), Österreich (§ 905 Allgemeines Bürgerliches Gesetzbuch), Spanien (Art. 1171 Absatz 3 Código Civil) und Luxemburg (Art. 1247 Code Civil) ist der Erfüllungsort dagegen am Sitz des Schuldners.[666] Ist z.B. niederländisches Recht auf den Vertrag anwendbar, dann kann der Gläubiger an seinem Wohnort klagen, ihm steht also ein Klägergerichtsstand für die Geldzahlung zu. Ist auf den Vertrag deutsches Recht anzuwenden, muss der Kläger am Wohnort des Schuldners seine Ansprüche einklagen. Das führt zu einer grundlosen Ungleichbehandlung der EU-Bürger.[667]

Ein weiterer Nachteil der lex causae Definition des Erfüllungsortes ergibt sich aus dessen uneinheitlicher Ausgestaltung in den einzelnen Vertragsstaaten. Die Sachnormen, die den Erfüllungsort bestimmen, sind von Land zu Land verschieden. Jeder Staat ist in der Lage, seinen Bürgern durch die nationale Gesetzgebung Vorteile zu verschaffen. Manche nationalen Gesetzgeber lokalisieren den Erfüllungsort der Leistung am Wohnsitz des Gläubigers (Bringschuld). Der Gläubiger kann so vertragliche Ansprüche immer an seinem Wohnort einklagen, da dieser stets der Erfüllungsort der Leistung ist. So entsteht ein Klägergerichtsstand am Erfüllungsort. Einen solchen zu erschaffen war nicht Ziel des EuGVÜ.[668] Wenn man das Recht der Niederlanden[669], Portugal[670], Italien[671] oder der Schweiz[672] auf einen Vertrag anwendet, ergibt sich besonders häufig ein solcher Klägergerichtsstand.[673]

---

[665] Siehe *Treitel*, The Law of Contract, S. 570.

[666] Dies gilt auch für das UN-Kaufrecht, Art. 59 CISG. Weitere Nachweise zu den einzelnen Ländern bei *Schack*, Erfüllungsort im deutschen, ausländischen und internationalen Privat- und Zivilprozeßrecht, Rn. 332 und *Lando/Beale*, Principles of Contract Law, S. 329 ff.

[667] So kann ein italienischer Verkäufer einen deutschen Käufer in Italien verklagen, während deutsche oder französische Verkäufer am Wohnort des Käufers klagen müssen.

[668] *Droz*, D. 1977 Chron. S. 288; *Jenard*, Bericht zu dem Übereinkommen über die gerichtliche Zuständigkeit und die Vollstreckung gerichtlicher Entscheidungen in Zivil- und Handelssachen, ABl. EG 1979 Nr. C 59, S. 1 (23). *Schack*, IPRax 1986, S. 82 f. spricht von einem „Blankoscheck" für die Vertragsstaaten.

[669] Art. 1429 BWB.

[670] Art. 774 Code Civile.

[671] Art. 1182 Code Civile

[672] Art. 74 OR. Die Schweiz gehört zwar nicht zu den Vertragsstaaten des EuGVÜ, sie ist aber Vertragsstaat des fast inhaltsgleichen LugÜ.

[673] Die Zahlung am Wohnort des Gläubigers entspricht mehr und mehr der Verkehrssitte, *von Caemmerer*, Zahlungsort, in Festschrift für Mann, S. 3 f. Die Vorteile dieser Lö-

Besonders kontrovers wird die Frage diskutiert, ob eine autonome Definition für den Erfüllungsort überhaupt entwickelt werden darf, denn dabei ist der innere Entscheidungseinklang nicht gewährleistet. Es ist umstritten, ob ein solcher „innerer Entscheidungseinklang" nötig ist - also der prozessuale und materielle Erfüllungsort zwingend einheitlich sein müssen.[674] Teilweise wird vertreten, dass beides unter keinen Umständen auseinander fallen darf[675], andere sind der Meinung, dass diese durchaus verschieden sein dürfen.[676]

Dabei ist zu bedenken, dass die Gerichtsstände prozessuale Wertungen[677] und Praktikabilitätserwägungen berücksichtigen sollen.[678] Dabei spielen Vorhersehbarkeit der Gerichtsstände und Prozessökonomie eine große Rolle.[679] Man sollte dem Richter wenn möglich eine komplizierte Prüfung der lex causae ersparen,[680] um so den Gerichtsstand einfacher vorhersehbar zu machen und die Entscheidung über die Zuständigkeit des Gerichts zu beschleunigen. Dem Kläger ist in bestimmten Fällen ein Gerichtsstand zu-

---

sung liegen für den Geschäftsverkehr auf der Hand: der Zahlungszeitpunkt ergibt sich eindeutig und man kann Barzahlung und bargeldlose Zahlung gleich behandeln.

[674] *Lüderitz*, Fremdbestimmte internationale Zuständigkeit? Versuch einer Neubestimmung von § 29 ZPO, Art. 5 Nr. 1 EuGVÜ, in Festschrift für Zweigert, S. 233 (245) nennt dieses Auseinanderfallen „schizophren". Weitere Befürworter des inneren Entscheidungseinkangs sind *Geimer/Schütze*, Europäisches Zivilverfahrensrecht, Art. 5 EuGVÜ Rn. 65; *Geimer/Schütze,* Internationale Urteilsanerkennung, Band I, 1. Halbband, § 83 V, 594; *Wieczorek/Schütze/Hausmann*, Zivilprozeßordnung und Nebengesetze, Art. 5 EuGVÜ Rn. 23.

[675] *Schlosser*, Vertragsautonome Auslegung, nationales Recht, Rechtsvergleichung und das EuGVÜ, in Gedächtnisschrift für Bruns, S.45, nennt dieses Auseinanderfallen ein „absolutes Unding"; OLG Köln JMBlNW 1983, S. 176 eine „unerfreuliche Folge". Dieser Ansicht sind auch *Geimer/Schütze,* Europäisches Zivilverfahrensrecht Art. 5 EuGVÜ Rn. 65; *Kropholler*, Europäisches Zivilprozeßrecht, Art. 5 EuGVÜ Rn. 18.

[676] *Jayme*, IPRax 1995, S. 13; *Lando*, Die Aufgabe des Gerichtshofes und das System des Brüsseler Übereinkommens, in Internationale Zuständigkeit und Urteilsanerkennung in Europa, S. 21 (25 f.); *Pocar*, RabelsZ 42 (1978), S. 405 (418); *Schack*, IPRax 1986, S. 82; *Schack*, IPRax 1987, S. 215; *Schack*, Erfüllungsort im deutschen, ausländischen und internationalen Privat- und Zivilprozeßrecht, Rn. 329; *Schack*, Internationales Zivilverfahrensrecht, Rn. 325 ff.; *Schlechtriem*, IPRax 1981, S. 114; *Valloni*, Der Gerichtsstand des Erfüllungsortes nach Lugano- und Brüsseler-Übereinkommen, S. 264 ff.

[677] *Valloni*, Der Gerichtsstand des Erfüllungsortes nach Lugano- und Brüsseler-Übereinkommen, S. 251.

[678] *Schack*, Erfüllungsort im deutschen, ausländischen und internationalen Privat- und Zivilprozeßrecht, Rn. 336.

[679] Siehe bereits § 2 B.

[680] *Schack*, Internationales Zivilverfahrensrecht, Rn. 271.

sätzlich zum Wohnort des Schuldners zur Verfügung zu stellen.[681] Eine Verbindung zwischen materiellem und prozessualem Erfüllungsort ist dabei nicht zwingend nötig.

Die Definition de lege causae ist auch aus praktischen Gesichtspunkten zu kritisieren. Sie überfrachtet die Zuständigkeitsprüfung mit materiellrechtlichen Erwägungen.

III. Erfüllungsortsdefinition, wenn das Haager Einheitliche Kaufrecht/UN-Kaufrecht auf den Vertrag anzuwenden ist

Der BGH legte dem EuGH die Frage vor, ob der Erfüllungsort in Art. 5 Nr. 1 EuGVÜ auch bei der Anwendung des Haager Einheitlichen Kaufgesetzes (EKG) nach der lex causae zu bestimmen sei *(Custom Made Commercial/Stawa Metallbau).*[682] Das Haager Einheitliche Kaufgesetz wurde am 14.4.1980 in Deutschland durch das Wiener UN-Kaufrechtsübereinkommen abgelöst. Der Erfüllungsort der Geldzahlung ist im Einheitskaufrecht/UN-Kaufrecht die Niederlassung des Gläubigers, Art. 57 Absatz 1 CISG, was sogar dann gilt, wenn er seine Niederlassung oder seinen Aufenthaltsort nach Vertragsschluss wechselt.[683] Dadurch entsteht für die Geldzahlungspflicht ein Klägergerichtsstand.[684] Somit kann der Verkäufer durch einen Sitzwechsel den Gerichtsstand für den Käufer nachteilig beeinflussen. Der Käufer ist dann nicht in der Lage vorherzusehen, wo er verklagt wird.[685] Durch diese Regelung wird der Verkäufer der Sache begünstigt.[686]

Wenn Kaufpreisforderungen nicht beglichen werden, geschieht dies oft, weil eine mangelhafte Beschaffenheit der Kaufsache entgegengehalten

---

681 *Schack*, Erfüllungsort im deutschen, ausländischen und internationalen Privat- und Zivilprozeßrecht, Rn 336.

682 EuGH 29.06.1994 – Rs. C-288/92, Custom Made Commercial/Stawa Metallbau, Slg. 1994, S. I-2913.

683 *Dölle/von Caemmerer*, Art. 59 CISG Rn 9, es kommt bei einer Abtretung der Kaufpreisforderung auch auf die Niederlassung des Zessionars an.

684 *Leipold*, Internationale Zuständigkeit am Erfüllungsort – das Neueste aus Luxemburg und Brüssel, in Gedächtnisschrift für Lüderitz, S. 431 (433). Das wird von *Geimer/Schütze*, Europäisches Zivilverfahrensrecht, Art. 5 EuGVÜ Rn. 67 als nicht problematisch empfunden, ein Ergebnis, das *Schack*, Internationales Zivilverfahrensrecht, Rn. 272 als „absurd" bezeichnet.

685 *Schwenzer*, IPRax 1989, S. 275.

686 *Schack*, IPRax 1987, S. 215; *Rehbinder*, IPRax 1987, S. 289; *Schwenzer*, AJP/PJA 1996, S. 1051.

wird.[687] Der Gerichtsstand am Wohnort des Gläubigers ist in diesen Fällen für die Beweiserhebung ungeeignet, denn der Prozess findet nicht am Standort der Waren statt, wo sie für Sachverständige leicht zugänglich sind,[688] sondern am Wohnsitz des Verkäufers.

Bei den Beratungen des EKG wurde dieses Zuständigkeitsproblem nicht thematisiert. Ausschlaggebend für die Ausgestaltung des Erfüllungsorts der Kaufpreiszahlung waren nur materiellrechtliche Überlegungen in Bezug auf die Risikoverteilung im Zahlungsverkehr.[689] Die Materialien zu Art. 57 Absatz 1 CISG belegen eindeutig, dass die Vorschrift prozessuale Fragen gerade nicht regeln soll.[690]

Der EuGH ließ sich hiervon jedoch nicht beeinflussen. Er bestätigte, dass der Erfüllungsort auch bei der Anwendung des UN-Kaufrechts aus der lex causae zu bestimmen sei und tolerierte dabei den Klägergerichtsstand bei Kaufpreiszahlungen.[691] Art. 57 CISG wurde schematisch[692] auf den prozessualen Erfüllungsort angewandt, obwohl ein genereller Verkäufergerichts-

---

[687] *Spellenberg* ZZP 91 (1978), S. 38, (56). *Schack* Erfüllungsort im deutschen, ausländischen und internationalen Privat- und Zivilprozeßrecht, Rn. 213.

[688] *Bajons*, Der Gerichtsstand des Erfüllungsortes: Rück- und Ausblick auf eine umstrittene Norm, in Festschrift für Geimer, S. 15 (34); *Schack*, IPRax 1987, S. 215. Der Gerichtsstand am Erfüllungsort ließe sich nur mit dem Argument des inneren Entscheidungseinklangs rechtfertigen, so *Schlosser*, EuGVÜ, Art. 5 EuGVÜ Rn. 1 und *Schlosser*, Vertragsautonome Auslegung, nationales Recht, Rechtsvergleichung und das EuGVÜ, in Gedächtnisschrift für Bruns, S. 45 (52 ff.).

[689] *Von Caemmerer*, Zahlungsort, in Festschrift für Mann, S.3 (18); *Dölle/Von Caemmerer*, Kommentar zum einheitlichen Kaufrecht, Art. 59 CISG Rn.7; *Schwenzer*, IPRax 1989, S. 274 f.

[690] Aus den Materialien wird deutlich, dass die Bundesregierung einen Antrag gestellt hatte, Art. 57 CISG einen dritten Absatz anzufügen, der klarstellen soll, dass gerade kein Klägergerichtsstand dadurch begründet werden sollte. Das scheiterte am Widerstand der indischen und argentinischen Delegierten, die einwandten, dass Gerichtstandsregeln nicht von der Kaufrechtskonvention geregelt werden. *Von Caemmerer*, Zahlungsort, in Festschrift für Mann, S. 3 (19); *Lüderitz*, Fremdbestimmte internationale Zuständigkeit? Versuch einer Neubestimmung von § 29 ZPO, Art. 5 Nr.1 EuGVÜ, in Festschrift für Zweigert, S. 239; *Schlechtriem/Hager,* Kommentar zum einheitlichen UN-Kaufrecht, Art. 57 CISG, Rn.11 Fn. 33 f.; *Schwenzer*, IPRax 1989, 274 f.; *Schwenzer*, AJP 1996, S. 1051. Anderer Ansicht *Mezger*, RIW 1978, S. 334 f.

[691] *Schlosser*, EuGVÜ, Art. 5 EuGVÜ Rn. 1 meint, dass man sich bei der Schaffung der Vorschrift nicht der Fragwürdigkeit des Gerichtsstands bei Geldleistungsansprüchen bewusst war.

[692] *Bajons*, Der Gerichtsstand des Erfüllungsortes: Rück- und Ausblick auf eine umstrittene Norm, in Festschrift für Geimer, S. 15 (34).

stand mit den Zielen des EuGVÜ nicht im Einklang steht.[693] Obwohl der EuGH oft die Sachnähe als Sinn des Art. 5 Nr. 1 EuGVÜ in den Vordergrund gestellt hatte,[694] nahm er einen Verkäufergerichtsstand in Kauf, der gerade nicht sachnah ist.

Hätte der EuGH eine andere Erfüllungsortsdefinition für das UN-Kaufrecht entwickelt, wäre eine Überprüfung der gesamten *Tessili/Dunlop* Rechtsprechung und gegebenenfalls deren Verwerfung erforderlich gewesen. Denn viele Vertragsstaaten, wie beispielsweise die Niederlande, sehen Geldschulden als Bringschuld an, so dass immer ein sachferner und nicht zum Beweis geeigneter Verkäufergerichtsstand entsteht.

---

[693] *Schwenzer*, IPRax 1989, S. 275; *Schwenzer* AJP 1996, S. 1051; *Stoll*, IPRax 1983, S. 54.

[694] EuGH 6.10.1976 – Rs. 12/76, Tessili/Dunlop, Slg. 1976, S. 1473 Rn. 13; EuGH 22.11.1978 - Rs. 33/78, Somafer/Saar-Ferngas, Slg. 1978, S. 2183 Rn. 7; EuGH 17.01.1980 – Rs. 56/79, Zelger/Salinitri, Slg. 1980, S. 89 Rn. 3; EuGH 29.06.1994 – Rs. C-288/92, Custom Made Commercial/Stawa Metallbau, Slg. 1994, S. I-2913 Rn. 13. So auch die herrschende Meinung im Schrifttum *Campeis/Pauli*, La proceduracivile internazionale, S. 161; *Droz*, Rev. crit. dr. int. pr. 65 (1976), S. 123; *Huet*, JDI 1977, S. 718 f; *Huet*, Die Stellung des Artikels 5 im Gefüge des Übereinkommens. Die Zuständigkeit in Vertragssachenl, in Internationale Zuständigkeit und Urteilsanerkennung in Europa, S. 55 f.; *Jenard*, Bericht zu dem Übereinkommen über die gerichtliche Zuständigkeit und die Vollstreckung gerichtlicher Entscheidungen in Zivil- und Handelssachen, ABl. EG 1979 Nr. C 59, S. 1 (22); *Kohler*, Die Stellung des Artikels 5 im Gefüge des Übereinkommens. Die Zuständigkeit in Vertragssachen, in Internationale Zuständigkeit und Urteilsanerkennung in Europa, S. 41; Generalanwalt *Lenz* in EuGH 29.06.1994 – Rs. C-288/92, Custom Made Commercial/Stawa Metallbau, Slg. 1994, S. I-2913 (2920); *Lüderitz*, Fremdbestimmte internationale Zuständigkeit? Versuch einer Neubestimmung von § 29 ZPO, Art. 5 Nr. 1 EuGVÜ, in Festschrift Zweigert, S. 233 (245); *Rauscher*, Verpflichtung und Erfüllungsort in Art. 5 Nr. 1 EuGVÜ, S. 154; *Rennpferd*, Die Internationale Harmonisierung des Erfüllungsrechts für Geldschulden, S. 87 f.; *Spellenberg*, IPRax 1981, S. 75 f.; *Wrangel*, Der Gerichtsstand des Erfüllungsortes im deutschen, italienischen und europäischen Recht, S. 169 f.; *Zöller/Vollkommer*, Zivilprozessordnung, § 12 ZPO Rn.3.

IV. Fehlende Reformbereitschaft des EuGH bei der Bestimmung des Erfüllungsorts

1. GIE Groupe Concorde u.a./Kapitän des Schiffes „Suhadiwarno Panjan" u.a.

Der Cour de Cassation versuchte in der Rechtssache *GIE Groupe Concorde u.a./Kapitän des Schiffes „Suhadiwarno Panjan" u.a.*[695] erneut eine Wende der Rechtsprechung herbeizuführen. Er legte dem EuGH die Frage vor, ob der Erfüllungsort tatsächlich wie bisher nach den Kollisionsnormen des mit dem Rechtsstreit befassten Gerichts zu bestimmen sei oder aber die nationalen Gerichte den Erfüllungsort nach „Maßgabe der Art des Schuldverhältnisses" und den Umständen des Einzelfalls bestimmen sollen.[696] Diese Vorlage beschäftigte sich mit keinem neuen Problem. Der Cour de Cassation hätte sich die Frage anhand der *Tessili/Dunlop* Entscheidung leicht beantworten können. Die Rechtssache *GIE Groupe Concorde u.a./Kapitän des Schiffes „Suhadiwarno Panjan" u.a* sollte dem EuGH die Möglichkeit geben, seine bisherige Rechtsprechung erneut zu überdenken und kritisch zu überprüfen.[697]

Die Hoffnung des Cour de Cassation wurde enttäuscht. Der EuGH gab zwar zu, dass die autonome Auslegung von Rechtsbegriffen der Auslegung de lege causae vorzuziehen ist.[698] Er stellte aber zum wiederholten Mal fest, dass die Bestimmung der Auslegungsmethode für jeden Begriff des EuGVÜ gesondert zu erfolgen hat.[699] Der EuGH sah sich nur für Arbeitsverträge in der Lage, einen autonomen Erfüllungsort aus dem Übereinkommen zu bestimmen.[700] Diese Ausnahme sei nur aufgrund der Eigenheiten des

---

[695] EuGH 28.09.1999 – Rs. C-440/97, GIE Groupe Concorde/Suhadiwarno Panjan, Slg. 1999, S. I-6307.

[696] EuGH 28.09.1999 – Rs. C-440/97, GIE Groupe Concorde/Suhadiwarno Panjan, Slg. 1999, S. I-6307.

[697] Aufgrund der staatsvertraglichen Rechtsnatur des EuGVÜ, ausführlich dazu § 7 B III 1 d, war es dem Cour de Cassation möglich einen Rechtsstreit vorzulegen, über dessen Hauptfrage der EuGH bereits entschieden hatte.

[698] EuGH 28.09.1999 – Rs. C-440/97, GIE Groupe Concorde/Suhadiwarno Panjan, Slg. 1999, S. I-6307 Rn. 11.

[699] EuGH 28.09.1999 – Rs. C-440/97, GIE Groupe Concorde/Suhadiwarno Panjan, Slg. 1999, S. I-6307 Rn.12.

[700] EuGH 26.05.1982 – Rs. 133/81, Ivenel/Schwab, Slg. 1982, S. 1891 Rn. 13; EuGH 13.07.1993 – Rs. C-125/92, Mulox/Hendrick, Slg. 1993, S. I- 4075 Rn. 16.

Arbeitsvertrags gerechtfertigt und solle den sozial schwächeren Arbeitnehmer schützen.[701] Wenn diese Besonderheiten nicht vorlagen, sah es der EuGH nicht als erforderlich und zweckmäßig an, seine Rechtsprechung zum Erfüllungsort zu ändern.[702]

Besonders unbefriedigend war in dieser Rechtssache der Verweis des EuGH, bald würde Art. 5 Nr.1 EuGVÜ reformiert werden.[703] Vor der Reform von der gefestigten Rechtsprechung zum Erfüllungsort abzukehren, hielt er für nicht mit den Grundsätzen der Rechtssicherheit vereinbar. Der EuGH wollte die Richtung der Reform des europäischen Gesetzgebers nicht beeinflussen, indem er Partei für einen der sehr verschiedenen eingebrachten Änderungsvorschläge ergriff.

Trotz der Kritik, die der EuGH mit seiner *Tessili/Dunlop* Rechtsprechung herausgefordert hatte und dem sehr überzeugenden Schlussantrag von Generalanwalt Colmar[704] bestätigte der EuGH seine Rechtsprechung und enttäuschte wiederholt die in ihn gesetzten Erwartungen.

2. *Besix/WABAG: Erste vorsichtige Abkehr von der Tessil/Dunlop Formel?*

Der Rechtssache *Besix/WABAG* lag folgender Sachverhalt zugrunde: Die Firmen Besix und WABAG hatten vereinbart, ein gemeinsames Angebot für einen öffentlichen Auftrag in Kamerun abzugeben.[705] Die WABAG gab aber zusätzlich gemeinsam mit dem Unternehmen PLAFOG ein Angebot hinsichtlich der gleichen Ausschreibung ab. Nach Prüfung aller Angebote wurde u.a. auch der Gemeinschaft von WABAG und PLAFOG ein Auftrag

---

701 So auch EuGH 13.07.1993 – Rs. C-125/92, Mulox/Hendrick, Slg. 1993, S. I- 4075 Rn. 18.

702 EuGH 28.09.1999 – Rs. C-440/97, GIE Groupe Concorde/Suhadiwarno Panjan, Slg. 1999, S. I-6307 Rn. 19.

703 EuGH 28.09.1999 – Rs. C-440/97, GIE Groupe Concorde/Suhadiwarno Panjan, Slg. 1999, S. I-6307.

704 EuGH 28.09.1999 – Rs. C-440/97, GIE Groupe Concorde/Suhadiwarno Panjan, Slg. 1999, S. I-6307.

705 EuGH 19.02.2002 – Rs. C-256/00, Besix SA/Wasserreinigungsbau Alfred Kretzschmar GmbH & Co. KG (WABAG) und Planungs- und Forschungsgesellschaft W. Kretzschmar GmbH 6 KG (PLAFOG), Slg. 2002, S. I-1699.

erteilt, während die Firma Besix leer ausging.[706] Im Rechtsstreit war zu prüfen, ob WABAG gegen ein vertragliches Ausschließlichkeitsgebot verstoßen und sich dadurch schadensersatzpflichtig gemacht hatte. Das belgische Gericht fragte beim EuGH an, ob man bei einer Verpflichtung, die auf ein Unterlassen gerichtet ist und die an jedem Ort der Welt zu erfüllen ist, vor dem Gericht eines jeden beliebigen Ortes, an dem die Unterlassungspflicht erfüllt werden muss, verklagt werden kann.

Der EuGH stimmte dem belgischen Gericht zu, dass Konkurrenzklauseln weltweit gelten und es deshalb theoretisch unendlich viele Erfüllungsorte gibt.[707] Er führte aus, dass Sinn und Zweck der besonderen Zuständigkeitsregeln des Titels II des EuGVÜ die besonders enge Verknüpfung zwischen dem Rechtsstreit und dem zur Entscheidung berufenen Gericht wären.[708] Die Nähe des Gerichts zur Streitigkeit erleichtere die Beweisaufnahme.[709] Bestünden mehrere mögliche Erfüllungsorte, sei derjenige zu ermitteln, der die engste Verknüpfung mit dem Streitgegenstand aufweise,[710] denn der Wortlaut des Art. 5 Nr. 1 EuGVÜ spreche dafür, dass es für jede Verbindlichkeit nur einen Erfüllungsort geben dürfe.[711]

Nach der bisherigen Rechtsprechung des EuGH wurde der Erfüllungsort stets nach der lex causae bestimmt,[712] dabei war es unerheblich, ob dies zu einem Gericht führte, das keine besonders enge Verknüpfung zum Rechtsstreit aufwies. Der EuGH lehnte zwar auch in diesem Urteil eine autonome

---

706 EuGH 19.02.2002 – Rs. C-256/00, Besix SA/Wasserreinigungsbau Alfred Kretzschmar GmbH & Co. KG (WABAG) und Planungs- und Forschungsgesellschaft W. Kretzschmar GmbH 6 KG (PLAFOG), Slg. 2002, S. I-1699.

707 EuGH 19.02.2002 – Rs. C-256/00, Besix SA/Wasserreinigungsbau Alfred Kretzschmar GmbH & Co. KG (WABAG) und Planungs- und Forschungsgesellschaft W. Kretzschmar GmbH 6 KG (PLAFOG), Slg. 2002, S. I-1699 Rn. 20.

708 *Jenard*, Bericht zu dem Übereinkommen über die gerichtliche Zuständigkeit und die Vollstreckung gerichtlicher Entscheidungen in Zivil- und Handelssachen, ABl. EG 1979 Nr. C 59, S. 1 (22).

709 EuGH 19.02.2002 – Rs. C-256/00, Besix SA/Wasserreinigungsbau Alfred Kretzschmar GmbH & Co. KG (WABAG) und Planungs- und Forschungsgesellschaft W. Kretzschmar GmbH 6 KG (PLAFOG), Slg. 2002, S. I-1699 Rn. 31.

710 EuGH 19.02.2002 – Rs. C-256/00, Besix SA/Wasserreinigungsbau Alfred Kretzschmar GmbH & Co. KG (WABAG) und Planungs- und Forschungsgesellschaft W. Kretzschmar GmbH 6 KG (PLAFOG), Slg. 2002, S. I-1699 Rn. 32.

711 EuGH 19.02.2002 – Rs. C-256/00, Besix SA/Wasserreinigungsbau Alfred Kretzschmar GmbH & Co. KG (WABAG) und Planungs- und Forschungsgesellschaft W. Kretzschmar GmbH 6 KG (PLAFOG), Slg. 2002, S. I-1699 Rn. 29. So schon EuGH 4.03.1982 – Rs. 38/81, Effer S.p.A./Hans-Joachim Kantner, Slg. 1982, S. 825 Rn. 6.

712 EuGH 6.10.1976 – Rs. 12/76, Tessili/Dunlop, Slg. 1976, S. 1473 Rn. 13.

Bestimmung des Erfüllungsortes ab, da diese von der bisherigen Rechtsprechung abweichen und gegen das Gebot der Rechtssicherheit[713] verstoßen würde.[714] Nach wie vor sei es wichtig, dass ein verständiger und informierter Beklagter in der Lage sein müsse vorherzusehen, an welchen Orten er neben seinem Wohnort verklagt werden kann.[715] Nach ständiger Rechtsprechung solle aber eine Häufung von Gerichtsständen vermieden werden.[716] Einem Gericht dürfe daher die Zuständigkeit nicht nur deshalb zuerkannt werden, weil in seinem Bereich ein beliebiger dieser unbegrenzt vielen Erfüllungsorte liegt.[717] In diesem Fall sei es nicht möglich, das Gericht mit der engsten Verknüpfung zum Streitgegenstand zu ermitteln, so dass Art. 5 Nr. 1 EuGVÜ nicht angewandt werden könne. Bei einer Streitigkeit, bei der es um eine Pflicht geht, etwas weltweit zu unterlassen, muss deshalb am allgemeinen Gerichtsstand nach Art. 2 EuGVÜ geklagt werden.[718]

Der EuGH gibt in dieser Entscheidung zu, dass die *Tessili/Dunlop* Rechtsprechung nicht weiterführend ist und nicht immer das sachnächste Gericht bestimmt.[719] Anders als in anderen Urteilen ist er bereit, ein sachfremdes Gericht auszuschließen. Da er durch Art. 5 Nr. 1 EuGVÜ kein sachnahes

---

[713] EuGH 4.03.1982 – Rs. 38/81, Effer S.p.A./Hans-Joachim Kantner, Slg. 1982, S. 825 Rn. 6; EuGH 17.06.1992 – Rs. 26/91, Jakob Handte & Co GmbH/Traitements Mecano Chimiques des Surfaces Sa, Slg. 1992, S. I- 3967 Rn. 19; EuGH 29.06.1994 – Rs. C-288/92, Custom Made Commercial/Stawa Metallbau, Slg. 1994, S. I-2913; EuGH 28.09.1999 – Rs. C-440/97, GIE Groupe Concorde/Suhadiwarno Panjan, Slg. 1999, S. I-6307.

[714] EuGH 19.02.2002 – Rs. C-256/00, Besix SA/Wasserreinigungsbau Alfred Kretzschmar GmbH & Co. KG (WABAG) und Planungs- und Forschungsgesellschaft W. Kretzschmar GmbH 6 KG (PLAFOG), Slg. 2002, S. I-1699 Rn. 33 ff.; *Mankowski*, EWiR 2002, S. 519 f.

[715] EuGH 19.02.2002 – Rs. C-256/00, Besix SA/Wasserreinigungsbau Alfred Kretzschmar GmbH & Co. KG (WABAG) und Planungs- und Forschungsgesellschaft W. Kretzschmar GmbH 6 KG (PLAFOG), Slg. 2002, S. I-1699 Rn. 26.

[716] EuGH 6.10.1976 – Rs. 14/76, de Bloos/Bouyer, Slg. 1976, S. 1497; EuGH 15.01.1987 – Rs. 266/85, Shenavai/Kreischer, Slg. 1986, S. 239 Rn. 6; EuGH 5.10.1999 – Rs. C-420/97, Leathertex/Bodetex, Slg. 1999, S. I–6747; EuGH 13.06.1993 – Rs. C-125/92, Mulox IBC Ltd/Nendrick Geels, Slg 1993, S. I-4075 Rn. 21.

[717] EuGH 19.02.2002 – Rs. C-256/00, Besix SA/Wasserreinigungsbau Alfred Kretzschmar GmbH & Co. KG (WABAG) und Planungs- und Forschungsgesellschaft W. Kretzschmar GmbH 6 KG (PLAFOG), Slg. 2002, S. I-1699 Rn. 28.

[718] EuGH 19.02.2002 – Rs. 256/00, Besix SA/Wasserreinigungsbau Alfred Kretzschmar GmbH & Co. KG (WABAG) und Planungs- und Forschungsgesellschaft W. Kretzschmar GmbH 6 KG (PLAFOG), Slg. 2002, S. I-1699 Rn. 50.

[719] *Heß*, IPRax 2002, S. 376.

Gericht bestimmen kann, lehnt es der EuGH ab, die *Tessili/Dunlop* Formel anzuwenden.

Der EuGH macht sich dabei gar nicht erst die Mühe nachzuprüfen, ob die lex causae im konkreten Fall einen oder mehrere Erfüllungsorte für vertragliche Konkurrenzklauseln festlegt.[720] Bei einer konsequenten Anwendung der *Tessili/Dunlop* Rechtsprechung wäre es möglich gewesen, einen einheitlichen Erfüllungsort zu finden.[721] Im Fall wäre auf den Vertrag belgisches Recht anwendbar und dieses sieht den Erfüllungsort einer solchen Unterlassungspflicht aus einer Konkurrenzklausel am Erfüllungsort der vertraglichen Hauptleistungspflicht.[722] Wäre die Unterlassungspflicht Hauptpflicht des Vertrags gewesen, hätte der Erfüllungsort ebenfalls nach der lex casae bestimmt werden müssen.

V. Zusammenfassung

Der EuGH bestimmte den Erfüllungsort des Art. 5 Nr. 1 EuGVÜ nicht autonom aus dem Übereinkommen, sondern griff hierbei auf die lex causae zurück. Die einzelnen Vertragsstaaten haben den Erfüllungsort aber sehr unterschiedlich ausgestaltet. Deshalb macht es oft große Unterschiede, welche lex causae angewandt wurde.

In vielen Rechtsordnungen und im UN-Kaufrecht sind Geldschulden als Bringschulden ausgestaltet. Dadurch wird dem Geldschuldner die Leistungsgefahr aufgebürdet. Dies führt jedoch dazu, dass Geldschulden stets am Wohnort des Gläubigers eingeklagt werden können: Es entsteht ein Klägergerichtsstand. Es zeigt sich, dass das materielle Recht nicht geeignet ist, den prozessualen Wertungen gerecht zu werden. Deshalb ist ein autonomer Begriff für den Erfüllungsort zu entwickeln, der die Vorhersehbarkeit des forum contractus steigert, die Gerichte bei der Zuständigkeitsprüfung entlastet und eine einheitliche Anwendung des Art. 5 Nr. 1 EuGVÜ sichert.

---

720 *Heß*, IPRax 2002, S. 376 f.; *Mankowski*, EWiR 2002, S. 519 f.

721 Für das deutsche Recht ist im Rahmen von § 269 BGB und § 29 ZPO anerkannt, dass der Erfüllungsort bei vertraglichen Wettbewerbsverboten am Sitz des Schuldners liegt, RGZ 51, 312 (313); BGH NJW 1994, S. 410 (411); *Schack*, Erfüllungsort im deutschen, ausländischen und internationalen Privat- und Zivilprozeßrecht, Rn. 199.

722 Siehe *Heß*, IPRax 2002, S. 376 f. und den Schlussantrag des Generalanwalts Alber, zu EuGH 19.02.2002 – Rs. C-256/00, Besix SA/Wasserreinigungsbau Alfred Kretzschmar GmbH & Co. KG (WABAG) und Planungs- und Forschungsgesellschaft W. Kretzschmar GmbH 6 KG (PLAFOG), Slg. 2002, S. I-1699, Rn. 53 Fn. 32.

Die zahlreichen Vorlagen zu Art. 5 Nr. 1 EuGVÜ und das umfangreiche Schrifttum zu dieser Vorschrift zeigen, dass noch viele Fragen offen sind. Viele Entscheidungen des EuGH setzten sich nicht mit der berechtigten Kritik des Schrifttums auseinander, sondern wandten Art. 5 Nr. 1 EuGVÜ schematisch an, ohne die eigene Argumentation kritisch zu hinterfragen. Folgende Punkte an der EuGH Rechtsprechung wurden als reformbedürftig herausgearbeitet:

1. Der Vertragsbegriff des EuGH sollte im Großen und Ganzen beibehalten werden: Ein Vertrag im Sinne von Art. 5 Nr. 1 EuGVÜ liegt dann vor, wenn zumindest eine Partei gegenüber der anderen eine Verpflichtung freiwillig eingegangen ist.[723] Um die Abgrenzung zwischen Art. 5 Nr. 1 EuGVÜ und Art. 5 Nr. 3 EuGVÜ zu erleichtern, ist das Kriterium der „Freiwilligkeit" zu modifizieren: Nicht jede vertragliche Verpflichtung ergibt sich, weil sie gewollt ist. Viele Verbindlichkeiten ergeben sich aus dem Gesetz, wie beispielsweise Gewährleistungsansprüche, sind aber trotzdem vertraglicher Art. Deshalb sollte nicht darauf abgestellt werden, ob eine Pflicht freiwillig begründet wurde, sondern ob die Pflicht sich unmittelbar aus einem freiwillig eingegangenen Sonderrechtsverhältnis ergibt.

2. Um die Anzahl der möglichen Gerichtsstände zu reduzieren und die Vorhersehbarkeit von Art. 5 Nr. 1 EuGVÜ zu fördern, sollte Art. 5 Nr. 1 EuGVÜ nur einen einzigen Gerichtsstand begründen. Dafür bietet sich der Erfüllungsort der vertragstypischen Verpflichtung an. Das Abstellen auf die im Fall streitige Verpflichtung ist aufzugeben.

3. Der Erfüllungsort sollte nicht länger der lex causae entnommen werden. Ein autonomer Erfüllungsortsbegriff steigert die Rechtssicherheit und berücksichtigt besser die prozessualen Interessen der Parteien.

[723] EuGH 17.06.1992 – Rs. 26/91, Jakob Handte & Co GmbH/Traitements Mecano Chimiques des Surfaces Sa, Slg. 1992, S. I-3967 Rn. 15; bestätigt in EuGH 27.10.1998 - Rs. C-51/97, Réunion européenne/Spliethoff's Bevrachtingskantoor, Slg. 1998, S. I-6511 Rn. 17.

§ 4: Reformvorschläge zu Art. 5 Nr. 1 EuGVÜ

I. Art. 5 Nr. 1 EuGVO

Der Wortlaut von Art. 5 Nr.1 EuGVÜ lautete:

Eine Person, die ihren Wohnsitz in dem Hoheitsgebiet eines Vertragsstaats hat, kann in einem anderen Vertragsstaat verklagt werden:

1. *wenn ein Vertrag oder Anspruch aus einem Vertrag den Gegenstand des Verfahrens bilden, vor dem Gericht des Ortes, an dem die Verpflichtung erfüllt worden ist oder zu erfüllen wäre (...)*
2. *...*

Der reformierte Art. 5 Nr.1 EuGVO lautet jetzt:

Eine Person, die ihren Wohnsitz in dem Hoheitsgebiet eines Vertragsstaats hat, kann in einem anderen Vertragsstaat verklagt werden:

1. a) wenn ein Vertrag oder Anspruch aus einem Vertrag den Gegenstand des Verfahrens bilden, vor dem Gericht des Ortes, an dem die Verpflichtung erfüllt worden ist oder zu erfüllen wäre;

b) im Sinne dieser Vorschrift – und sofern nichts anderes vereinbart worden ist – ist der Erfüllungsort der Verpflichtung

- für den Verkauf beweglicher Sachen der Ort in einem Mitgliedsstaat, an dem sie nach dem Vertrag geliefert worden sind, oder hätten geliefert werden sollen.

- für die Erbringung von Dienstleistungen der Ort in einem Mitgliedsstaat, an dem sie nach dem Vertrag erbracht worden sind oder hätten erbracht werden müssen.

c) ist Buchstabe b) nicht anwendbar, gilt Buchstabe a).

Der alte Wortlaut von Art. 5 Nr. 1 EuGVÜ wurde als Art. 5 Nr. 1 lit. a EuGVO in die neue Vorschrift übernommen, Art. 5 Nr. 1 lit. b EuGVO wurde neu hinzugefügt. Der Wortlaut von Art. 5 Nr. 1 lit. b EuGVO gibt den Hinweis, dass der Erfüllungsort beim Kauf von beweglichen Sachen und bei der Erbringung von Dienstleistungen nun autonom aus der Verordnung definiert werden kann. Die Zuständigkeitsvorschriften für Arbeitsverträge wurden aus Art. 5 Nr. 1 EuGVO heraus genommen. Sie werden jetzt in einem eigenen Abschnitt geregelt, Art. 18 ff. EuGVO.

Die reformierte Vorschrift wirft jedoch viele Fragen auf: Wird für Art. 5 Nr. 1 lit. a EuGVO weiterhin die *Tessili/Dunlop* Rechtsprechung des EuGH anwendbar sein? Muss also wenn Art. 5 Nr. 1 lit. a EuGVO anzuwenden ist der Erfüllungsort der im Fall streitigen Verbindlichkeit nach der auf den Vertrag anwendbaren lex causae bestimmt werden? Was genau sind Verträge über den Verkauf beweglicher Sachen oder über die Erbringung von Dienstleistungen? Wo ist der Lieferort beim Versendungskauf von beweglichen Sachen zu lokalisieren? Ist er am materiellen Erfüllungsort der Sachlieferungspflicht, am Ort, an dem der Verkäufer die Sache absendet, oder am Bestimmungsort der Sache? Die neue Regelung wirft viele neue Probleme auf.

Neben dem realisierten Vorschlag, gab es zahlreiche andere Vorschläge, wie Art. 5 Nr. 1 EuGVÜ hätte reformiert werden könnte.[730] Anfänglich wurde im Schrifttum hauptsächlich die Rechtsprechung des EuGH zu Art. 5 Nr. 1 EuGVÜ kritisiert. Bald wurde klar, dass der EuGH die *Tessili/Dunlop* und die *de Bloos/Bouyers* Rechtsprechung nicht ändern würde. Deshalb wurde über eine legislative Neuregelung des Art. 5 Nr. 1 EuGVÜ nachgedacht.[731]

Während der Reformberatungen der Arbeitsgruppe zeichnete sich lange Zeit kein Grundkonsens ab. Es war weder klar, ob eine Reform des Art. 5 Nr. 1 EuGVÜ eine Mehrheit finden würde, noch wie das Ergebnis der Reform aussehen sollte. Diejenigen, die eine Reform der Vorschrift befürworteten, konnten sich nicht einigen, wie das Ergebnis der Reform

---

[730] *Kohler*, Die Revision des Brüsseler und des Luganer Übereinkommens über die gerichtliche Zuständigkeit und die Vollstreckung gerichtlicher Entscheidungen, in Revision des EuGVÜ und neues Schiedsverfahrensrecht, S. 1(12). *Jayme/Kohler*, IPRax 1998, S. 417 (423) sprechen davon, dass „alle nur denkbaren Positionen" für die Reform der Vorschrift vertreten werden.

[731] *Hertz*, Jurisdiction in Contract and Tort under the Brussels Convention, S. 159.

aussehen sollte.[732] Es sah so aus, als ob aufgrund dieser Uneinigkeit gar keine Reform des Art. 5 Nr. 1 EuGVÜ stattfinden würde.
Nachfolgend werden die von der Arbeitsgruppe diskutierten aber nicht realisierten Reformvorschläge auf ihre Vor- und Nachteile untersucht. Auch verschiedene Vorschläge des Schrifttums werden geprüft, auch wenn sie nicht alle bei den Beratungen der Arbeitsgruppe aufgegriffen wurden. Ziel ist, alle dem europäischen Gesetzgeber zur Verfügung stehenden Reformalternativen zu bewerten. Erst danach kann beurteilt werden, ob der europäische Gesetzgeber mit Art. 5 Nr. 1 EuGVO die beste Reformalternative ausgewählt hat.

B. *Abschaffung des Art. 5 Nr. 1 EuGVÜ*

Zum Teil wird im Schrifttum die komplette Abschaffung von Art. 5 Nr. 1 EuGVÜ gefordert.[733] Ein besonderer Vertragsgerichtsstand sei überhaupt nicht nötig, wenn bereits Art. 2 EuGVO sicherstellt, dass immer am Wohnort des Beklagten geklagt werden kann.[734] Die Vertreter dieser Ansicht sehen keinen Sinn in einem besonderen Gerichtsstand für Vertragssachen.

Andere plädierten für die Abschaffung des Art. 5 Nr. 1 EuGVÜ, weil sie die Rechtsprechung des EuGH zu dieser Vorschrift als unbefriedigend empfanden, aber keine bessere Lösung für eine Neukonzeption der Vorschrift anbieten konnten.[735]

Wie bereits ausgeführt, ist eine Zuständigkeitsordnung ohne einen Vertragsgerichtsstand unvollständig. Art. 2 EuGVO in seiner gegenwärtigen Fassung berücksichtigt oft die legitimen Interessen des Klägers nicht ausreichend.[736]

---

[732] *Kohler*, Die Revision des Brüsseler und des Luganer Übereinkommens über die gerichtliche Zuständigkeit und die Vollstreckung gerichtlicher Entscheidungen, in Revision des EuGVÜ und neues Schiedsverfahrensrecht, S. 1(12).
[733] *Droz*, Recuréil Dalloz, 1997, Chron. S. 351, *Droz*, D. 1977, Chron. 293, *Droz* Rev.crit.dr.int.pr. 76 (1987), S. 797 (803); *Droz* RC 1996, 505 f.; *Klima* RIW 1991, S. 415; *Gaudemet-Tallon*, Les Conventions de Bruxelles et de Lugano, S. 133; *Hill*, ICLQ 1995, S. 591 (616); *Lasok/Stone*, Conflict of Laws in the European Community (1987), S. 220f.; *Rochaix*, Internationale Produkthaftung, S. 117, 183.
[734] Zur Diskussion gestellt von *Hill*, ICLQ 1995, S. 591 (616).
[735] *Droz*, D. 1997, Chron. S. 351.
[736] Ausführlich dazu siehe ###.

C. *Zuständigkeit nach Art. 5 Nr. 1 soll nicht für den Erfüllungsort der Geldleistungspflicht anwendbar sein*

Einer der bis zum Schluss in der Arbeitsgruppe diskutierten Vorschläge lautet:

„A person domiciled in a Contracting State may, in another State, be sued:

1. In matters relating to a contract, in the courts for the place of performance of the obligation in question. However, this does not apply when jurisdiction would be based only on the place of performance of the payment obligation under the contract, unless that place is expressly stipulated in the contract."[737]

Eines der Hauptprobleme, die sich bei der Anwendung von Art. 5 Nr. 1 EuGVÜ ergaben, war der besonders häufig auftretende Klägergerichtsstand, wenn Geldleistungen eingeklagt wurden. Viele nationalen Rechtsordnungen und auch das UN-Kaufrecht haben Geldleistungen als Bringschuld ausgestaltet. Da die Zahlungen in solchen Fällen aber am Wohnort des Gläubigers eingeklagt werden, ergab sich ein sach- und beweisfernes Gericht. Dies wurde allgemein kritisiert.[738] Der hier vorgestellte Lösungsvorschlag versucht, dies zu vermeiden, indem er die Zuständigkeit des Art. 5 Nr. 1 EuGVÜ für Geldzahlungspflichten nicht eröffnet, es sei denn, dies wurde von den Parteien ausdrücklich vereinbart. Aus dem Gesetzesvorschlag wird jedoch nicht klar, ob der Erfüllungsort bei Nichtgeldzahlungspflichten auch weiterhin de lege causae zu bestimmen ist. Bei einer Bestimmung de lege causae wäre mit dem hier diskutierten Reformvorschlag nur ein minimaler Fortschritt erzielt worden.

Als weiterer Kritikpunkt ist auf die Benachteiligung des Geldschuldners hinzuweisen. Diesem stünde kein besonderer Vertragsgerichtsstand zu, er müsste seine Ansprüche stets am allgemeinen Gerichtsstand einklagen. Die Nachteile, die sich aus dem allgemeinen Gerichtsstand ergeben können, wurden dargelegt.[739] Nur wenn der Erfüllungsort der Geldleistungspflicht von den Parteien ausdrücklich im Vertrag aufgenommen würde, könnte der Gläubiger der Geldleistung aus Art. 5 Nr. 1 EuGVÜ eine Zuständigkeit

---

[737] Abgedruckt bei *Kohler*, Die Revision des Brüsseler und des Luganer Übereinkommens über die gerichtliche Zuständigkeit und die Vollstreckung gerichtlicher Entscheidungen, in Revision des EuGVÜ und neues Schiedsverfahrensrecht, S. 1(13).

[738] Siehe ausführlich dazu § 2 D III.

[739] Siehe § 2 A.

herleiten.[740] Die Wirksamkeit einer solchen ausdrücklichen Vereinbarung wäre wohl nicht nach der lex causae, sondern autonom zu bestimmen. Dies würde zu Abgrenzungsschwierigkeiten mit Art. 23 EuGVO führen.[741] Es würden sich dann erneut die Abgrenzungsschwierigkeiten zwischen konkreter und abstrakter Erfüllungsortvereinbarung stellen.[742]

D. *Die Zuständigkeit nach Art. 5 Nr. 1 soll nicht für den Erfüllungsort der Geldleistung anwendbar sein, es sei denn dies wurde ausdrücklich vereinbart*

Die Arbeitsgruppe diskutierte noch folgenden Vorschlag:

"A person domiciled in a Contracting State may, in another State, be sued:
In matters relating to a contract, in the courts for the place of performance of the obligation in question. However, this does not apply when jurisdiction would be based only on the place of performance of the payment obligation under the contract, unless the plaintiff can show that he has performed his principal obligation under the contract"[743]

Hierzu ist auf die Kritik zum vorhergehenden Vorschlag zu verweisen. Der Geldschuldner wird benachteiligt. Ihm wird ein Vertragsgerichtsstand verwehrt, bis er selbst erfüllt hat. Hat er jedoch seine Leistung erbracht, dann ergibt sich wieder der so oft kritisierte Klägergerichtsstand bei der Geldzahlung. Wie der Erfüllungsort zu bestimmen ist, wird auch hier nicht ausgeführt. Deshalb würde es hier wohl bei der Bestimmung de lege causae bleiben.

---

740 *Kohler*, Die Revision des Brüsseler und des Luganer Übereinkommens über die gerichtliche Zuständigkeit und die Vollstreckung gerichtlicher Entscheidungen, in Revision des EuGVÜ und neues Schiedsverfahrensrecht, S. 1(14).

741 *Kohler*, Die Revision des Brüsseler und des Luganer Übereinkommens über die gerichtliche Zuständigkeit und die Vollstreckung gerichtlicher Entscheidungen, in Revision des EuGVÜ und neues Schiedsverfahrensrecht, S. 1(14). Ausführlich zu Erfüllungsortsvereinbarungen siehe § 9.

742 *Kohler*, Die Revision des Brüsseler und des Luganer Übereinkommens über die gerichtliche Zuständigkeit und die Vollstreckung gerichtlicher Entscheidungen, in Revision des EuGVÜ und neues Schiedsverfahrensrecht, S. 1(14).

743 Abgedruckt bei *Kohler*, Die Revision des Brüsseler und des Luganer Übereinkommens über die gerichtliche Zuständigkeit und die Vollstreckung gerichtlicher Entscheidungen, in Revision des EuGVÜ und neues Schiedsverfahrensrecht, S. 1(13).

Außerdem kommt das Problem hinzu, ob die Behauptung des Klägers, er habe geleistet, ausreichen kann, um die Zuständigkeit am Erfüllungsort der Geldzahlung zu begründen. Den Beweis der Erfüllung zu fordern, würde zu weit gehen. Daher müsste man sich auf den schlüssigen Vortrag der Tatsachen verlassen.[744] Die Zuständigkeitsprüfung gestaltet sich dadurch viel zu schwierig und zu langwierig. Die Richter müssen die lex causae bestimmen, um herauszufinden, wo die Leistung hätte stattfinden müssen.[745] Ferner macht *Kohler*[746] darauf aufmerksam, dass es nicht vernünftig wäre, die gegenwärtige Verweisungslösung des EuGH aufzugeben, um sie in anderer Form wieder einzuführen.

E. *Hills Vorschlag*[747]

Hill entwickelt eine Lösung, die Sach- und Beweisnähe am Gerichtstand des Erfüllungsorts herstellen soll.[748] Er macht folgenden Vorschlag zur Neuregelung von Art. 5 Nr. 1 EuGVÜ:

1. Ist streitig, ob die Partei vertragsgemäß geleistet hat, welche die charakteristische Vertragsleistung zu erbringen hat, dann sollen die Gerichte am Erfüllungsort der charakteristischen Leitung zuständig sein.[749] Der Erfüllungsort soll dort sein, wo der Vertrag seinen tatsächlichen Schwerpunkt hat, also nie am Erfüllungsort der Geldleistung.[750] Auch hier wird also ein autonomer Erfüllungsortbegriff vorgeschlagen, der nicht von der maßgeblichen lex causae, sondern von tatsächlichen Kriterien bestimmt wird.

2. Ist dagegen eine andere Leistung als die vertragscharakteristische oder der Vertragsschluss streitig oder gibt es keinen Ort an dem der

---

[744] *Kohler*, Die Revision des Brüsseler und des Luganer Übereinkommens über die gerichtliche Zuständigkeit und die Vollstreckung gerichtlicher Entscheidungen, in Revision des EuGVÜ und neues Schiedsverfahrensrecht, S. 1(15).
[745] *Kohler*, Die Revision des Brüsseler und des Luganer Übereinkommens über die gerichtliche Zuständigkeit und die Vollstreckung gerichtlicher Entscheidungen, in Revision des EuGVÜ und neues Schiedsverfahrensrecht, S. 1(15).
[746] *Kohler*, Die Revision des Brüsseler und des Luganer Übereinkommens über die gerichtliche Zuständigkeit und die Vollstreckung gerichtlicher Entscheidungen, in Revision des EuGVÜ und neues Schiedsverfahrensrecht, S. 1(15).
[747] *Hill*, ICLQ 1995, S. 591 (617).
[748] *Hill*, ICLQ 1995, S. 591 (616).
[749] *Hill*, ICLQ 1995, S. 591 (617).
[750] *Hill*, ICLQ 1995, S. 591 (618).

> Vertrag einen tatsächlichen Schwerpunkt hat, soll weiterhin auf die lex causae Auffangregel abgestellt werden. Führt die Anwendung der lex causae aber zu einem Gerichtsstand, der keinerlei Verbindung mit dem tatsächlichen Zustand hat, was in einem zweiten Schritt überprüft wird, müssen sog. „minimum factual connections" bestehen.[751]

Die von *Hill* entwickelte Lösung ist sehr kompliziert und führt zu keiner Vereinfachung der Zuständigkeitsprüfung.
Weiterhin muss sehr stark bezweifelt werden, ob die Theorie dieses Autors, der die Schwäche des Forum-conveniens erkennt,[752] ein Mehr an Rechtssicherheit und Vorhersehbarkeit erreicht. Vor allem wann „minimum factual connections" vorliegen, ist für einen verständigen Beklagten schwierig vorherzusehen. Ferner schafft es diese Theorie nicht, einen komplett autonomen Begriff des Erfüllungsortes zu entwickeln.

Art. 5 Nr. 1 EuGVO ist für den Richter einfacher zu prüfen als *Hills* Vorschlag. Außerdem verzichtet Art. 5 Nr. 1 EuGVO auf Konstruktionen wie die „minimum factual connection" und ist deshalb rechtssicherer.

F. Lieferort am Wohnsitz der Partei, die die charakteristische Leistung zu erbringen hat

Lando[753] sprach sich bereits vor der Reform des Art. 5 Nr. 1 EuGVÜ für eine autonome Bestimmung des Erfüllungsortes aus dem Übereinkommen aus. Er schlug vor, einen einheitlichen Erfüllungsort für das gesamte Vertragsverhältnis am Wohnsitz oder der Niederlassung der Partei zu begründen, welche die vertragscharakteristische Leistung erbringen muss. Da Geldzahlungen bei fast allen Verträgen erbracht werden müssen, charakterisieren sie das Schuldverhältnis in der Regel nicht.[754]

---

[751] *Hill*, ICLQ 1995, S. 591 (618).
[752] *Hill*, ICLQ 1995, S. 591 (618).
[753] *Lando*, Creating a European Economic Space: Legal Aspects of EC-EFTA Relations, S. 170 (120 ff.; von *Lando*, Die Aufgabe des Gerichtshofes und das System des Brüsseler Übereinkommens, in Internationale Zuständigkeit und Urteilsanerkennung in Europa, S. 21 (28) relativiert diese Lösung wieder und lässt sie uneingeschränkt nur noch für Arbeitsverträge gelten.
[754] Siehe bereits § 3 C I 4.

Geklagt würde damit immer am Sitz der Partei, die die Geldleistung zu bekommen hat. Diese Lösung hat aber folgende Nachteile: *Lando* siedelt den Gerichtsstand für Vertragssachen am Wohnort der Partei an, die diese Geldleistungen fordern darf. Deshalb wird sich in den Fällen in den die Geldleistung eingeklagt wird, ein beweisferner Klägergerichtsstand ergeben.[755] Der Gerichtsstand, der pauschal am Wohnort des Verkäufers bzw. des Der Lieferort des Art. 5 Nr. 1 lit. b EuGVO kann also nicht pauschal als Wohnort bzw. Niederlassung des Verkäufers definiert werden. Auch für die Definition des Erbringungsortes ist dieser Ansatz ungeeignet.

G. *Lieferort als „Standort der Sache"*

Vor der Reform des Art. 5 Nr. 1 EuGVO regten einige Autoren an, den Erfüllungsort des Art. 5 Nr. 1 EuGVÜ autonom aus dem Übereinkommen zu definieren und so dessen Abhängigkeit vom materiellen Recht zu beenden.[756] Man nahm an, dass für die Bestimmung des Erfüllungsortes tatsächliche Kriterien am besten geeignet sind. Sowohl *Lüderitz*[757], als auch *Schack*[758] wollten den Erfüllungsort mittels faktischer Kriterien bestimmen. *Schack*[759] schlägt für den Kaufvertrag vor, den Erfüllungsort der Sachlieferungspflicht[760] dort anzusiedeln, wo sich die Kaufsache befindet. Für die Definition benutzt er den anschaulichen Begriff „Standort".

Es ist zu überprüfen, ob ein Gerichtsstand am „Standort" der Kaufsache mit Sinn und Zweck des Gerichtsstand am Erfüllungsort vereinbar ist.[761] Der Standort einer Sache ist ein tatsächliches Kriterium und unabhängig vom materiellen Recht. Der Standort einer Sache ist leicht zu bestimmen, es

---

755 Wohl deswegen von *Lando*, Die Aufgabe des Gerichtshofes und das System des Brüsseler Übereinkommens, in Internationale Zuständigkeit und Urteilsanerkennung in Europa, S. 21 (28) nicht als Problem gesehen, da er Art. 2 EuGVÜ/Art. 2 EuGVO eine eher untergeordnete Bedeutung zumisst und den Beklagtenschutz als nicht so wichtig erachtet.

756 *Schack*, Der Erfüllungsort im deutschen, ausländischen und internationalen Privat- und Zivilprozeßrecht, Rn. 338.

757 Fremdbestimmte internationale Zuständigkeit? Versuch einer Neubestimmung von § 29 ZPO, Art. 5 Nr. 1 EuGVÜ, in Festschrift für Zweigert, S. 233 (248).

758 *Schack*, Der Erfüllungsort im deutschen, ausländischen und internationalen Privat- und Zivilprozeßrecht, Rn. 349.

759 *Schack*, Der Erfüllungsort im deutschen, ausländischen und internationalen Privat- und Zivilprozeßrecht, Rn. 338 ff.

760 Er bestimmt auch einen Erfüllungsort für die Geldzahlungspflicht.

761 § 2 IV 14.

handelt sich hierbei um ein eindeutiges und leicht bestimmbares Kriterium.[762]

Die Sache wechselt aber in den meisten Fällen nach Vertragsschluss ihren Standort. Sie befindet sich in der Regel zunächst beim Verkäufer. Danach wird sie entweder vom Käufer abgeholt, der Verkäufer bringt sie zum Käufer oder sie wird versandt. Dieses Problem erkennt auch *Schack* und löst es, indem er zwischen dem „neuen“ und „alten“ Standort der Sache unterscheidet.[763] Bis zu dem Zeitpunkt, an dem der Käufer den Besitz an der Sache erlangt, soll am „alten“ Standort der Sache geklagt werden, also regelmäßig am Wohnort oder der Niederlassung des Verkäufers.[764] Nachdem die Sache im Besitz des Käufers ist, soll am „neuen“ Standort der Sache, also regelmäßig am Wohnort oder der Niederlassung des Käufers geklagt werden.[765] *Schack* erkennt selbst das Missbrauchspotential seiner Definition, denn der Verkäufer könnte durch eine Veränderung des Standorts der Sache den Gerichtsstand einseitig verschieben. Um den Käufer zu schützen und die Rechtssicherheit zu steigern, soll als „alter“ Standort der Sache, deshalb stets der Ort gelten, an dem sich die Sache beim Vertragsschluss befunden hat.[766]

Schack versucht, mit dem Gerichtsstand am Standort einen sach- und beweisnahen Gerichtsstand zu schaffen.[767] Da immer das Gericht zuständig ist, in dessen Bezirk sich die Sache befindet, kann die Beweisaufnahme besonders schnell und effizient durchgeführt werden.

Für alle anderen Verbindlichkeiten, außer der Sachlieferungspflicht beim Kaufvertrag, sieht *Schack* den Erfüllungsort am Wohnsitz des Schuldners.[768] Lediglich für Arbeitsverträge schließt er sich dem EuGH an und

---

[762] *Schack*, Der Erfüllungsort im deutschen, ausländischen und internationalen Privat- und Zivilprozeßrecht, Rn. 219.
[763] *Schack*, Der Erfüllungsort im deutschen, ausländischen und internationalen Privat- und Zivilprozeßrecht, Rn. 212 ff.
[764] *Schack*, Der Erfüllungsort im deutschen, ausländischen und internationalen Privat- und Zivilprozeßrecht, Rn. 212 ff., 347.
[765] *Schack*, Der Erfüllungsort im deutschen, ausländischen und internationalen Privat- und Zivilprozeßrecht, Rn. 212 ff.; 348.
[766] *Schack*, Der Erfüllungsort im deutschen, ausländischen und internationalen Privat- und Zivilprozeßrecht, Rn. 212.
[767] *Schack*, Der Erfüllungsort im deutschen, ausländischen und internationalen Privat- und Zivilprozeßrecht, Rn. 348.
[768] *Schack*, Der Erfüllungsort im deutschen, ausländischen und internationalen Privat- und Zivilprozeßrecht, Rn. 352.

siedelt deren Erfüllungsort komplett am Arbeitsort an. *Schack* lehnt die Konzentration aller möglichen vertraglichen Ansprüche an einem Gerichtsstand ab. Stattdessen möchte er weiterhin den Erfüllungsort der gerade streitigen Verpflichtung für Art. 5 Nr. 1 EuGVO bestimmen.[769] Seiner Meinung nach könne nur so das Gleichgewicht zwischen den Parteien im Prozess gewahrt werden.[770]

Indem Schack den Erfüllungsort von Geldleistungen am Wohnort des Schuldners lokalisiert, kann er einen Klägergerichtsstand für Geldleistungen vermeiden[771] und trotzdem immer den Erfüllungsort der jeweils streitigen Verpflichtung bestimmen. Schuldner der Kaufpreiszahlung ist der Käufer. Wird diese vom Verkäufer eingeklagt, muss er am Wohnort des Käufers und nicht, wie früher häufig, am eigenen Wohnort klagen.

Die Nachteile der mangelnden Konzentration der Gerichtsstände wurden bereits ausführlich erarbeitet.[772]*Schack* geht mit seiner Lösung zwar in die richtige Richtung, indem er sich bei der Bestimmung des Erfüllungsortes vom materiellen Recht löst und auf tatsächliche Kriterien abstellt. Die von ihm vorgeschlagene Lösung hat aber auch Nachteile: So ist unklar, wo der Gerichtsstand am Erfüllungsort zu lokalisieren ist, wenn zwischen den Parteien darüber gestritten wird, ob die Sache bereits an den Käufer ausgeliefert wurde. Die gleiche Unklarheit besteht, wenn die Sache beim Transport verloren gegangen ist.

Häufig wird die Sache vom Käufer bald weiterverkauft und sie befindet sich nicht mehr am „neuen Standort". In einem solchen Fall kann aus *Schacks* Äußerungen wohl gefolgert werden, dass dennoch am ursprünglichen Bestimmungsort der Sache geklagt werden soll, denn auch der Käufer soll dem Verkäufer keinen Gerichtsstand aufzwingen dürfen, mit dem dieser nicht rechnen musste. Dadurch büßt aber der Gerichtsstand am Erfüllungsort Sach- und Beweisnähe ein, die *Schack* durch den „Standort" erreichen wollte. Wenn sich die Sache nicht mehr am „neuen Standort" be-

---

[769] *Schack*, Der Erfüllungsort im deutschen, ausländischen und internationalen Privat- und Zivilprozeßrecht, Rn. 208, 215 lehnt einen einheitlichen Erfüllungsort ab. Er ist der Meinung, dass sowohl dem Käufer, wie auch dem Verkäufer jeweils ein Gerichtsstand am Erfüllungsort zustehen muss.

[770] *Schack*, Der Erfüllungsort im deutschen, ausländischen und internationalen Privat- und Zivilprozeßrecht, Rn. 320.

[771] *Schack*, Der Erfüllungsort im deutschen, ausländischen und internationalen Privat- und Zivilprozeßrecht, Rn. 352.

[772] § 2 C; § 4 B.

findet, ist dieser Ort auch nicht besser zum Beweis geeignet als der „alte Standort“. Damit wird das Ergebnis der teleologischen Auslegung bestätigt. Es gibt keinen Ort, der durchgängig für alle Vertragsstreitigkeiten sach- und beweisnah ist. Um für alle vertraglichen Streitigkeiten immer ein sach- und beweisnahes Gericht zu gewährleisten, stellt *Schack* deshalb gleich auf zwei Erfüllungsorte ab, den „alten „ und den „neuen“ Standort. Dies geht zu Lasten der Rechtssicherheit, denn der so ermittelte Erfüllungsort ist schwer vorherzusehen. Deshalb wurde in der Sach- und Beweisnähe auch nicht der Hauptgrund für die Schaffung eines Gerichtsstandes am Erfüllungsort gesehen.

Der Wechsel des Gerichtsstands während der Vertragsabwicklung führt ebenfalls zu Nachteilen. Käufer und Verkäufer können den Erfüllungsort und damit den Gerichtsstand nicht zu jedem Zeitpunkt ab Vertragsschluss sicher bestimmen. So ist es auch möglich, dass der Käufer und Verkäufer nachträglich den Bestimmungsort der Sache verändern. Sinn und Zweck des Art. 5 Nr. 1 lit. b EuGVO ist es aber, einen Gerichtsstand zu schaffen, der von Anfang an feststeht und nach Vertragsschluss nicht mehr abgeändert werden kann. Denn der Vertragsgerichtsstand soll sich von Art. 2 EuGVO unterscheiden, bei dem ein Wechsel möglich ist, wenn der Beklagte seinen Wohnsitz verändert.

Deshalb ist dieser Lösungsvorschlag abzulehnen.

H. Art. 5 Nr. 1 EuGVÜ als Gerichtsstand am Abschlussort

Es wurde bereits gezeigt, dass ein Vertragsgerichtsstand notwendig ist. Dieser muss aber nicht zwingend am Erfüllungsort angesiedelt werden. Man könnte auch den Abschlussort des Vertrags als zuständigkeitsbegründend ansehen. Dadurch soll ein beim Vertragsschluss gut vorhersehbaren Vertragsgerichtsstand erreicht werden.

Der Ort des Vertragsabschlusses ist schwer zu bestimmen, wenn sich die Parteien bei Vertragsschluss nicht am gleichen Ort befinden.[773] Solche Vertragsabschlüsse kommen im internationalen Rechtsverkehr häufig vor,

---

[773] *Buchner*, Kläger- und Beklagtenschutz im Recht der internationalen Zuständigkeit, S. 99 f. macht darauf aufmerksam, dass es schwer festzustellen ist, wo ein Geschäft geschlossen wurde, wenn es nicht per „Handschlag“, sondern per Post, Telefon, Fax geschlossen wird. Auch für Verträge die mittels Internet geschlossen werden, ist der Abschlussort schwer festzustellen.

denn die Parteien treffen häufig nicht an einem Ort zusammen, sondern schließen den Vertrag per Brief, Fax, Telefon oder Internet.

Wenn sich die Parteien doch treffen, kann der Abschlussort des Vertrags zufällig sein. Wo die Parteien sich getroffen und den Vertrag geschlossen haben, ist für sie oft von untergeordneter Bedeutung.[774]

Ein Gerichtsstand am Abschlussort ist keine sachgerechte Lösung, weil dessen Lokalisierung teilweise schwierig ist. Der Abschlussort wird auch oft zufällig und ohne jede Verbindung zum Vertrag gewählt.

I. *Keine Reform des Art. 5 Nr. 1 EuGVÜ*

I. *Erläuterung des Vorschlags*

Es wurde erwogen, Art. 5 Nr. 1 EuGVÜ unverändert in die neue Verordnung zu übernehmen. Dies wurde aus unterschiedlichen Motiven befürwortet:

Manche fanden sowohl die Regelung des Art. 5 Nr. 1 EuGVÜ als auch die dazugehörige Rechtsprechung sachgerecht.[775] Deshalb bedürfe die Vorschrift keiner Reform. Dies wurde insbesondere im deutschen Schrifttum vertreten.[776] Andere kritisierten die Rechtsprechung des EuGH zu Art. 5 Nr. 1 EuGVÜ. Sie wollten die Regelung des Art. 5 Nr. 1 EuGVÜ aber dennoch beibehalten, weil sie sich nicht in der Lage sahen, eine bessere

---

[774] *Buchner*, Kläger- und Beklagtenschutz im Recht der internationalen Zuständigkeit, S. 100 f.

[775] *Forlati*, Riv. int. priv. proc. 1976, S. 50 (64); *Geimer*, NJW 1975, S. 1086 f.; *Geimer/Schütze*, Europäisches Zivilverfahrensrecht, Art. 5 EuGVÜ Rn. 64; *Grunsky*, RIW/AWD 1977, S. 1 (5); *von Hoffmann*, AWD 1973, S. 57 (61); *Holl*, WiB 1995, S. 462 (464); *Piltz*, NJW 1979, S. 1071 (1074); *Schlosser*, NJW 1977, S. 457 (460); *Spellenberg*; ZZP 91 (1978), S. 38 (44); *Spellenberg* EuR 1980, S. 329 (342); *Schütze*, Deutsches internationales Zivilprozeßrecht, S. 62; *Spellenberg*; ZZP 91 (1978), S. 38 (44); *Spellenberg* EuR 1980, S. 329 (342).

[776] *Geimer*, NJW 1975, S. 1086 f.; *Geimer/Schütze*, Europäisches Zivilverfahrensrecht, Art. 5 EuGVÜ Rn. 64; *Grunsky*, RIW/AWD 1977, S. 1 (5); *von Hoffmann*, AWD 1973, S. 57 (61); *Holl*, WiB 1995, S. 462 (464); *Piltz*, NJW 1979, S. 1071 (1074); *Schlosser*, NJW 1977, S. 457 (460); *Spellenberg*; ZZP 91 (1978), S. 38 (44); *Spellenberg* EuR 1980, S. 329 (342); *Schütze*, Deutsches internationales Zivilprozessrecht, S. 62;.

Alternative vorzuschlagen.[777] Bei den Reformberatungen wurden sehr viele unterschiedliche Vorschläge diskutiert. Alle hatten spezifische Vor- und Nachteile und deswegen war es schwer, sich auf einen von ihnen zu einigen. Deshalb wurde erwogen, die Regelung des Art. 5 Nr. 1 EuGVÜ beizubehalten, weil keine der vorgeschlagenen Lösungen eine Mehrheit fand. Man war also von der Reformbedürftigkeit der Vorschrift überzeugt, es fehlte aber eine überzeugende Alternative.[778]

Keiner der Mitglieder der Arbeitsgruppe hatte dagegen die Hoffnung, dass der EuGH bei unverändertem Wortlaut die *Tessili/Dunlop* oder die *de Bloos/Bouyers* Rechtsprechung aufgeben würde. Spätestens seit der Rechtssache *GIE Groupe Concorde u.a./Kapitän des Schiffes „Suhadiwarno Panjan* war klar, dass der EuGH seine Rechtsprechung zum Erfüllungsort nicht selbständig ändern würde.

II. Kritik

In *§ 3* wurden die Nachteile der *de Bloos/Bouyers* und der *Tessili/Dunlop* Rechtsprechung herausgearbeitet. Der EuGH würde diese Rechtsprechungsgrundsätze nicht aufgeben, wenn Art. 5 Nr. 1 EuGVÜ ohne Änderungen in die Verordnung übernommen worden wäre. Art. 5 Nr. 1 EuGVÜ ist reformbedürftig und darf nur beibehalten werden, wenn keine bessere Alternative gefunden wird.

Art. 5 Nr. 1 EuGVO führt zu einem autonomen Erfüllungsort zumindest für Kauf- und Dienstleistungsverträge. Dies sind die Verträge, die im internationalen Rechtsverkehr die größte Rolle spielen. Die *de Bloos/Bouyers* und die *Tessili/Dunlop* Grundsätze wurden für diese Vertragstypen aufgegeben. Art. 5 Nr. 1 lit. b EuGVO wird nun europaweit einheitlicher und einfacher angewandt als früher Art. 5 Nr. 1 EuGVÜ.[779] Für Art. 5 Nr. 1 lit. a EuGVO sollte der EuGH den Erfüllungsort ebenfalls autonom bestimmen. Mit Art. 5 Nr. 1 EuGVO wurde also eine sachgerechtere Lösung gefunden.

Trotz der Kritikpunkte hatte sich zu Art. 5 Nr. 1 EuGVÜ eine differenzierte Rechtsprechung entwickelt. Die einzelstaatlichen Gerichte kamen gut mit

---

[777] Droz, Recuéil Dalloz, 1997, Chron. S. 351

[778] *Kohler*, Die Revision des Brüsseler und des Luganer Übereinkommens über die gerichtliche Zuständigkeit und die Vollstreckung gerichtlicher Entscheidungen, in Revision des EuGVÜ und neues Schiedsverfahrensrecht, S. 1(12).

[779] Ausführlich zu den Vorteilen des Art. 5 Nr.1 EuGVO siehe § 6 und § 7.

den vom EuGH ausgearbeiteten Grundsätzen zu Art. 5 Nr. 1 EuGVÜ zurecht und nur wenige begehrten dagegen auf, wie der Cour de Cassation.[780] Art. 5 Nr. 1 EuGVÜ machte in der Gerichtspraxis also nicht so viele Probleme wie man hätte denken können.[781] Wird Art. 5 Nr. 1 EuGVO betrachtet, ist erkennbar, dass die neue Vorschrift den Rechtsverkehr[782] und die Gerichte verunsichern kann, weil noch nicht geklärt ist, wo der Liefer- und Erbringungsort zu lokalisieren sind.
Dies allein kann jedoch nicht gegen eine Reform von Art. 5 Nr. 1 EuGVÜ sprechen. Bei jeder Änderung einer bestehenden Regelung entsteht zunächst Rechtsunsicherheit, solange noch nicht klar ist, wie diese Vorschrift von den Gerichten ausgelegt wird. Ohne dies lässt sich Recht jedoch nie fortentwickeln und verbessern

Deshalb ist die Beibehaltung des Wortlauts von Art. 5 Nr. 1 EuGVÜ abzulehnen.

---

[780] Im Fall Concorde hat sich aber die französische Regierung ausdrücklich gegen eine Änderung der Tessili Rechtsprechung ausgesprochen. EuGH 28.09.1999 – Rs. C-440/97, GIE Groupe Concorde/Suhadiwarno Panjan, Slg. 1999, S. I-6307.

[781] *Kohler*, Die Revision des Brüsseler und des Luganer Übereinkommens über die gerichtliche Zuständigkeit und die Vollstreckung gerichtlicher Entscheidungen, in Revision des EuGVÜ und neues Schiedsverfahrensrecht, S. 1(16), Anderer Ansicht Kerameus/Prütting, ZZPInt 3 (1998), S. 265 (268).

[782] Siehe *Thiele*, azur 2002, Nr. 9: „...Ein Hersteller, der seine Produkte an einen französischen Abnehmer nach Frankreich verkauft, muss sein Geld möglicherweise dort einklagen...“.

§ 5: Definition der Begriffe „Verkauf beweglicher Sachen" und „Vertrag über die Erbringung von Dienstleistungen" in Art. 5 Nr. 1 lit. b EuGVO

Art. 5 Nr. 1 lit. b EuGVO regelt den Verkauf beweglicher Sachen und die Erbringung von Dienstleistungen.[783] Diese stellen zwei der wichtigsten Vertragstypen im internationalen Rechtsverkehr dar. Die Ausdrücke „Verkauf beweglicher Sachen" und „Erbringung von Dienstleistungen" bestimmen den Anwendungsbereich von Art. 5 Nr. 1 lit. b EuGVO. Sie werden in der Verordnung aber nicht selbst definiert. Deshalb ist zu untersuchen, wie diese Begriffe auszulegen sind.

A. Verkauf beweglicher Sachen

Art. 5 Nr. 1 lit. b 1. Spiegelstrich EuGVO ist auf Verträge über den Verkauf von beweglichen Sachen anzuwenden.[784] Der Vertragsbegriff in Art. 5 Nr. 1 EuGVÜ (jetzt Art. 5 Nr. 1 lit. a EuGVO) wurde vor der Reform autonom aus dem Übereinkommen bestimmt.[785] Wenn man nur die Definition des Kaufvertrags in Art. 5 Nr. 1 lit. b EuGVO der lex causae entnehmen würde, wäre dies ein Rückschritt, denn nur die autonome Vertragsdefinition erreicht einen europaweit einheitlichen Anwendungsbereich der Vorschrift. Nur so können sich für alle betroffenen Personen einheitliche Rechte und Pflichten ergeben.[786]

---

[783] *Kropholler*, Europäisches Zivilprozeßrecht, Art. 5 EuGVO Rn. 30; *Micklitz/Rott*, EuZW 2001, S. 325 (327). Über die stetig steigende Bedeutung von Dienstleistungen siehe: „Zwei von drei Beschäftigten arbeiten in der Dienstleistung", Frankfurter Allgemeine Zeitung, 23.09.1998, Nr. 221, S. 13; *McDonald*, Der Begriff der Dienstleistung im europäischen Binnenmarkt und WTO-System (GATS) S. 17; *McDonald*, Die Auslegung der Dienstleistungsfreiheit im post-industriellen Europa S. 13.

[784] Die Formulierung „Verkauf von beweglichen Sachen" ist für die deutsche Rechtssprache ungewöhnlich. Normalerweise wird von Kaufverträgen gesprochen. Art. 5 Nr. 1 lit. b EuGVO ist jedoch Art. 46 Nouveau Code de procédure civile nachgebildet, in dem die Rede von der „vente de marchandises" ist. Diese Redewendung wurde wortgleich ins Deutsche übersetzt. „Vente de marchandises" wäre wohl besser als „Kaufvertrag" übersetzt worden.

[785] Siehe § 3 B II.

[786] Allgemein zum Vertragsbegriff: EuGH 6.10. 1983 – Rs. 34/82, Martin Peters Bauunternehmung GmbH/Zuid Nederlandse Aannemers Vereniging, Slg. 1983, S. 987.

Eine solche autonome Definition kann rechtsvergleichend entwickelt werden, indem man die einzelnen Kaufvertragsdefinitionen in den Mitgliedstaaten vergleicht, und unter Berücksichtigung des Sinns und Zwecks der Vorschrift im Übereinkommen gemeinsame Grundsätze entwickelt.

Es sind aber auch systematische Überlegungen anzustellen: Auch in der EuGVO gibt es eine Vorschrift, die einen ähnlichen Begriff wie den Vertrag über den „Verkauf beweglicher Sachen" benutzt: Art. 15 Absatz 1 lit. a EuGVO (früher Art. 13 EuGVÜ) spricht vom „Kauf beweglicher Sachen auf Teilzahlung". Bei dieser verbraucherschützenden Vorschrift konzentriert man sich jedoch auf die Definition des Begriffs Teilzahlung, bei der bestimmte Modalitäten einzuhalten sind. Dabei wird dem Verbraucher besonderer Schutz gewährt. Der Vertrag über den „Kauf beweglicher Sachen" spielt dagegen nur eine untergeordnete Rolle, denn Art. 15 Absatz 1 lit. c EuGVO weitet den Anwendungsbereich der Vorschrift auch auf andere Verträge aus. [787] Deshalb können aus dieser Vorschrift keine neuen Erkenntnisse für die Definition des Kaufs von beweglichen Sachen in Art. 5 Nr. 1 lit. b 1. Spiegelstrich EuGVO abgeleitet werden.

I. Rechtsvergleichende Definition des Kaufvertrags

Um eine autonome Definition des Kaufvertrags zu entwickeln, kann rechtsvergleichend untersucht werden, was die einzelnen Mitgliedsländer unter diesem Begriff verstehen.[788] Eine rechtsvergleichende Studie zum

---

In der Präambel des EuGVÜs wird ebenfalls verlangt, den Rechtsschutz innerhalb der Gemeinschaft für die dort ansässigen Personen zu verstärken. Siehe auch EuGH 8.03.1988 – Rs. 9/87, Arcado/Haviland, Slg. 1987, S. 1539 Rn. 10; zustimmend für Art. 5 Nr. 1 EuGVÜ Bülow/Böckstiegel/Geimer/Schütze/Auer, Der internationale Rechtsverkehr in Zivil- und Handelssachen, Art. 5 EuGVÜ Rn. 18. Für Art. 5 Nr. 1 lit. b EuGVO *Czernich*, wbl 2002, S. 337 (339).

[787] Siehe *Kropholler*, Europäisches Zivilprozeßrecht, Art. 15 EuGVO Rn. 20 ff; *Geimer/Schütze*, Europäisches Zivilverfahrensrecht, Art. 13 EuGVÜ Rn. 24.

[788] Dieser Methode bedient sich auch der EuGH, indem er die Ziele und Systematik des Gemeinschaftsrechts berücksichtigt. EuGH 6.10.1976 – Rs. 12/76, Tessili/Dunlop, Slg 1976, S. 1473 Rn. 9; EuGH 14.10.1976 – Rs. 29/76, LTU Lufttransportunternehmen/Eurocontrol, Slg. 1976, S. 1541 Rn. 4; EuGH 22.11.1978 – Rs. 33/78, Somafer/Saar Ferngas, Slg. 1978, S. 2183 Rn. 9; EuGH 6.10. 1983 – Rs. 34/82, Martin Peters Bauunternehmung GmbH gegen Zuid Nederlandse Aannemers Vereniging, Slg. 1983, S. 987 Rn. 10; EuGH 8.03.1988 – Rs. 9/87, Arcado/Haviland, Slg. 1987, S. 1539 Rn. 15; EuGH 10.03. 1992 – Rs. C-214/89, Powell Duffryn/Petereit, Slg. 1992, S. I-1745 Rn. 39.

Kaufvertrag wurde bereits weltweit durchgeführt, als das Übereinkommen der Vereinten Nationen über den internationalen Warenkauf (CISG) ausgearbeitet wurde.[789] Als von vielen Staaten gebilligtes Übereinkommen steht es deshalb der EuGVO näher als jede einzelne nationale Rechtsordnung.[790] Mittlerweile gilt das CISG in allen Mitgliedsstaaten der Europäischen Union und in großen Teilen der Welt. Die Definition des Kaufvertrags im CISG ist also in den einzelnen Mitgliedsstaaten der EU bekannt. Sie wird als sachgerecht empfunden, da sie tagtäglich und widerspruchslos Anwendung findet. Es schadet auch nicht, dass der Kaufvertragsbegriff für die ganze Welt entwickelt und nicht allein für den europäischen Rechtsraum. Es waren gerade die europäischen Staaten, die maßgeblich an der Entwicklung des EKGs mitwirkten, welches der Vorgänger des CISG war.[791] Die USA beteiligten sich erst kurz vor dem Beginn der Schlusskonferenz in Den Haag an den Arbeiten zum EKG.[792] Der Einfluss der USA auf den Begriff des Kaufvertrags ist deshalb nur gering geblieben.[793] Die rechtsvergleichend entwickelte Definition des Kaufvertrags im CISG kann für Art. 5 Nr. 1 lit. a 1. Halbsatz EuGVO soweit herangezogen werden, wie es dem Sinn und Zweck der Vorschrift entspricht. Dabei muss allerdings ihrem prozessualer Charakter Rechnung getragen werden.

Für die Definition des Vertrags über den „Verkauf beweglicher Sachen" in der EuGVO kann also die Definition des „Kaufvertrags" im CISG zu Grunde gelegt werden. Kaufverträge im Sinne des CISG sind Austauschverträge. Der Verkäufer ist dabei zur Lieferung und Eigentumsverschaffung der Sache verpflichtet.[794] Der Käufer ist zur Zahlung des vereinbarten Kaufpreises und zur Abnahme der Sache verpflichtet ist.[795]

II. *Gegenstand des Kaufvertrags*

789 Zur Entstehung des CISG *Honsell/Siehr*, Kommentar zum UN-Kaufrecht, Präambel Rn. 1 ff.

790 *Czernich*, wbl 2002, S. 337 (339).

791 Dies ist der Vorläufer des CISG.

792 Zur Entstehungsgeschichte *Honsell/Siehr*, Kommentar zum UN-Kaufrecht, Präambel Rn. 1 ff. mit weiteren Nachweisen. Siehe auch *Riese*, RabelsZ 29 (1965), S. 1 (4).

793 Zu bedenken ist auch die Verwandtschaft des US-amerikanischen Rechts mit dem englischen Recht.

794 Die Eigentumsverschaffung kann durch eine Übereignung stattfinden, dies ist jedoch nicht in allen Rechtsordnungen erforderlich (siehe beispielsweise Frankreich).

795 Diese Definition ist aus dem Wortlaut der Art. 30 und 53 CISG abgeleitet.

1. Anwendung von Art. 5 Nr. 1 lit. b EuGVO auf den Rechtskauf?

Aus dem Wortlaut von Art. 5 Nr. 1 EuGVO ergibt sich eindeutig, dass unbewegliche Sachen nicht in seinen Anwendungsbereich fallen.[796] Welche Sachen als beweglich oder unbeweglich einzustufen sind, ist autonom aus der Verordnung zu bestimmen.[797]

Dem Wortlaut nach erfasst Art. 5 Nr. 1 lit. b EuGVO den Rechtskauf nicht, er ist nur auf Kaufverträge über „bewegliche Sachen" anzuwenden. Gegenstand eines Kaufvertrags im Sinne von Art. 5 Nr. 1 lit. b EuGVO können somit nur körperliche Gegenstände[798] und keine Rechte[799] sein. Die Abgrenzung zwischen Sachen und Rechten muss hierbei autonom aus der Verordnung erfolgen. Sachen unterscheiden sich von Rechten im Allgemeinen durch ihre sinnlich wahrnehmbare Körperlichkeit.[800] Für die Sacheigenschaft genügt es dabei auch, wenn ein körperlich nicht wahrnehmbarer Gegenstand in eine materialisierte Form gebracht wird.[801]

---

[796] Die Zuständigkeit für Klagen aus Miete, Pacht und dinglichen Rechten an Grundstücken ist in Art. 22 Nr. 1 EuGVO (früher in Art. 16 Nr. 1 EuGVÜ) festgelegt. Art. 22 EuGVO geht als ausschließliche Zuständigkeit Art. 5 EuGVO vor.

[797] Ständige Rechtsprechung EuGH 14.12.1977- Rs 73/77, Sanders/van der Putte; Slg. 1977, S. 2383; EuGH 27.01.2000 – Rs 8/98, Dansommer/Götz, Slg. 2000, S. I-393; EuGH 10.01.1990 - Rs 115/88, Reichert/Dresdner Bank, Slg. 1990, S. 27. Eine exakte Definition erfolgte jedoch noch nicht durch den EuGH. Teilweise wird in der Literatur ergänzend eine Abgrenzung nach der lex rei sitae verlangt, *Jeantet*, Cah. dr. europ. 1972, 403; *Kropholler*, Internationales Zivilprozeßrecht, Art. 22 EuGVÜ Rn. 10; *Schlosser*, Vertragsautonome Auslegung, nationales Recht, Rechtsvergleichung und das EuGVÜ, in Gedächtnisschrift für Bruns, S. 45 (58).

[798] Hierzu ist ebenfalls auf die umfangreichen rechtsvergleichenden Arbeiten im CISG zu verweisen: *Honsell/Siehr*, Kommentar zum UN-Kaufrecht, Art. 2 CISG Rn. 8; *Soergel/Lüderitz/Fenge*, Kommentar zum bürgerlichen Gesetzbuch, Art. 1 CISG Rn. 21; *Staudinger/Magnus*, Wiener UN-Kaufrecht (CISG), Art. 1 CISG Rn. 43.

[799] *Czernich*, wbl 2002, S. 377 (340). *Kropholler*, Europäisches Zivilprozeßrecht, Art. 5 EuGVO Rn. 34 schreibt zwar, der Kauf von Rechten falle nicht unter lit. a (Generalklausel). Daraus ergibt sich, dass er unter lit. b fallen muss, und somit als Kaufvertrag über bewegliche Sachen zu bezeichnen ist. Wahrscheinlich handelt es sich hierbei aber um ein redaktionelles Versehen, und es ist statt lit. a der erste Spiegelstrich gemeint, denn weiter im Text folgt der Verweis auf Art. 15 Rn. 17 EuGVO, der ebenfalls nicht auf den Rechtskauf anwendbar ist.

[800] *Honsell/Siehr*, Kommentar zum UN-Kaufrecht, Art. 1 CISG Rn. 2; *Soergel/Lüderitz/Fenge*, Kommentar zum bürgerlichen Gesetzbuch, Art. 1 CISG Rn. 21; *Staudinger/Magnus*, Wiener UN-Kaufrecht (CISG), Art.1 CISG Rn. 5.

[801] *Staudinger/Magnus*, Wiener UN-Kaufrecht (CISG), Art. 1 CISG Rn. 56.

2. *Von Art. 5 Nr. 1 lit. b 1. Spiegelstrich EuGVO erfasste Vertragsarten*

Welche Vertragsarten von Art. 5 Nr. 1 lit. b 1. Spiegelstrich EuGVO erfasst sind, kann anhand der rechtsvergleichend entwickelten Definition des CISG bestimmt werden, solange nicht der Sinn und Zweck von Art. 5 Nr. 1 EuGVO gegen einen solchen Vergleich sprechen.

Kaufverträge können auch über Sachen geschlossen werden, die erst künftig entstehen sollen.[802] Der Verkauf von Sachgesamtheiten fällt unter Art. 5 Nr. 1 lit. b EuGVO.[803] Art. 5 Nr. 1 lit. b EuGVO wird aber regelmäßig nicht auf den Unternehmenskauf anwendbar sein, denn dabei können neben beweglichen auch unbewegliche Rechtsgüter übertragen werden und in vielen Fällen auch noch Immaterialgüter mitverkauft werden.[804]

Software und Computerprogramme können ebenfalls Gegenstand von Kaufverträgen über bewegliche Sachen sein, sofern sie standardisiert sind und nicht als Einzelanfertigung für den Besteller hergestellt werden.[805] Programme, die speziell für den Auftraggeber angefertigt werden, sind dagegen den Dienstleistungen zuzuordnen. Abgefülltes oder sonst transpor-

---

[802] Siehe Art. 3 Absatz 1 CISG.

[803] Der Verkauf von Sachgesamtheiten wird auch vom Kaufvertragsbegriff des CISG erfasst. *Staudinger/Magnus*, Wiener UN-Kaufrecht (CISG), Art. 1 CISG Rn. 51.

[804] *Von Caemmerer/Schlechtriem/Herber*, Kommentar zum einheitlichen UN-Kaufrecht: das Übereinkommen der Vereinten Nationen über Verträge über den internationalen Warenkauf, Art. 1 CISG Rn. 24; *Herber/Czerwenka*, Internationales Kaufrecht, Art. 1 CISG, Rn. 7; *Staudinger/Magnus*, Wiener UN-Kaufrecht (CISG), Art. 1 CISG Rn. 51.

[805] OLG Koblenz RIW 1993, S. 936; OLG Köln RIW 1994, S. 970; *von Caemmerer/Schlechtriem/Herber*, Kommentar zum einheitlichen UN-Kaufrecht, Art. 1 CISG Rn. 21; *Czerwenka,* Rechtsanwendungsprobleme im internationalen Kaufrecht. Das Kollisionsrecht bei grenzüberschreitenden Kaufverträgen und der Anwendungsbereich der internationalen Kaufrechtsübereinkommen, S. 128; *Diedrich*, RIW 1993, S. 441 (451 f.); *Endler/Daub*, CR 1993, S. 601 (605); *Herber,* Möglichkeiten der Vertragsgestaltung nach dem VN-Kaufübereinkommen, in Berner Tage, S. 246; *Hermann,* Anwendungsbereich des Wiener Kaufrechts-Kollisionsrechtliche Probleme, in Berner Tage S. 92, *Hoeren,* CR 1988, S. 916; *Honsell/Siehr*, Kommentar zum UN-Kaufrecht, Art. 2 Rn. 8; *Karollus*, UN-Kaufrecht, S. 21; *Piltz,* AnwaltsBl 1991, S. 57 (59); *Soergel/Lüderitz/Fenge*, Kommentar zum bürgerlichen Gesetzbuch, Art. 1 CISG Rn. 16; *Ullrich/Körner,* Der internationale Softwarevertrag, Rn. 305 ff.; *Westermann*, DZWir 1995, S. 1 (3). Sind die Computer-Programme speziell für den Kunden angefertigt worden, steht das Dienstleistungselement im Vordergrund und nicht mehr der Kaufvertrag.

tables Gas fällt ebenfalls unter den Sachbegriff,[806] nicht dagegen Sendezeit, denn sie gewährt nur ein Nutzungsrecht[807]. Problematisch ist, ob auch verkörperte wissenschaftlich-technische Ergebnisse als Sachen anzusehen sind.[808] Wenn der Schwerpunkt auf einer Dienstleistungserbringung liegt, muss dies abgelehnt werden. Der Dokumentenkauf fällt nur unter Art. 5 Nr. 1 lit. b EuGVO, wenn dadurch kein verbrieftes Recht erworben wird.[809] Wenn Sachen besonderen Verkehrsbeschränkungen unterliegen, wie z.B. dem Tierschutz, dem Kulturgüterschutz oder dem Artenschutz, [810] hat dies keine Auswirkung auf die Anwendbarkeit von Art. 5 Nr. 1 lit. b EuGVO.

Art. 5 Nr. 1 lit. b EuGVO erfasst demnach den Kaufvertrag in allen seinen Unterformen.[811] Dazu gehören beispielsweise: der Sukzessivlieferungsvertrag;[812] der Spezifikationskauf,[813] bei dem der Käufer Form, Maße usw. der Sache näher zu bestimmen hat; der Kauf nach Muster oder Probe;[814] der Versendungskauf und das Streckengeschäft;[815] der Fixkauf;[816] der Kauf auf Probe[817] sowie Werklieferungsverträge[818]. Nicht erfasst werden u.a. Tausch, Schenkung, Mietkauf und Leasing.[819]

---

[806] OGH oRdW 1996, S. 203; *von Caemmerer/Schlechtriem/Herber,* Kommentar zum einheitlichen UN-Kaufrecht, Art. 2 CISG Rn. 37, *Hermann*, Anwendungsbereich des Wiener Kaufrechts-Kollisionsrechtliche Probleme, in Berner Tage S. 92.

[807] *Staudinger/Magnus*, Wiener UN-Kaufrecht (CISG), Art. 1 CISG Rn. 45.

[808] Anleitungen für Produktionsverfahren, Konstruktionspläne, fixierte Forschungsergebnisse. CISG, *Enderlein/Maskow/Strohbach*, Internationales Kaufrecht, Art. 1 CISG Rn. 2; *Soergel/Lüderitz/Fenge*, Kommentar zum bürgerlichen Gesetzbuch, Art. 1 CISG Rn. 16 Fn.12; *Staudinger/Magnus*, Wiener UN-Kaufrecht (CISG), Art. 1 CISG Rn. 46.

[809] *Von Caemmerer/Schlechtriem/Herber*, Kommentar zum einheitlichen UN-Kaufrecht, Art. 1 CISG Rn. 22; *Herber/Czerwenka*, Internationales Kaufrecht, Art. 1 CISG Rn. 8; *Perret/Lacasse*, Actes du Colloque sur la vente internationale, S. 25, 33; *Piltz*, AnwaltsBl. 1991, S. 57 (59); *Schlechtriem*, UN-Kaufrecht, S. 15. *Staudinger/Magnus*, Wiener UN-Kaufrecht (CISG), Art. 1 CISG Rn. 49.

[810] *Staudinger/Magnus*, Wiener UN-Kaufrecht (CISG), Art. 1 CISG Rn. 49.

[811] *Staudinger/Magnus*, Wiener UN-Kaufrecht (CISG), Art. 1 CISG Rn. 15 ff.

[812] BGHZ 74, 193.

[813] Art. 65 CISG.

[814] Art. 35 Absatz 2 lit. c CISG.

[815] *Von Caemmerer/Schlechtriem/Herber*, Kommentar zum einheitlichen UN-Kaufrecht, Art. 1 CISG Rn. 15; *Staudinger/Magnus*, Wiener UN-Kaufrecht (CISG), Art. 1 CISG Rn. 49; BGHZ 74, 136; BGH IPRax 1981, S. 96.

[816] Art. 33 CISG in Verbindung mit Art. 49 CISG; *Staudinger/Magnus*, Wiener UN-Kaufrecht (CISG), Art. 1 CISG Rn. 20.

[817] *Staudinger/Magnus*, Wiener UN-Kaufrecht (CISG), Art. 1 CISG Rn. 21.

[818] *Staudinger/Magnus*, Wiener UN-Kaufrecht (CISG), Art. 3 CISG Rn. 13 ff.

[819] Siehe dazu Kapitel 11.

B. *Dienstleistungen*

I. *Bedeutung der Dienstleistungen für den Wirtschaftsverkehr*

Dienstleistungen spielen in unserer Gesellschaft eine immer größere Rolle.[820] Deshalb ist es zu begrüßen, dass der europäische Gesetzgeber den Verträgen über Dienstleistungen eine gleich große Bedeutung zubilligt wie Kaufverträgen. Die Verordnung definiert den Begriff „Dienstleistung" nicht. Auch dieser Begriff muss autonom aus der Verordnung definiert werden.[821] Dazu bieten sich mehrere Ansätze an: Es kann untersucht werden, wie Dienstleistungen in der Volkswirtschaft definiert werden oder es können die Dienstleistungsdefinitionen in anderen europarechtlichen Vorschriften herangezogen werden. Dabei sind Art. 49 ff. EGV, Art. 13 EuGVÜ und Art. 5 EVÜ hervorzuheben.

II. *Volkswirtschaftliche Definition der Dienstleistungen*

In der Volkswirtschaftslehre werden europaweit den Dienstleistungen alle Wirtschaftsleistungen zugeordnet, die nicht der Herstellung von Urprodukten (Produkte der Landwirtschaft oder primärer Sektor) oder der Herstellung von Waren (sekundärer Sektor) dienen.[822] Der Wirtschaftszweig der Dienstleistungen wird als tertiärer Sektor bezeichnet, weil er der Urproduktion (Landwirtschaft) und der Warenerzeugung nachgelagert ist.[823]

---

820 „Zwei von drei Beschäftigten arbeiten in der Dienstleistung", Frankfurter Allgemeine Zeitung, 23.09.1998, Nr. 221, S.13; *McDonald,* Der Begriff der Dienstleistung im europäischen Binnenmarkt und WTO-System (GATS), S. 17; *McDonald,* Die Auslegung der Dienstleistungsfreiheit im post-industriellen Europa, S. 13.

821 *Kropholler*, Europäisches Zivilprozeßrecht, Art. 13 EuGVÜ, Rn. 20; der Begriff Dienstleistung findet sich aber nicht mehr in der Nachfolgevorschrift Art. 15 Absatz 1 lit. c EuGVO.

822 *Calliess/Ruffert/Kluth*, Kommentar zum EU-Vertrag und EG-Vertrag, Art. 50 EGV Rn. 105 f.; *Grabitz/Hilf/Rendelzhofer/Forsthoff*, Das Recht der Europäischen Union, Art. 49/50 EGV Rn. 6; *Groeben/Thiesing/Ehlermann/Troberg*, Kommentar zum EU/EG–Vertrag, Vorbemerkung zu den Artikeln 59 bis 66 EGV Rn. 7 ff.; *McDonald*, Der Begriff der Dienstleistung im europäischen Binnenmarkt und WTO-System (GATS), S. 24; *Wetzel*, Die Dienstleistungsfreiheit nach den Art. 59-66 des EWG-Vertrages, S. 16 ff.

823 *Grabitz/Hilf/Rendelzhofer/Forsthoff*, Das Recht der Europäischen Union, Art. 49/50 EGV Rn. 6; *Groeben/Thiesing/Ehlermann/Troberg*, Kommentar zum EU/EG–Vertrag,

Dienstleistungen haben nach der volkswirtschaftlichen Definition die Aufgabe, bereits erzeugte Güter zu verteilen, zu erhalten und zu lagern.[824] Zusätzlich dazu müssen sie die immaterielle Daseinsvorsorge[825] gewährleisten, indem sie Freizeitgüter[826] zur Verfügung stellen und allgemeine Planungs- und Organisationsaufgaben[827] erfüllen.

III. Definition der Dienstleistungen aus Art. 49 f. EGV

Dienstleistungen werden in Art. 50 EGV anhand von drei Merkmalen definiert: Die Leistungen müssen grenzüberschreitend sein, gegen Entgelt erbracht werden und sie dürfen nicht bereits unter die Vorschriften der anderen Grundfreiheiten fallen. Dienstleistungen werden also im Wesentlichen negativ aus den anderen Grundfreiheiten definiert.[828] Art. 50 EGV umschreibt somit den Begriff der Dienstleistung. Aus dieser Vorschrift lässt sich aber keine griffige Definition ableiten.[829]
Vergleicht man die volkswirtschaftliche Definition und die Definition des Art. 50 EGV, ist festzustellen, dass der EG-Vertrag Dienstleistungen aus einem anderen Blickwinkel als die Volkswirtschaft betrachtet. Art. 50 EGV sieht darin keinen eigenen Wirtschaftssektor, sondern er erschließt ihren Gehalt aus der Systematik der anderen Grundfreiheiten.[830] Daher kann die

---

Vorbemerkung zu den Artikeln 59 bis 66 EGV Rn. 7 ff.; *McDonald*, Der Begriff der Dienstleistung im europäischen Binnenmarkt und WTO-System (GATS), S. 24; *McDonald*, Die Auslegung der Dienstleistungsfreiheit im post-industriellen Europa, S. 18.

824 Z.B. Transport, Vermittlertätigkeit, Finanzierung, Werbung und Reparatur.

825 Z.B. ärztliche Leistungen, Ausbildung und finanzielle Sicherheit.

826 Z.B. Gast- und Schankgewerbe, Reisegewerbe, Sport, Funk und Fernsehen.

827 Z.B. Ingenieurleistungen und Datenverarbeitung.

828 *Calliess/Ruffert/Kluth*, Kommentar zum EU-Vertrag und EG-Vertrag, Art. 50 EGV Rn. 7; *Grabitz/Hilf/Rendelzhofer/Forsthoff*, Das Recht der Europäischen Union, Art. 49/50, Rn. 8; *Hailbronner/Klein/Magiera/Müller-Graff/Hailbronner*, Handkommentar zum Vertrag über die Europäische Union (EUV/EGV), Art. 60 EGV Rn. 4; EuGH 2.02.1989 – Rs 186/87 Ian William Cowan/Tresor Public, Slg. 1989, S. 195 Rn. 6, Schlussantrag von Generalanwalt Lenz.

829 Trotz der Legaldefinition in Art. 50 EGV wird die Dienstleistungsfreiheit von *Groeben/Thiesing/Ehlermann/Troberg*, Kommentar zum EU/EG–Vertrag, Vorbemerkung zu den Artikeln 59 bis 66 EGV Rn. 7 als bloßer Restbegriff beschrieben, dessen eigenständiger Charakter schwierig zu erfassen ist. In *Grabitz/Hilf/Rendelzhofer/Forsthoff*, Das Recht der Europäischen Union, Art. 49/50 EGV Rn. 7 werden die Vorschriften der Art. 49 ff. EGV als wenig geglückt und schwer verständlich bezeichnet.

830 *Calliess/Ruffert/Kluth*, Kommentar zum EU-Vertrag und EG-Vertrag, Art. 50 EGV, Rn. 5; *Grabitz/Hilf/Rendelzhofer/Forsthoff*, Das Recht der Europäischen Union, Art.

volkswirtschaftliche Definition den Dienstleistungsbegriff des Art. 50 EGV nicht präzisieren.[831]

Der Dienstleistungsbegriff des Art. 50 EGV ist enger als der volkswirtschaftliche Begriff gefasst, denn er umfasst nicht alle, sondern nur die grenzüberschreitenden Dienstleistungen.[832] Im Gegensatz zu dieser Definition sind in der EuGVO alle Dienstsleistungsverträge erfasst und nicht nur die grenzüberschreitenden. Dies ergibt sich aus dem Anwendungsbereich der Verordnung, Art. 1 EuGVO. Art. 5 Nr. 1 lit. b EuGVO ist im Zusammenhang mit anderen europarechtlichen Vorschriften gesehen werden. Deshalb ist die volkswirtschaftliche Definition des Dienstleistungsbegriffes nicht geeignet, um die Dienstleistungen in Art. 5 Nr. 1 lit. b 2 Spiegelstrich EuGVO näher zu bestimmen.

IV. Definition der Dienstleistungen aus Art. 29 EGBGB/Art. 5 EVÜ[833] und Art. 13 Absatz 1 Nr. 3 EuGVÜ

49/50 EGV Rn. 6; *Groeben/Thiesing/Ehlermann/Troberg*, Kommentar zum EU/EG–Vertrag, Vorbemerkung zu den Artikeln 59 bis 66 EGV Rn. 9; *Hailbronner/Klein/Magiera/Müller-Graff/Hailbronner*, Handkommentar zum Vertrag über die Europäische Union (EUV/EGV), Art. 60 EGV Rn. 4. *Hailbronner/Nachbaur*, EuZW 1992, S. 105 f. *McDonald*, Der Begriff der Dienstleistung im europäischen Binnenmarkt und WTO-System (GATS), S. 24; *McDonald*, Die Auslegung der Dienstleistungsfreiheit im post-industriellen Europa, S. 18; *Wetzel*, Die Dienstleistungsfreiheit nach den Art. 59-66 des EWG-Vertrages, S. 16 ff.

[831] *Hailbronner/Klein/Magiera/Müller-Graff/Hailbronner*, Handkommentar zum Vertrag über die Europäische Union (EUV/EGV), Art. 50 EGV Rn. 5; *Hailbronner/Nachbaur*, EuZW 1992, S. 105 f.; *McDonald*, Der Begriff der Dienstleistung im europäischen Binnenmarkt und WTO-System (GATS), S. 24; *McDonald*, Die Auslegung der Dienstleistungsfreiheit im post-industriellen Europa, S. 18.

[832] *Hailbronner/Klein/Magiera/Müller-Graff/Hailbronner*, Handkommentar zum Vertrag über die Europäische Union (EUV/EGV), Art. 50 EGV Rn. 5; *Hailbronner/Nachbaur*, EuZW 1992, S. 105 f.; *McDonald*, Der Begriff der Dienstleistung im europäischen Binnenmarkt und WTO-System (GATS), S. 24; *McDonald*, Die Auslegung der Dienstleistungsfreiheit im post-industriellen Europa, S. 18.

[833] Art. 29 Absatz 1, 2 und 4 EGBGB übernehmen wörtlich Art. 5 EVÜ, Art. 29 Absatz 3 EGBGB übernimmt Art. 9 Absatz 5 EVÜ und hat keine Bedeutung für die Definition der Dienstleistung.

1. Zusammenhang zwischen Art. 29 EGBGB/Art. 5 EVÜ und Art. 13 Absatz 1 Nr. 3 EuGVÜ

Der Begriff „Dienstleistung" wurde vor dem Erlass des Art. 5 Nr. 1 lit. b EuGVO bereits im EuGVÜ und EVÜ benutzt. Art. 13 Absatz 1 Nr. 3 EuGVÜ regelte die Zuständigkeiten der Gerichte für Verbraucherverträge über Dienstleistungen. Art. 29 EGBG/Art. 5 EVÜ befassen sich mit der Rechtswahl bei Verbraucherverträgen über Dienstleistungen. Art. 13 EuGVÜ und Art. 29 EGBG/Art. 5 EVÜ verfolgen das gleiche Ziel: Sie schützen die schwächere Vertragspartei.[834] Art. 13 EuGVÜ wurde zeitlich vor Art. 5 EVÜ geschaffen. Er diente Art. 5 EVÜ als Vorbild: Beide Vorschriften haben die gleiche Zielsetzung, deshalb konnte Art. 13 EuGVÜ als Vorbild für Art. 5 EVÜ benutzt werden.[835] Sowohl der Verbrauchervertrag, als auch der Begriff der Dienstleistung werden in beiden Vorschriften gleich ausgelegt. Um einen Überblick über die Definition der Dienstleistung zu erhalten, müssen deshalb beide Vorschriften gemeinsam untersucht werden.[836]

2. Definition der Dienstleistungen

Die „Erbringung von Dienstleistungen" wird in Art. 5 EVÜ und Art. 13 EuGVÜ autonom bestimmt.[837] Dabei dient auch Art. 50 EGV als Auslegungshilfe.[838] Dienstleistungsverträge liegen vor, wenn eine tätigkeitsbezogene Leistung erbracht oder ein tatsächlicher Erfolg geschuldet wird. Es

---

[834] BT Drucksache 10/503, S. 36 (55).

[835] BT Drucksache 10/503, S. 36 (55).

[836] BT Drucksache 10/503, S. 36 (55); *Kropholler*, Europäisches Zivilprozeßrecht, Art. 13 EuGVÜ Rn. 20; *Leipold*, Internationale Zuständigkeit am Erfüllungsort - das neueste aus Luxemburg und Brüssel, in Festschrift für Lüderitz, S. 431 (446); *Soergel/von Hoffmann*, Kommentar zum Bürgerlichen Gesetzbuch, Art. 29 EGBGB Rn. 7, BT Drucksache 10/503, S. 36 (56).

[837] Das heißt, dass aus deutscher Sicht nicht nur die Dienstverträge darunter fallen. Österreich zum Beispiel kennt keine Dienstverträge, näher dazu *Czernich*, wbl 2002, S. 337 (341). *Geimer/Schütze*, Europäisches Zivilverfahrensrecht, Art. 13 EuGVÜ Rn. 30; *Kropholler*, Europäisches Zivilprozeßrecht, Art. 5 EuGVO Rn. 35, siehe auch die Vorauflage zu Art. 13 EuGVÜ Rn. 20; *Schlosser*, Sonderanknüpfungen von zwingendem Verbraucherschutzrecht und europäisches Zivilprozeßrecht, in Festschrift für Steindorff, S. 1383; *Wieczorek/Schütze/Hausmann*, Zivilprozeßordnung un Nebengesetze, Art. 13 EuGVÜ Rn. 15.

[838] BT Drucksache 10/503, S. 36 (56); *Mankowski* RIW 1994, S. 421 (423); *Soergel/von Hoffmann*, Kommentar zum Bürgerlichen Gesetzbuch, Art. 29 EGBGB, Rn. 7; anderer Ansicht: OLG Düsseldorf ZIP 1994, S. 288 f.

handelt sich dabei meistens um gewerbliche, kaufmännische, handwerkliche oder freiberufliche Tätigkeiten, die in der Regel entgeltlich erbracht werden.

3. *Einzelne Dienstleistungsverträge*

Der Begriff der Dienstleistung wird in Art. 5 EVÜ und Art. 13 EuGVÜ weiter gefasst als der Dienstvertrag im deutschen Recht nach § 611 BGB[839]. Auf europäischer Ebene werden nicht nur klassische Dienstverträge[840] erfasst, sondern auch Werkverträge,[841] Geschäftsbesorgungsverträge,[842] Verträge über Unterrichtsangebote,[843] Vermögensverwaltungsverträge,[844] Gastwirts-leistungen[845] und Verträge mit Freiberuflern[846]. Dienstleistungen sind ferner auch Devisen-, Wertpapier- und Warentermingeschäfte an ausländischen Börsen.[847] Mietverträge und Time-Sharing-Verträge, die sich auf periodisch wiederkehrende Gebrauchsüberlassungen einer Immobilie beschränken, sind dagegen keine Dienstleistungen, weil lediglich eine

---

839 Ein Dienstvertrag gemäß § 611 BGB liegt dann vor, wenn lediglich die Erbringung einer Tätigkeit geschuldet ist und nicht zusätzlich die Herbeiführung eines Erfolges. Ist die Herbeiführung eines Erfolgs geschuldet liegt ein Werkvertrag gemäß § 635 BGB vor. Näher zur Abgrenzung, MünchKomm/*Müller-Glöge*, Bürgerliches Gesetzbuch, § 611 Rn. 23 ff.; *Staudinger/Richardi*, Kommentar zum Bürgerlichen Recht, Vorbem. vor § 611 Rn. 25 ff.;

840 *Von Bar*, Internationales Privatrecht, Band II, Rn. 432; MünchKomm/*Martiny*, Art. 29 EGBGB Rn. 11;

841 *Von Bar*, Internationales Privatrecht, Band II, Rn. 432; MünchKomm/*Martiny*, Art. 29 EGBGB Rn. 11.

842 *Lorenz*, IPRax 1994, S. 429 f.

843 Bericht *Giuliano-Lagarde*, in BT-Drucksache 10/503, S. 36 (57).

844 *Soergel/von Hoffmann*, Kommentar zum Bürgerlichen Gesetzbuch, Art. 29 EGBGB Rn. 8.

845 *Soergel/von Hoffmann*, Kommentar zum Bürgerlichen Gesetzbuch, Art. 29 EGBGB Rn. 9.

846 Ärzte: *Soergel/von Hoffmann*, Kommentar zum Bürgerlichen Gesetzbuch, Art. 29 EGBGB Rn. 9, Architekten: *Wenner*, BauR 1993, S. 257 (262); Rechtsanwälte, *Soergel/von Hoffmann*, Kommentar zum Bürgerlichen Gesetzbuch, Art. 29 EGBG Rn. 8.

847 OLG Düsseldorf RIW 1994, S. 420, Anm. *Mankowski*, RIW 1997, S. 769; EuZW 1991, S. 541; OLG Düsseldorf, WM 1989, S. 50 (54); OLG Köln ZIP 1989, S. 838; *Soergel/von Hoffmann,* Kommentar zum Bürgerlichen Gesetzbuch, Art. 29 EGBG Rn. 7; *Schlosser*, Sonderanknüpfungen von zwingendem Verbraucherschutzrecht und europäisches Zivilprozeßrecht, in Festschrift für Steindorff, S. 1379 (1382); *Thorn*, IPRax 1997, S. 98 (104).

Gebrauchsüberlassung und keine Handlung geschuldet ist.[848] Wird nur ein rechtlicher Erfolg und keine Tätigkeit geschuldet, liegt ebenfalls kein Dienstleistungsvertrag vor.[849] Obwohl Versicherungsverträge Dienstleistungen darstellen, fallen sie nicht in den Anwendungsbereich der Art. 13 EuGVÜ und Art. 29 EGBG/Art. 5 EVÜ, weil sie in Sondervorschriften geregelt werden.[850]

4. *Kreditverträge als Dienstleistungen?*

Einlagen- und Kreditgeschäfte sind keine Dienstleistungen gemäß Art. 29 EGBG/Art. 5 EVÜ und Art. 13 Ansatz 1 Nr. 3 EuGVÜ. Das ergibt sich aus einem Umkehrschluss, der aus dem Wortlaut der Vorschriften gebildet werden kann. Der Anwendungsbereich beider Vorschriften wird namentlich auf die Finanzierung von Dienstleistungen und beweglichen Sachen erweitert. Wenn Kreditverträge als Dienstleistungen im Sinne des Art. 5 EVÜ angesehen würden, wäre eine solche ausdrückliche Erwähnung nicht nötig gewesen.[851] Für das EuGVÜ wird durch den *Schlosser*-Bericht bestätigt, dass Kreditverträge nicht als Dienstleistungen im Sinne des Art. 13 EuGVÜ anzusehen sind.[852] Beide Vorschriften werden deshalb nicht auf reine Verbraucherdarlehensverträge angewandt.[853]

V. *Definition der Dienstleistungen für Art. 5 Absatz 1 lit. b 2. Spiegelstrich EuGVO*

---

848 BGH NJW 1997, S. 1697; OLG Celle RIW 1996, S. 963; *Beise* RIW 1995, S. 632; *Mäsch* EuZW 1995, S. 8 (13); *Mankowski*, RIW 1995, S. 364.

849 *Czernich*, wbl. 2002, S. 337 (341); *Mankowski*, RIW 1995, S. 364.

850 Art. 7 ff. EuGVÜ.

851 Für Art. 29 EGBGB: *Hörmann*, VuR 1991, S. 226 (227); MünchKomm/*Martiny*, Kommentar zum Bürgerlichen Gesetzbuch, Art. 29 EGBGB Rn. 12; *Soergel/von Hoffmann*, Kommentar zum Bürgerlichen Gesetzbuch, Art. 29 EGBGB Rn. 7; BGHZ 123, 380; Für Art. 13 EuGVÜ: *Schlosser*, Bericht zu dem Übereinkommen über die gerichtliche Zuständigkeit und die Vollstreckung gerichtlicher Entscheidungen in Zivil- und Handelssachen, ABl. EG 1979 C 59, S. 71 (118).

852 *Schlosser*, Bericht zu dem Übereinkommen über die gerichtliche Zuständigkeit und die Vollstreckung gerichtlicher Entscheidungen in Zivil- und Handelssachen, ABl. EG 1979 C 59, S. 71 (118).

853 *Von Bar*, Internationales Privatrecht, Band II, Rn. 430; *Klotz*, RIW 1997, S. 197 f.; MünchKomm/*Martiny*, Kommentar zum Bürgerlichen Gesetzbuch, Art. 29 EGBGB Rn. 12; *Soergel/von Hoffmann*, Kommentar zum bürgerlichen Gesetzbuch, Art. 29 EGBGB Rn. 11.

1. *Vorschriften, die für die Dienstleistungsdefinition heranzuziehen sind*

Der Begriff „Dienstleistung“ wurde wie bereits gezeigt schon in anderen europäischen Vorschriften verwendet. Die Begriffe der „Dienstleistung“ aus Art. 49 ff. EGV, Art. 5 EVÜ/Art. 29 EGBG, Art. 13 Absatz 1 Nr. 3 EuGVÜ und Art. 5 Nr. 1 lit. b EuGVO müssen im Zusammenhang gesehen werden.[854]

Problematisch ist, ob dabei die Definition der Dienstleistungen in Art. 13 Absatz 1 Nr. 3 EuGVÜ mitberücksichtigt werden darf, da die Vorschrift nicht mit dem gleichen Wortlaut wie Art. 15 Absatz 1 lit. c in die EuGVO übernommen wurde. Art. 15 Absatz 1 lit. c EuGVO hat nun einen breiteren Anwendungsbereich und erfasst neben Dienstleistungsverträgen auch andere Verträge.[855] Deshalb wurde sie allgemeiner gefasst und das Wort „Dienstleistung“ gestrichen.[856] Dies schließt jedoch nicht aus, die alte Definition zu berücksichtigen. Der europäische Gesetzgeber hätte einen anderen Begriff als den der „Dienstleistung“ gewählt, wenn er sich weit vom Begriff des Art. 13 Absatz 1 Nr. 3 EuGVÜ hätte entfernen wollen.[857]

Also kann man die bereits entwickelten Grundsätze als Arbeitshypothese übernehmen: Verträge über Dienstleistungen sind wie Verträge über den Verkauf beweglicher Sachen autonom aus der Verordnung zu bestimmen.[858] In Dienstleistungsverträgen wird eine tätigkeitsbezogene Leistung bzw. ein tatsächlicher Erfolg geschuldet. Es handelt sich dabei meistens um gewerbliche, kaufmännische, handwerkliche und freiberufliche Tätigkeiten, die in der Regel entgeltlich erbracht werden.

---

[854] *Leipold*, Internationale Zuständigkeit am Erfüllungsort - das neueste aus Luxemburg und Brüssel, in Gedächtnisschrift für Lüderitz, S. 431 (446).

[855] *Kropholler*, Europäisches Zivilprozeßrecht, Art. 15 EuGVO Rn. 20. Art. 15 Absatz 1 lit. c EuGVO ist in „allen anderen Fällen“, außer den in Art. 15 Absatz 1 lit. a und lit. b EuGVO genannten, anzuwenden, es handelt sich jetzt also um einen Auffangtatbestand, der nicht nur auf Verträge über Dienstleistungen mit Verbrauchern anzuwenden ist, sondern auch auf andere gewerbliche Tätigkeiten erweitert ist. Das heißt, dass jetzt anders als früher auch Kreditverträge unter dem Regelungsbereich der Norm fallen.

[856] *Leipold*, Internationale Zuständigkeit am Erfüllungsort - das neueste aus Luxemburg und Brüssel, in Gedächtnisschrift für Lüderitz, S. 431 (446).

[857] *Czernich*, wbl. 2002, S. 337 (341); *Leipold*, Internationale Zuständigkeit am Erfüllungsort - das *neueste* aus Luxemburg und Brüssel, in Gedächtnisschrift für Lüderitz, S. 431 (449).

[858] *Micklitz/Rott*, EuZW 2001, S. 325 (329);

Arbeits-[859], Verbraucher-[860] und Versicherungsverträge[861] können zwar auch Verträge über Dienstleistungen sein.[862] Die Zuständigkeit für diese Verträge wird in der EuGVO jedoch in speziellen Vorschriften geregelt, die die Interessen des schutzbedürftigen Vertragspartners berücksichtigen.

2. *Sind Kreditverträge Dienstleistungen im Sinne von Art. 5 Nr. 1 lit. b EuGVO?*

Art. 13 Absatz 1 Nr. 3 EuGVÜ und Art. 29 EGBG/Art. 5 EVÜ sehen Kreditverträge nicht als Dienstleistungsverträge an. Es ist zu untersuchen, ob Art. 5 Nr. 1 EuGVO weiter als Art. 13 Absatz 1 EuGVÜ[863] auszulegen ist und auch Kreditverträge erfassen soll.[864]

Teile der Literatur bezweifeln, ob Kreditverträge auf die Erbringung einer Dienstleistung ausgerichtet sind.[865] Das Darlehen sei eine Gebrauchsüber-

---

[859] Die Zuständigkeit für Arbeitsverträge wurde aus Art. 5 Nr. 1 EuGVÜ herausgenommen und ist jetzt in den Art. 18 ff. EuGVO geregelt.

[860] Die Zuständigkeit für Verbraucherverträge ist in den Art. 15 ff. EuGVO geregelt

[861] Für die Zuständigkeit bei Versicherungssachen sind die Art. 8 ff. EuGVO spezieller.

[862] BGHZ 123, 380 (384), Anm. dazu *Roth*, RIW 1994, S. 275. *Fischer*, JZ 1994, S. 367; *Geimer/Schütze*, Europäisches Zivilverfahrensrecht, Art. 13 EuGVÜ Rn. 30; *Kropholler*, Europäisches Zivilprozeßrecht, Art. 5 EuGVO Rn. 35, siehe auch die Vorauflage zu Art. 13 EuGVÜ Rn. 20; *Lorenz*, IPRax 1994, S. 429; *Schlosser*, Sonderanknüpfungen von zwingendem Verbraucherschutzrecht und europäisches Zivilprozeßrecht, in Festschrift für Steindorff, S. 1383; *Wieczorek/Schütze/Hausmann*, Zivilprozeßordnung und Nebengesetze, Art. 13 EuGVÜ Rn. 15.

[863] *Schlosser*, Bericht zu dem Übereinkommen über die gerichtliche Zuständigkeit und die Vollstreckung gerichtlicher Entscheidungen in Zivil- und Handelssachen, ABl. EG 1979 C 59, S. 71 (118); *Thorn*, IPRax 1995, S. 294 (298); anders die neue französische *Rechtsprechung* Cour d'Appel de Colmar, 24.02.1999, ZIP 1999, S. 1209.

[864] Kreditverträge werden als Finanzdienstleistungen angesehen. Nicht relevant ist die Abgrenzung zwischen Kapitalverkehrs- und Dienstleistungsfreiheit. Diese wird im EG Vertrag deshalb aufrechterhalten, da beide Freiheiten jeweils anders beschränkt werden können. Siehe auch *Staudinger/Hausmann*, Kommentar zum Bürgerlichen Gesetzbuch, Art. 27 EGBG Rn. 79; *Thorn*, IPRax 1995, S. 294 (298). Für eine Anwendung von Art. 5 Nr. 1 lit. b EuGVO auf Kreditverträge: *Kropholler*; Europäisches Zivilprozeßrecht, Art. 5 EuGVO Rn. 37; *Micklitz/Rott*, EuZW 2001, S. 325 (328). Zweifelnd *Hau* IPRax 2000, S. 354 (359); völlig offengelassen von *Droz/Gaudemet-Tallon*, Rev.crit.dr.int.pr. 90 (2001), S. 601 (635 f.).

[865] *Staudinger/Hausmann*, Kommentar zum Bürgerlichen Gesetzbuch, Art. 27 EGBG Rn. 79; *Thorn*, IPRax 1995, S. 294 (298). Für eine Anwendung von Art. 5 Nr. 1 lit. b EuGVO auf Kreditverträge: *Kropholler*; Europäisches Zivilprozeßrecht, Art. 5 Rn. 37 EuGVO; *Micklitz/Rott*, EuZW 2001, S. 325 (328). Zweifelnd *Hau* IPRax 2000, S. 354

lassung von Geld auf Zeit, keine Dienstleistungshandlung.[866] Kapitalgeschäfte sind aber eng mit der Dienstleistungsfreiheit verbunden. Dies ergibt sich aus Art. 51 Absatz 2 EGV.[867] Der Darlehensvertrag kann außerdem nicht der Gebrauchsüberlassung einer Sache gleichstellt werden, denn das Geld wird dem Vertragspartner nicht nur zum Gebrauch überlassen, wie es beispielsweise beim Mietvertrag der Fall ist. Das Geld muss vom Darlehensgeber übereignet werden. Dies stellt eine Tätigkeit dar, also ein „mehr" zu einer Gebrauchsüberlassung. Der Darlehensnehmer zahlt auch „anderes" Geld als das geliehene zurück. Er darf die Sache nicht nur nutzen, sondern auch verbrauchen, muss dann aber eine gleichwertige Sache zurückerstatten. Somit kann im Kreditvertrag nicht nur ein Vertrag über eine Gebrauchsüberlassung gesehen werden, sondern ein Vertrag über Dienstleistungen.

Eine Diskontinuität zwischen dem EuGVÜ und der EuGVO wird befürchtet, wenn der Dienstleistungsvertrag in Art. 5 Nr. 1 EuGVO weiter als in Art. 13 Absatz 1 Nr. 3 EuGVÜ verstanden wird.[868] Dies trifft jedoch nicht zu, weil Art. 13 Absatz 1 EuGVÜ abgeändert und als Art. 15 Absatz 1 lit. c in die EuGVO überführt wurde. Der Begriff „Dienstleistung" wird hierbei nicht mehr benutzt. Daher liegt keine Diskontinuität vor, wenn Art. 5 Nr. 1 EUGVO die Definition der Dienstleistung weiter als Art. 13 Absatz 1 Nr. 3 EuGVÜ fasst, sofern das mit dem übrigen Gemeinschaftsrecht vereinbar ist.[869]

Man weist auch auf die zwischen dem EVÜ und der EuGVO bestehenden Gemeinsamkeiten hin und möchte diese durch eine einheitliche Interpretation der „Dienstleistungen" beibehalten.[870] Zwischen Art. 5 Nr. 1 lit. b

---

(359); völlig offengelassen von *Droz/Gaudemet-Tallon*, Rev.crit.dr.int.pr. 90 (2001), S. 601 (635 f.).

[866] *Soergel/von Hoffmann*, Kommentar zum bürgerlichen Gesetzbuch, Art. 29 EGBGB Rn. 7.

[867] *Calliess/Ruffert/Bröhmer*, Kommentar zu EU-Vertrag und EG-Vertrag, Art. 56 EGV Rn. 26.

[868] *Staudinger/Hausmann*, Kommentar zum Bürgerlichen Gesetzbuch, Art. 27 EGBG Rn. 79; *Thorn*, IPRax 1995, S. 294 (298), zweifelnd auch Hau, IPRax 2000, S. 355 (359).

[869] *Micklitz/Rott,* EuZW 2001, S. 325 (328);

[870] *Kropholler*, Die Auslegung von EG-Verordnungen zum Internationalen Privat- und Verfahrensrecht - eine Skizze, in Aufbruch nach Europa - 75 Jahre Max-Planck-Institut für Privatrecht S. 583 (591). Diese Tendenz ist auch in der Rechtsprechung des EuGH zu finden: 26.05.1982 – Rs. 133/81, Ivenel/Schwab, Slg. 1982, S. 1891 Rn.13; EuGH 8.03.1988 – Rs. 9/87, Arcado/Haviland, Slg. 1987, S. 1539 Rn. 15. Siehe auch den

EuGVO und Art. 5 EVÜ besteht kein so starker Zusammenhang wie früher zwischen Art. 13 EuGVÜ und Art. 5 EVÜ. Art. 13 Absatz 1 Nr. 3 EuGVÜ und Art. 5 EVÜ wurden im Bereich der Dienstleistung deshalb gleich ausgelegt, weil beide verbraucherschützend sind. Art. 5 Nr. 1 EuGVO wird dagegen gar nicht auf Verbraucherverträge angewandt. Somit ist es nicht systemwidrig, den Kreditvertrag zu den Dienstleitungen im Sinne von Art. 5 Nr. 1 EuGVO zu zählen.

3. *Weite oder enge Auslegung des Begriffs Dienstleistungen*

Von *Hau* wird vorgeschlagen, Art. 5 Nr. 1 lit. b EuGVO eher einschränkend zu interpretieren.[872] Es sei ungewiss, wie tragfähig das Konzept der neuen Vorschrift sei.[873] Das ist abzulehnen. Eine neue Vorschrift darf nicht nur deshalb in ihrem Anwendungsbereich beschnitten werden, weil sie neu ist und sich deshalb noch nicht bewähren konnte.

Kropholler[874] schlägt das Gegenteil vor: Er zieht eine sehr weite Auslegung des Begriffs der Dienstleistung vor, damit Art. 5 Nr. 1 lit. b EuGVO als modernere und sachgerechtere Regel gegenüber Art. 5 Nr. 1 lit. a EuGVO einen größeren Anwendungsbereich erhält. Auch diese pauschale Bevorzugung ist abzulehnen. Die Anwendung von Art. 5 Nr. 1 lit. b EuGVO muss immer dann ausscheiden, wenn das Dienstleistungselement von ganz untergeordneter Bedeutung ist. Andernfalls könnte eine Vielzahl von Verträgen als Dienstleistungsvertrag angesehen werden.[875] Diese Auslegung entspräche nicht mehr der Absicht des europäischen Gesetzgebers, der mit Art. 5 Nr. 1 lit. a EuGVO einen Auffangtatbestand geschaffen hat.

C. *Abgrenzung zwischen Kauf- und Dienstleistungsverträgen*

Gemäß Art. 5 Nr. 1 lit. b EuGVO ist bei Kauf- und Dienstleistungsverträgen der Erfüllungsort autonom aus der Verordnung zu bestimmen.[876] Da

---

Schlussantrag des Generalsanwalts Mancini zu der Rechtssache EuGH 15.01.1987 – Rs. 266/85, Shenavai/Kreischer, Slg. 1986, S. 239 Rn. 4.

[872] *Hau*, IPRax 2000, S. 354 (359).

[873] *Hau*, IPRax 2000, S. 354 (359).

[874] *Kropholler*, Europäisches Zivilprozeßrecht, Art. 5 EuGVVO Rn. 35.

[875] *Czernich*, wbl. 2002, S. 337 (341); *Hau*, IPRax 2000, S. 354 (359).

[876] Allgemeine Ansicht, siehe näher dazu § 6.

der Erfüllungsort bei beiden Vertragsarten autonom zu festzulegen ist, ist es zweifelhaft, ob eine Abgrenzung zwischen Kauf- und Dienstleistungsverträgen in Zukunft überhaupt nötig sein wird. Deshalb ist zu überprüfen, ob bei Verträgen, die im Grenzbereich zwischen Kauf- und Dienstleistungsverträgen anzusiedeln sind, der mögliche Lieferort und der mögliche Erbringungsort zusammenfallen. Wenn beide Orte gleich sind, ist die Abgrenzung zwischen Kauf- und Dienstleistungsvertrag entbehrlich.[877]

I. Abgrenzung zwischen Kauf- und Dienstleistungsvertrag nach dem EG-Vertrag

Die Übernahme der Abgrenzung aus dem EG-Vertrag zwischen Dienstleistungs- und Warenverkehrsfreiheit ist problematisch. Wie bereits gezeigt, wird die Dienstleistung gemäß Art. 50 EGV negativ von den anderen Grundfreiheiten abgegrenzt. Nur wenn eine Leistung nicht der Warenverkehrs- (Art. 28 ff. EGV), der Niederlassungsfreiheit (Art. 43 ff. EGV), der Arbeitnehmerfreizügigkeit (Art. 39 ff. EGV) oder der Kapitalverkehrsfreiheit (Art. 56 ff. EGV) unterliegt, fällt sie unter den Dienstleistungsbegriff. Daraus folgt zum Beispiel, dass klassische Finanzdienstleistungsgeschäfte nicht unter den EGV-Dienstleistungsbegriff fallen, denn sie müssen der Kapitalverkehrsfreiheit zugeordnet werden.[878]

Die Abgrenzung des EG-Vertrages zwischen Dienstleistungsfreiheit, Waren- und Kapitalverkehrsfreiheit hat folgenden Sinn: Je nach Zuordnung zu einer der Grundfreiheit können die Mitgliedsstaaten entnehmen, inwieweit sie diese Grundfreiheiten einschränken dürfen. Die Vorschriften richten sich also an die Mitgliedsstaaten, der privatrechtliche Rechtsverkehr soll

---

[877] EuGH 27.04.1999 – Rs. 99/96, Mietz/Intership Yachting Sneek BV, Slg. 1999, S. I-2277 ließ offen, ob es sich bei dem Vertrag über Bau und Übereignung einer Yacht um einen Dienst- oder Warenkaufvertrag gem. Art. 13 Absatz 1 EuGVÜ handelte, da es für das Ergebnis keinen Unterschied gemacht hätte.

[878] Beide Grundfreiheiten stehen in einem Exklusivitätsverhältnis zueinander. *Calliess/Ruffert/Bröhmer*, Kommentar zum EU-Vertrag und EG-Vertrag, Art 56 EGV Rn. 13, *Grabitz/Hilf/Roos/Ukow*, Das Recht der Europäischen Union, Art. 56 EGV Rn. 23; *Schön*, Europäische Kapitalverkehrsfreiheit und nationales Steuerrecht, in Gedächtnisschrift für Knobbe-Keuk, S. 743 (752 ff.); *Schwarze/Glaesner*, EU-Kommentar, Art. 56 EGV Rn. 13; Zum Verhältnis der Dienstleistungs- und Kapitalverkehrsfreiheit EuGH, 9.07.1997 – Rs. C-222/95, Parodi, Slg. 1997, S. I-3899.

dagegen nicht durch diese Vorschriften geregelt werden. Deshalb ist eine Abgrenzung nach den Vorschriften des EG-Vertrags abzulehnen.[879]

II. Abgrenzung zwischen Kauf- und Dienstleistungsvertrag aufgrund rechtsvergleichender Überlegungen

Die Frage nach der Abgrenzung von Kauf- und Dienstleistungsverträge stellte sich bereits beim CISG, das auf Dienstleistungsverträge nicht anzuwenden ist (Art. 3 Absatz 2 CISG). Deshalb wurde dort rechtsvergleichend eine Abgrenzung zwischen beiden Vertragstypen entwickelt.

Problematisch ist, dass sich viele Verträge sowohl aus Dienstleistungs- als auch aus Kaufvertragselementen zusammensetzen.[880] Ein Vertrag wird nur dann als Dienstleistungsvertrag und nicht als Kaufvertrag qualifiziert, wenn das Dienstleistungselement überwiegt.[881] Zu untersuchen ist, auf welche Kriterien hierbei abzustellen ist und wie stark das Dienstleistungselement objektiv überwiegen muss. Einigkeit besteht darüber, dass das Wertverhältnis nicht das einzige Abgrenzungskriterium sein soll.[882] Daneben ist u.a. auf die Wichtigkeit der einzelnen Pflichten abzustellen, wie es sich subjektiv für die beteiligten Parteien darstellt.[883] Als diesbezügliches Abgrenzungskriterium kommt das Interesse der Vertragspartner am jeweiligen Leistungsbereich in Betracht.[884] Nach der herrschenden Meinung überwiegt

---

879 So auch *Hau*, IPRax 2000, S. 354 (358). Andere Ansicht *Staudinger/Hausmann*, Kommentar zum Bürgerlichen Gesetzbuch, Anhang II zu Art. 27 – 37 EGBGB, Rn. 79; *Thorn*, IPRax 1995, S. 294, (298).

880 Zum Beispiel wenn eine Sache zu liefern und auch zu montieren ist.

881 *Czernich*, wbl 2002, S. 337 (340); *Kropholler*, Europäisches Zivilprozeßrecht, Art. 5 EuGVO Rn. 37.

882 Das ergibt sich aus der Entstehungsgeschichte des Art. 3 Absatz 2 CISG. Die zunächst beantragte Formulierung „major part of value“ fand keine Unterstützung. Näher dazu *Staudinger/Magnus*, Wiener UN-Kaufrecht (CISG), Art. 3 CISG Rn. 21.

883 *Staudinger/Magnus*, Wiener UN-Kaufrecht (CISG), Art. 3 CISG Rn. 21.

884 *Von Caemmerer/Schlechtriem/Herber*, Kommentar zum einheitlichen UN-Kaufrecht, Art. 3 Rn. 5 f.; *Czerwenka*, Rechtsanwendungsprobleme im internationalen Kaufrecht. Das Kollisionsrecht bei grenzüberschreitenden Kaufverträgen und der Anwendungsbereich der internationalen Kaufrechtsübereinkommen S. 144. Für die Maßgeblichkeit anderer Kriterien wie Zeitaufwand, Spezialwissen und -werkzeug, *Droste*, Der Liefervertrag mit Montageverpflichtung, S. 164. Fälle in den trotz anderen Wertverhältnissen das Interesse am dienstvertraglichen Teil überwiegt gibt es nur selten. Folgendes Beispiel wurde bei der Wiener Konferenz dafür genannt: Ein Maler streicht eine Decke mit echter Goldfarbe. Obwohl die Farbe wertvoller ist, überwiegt hier das

das Dienstleistungselement, wenn der Anteil der Dienstleistung mehr als 50% des Vertrages beträgt.[885]

Fraglich ist, was gelten soll, wenn Kauf- und Dienstleistungselemente gleich hoch zu bewerten sind. Das Wiener UN-Kaufrecht nimmt in solchen Fällen einen Kaufvertrag an, um seinen Anwendungsbereich zu eröffnen. Dieses Ergebnis ist für dieses Übereinkommen sinnvoll, wenn bedacht wird, dass für Dienstleistungen keine einheitliche internationale Regelung besteht, die den internationalen Rechtsverkehr zu Gute erleichtert. Dies entspricht jedoch nicht der Interessenslage der EuGVO. In der EuGVO sind Sonderregelungen für beide Vertragsarten getroffen. Man müsste deshalb nicht zwingend zugunsten des Kaufvertrags entscheiden.

Es ist jedoch zu empfehlen, die Lösung des UN-Kaufrechts zu übernehmen: Der Lieferort der Sache für den Käufer/Dienstleisungsempfänger leichter ermitteln, als der Ort an dem die Dienstleistungen erbracht worden sind. Der Käufer kann leichter erkennen, wo eine Sache geliefert wird, als herauszufinden, wo sein Vertragspartner seine vertraglich geschuldeten Tätigkeiten verrichtet. Die Dienstleistersphäre ist für den Vertragspartner schwer zu überblicken, weil der Ort an dem der Vertragspartner die Dienstleistung erbringt, nicht zwangsweise dessen Sitz sein muss.

III. Zusammenfassung

Kaufverträge sind Austauschverträge. Der Verkäufer ist dabei zur Lieferung und Eigentumsverschaffung der Sache verpflichtet. Der Käufer ist zur Zahlung des vereinbarten Kaufpreises und zur Abnahme der Sache verpflichtet.[886] Dienstleistungsverträge sind Verträge, bei denen eine tätigkeitsbezogene Leistung erbracht oder bei welchen ein tatsächlicher Erfolg geschuldet wird,[887] und die darüber hinaus keine Arbeits-[888], Verbraucher-[889] und Versicherungsverträge[890] sind.[891]

Interesse daran, dass die Decke gestrichen wird. Weitere Nachweise bei *Staudinger/Magnus*, Wiener UN-Kaufrecht (CISG), Art. 3 CISG Rn. 21.

[885] *Von Caemmerer/Schlechtriem/Herber,* Kommentar zum einheitlichen UN-Kaufrecht, Art. 3 Rn. 4; *Enderlein/Maskow/Strohbach,* Internationales Kaufrecht: Kaufrechtskonvention, Verjährungskonvention, Vertretungskonvention, Rechtsanwendungskonvention, Art. 3 CISG Rn. 3 ff.; *Schlechtriem*, Internationales UN-Kaufrecht, Rn. 26.

[886] Art. 30 und 53 CISG.

[887] *Kropholler,* Internationales Zivilprozeßrecht, Art. 5 EuGVO Rn. 37, anders als im deutschen Recht, das zwischen Dienst- und Werkvertrag trennt, je nachdem ob lediglich eine Tätigkeit oder auch der Tätigkeitserfolg geschuldet ist.

Liegt ein Grenzfall zwischen Kauf- und Dienstleistungsverträgen vor, liegt ein Dienstleistungsvertrag vor, wenn der Vertragsschwerpunkt auf der Dienstleistungserbringung liegt. Sind bei einem Vertrag Kauf- und Dienstleistungselemente gleichwertig, so sollte im Zweifel der Vertrag als Kaufvertrag qualifiziert werden.

[888] Die Zuständigkeit für Arbeitsverträge wurde aus Art. 5 Nr. 1 EuGVÜ herausgenommen und ist jetzt in den Art. 18 ff. EuGVO geregelt.
[889] Die Zuständigkeit für Verbraucherverträge ist in den Art. 15 ff. EuGVO geregelt
[890] Für die Zuständigkeit bei Versicherungssachen sind die Art. 8 ff. EuGVO spezieller.
[891] BGHZ 123, 380 (384), Anm. dazu *Roth*, RIW 1994, S. 275; *Fischer*, JZ 1994, S. 367; *Geimer/Schütze*, Europäisches Zivilverfahrensrecht, Art. 13 EuGVÜ Rn. 30; *Kropholler*, Europäisches Zivilprozeßrecht, Art. 5 EuGVO Rn. 35, siehe auch die Vorauflage zu Art. 13 EuGVÜ Rn. 20; *Lorenz*, IPRax 1994, S. 429; Schlosser, Sonderanknüpfungen von zwingendem Verbraucherschutzrecht und europäisches Zivilprozeßrecht, in Festschrift für Steindorff, S. 1383; *Wieczorek/Schütze/Hausmann*, Zivilprozeßordnung und Nebengesetze, Art. 13 EuGVÜ Rn. 15.

§ 6: Auslegung des Liefer- und Erbringungsorts in Art. 5 Nr. 1 lit. b EuGVO

A. *Einführung in die Problematik*

Die Reform von Art. 5 Nr. 1 EuGVÜ/EuGVO kann erst beurteilt werden, wenn feststeht, wie der EuGH den „Ort in einem Mitgliedsstaat, an dem [die Waren] nach dem Vertrag geliefert worden sind oder hätten geliefert werden müssen" (Lieferort) und den „Ort in einem Mitgliedsstaat, an dem [die Dienstleistungen] nach dem Vertrag erbracht worden sind oder hätten erbracht werden müssen" (Erbringungsort) in Zukunft auslegen wird. Die Verordnung definiert diese Begriffe nicht. In der Literatur werden verschiedene Definitionsansätze zur Diskussion gestellt[892] und in der Praxis herrscht Verwirrung,[893] wo in Zukunft die Ansprüche aus Kauf- und Dienstleistungsverträge einzuklagen sind.

Rechtssicherheit wird am besten durch klare gesetzliche Regelungen und eine kontinuierliche, gefestigte und ausdifferenzierte Rechtsprechung geschaffen.[894] Bei Inkrafttreten einer neuen Norm kann eine solche Rechtsprechung selbstverständlich noch nicht vorliegen.

Bei der Untersuchung des Art. 5 Nr. 1 lit. b EuGVO stehen nachfolgend zwei zentrale Aspekte im Vordergrund: Zunächst ist zu untersuchen, ob die *de Bloos/Bouyer* Rechtsprechung auch für Art. 5 Nr. 1 lit. b EuGVO gelten wird oder ob stattdessen künftig der Erfüllungsort nach der vertragstypischen Verbindlichkeit zu bestimmen ist. Danach ist zu prüfen, wie der Liefer- und Erbringungsort zu definieren sind. Ob sie autonom aus der

---

[892] Siehe beispielsweise *Bajons*, Der Gerichtsstand des Erfüllungsortes: Rück- und Ausblick auf eine umstrittene Norm, in Festschrift für *Geimer*, S. 15; *Hau*, IPRax 2000, S. 354 (360); *Kropholler/von Hinden,* Die Reform des europäischen Gerichtsstands am Erfüllungsort (Art. 5 Nr. 1 EuGVÜ), in Gedächtnisschrift für Lüderitz, S. 401 (406); *Piltz*, NJW 2002, S. 789 (793) .

[893] *Thiele*, azur 2002, Nr. 9: „...Ein Hersteller, der seine Produkte an einen französischen Abnehmer nach Frankreich verkauft, muss sein Geld möglicherweise dort einklagen...".

[894] So *Scholz*, Das Problem der autonomen Auslegung des EuGVÜ, S. 92. Seine Ausführungen beziehen sich noch auf das EuGVÜ.

Verordnung bestimmt werden oder an der umstrittenen *Tessili/Dunlop* Rechtsprechung festgehalten werden muss.

B. *Aufgabe der de Bloos/Bouyer Rechtsprechung für Art. 5 Nr. 1 lit. b EuGVO?*

I. *Rechtslage vor der Reform*

Der EuGH lehnte es im *de Bloos/Bouyer* Urteil[895] ab, für alle Streitigkeiten aus einem Vertrag auf den Erfüllungsort der vertragstypischen Verbindlichkeit abzustellen. Stattdessen wurde der Erfüllungsort der konkret streitigen Verpflichtung bestimmt. Da Verträge aus mehreren Verpflichtungen bestehen, die unterschiedliche Erfüllungsorte haben können, waren in der Regel für ein und dasselbe Rechtsverhältnis mehrere Gerichte zuständig - je nach dem, welche Vertragspflicht eingeklagt wurde. Obwohl der EuGH damit keinen einheitlichen Gerichtsstand am Erfüllungsort für das gesamte Rechtsverhältnis geschaffen hatte, bemühte er sich trotzdem, die Anzahl der möglichen Gerichtsstände überschaubar zu halten. Er stellte komplizierte Grundsätze auf, um möglichst wenigen Vertragsverpflichtungen eine gerichtsstandsbegründende Wirkung zuzugestehen. So sollten beispielsweise Nebenpflichten am Erfüllungsort der dazugehörigen Hauptpflicht eingeklagt[896] und Sekundäransprüche am Erfüllungsort des verletzten Primäranspruchs geltend gemacht werden. Ergebnis dieser Grundsätze war, dass z.B. bei Kaufverträgen in den meisten Fällen sowohl dem Käufer als auch dem Verkäufer ein Gerichtsstand aus Art. 5 Nr. 1 EuGVÜ an seinem jeweiligenWohnort zustand.[897]

Die *de Bloos/Bouyer* Rechtsprechung des EuGH wurde von den nationalen Gerichten und vom Schrifttum kritisiert,[898] denn die Vorteile eines einheitlichen Vertragsgerichtsstandes für das gesamte Rechtsverhältnis liegen auf

---

[895] *Jayme/Kohler*, IPRax 1999, S. 401 (405) und *Kohler*, Vom EuGVÜ zur EuGVVO: Grenzen und Konsequenzen der Vergemeinschaftung, in Festschrift für Geimer, S. 461 (476) sprechen von einer Korrektur der de Bloos/Bouyer Rechtsprechung.

[896] EuGH 6.10.1976 – Rs. 14/76, de Bloos/Bouyer, Slg. 1976, S. 1497; EuGH 15.01.1987 – Rs. 266/85, Shenavai/Kreischer, Slg. 1986, S. 239.

[897] *Schlosser*, EuGVÜ, Art. 5 EuGVÜ Rn. 7 macht darauf aufmerksam, dass dies zumindest für einfache Verträge gilt.

[898] Ausführlich bereits § 3 C.

der Hand: Wenn nur ein Gericht für den gesamten Rechtsstreit zuständig ist, muss die Beweisaufnahme bei mehreren streitigen Ansprüchen nur einmal durchgeführt werden. Dadurch sind die Gerichtsverfahren kürzer und kostengünstiger.[899] Der Kläger muss nicht mehr Ansprüche, die im Zusammenhang stehen, aber verschiedene Erfüllungsorte haben, vor unterschiedlichen Gerichten geltend machen. Außerdem ist ein einheitlicher Gerichtsstand für die Parteien einfacher vorherzusehen und steigert deshalb die Rechtssicherheit.

Der EuGH machte nur für Arbeitsrechtssachen eine Ausnahme von der *de Bloos/Bouyer* Rechtsprechung. Alle Ansprüche aus Arbeitsverhältnissen konnten am Erfüllungsort der vertragstypischen Verpflichtung eingeklagt werden.[900] Diese Ausnahme rechtfertigte er mit der sozial schwächeren Stellung des Arbeitnehmers.

II. Einheitlicher Erfüllungsort

Art. 5 Nr. 1 lit. b EuGVO gibt die *de Bloos/Bouyer* Grundsätze auf. In Zukunft wird es für Klagen aus Kauf- und Dienstleistungsverträgen nur einen einzigen Vertragsgerichtsstand für alle eingeklagten Ansprüche geben. Dies ergibt sich zwar nicht eindeutig aus dem deutschen Wortlaut der Vorschrift. Dort wird nur vom „Erfüllungsort der Verpflichtung" gesprochen. Die Begründung der Kommission zur EuGVO[901] und die anderen Sprachfassungen von Art. 5 Nr. 1 lit. b. EuGVO[902] stellen aber klar, dass die *de Bloos/Bouyer* Grundsätze aufgegeben wurden: Für alle Klagen aus Kaufverträgen ist nun das Gericht am Lieferort der Sache, für alle Klagen aus Dienstleistungsverträgen ist nun das Gericht am Erbringungsort der Dienstleistung zuständig. Ein gesonderter Gerichtsstand für Zahlungsansprüche

---

899 *Hackenberg*, Der Erfüllungsort von Leistungspflichten unter Berücksichtigung des Wirkungsortes von Erklärungen im UN-Kaufrecht und der Gerichtsstand des Erfüllungsortes im deutschen und europäischen Zivilprozeßrecht, S. 202.

900 Zunächst EuGH 26.05.1982 – Rs. 133/81, Ivenel/Schwab, Slg. 1982, S. 1891. Diese Rechtsprechung wurde dann im EuGVÜ in Art. 5 Nr. 1 Halbsatz 2 EuGVÜ kodifiziert, und wird jetzt in Art. 18 ff. EuGVÜ geregelt. Der Erfüllungsort für Arbeitsstreitigkeiten ist der Ort, an dem der Arbeiter für gewöhnlich seine Arbeitsleistung verrichtet.

901 Die Kommission machte den Vorschlag des Gesetzestextes. Vgl. zu Art. 5 Nr. 1 EuGVO Begründung der Kommission, KOM (1999), 348, S. 1 (7, 15)

902 *Jayme/Kohler*, IPRax 1999, S. 401 (405). in der französischen Fassung z.B. spricht man in Art. 5 Nr. 1 lit. a und b EuGVO von der „obligation qui sert de base à la demande", und macht somit klar, dass damit jede klagebegründende Verpflichtung denselben Erfüllungsort hat.

steht den Parteien zumindest für diese Vertragsarten nicht mehr zur Verfügung.[903] Stattdessen werden Liefer- und Erbringungspflichten stärker als Geldzahlungspflichten gewichtet. Der Gerichtsstand am Erfüllungsort der Geldzahlungspflicht war schon vor der Reform stark kritisiert worden. Er führte oft zu einem sach- und beweisfernen Klägergerichtsstand und wurde deshalb für Dienstleistungs- und Kaufverträge durch die Reform zu Recht aufgegeben.

Es macht in Zukunft keinen Unterschied mehr, wo der Erfüllungsort der im konkreten Fall streitigen Verpflichtung ist, wenn ein Kauf- oder Dienstleistungsvertrag Grundlage des Rechtsstreits ist.[904] Wenn der Verkäufer den Kaufpreis einklagt, ist am Lieferort der Sache zu klagen. Das gleiche gilt auch, wenn der Käufer die Lieferung der Sache verlangt. Maßgeblich für den Gerichtsstand des Art. 5 Nr. 1 lit. b EuGVO ist allein der Liefer- oder Erbringungsort des gesamten Vertrags.

Nur die deutsche Fassung von Art. 5 Nr. 1 lit. b EuGVO lässt die Aufgabe der *de Bloos/Bouyer* Rechtsprechung nicht deutlich genug erkennen, deshalb sollte sie korrigiert werden.[905] Das könnte zum Beispiel so erfolgen:

Formulierungsvorschlag für Art. 5 Nr. 1 lit. b EuGVO:

> Im Sinne dieser Vorschrift - und sofern nichts anderes vereinbart worden ist - ist der Erfüllungsort *des gesamten Vertragsverhältnisses*
> - für den Verkauf beweglicher Sachen der Ort in einem Mitgliedsstaat, an dem sie nach dem Vertrag geliefert worden sind oder hätten geliefert werden sollen.
> - für die Erbringung von Dienstleistungen der Ort in einem Mitgliedsstaat, an dem sie nach dem Vertrag erbracht worden sind oder hätten erbracht werden müssen.

---

[903] *Jayme/Kohler*, IPRax 1999, S. 401 (405).

[904] *Czernich*, wbl 2002, S. 337 (339); *Eltzschig*, IPRax 2002, S. 491 f.; *Hau*, IPRax 2000, S. 354 (360); *Kropholler/von Hinden,* Die Reform des europäischen Gerichtsstands am Erfüllungsort (Art. 5 Nr. 1 EuGVÜ), in Gedächtnisschrift für Lüderitz, S. 401 (406); *Gottwald*, Internationales Zivilprozessrecht, § 3 Rn. 49; *Markus*, SZW 1999, S. 205 (212); *Musielak/Weth*, Art. 5 EuGVO Rn. 7.

[905] *Kropholler/von Hinden,* Die Reform des europäischen Gerichtsstands am Erfüllungsort (Art. 5 Nr. 1 EuGVÜ), in Gedächtnisschrift für Lüderitz, S. 401 (406). *Czernich,* wbl 2002, S. 337 (339) bezeichnet das ganze als „seltsam“.

C. *Auslegung des Liefer- und Erbringungsortes*

Der Inhalt einer Rechtsnorm wird durch Auslegung ermittelt.[906] Den Begriffen Lieferort und Erbringungsort kann zunächst keine eindeutige Bedeutung zugewiesen werden. Sie müssen deshalb durch Auslegung näher bestimmt werden.[907]

Für die Auslegung des Gemeinschaftsrechts sind die vier klassischen Auslegungsmethoden anzuwenden: die Wortlautauslegung bzw. grammatische Auslegung, die historische Auslegung, die systematische Auslegung und die teleologische Auslegung. Daneben wird auf die rechtsvergleichende Interpretation zurückgegriffen, wobei auf die für das Gemeinschaftsrecht und für internationales Einheitsrecht kennzeichnende Besonderheiten zu achten ist.[908] Die Gewichtung der Auslegungsmethoden entspricht auch der Gewichtung im nationalen Recht: Im Allgemeinen hat die teleologische Auslegung die größte Bedeutung.[909]

Dabei muss entschieden werden, ob ein Rechtsbegriff durch Rückgriff auf das nationale Recht bestimmt wird, oder ob er autonom, d.h. ohne Rückgriff auf nationales Recht definiert wird. Dabei ist zwischen zwei Ebenen zu unterscheiden: Zunächst muss geklärt werden, ob der Liefer- bzw. Erbringungsort autonom zu definieren ist. Wenn ja, ist die eigentliche autonome Auslegung durchzuführen, die auf teleologischer Ebene auf den Sinn und Zweck der Vorschrift und der Verordnung abgestellt.[910] Inzwischen bevorzugt der EuGH grundsätzlich die autonome Auslegung. Dennoch ist die Entscheidung für oder gegen die Auronome Auslegung für jeden Rechtsbegriff gesondert zu treffen.[911]

---

[906] *Cieslik*, Die Methodik des Gerichtshofs der Europäischen Gemeinschaften bei der Auslegung des Europäischen Gerichtsstands- und Vollstreckungsübereinkommens, S. 1; *Staudinger/Coing*, Einleitung zum BGB, Rn. 120.

[907] *Gsell*, IPRax 2002, S. 484 (486).

[908] *Kropholler*, Europäisches Zivilprozeßrecht, Einleitung zur EuGVO, Rn. 42. Siehe zu den vier Auslegungsmethoden *Bydlinski*, Juristische Methodenlehre und Rechtsbegriff, S. 437 ff.; *Larenz*, Methodentheorie der Rechtswissenschaft, S. 320 ff.; *Rüthers*, Rechtstheorie, S. 392 ff. Nachweise für die Anwendung der Auslegungsmethoden im Europarecht, siehe *Kropholler*, Die Auslegung von EG-Verordnungen zum Internationalen Privat- und Verfahrensrecht - eine Skizze, in Aufbruch nach Europa - 75 Jahre Max-Planck-Institut für Privatrecht, S. 583 ff.

[909] *Schack*, ZZP 107 (1994), S. 279 (283).

[910] Siehe ausführlich *Scholz*, Das Problem der autonomen Auslegung des EuGVÜ, S. 7 f.

[911] EuGH 6.10.1976 – Rs. 12/76, Tessili/Dunlop, Slg 1976, S. 1473 (1485).

I. Wortlautauslegung/Grammatische Auslegung

1. Wortlautargumente für eine autonome Auslegung des Liefer- /Erbringungsortes

Es ist zu untersuchen, ob der Wortlaut des Art. 5 Nr. 1 lit. b EuGVO bereits eine Entscheidung für oder gegen eine autonome Definition des Liefer- und des Erbringungsortes trifft.

Scholz[912] untersucht, unter welchen Umständen aus dem Wortlaut einer Vorschrift des EuGVÜ erkannt werden kann, ob diese autonom auszulegen ist. Er unterscheidet dabei zwischen eindeutigen Fällen und starken bzw. schwachen Wortlautargumenten. Ein eindeutiger Fall[913] liegt vor, wenn bereits der Wortlaut des Art. 5 Nr. 1 lit. b EuGVO den Rückgriff auf nationales Recht ausschließen oder gebieten würde. Art. 5 Nr. 1 lit. b EuGVO trifft in seinem Wortlaut keine solche ausdrückliche Entscheidung. Deshalb liegt keine eindeutige Entscheidung für oder gegen eine autonome Auslegung des Liefer- bzw. Erbringungsortes vor.

Es könnte aber ein starkes Wortlautargument[914] zugunsten der autonomen Auslegung des Liefer- und Erbringungsortes vorliegen. Ein starkes Wortlautargument liegt nach *Scholz*[915] vor, wenn der zu untersuchende Begriff benutzt wird, um einen anderen Begriff der Verordnung näher zu definieren. Der Lieferort und der Erbringungsort sind Bestandteil der Definition des Erfüllungsortes in Art. 5 Nr. 1 lit. b EuGVO, der dadurch autonom aus der Verordnung definiert wird („Erfüllungsort ... ist der Lieferort einer Sache ... und der Erbringungsort einer Dienstleistung“). Damit ist zwar immer noch nicht eindeutig, ob der Liefer- und Erbringungsort autonom auszulegen sind. Ihre Benutzung in einer autonomen Definition lässt eher darauf schließen, dass auch alle Folgefragen, die sich aus der autonomen Definition des Erfüllungsortes ergeben, autonom aus der Verordnung zu entscheiden sind. Nur so kann die Rechtsvereinheitlichung gewährleistet

---

912 *Scholz*, Das Problem der autonomen Auslegung des EuGVÜ, S. 49.

913 *Scholz*, Das Problem der autonomen Auslegung des EuGVÜ, S. 49 untersucht in welchen Fällen sich aus dem Wortlaut ergibt, ob für einen Begriff autonome oder eine andere Auslegung zu wählen ist.

914 *Scholz*, Das Problem der autonomen Auslegung des EuGVÜ, S. 49.

915 *Scholz*, Das Problem der autonomen Auslegung des EuGVÜ, S. 56. Dabei benutzt er jedoch auch systematische Argumente.

werden, die der europäische Gesetzgeber durch eine autonome Definition des Erfüllungsortes angestrebt hat. Somit liegt ein starkes Wortlautargument zugunsten der autonomen Auslegung vor.

Ein schwaches Wortlautargument[916] läge bei Vorschriften vor, in welchen ein Begriff lediglich isoliert genannt wird. So benutzt beispielsweise Art. 1 EuGVO die Begriffe der Handels- und Zivilsachen, ohne diese näher zu erklären. In solchen Fällen kann man sich gar nicht am Wortlaut orientieren, um Argumente für oder gegen die autonome Definition abzuleiten. Der Wortlaut ließe sowohl eine Entscheidung für oder gegen die autonome Begriffsauslegung zu.

Der Wortlaut des Art. 5 Nr. 1 lit. b EuGVO weist also auf eine autonome Definition des Liefer- und des Erbringungsortes hin. Dieses Ergebnis ist jedoch nicht eindeutig und ist anhand der anderen Auslegungsmethoden zu überprüfen.

2. *Wortlautauslegung/grammatischen Auslegung des Liefer-/Erbringungsortes*

Die Wortlautauslegung hat immer am Beginn eines Auslegungsvorgangs zu stehen.[917] Diese Methode versucht, den Sinn der Vorschrift bei wörtlichem und logischem Verständnis der Norm zu ermitteln.[918] Bei mehrsprachigen Rechtsakten darf nicht nur eine Sprachfassung untersucht werden, es sind alle verbindlichen Sprachfassungen heranziehen und die einzelnen Begriffsinhalte miteinander zu vergleichen.[919] Oft erkennt der

---

[916] *Scholz*, Das Problem der autonomen Auslegung des EuGVÜ, S. 58.

[917] *Larenz*, Methodenlehre der Rechtswissenschaft, S. 305. Das gilt auf jeden Fall, wenn deutsche Gesetze ausgelegt werden. Obwohl die Wortlautauslegung bei Staatsverträgen sich um einiges schwieriger gestaltet aufgrund der verschiedenen Sprachfassungen, und wie *Martiny*, RabelsZ 45 (1981), S. 427 (444) treffend bemerkt, keine überragende Bedeutung hat, ist es sinnvoll auch bei mehrsprachigen Verordnungen oder Übereinkommen hiermit zu beginnen, um zu überprüfen, ob ein Grundkonsens vorliegt und eine Basis für die anderen Auslegungsmethoden zu schaffen. Der EuGH bestätigt diesen Ansatz in EuGH 23.03.1982 – Rs. 55/81, Levin, Slg. 1982, S. 1035 Rn. 9; EuGH 11.11.1997 – Rs. C-251/95, Sabèl/Puma, Slg. 1997, S. I-6191 Rn. 18.

[918] *Martiny*, RabelsZ 45 (1981), S. 427 (444).

[919] *Bülow/Böckstiegel/Geimer/Schütze/Auer*, Der internationale Rechtsverkehr in Zivil- und Handelssachen, Einleitung zum EuGVÜ Rn. 39.

Rechtsanwender erst durch diesen Textvergleich, dass die Auslegung der untersuchten Vorschrift problematisch ist.[920]
Art. 5 Nr. 1 lit. b EuGVO bestimmt, dass beim Verkauf beweglicher Sachen, an dem Ort zu klagen ist, an „dem sie nach dem Vertrag geliefert worden sind, oder hätten geliefert werden sollen". In Fällen, in welchen der Käufer die Verpflichtung trifft die Sache abzuholen, ergibt sich nach wörtlichem Verständnis der Norm der Lieferort am Verkäufersitz Ebenfalls unproblematisch gestaltet sich der Fall, wenn der Verkäufer verpflichtet ist dem Käufer die Sache an seinem Sitz zu bringen. Dabei liegt der Lieferort am Sitz des Käufers. Wo der Lieferort liegt, wenn der Verkäufer verpflichtet ist die Sache zu versenden, wird jedoch aus dem Wortlaut der Vorschrift nicht klar. Der Lieferort kann dann entweder am Bestimmungsort der Sache beim Käufer oder am Absendeort der Sache liegen. Dieser Problemfall ist im nachfolgenden zu untersuchen.

Die EuGVO ist in elf Sprachen abgefasst.[921] Diese sind allesamt verbindlich. Untersucht man die einzelnen Sprachfassungen des Art. 5 Nr. 1 lit. b EuGVO stößt man auf folgende Besonderheit: Je nach dem ob im Wortlaut der Vorschrift der Dativ oder der Akkusativ verwendet wird („...Ort an dem/den [die Sachen] geliefert worden sind..."), kann man unterschiedliche Schlüsse über den Lieferort beim Versendungskauf ziehen. Der Akkusativ („an den") wird benutzt, um eine Bewegung zu einem Ort hin zu beschreiben. Wenn der Akkusativ verwendet wird, spricht dies für den Bestimmungsort der Sachen als Lieferort. Ist die Sache noch am Absendeort, hätte noch keine Bewegung stattgefunden - die Verwendung des Akkusativs wäre unzulässig.

Der Dativ („an dem") dagegen bezeichnet die statische Lage einer Sache. Aus der Verwendung des Dativs lässt sich schließen, dass die Sache entweder noch nicht bewegt wurde oder aber bereits bewegt wurde. Die Bewegung wurde schon oder noch nicht vorgenommen und die Sache be-

---

[920] *Dölle*, RabelsZ 25 (1961), S. 4 f.; *Kropholler*, Europäisches Zivilprozeßrecht, Einleitung zur EuGVO, Rn. 43; *Kropholler*, Die Auslegung von EG-Verordnungen zum Internationalen Privat- und Verfahrensrecht - eine Skizze, in Aufbruch nach Europa - 75 Jahre Max-Planck-Institut für Privatrecht, S. 583 (590).

[921] In der Europäischen Gemeinschaft sind zurzeit zwölf Sprachen verbindlich. Europäische Rechtsakte werden deshalb normalerweise in zwölf Sprachen abgefasst. Die EuGVO ist nur in elf Sprachen abgefasst, weil Dänemark nicht daran teilnimmt. Eine Übersetzung in dänischer Sprache wurde jedoch vorsorglich angefertigt. Dadurch möchte man wohl auch die Dänen mit dem Inhalt der EuGVO vertraut machen, schließlich ist geplant den Inhalt der EuGVO durch die Schließung eines Übereinkommens auch auf Dänemark zu erstrecken.

findet sich nun in einer statischen Lage. Der Lieferort kann bei Verwendung des Dativs für den Versendungskauf sowohl am Absende-, wie auch am Bestimmungsort der Sache liegen.[922]

Die deutsche Sprachfassung von Art. 5 Nr. 1 lit. b EuGVO benutzt den Dativ und lässt damit offen, ob mit dem Lieferort der Absende- oder der Bestimmungsort der Sache gemeint ist.[923] Bei der Untersuchung des Wortlauts der Vorschrift darf jedoch nicht nur der Wortlaut der deutschen Fassung berücksichtigt werden, denn jede der elf Textfassungen der Verordnung ist gleichermaßen verbindlich. Die englischen Version („the place...where...the goods were delivered") kann sowohl als „Ort, an dem", wie auch als „Ort, an den" Sachen geliefert worden sind, übersetzt werden. Daraus ergibt sich weder eine Bestimmung des Lieferortes als Absendeort der Sache, noch als Bestimmungsort der Sache - beide Lösungen sind denkbar. Dasselbe ist gilt für die französische Fassung: Man kann das „où" in „le lieu...où...les marchandises ont été livrées" als „an den" oder „an dem" übersetzen und auch hier wird keine Entscheidung zwischen dem Absende- und dem Bestimmungsort der Sache getroffen.[924] Die italienische Fassung lautet: „il luogo...a cui in beni sono stati...consegnati" und ist als „der Ort an dem die Waren geliefert worden sind" zu übersetzen.[925] Auch das „en el que" in der spanischen Fassung kann mit „an dem" übersetzt werden. Damit benutzen diese zwei Sprachen den Dativ und lassen die Entscheidung zwischen Bestimmungs- und Absendeort der Waren offen.
Im Französischen und Englischen wäre eine Entscheidung zugunsten des Absende- oder des Annahmeortes der Sache grammatikalisch gar nicht möglich gewesen. Die deutsche, spanische und italienische Fassung hätten den Lieferort eindeutig am Bestimmungsort lokalisieren können, wenn darin der Akkusativ verwendet worden wäre. Es wird jedoch der Dativ verwendet, und es wird keine Entscheidung getroffen, ob der Lieferort am Absendeort oder am Bestimmungsort der Sachen sein soll.

---

[922] *Hager/Bentele*, IPRax 2004, S. 73 (75), anderer Ansicht *Piltz*, NJW 2002, S. 789 (793) der durch die Verwendung des Dativs nur den Absendeort als möglichen Lieferort für Art. 5 Nr. 1 lit. b EuGVO ansieht..

[923] Siehe *Piltz*, NJW 2002, S. 789 (793), der meint den Lieferort eindeutig am Absendeort der Sache aufgrund der in der deutschen Fassung gewählten grammatischen Konstruktion lokalisieren zu können. Dabei beschränkt er sich jedoch nur auf die Untersuchung der deutschen Fassung der Vorschrift

[924] *Hager/Bentele*, IPRax 2004, S. 73 f.

[925] *Hager/Bentele*, IPRax 2004, S. 73 f. machen darauf aufmerksam, dass „Ort an den die Waren geliefert worden sind" im Italinischen „il luogo...a cui...i beni sono stati...consegnati" heißen müsste.

Der Wortlaut der Vorschrift ist offen.[926] Es lässt sich hieraus weder eine Entscheidung zugunsten des Absende- noch zugunsten des Bestimmungsortes der Sache treffen. Diese Frage ist durch die anderen Auslegungsmethoden zu klären.

3. *Ergebnis*

Die Wortlautauslegung des Art. 5 Nr. 1 lit. b EuGVO ist unergiebig. Es ergibt sich nicht eindeutig, ob bei Versendungsfällen der Absende- oder Bestimmungsort der Sache mit dem Begriff Lieferort gemeint ist. Eine eindeutige Definition für den Liefer- und Erbringungsort muss mit Hilfe der anderen Auslegungsmethoden gefunden werden.

Der Wortlaut gibt jedoch einen starken Hinweis, dass die Begriffe Liefer- und Erbringungsort autonom auszulegen sind.

II. *Historische Auslegung*

1. *Materialien zum EuGVÜ*

Die historische Auslegung versucht den Normzweck einer Vorschrift aus dem Kontext ihrer Entstehungsgeschichte zu ermitteln.[927]

Zwischen dem EuGVÜ und der EuGVO besteht große inhaltliche Kontinuität. Das EuGVÜ ist der Vorläufer der Verordnung. Bei der historischen Auslegung können alle Materialien verwendet werden, die Schlüsse auf die Vorstellungen, Wertungen und Zwecke der Gesetzgeber zulassen.[928] Zu den einzelnen Beitrittsübereinkommen zum EuGVÜ wurden Berichte erstellt. Diese waren für die Auslegung des EuGVÜ sehr hilfreich,[929] denn sie

---

[926] *Hager/Bentele*, IPRax 2004, S. 73 (75).
[927] *Rüthers*, Rechtstheorie, Rn. 778.
[928] *Bydlinski*, Juristische Methodenlehre und Rechtsbegriff, S. 449.
[929] Dies sind der *Jenard*, Bericht zu dem Übereinkommen über die gerichtliche Zuständigkeit und die Vollstreckung gerichtlicher Entscheidungen in Zivil- und Handelssachen, ABl. EG 1979 Nr. C 59, S. 1 und der *Schlosser*, Bericht zu dem Übereinkommen über die gerichtliche Zuständigkeit und die Vollstreckung gerichtlicher Entscheidungen in Zivil- und Handelssachen, ABl. EG 1979 C 59, S. 71.

geben viele Hinweise, welche Ziele der Normgeber mit dem Erlass der einzelnen Vorschriften verfolgte.[930] Diese Berichte sind kein bindendes Recht und dienen nur als Auslegungshilfe.

Diese Berichte zum EuGVÜ können auch noch bei der historischen Auslegung der EuGVO als Hilfsmittel herangezogen werden, obwohl die Materie nicht mehr in einem Staatsvertrag,[931] sondern in einer europäischen Verordnung geregelt ist.[932] Die Begriff Liefer- und Erbringungsort werden jedoch erstmals in der Verordnung benutzt. Deshalb gibt es in den Berichten keine Hinweise, wie sie auszulegen sind.

2. *Dokumente zur EuGVO*

Bei der historischen Auslegung von EU-Recht kann auf alle Vorentwürfe und Protokolle zurückgegriffen werden, soweit sie öffentlich zugänglich sind.[933] Für die Auslegung von Art. 5 Nr. 1 EuGVO sind die Begründung des Kommissionsentwurfs vom 14.07.1999[934] und die Stellungnahme des Wirtschafts- und Sozialausschusses zum Kommissionsentwurf[935] zu berücksichtigen. Diese Dokumente sind öffentlich zugänglich.

Dabei ist jedoch folgende Besonderheit zu beachten: Die Begründung stammt nicht vom Normgeber, dies ist der Europäische Rat, sondern von der Kommission, die den Rechtsakt erarbeitet hat.[936] Dies gewinnt erst an

---

[930] Der Regelungswille der Gesetzgebung wird von *Rüthers*, Rechtstheorie, Rn. 783 als Kernziel der historischen Auslegung bezeichnet. Dieser Wille soll sich aus den Berichten ergeben: *Kropholler*, Europäisches Zivilprozeßrecht, Einleitung zur EuGVO Rn. 45. So auch *Cieslik*, Die Methodik des Gerichtshofs der Europäischen Gemeinschaften bei der Auslegung des Europäischen Gerichtsstands- und Vollstreckungsübereinkommens, S. 38. Anderer Ansicht ist *Besse*, Die Vergemeinschaftung des EuGVÜ, S. 73, der meint, dass die Berichte vor allem die Meinung der Berichterstatter wiedergeben und ihre Bedeutung der persönlichen Autorität der Berichterstatter verdanken.

[931] Zur Rechtsnatur des EuGVÜ siehe ausführlich ###.

[932] *Kropholler*, Europäisches Zivilprozeßrecht, Eineitung zum EuGVO Rn. 45.

[933] *Bleckmann*, NJW 1982, S. 1177 (1179).

[934] Begründung der Kommission, KOM (1999), 348.

[935] Stellungnahme des Wirtschafts- und Sozialausschusses zu dem „Vorschlag für eine Verordnung (EG) des Rates über die gerichtliche Zuständigkeit und die Anerkennung und Vollstreckung von Entscheidungen in Zivil- und Handelssachen", ABl. EG C 117 vom 26.04.2000, S. 7 Punkt 2.1.2.1.

[936] Dabei wurden die Ergebnisse der Arbeitsgruppe berücksichtigt.

Bedeutung, wenn eine Auslegung gegen die Begründung der Verordnung in Betracht gezogen wird.[937]
Die Begründung der Kommission beschäftigt sich eingehend mit Art. 5 Nr. 1 lit. b EuGVO: Dort wird zunächst festgestellt, dass die frühere Bestimmung des Erfüllungsortes in Art. 5 Nr. 1 EuGVÜ nach der lex causae problematisch war.[938] Deshalb sei der Erfüllungsort in Art. 5 Nr. 1 lit. b EuGVO nun autonom aus der Verordnung zu bestimmen, also ohne Rückgriff auf die Normen des nationalen Rechts.[939] „Erfüllungsort" soll in Art. 5 Nr. 1 lit. b EuGVO entweder der Lieferort einer Sache oder der Erbringungsort einer Dienstleistung sein. Die Gesetzesbegründung führt zu diesen Begriffen aus, dass es sich dabei um eine „pragmatische Bestimmung des Erfüllungsorts" handelt, „die auf einem rein faktischen Kriterium beruht."[940] Wenn der Liefer- und Erbringungsort solche Kriterien darstellen, dann müssen sie sich nur aus Tatsachen erschließen lassen und deshalb unabhängig vom materiellen Recht sein. Für den Liefer- und Erbringungsort ist demnach eine autonome Definition aus der Verordnung zu entwickeln.

Kennzeichnend für eine solche autonome Definition ist, dass sie unabhängig vom Recht der Vertragsstaaten ist und auch nicht hierauf verweist.[941] Der Liefer- und Erbringungsort ist also für Kauf- und Dienstleistungsverträge nicht wie früher der Erfüllungsort durch einen Verweis auf das materielle Recht der einzelnen Mitgliedsstaaten zu bestimmen. Stattdessen ist eine rein prozessuale Definition für diese Begriffe auszuarbeiten, die unabhängig von der lex causae ist.
Die Anleitung der Kommission erweist sich jedoch als schwierig umzusetzen: Im Schrifttum werden bereits eine Vielzahl von Definitionsvorschlägen für den Liefer- und Erbringungsort vorgeschlagen, die pragmatisch sind und alle auf faktische Kriterien gestützt werden. Bei einfachen Sachverhalten herrscht noch Einigkeit:

Beispiel 1: Der in Frankreich tätige Geschäftsmann K betritt ein Elektrofachgeschäft in Deutschland. Er kauft dort einen Taschenrechner. Der Taschenrechner wird ihm sofort übergeben.

Der Lieferort des Taschenrechners liegt - bei pragmatischer Bestimmung, die auf rein faktischen Kriterien beruht - in Deutschland. Dieses Beispiel ist

---

[937] Das wird ausführlich in § 7 B IV 2 geprüft.
[938] Begründung der Kommission, KOM (1999), 348, S. 1 (14).
[939] Begründung der Kommission, KOM (1999), 348, S. 1 (7, 14).
[940] Begründung der Kommission, KOM (1999), 348, S. 1 (7, 15).
[941] *Scholz*, Das Problem der autonomen Auslegung des EuGVÜ, S. 1.

einfach, weil lediglich Deutschland als möglicher Lieferort in Betracht kommt. Zu Frankreich – dem Sitz des Käufers – besteht überhaupt keine Verbindung. Oft kommen aber mehrere Orte als „Lieferort" in Frage.
Beispiel 2: V und K schließen fernmündlich einen Kaufvertrag über ein Buch ab. V wohnt in Deutschland, K in Frankreich. Beide vereinbaren, dass V dem K das Buch zusenden soll. V macht zwei Tage nach Vertragsschluss einen Ausflug nach Belgien und schickt von dort das Buch ab.

In diesem Fall weist der Vertrag Bezug zu mehreren Staaten auf. Es ist nicht eindeutig, welcher dieser Orte der Lieferort ist. Hierbei stößt der Lieferort als „rein faktisches Kriterium" an seine Grenzen: Denn welche faktischen, also tatsächlichen Kriterien sollen benutzt werden, um den Liefer- und Erbringungsort zu bestimmen? Ist der Lieferort in *Beispiel 2* Frankreich, weil dies der Ort ist, an dem der Käufer die Sache tatsächlich bekommt? Oder ist der Lieferort in Belgien, weil V das Buch dort abgeschickt und somit „abgeliefert" hat? Vielleicht ist es sogar Deutschland, denn K ging beim Vertragsschluss davon aus, V würde das Buch in Deutschland absenden. Alle drei hier angesprochenen „Lieferorte" stützen sich auf „faktische Kriterien", denn sie wurden alle ohne Rückgriff auf das materielle Recht irgendeines Staates bestimmt.

Aber nicht nur der angesprochene Versendungsfall wirft Probleme auf.

Beispiel 3: Unternehmer U aus Deutschland lädt kostenpflichtig Software von der Homepage des Unternehmers X aus Frankreich auf seinen PC.[942] *Er bezahlt per Kreditkarte.*

Auch diese Vertriebsart stellt den Begriff des Lieferortes - bzw. des Erbringungsortes, wenn eine individuell ausgearbeitete Software herunter geladen wird - vor weitere Herausforderungen. Ist der Erbringungsort in Frankreich, wo X seinen Sitz hat oder ist der Erbringungsort in Deutschland, wo U das Programm benutzen kann?

Es gibt also viele mögliche Definitionen des Liefer- oder Erbringungsortes, die auf rein faktischen Kriterien beruhen. Die Gesetzesbegründung liefert leider keine weiteren Anhaltspunkte für eine genaue Definition. Deshalb müssen die „faktischen" Kriterien durch normative ergänzt werden, damit

[942] Kontrahieren ein Verbraucher und ein Unternehmen gilt Art. 15 EuGVO, der die Zuständigkeit in Verbrauchersachen regelt.

eine eindeutige Definition gefunden wird.[943] Hierfür können die teleologische und systematische Auslegung hilfreich sein.

In der Stellungnahme des Wirtschafts- und Sozialausschusses zu Art. 5 Nr. 1 EuGVO wird hauptsächlich auf das „reibungslose Funktionieren des Binnenmarktes“ abgestellt und der Wortlaut von Art. 5 Nr. 1 EuGVO wiedergegeben. Dieses Dokument verdeutlicht den starken Binnenmarktbezug der Vorschrift, führt aber zu keinen neuen Erkenntnissen bezüglich der Auslegung des Liefer- und Erbringungsortes.

3. Art. 46 Nouveau Code de procédure civile

Im Schrifttum wird angenommen, dass Art. 46 Nouveau Code de procédure civile Art. 5 Nr. 1 lit. b EuGVO als Vorbild gedient hat.[944] Obwohl in den veröffentlichten Materialien zu Art. 5 Nr. 1 EuGVO kein Hinweis auf eine solche Vorbildfunktion zu finden ist, sind sich beide Vorschriften tatsächlich ähnlich. Für Art. 5 Nr. 1 EuGVÜ/Art. 5 Nr. 1 lit. a EuGVO diente dagegen der deutsche § 29 ZPO als Vorbild.[945] Dies hatte nicht nur Einfluss auf den Wortlaut des Art. 5 Nr. 1 EuGVÜ.[946] Der EuGH übernahm in seinen Entscheidungen zu Auslegungsfragen von Art. 5 Nr. 1 EuGVÜ auch oft Grundsätze, die von der deutschen Rechtsprechung zu § 29 ZPO entwickelt wurden. So wurde in Deutschland lange vor der *de Bloos/Bouyer* Entscheidung auf die streitige Verpflichtung abgestellt und kein einheitlicher Erfüllungsort für das gesamte Rechtsverhältnis bestimmt.[947] Es ist also möglich, dass sich der EuGH für die Auslegung von Art. 5 Nr. 1 lit. b EuGVO an die Rechtsprechung zu Art. 46 Nouveau Code de procédure civile orientiert. Deshalb ist diese Vorschrift mitsamt der dazugehörigen Rechtsprechung eingehend zu untersuchen. Dabei ist zu prüfen ob die dort entwickelten Grundsätze auch auf Art. 5 Nr. 1 lit. b EuGVO übertragen werden können.

---

[943] *Czernich*, wbl 2002, S. 337 (340).

[944] *Kropholler/von Hinden* Die Reform des europäischen Gerichtsstands am Erfüllungsort (Art. 5 Nr. 1 EuGVÜ), in Gedächtnisschrift für Lüderitz, S. 401 (404), *Leisle*, Dependenzen auf dem Weg vom EuGVÜ, über die EuGVVO, zur EuZPO, S. 65, 98.

[945] *Geimer*, Internationales Zivilprozeßrecht, 3. Aufl., Rn. 1481 ff.

[946] § 29 ZPO lautet:
„(1) Für Streitigkeiten aus einem Vertragsverhältnis und über dessen Bestehen ist das Gericht des Ortes zuständig, an dem die streitige Verpflichtung zu erfüllen ist.“

[947] Siehe § 29 ZPO, so schon RGZ 15, 435 ff.

a) *Gegenüberstellung von Art. 46 Nouveau Code de procédure civile und Art. 5 Nr. 1 EuGVO in der französischen Fassung*

Für den Vergleich mit Art. 46 Nouveau Code de procédure civile eignet sich die französische Fassung des Art. 5 Nr. 1 EuGVO am besten.

Art. 46 Nouveau Code de procédure civile lautet:

„Le demandeur peut saisir à son choix, outre la juridiction du lieu où demeure le défendeur :

- en matière contractuelle, la juridiction du lieu de la livraison effective de la chose ou du lieu de l'exécution de la prestation de service..."[948]

Die französische Fassung des Art. 5 Nr. 1 EuGVO lautet:

„Une personne domiciliée sur le territoire d'un État membre peut être attraite, dans un autre État membre:
a) en matière contractuelle, devant le tribunal du lieu où l'obligation qui sert de base à la demande a été ou doit être exécutée;
b) aux fins de l'application de la présente disposition, et sauf convention contraire, le lieu d'exécution de l'obligation qui sert de base à la demande est:
- pour la vente de marchandises, le lieu d'un État membre où, en vertu du contrat, les marchandises ont été ou auraient dû être livrées,
- pour la fourniture de services, le lieu d'un État membre où, en vertu du contrat, les services ont été ou auraient dû être fournis;
c) le point a) s'applique si le point b) ne s'applique pas.[949]"

---

[948] Ins Deutsche übersetzt lautet die Vorschrift: „Der Kläger kann nach seiner Wahl anrufen das Gericht, wo der Beklagte wohnt – und in Vertragsangelegenheiten das Gericht des Ortes, an dem die Sache tatsächlich geliefert oder die Dienstleistung ausgeführt ist." Übersetzung nach *Schack*, Der Erfüllungsort im deutschen, ausländischen und internationalen Privat- und Zivilprozeßrecht, Rn. 244.

[949] Hier noch einmal Artikel 5 Nr. 1 EuGVO auf Deutsch zum Vergleich:
Eine Person, die ihren Wohnsitz im Hoheitsgebiet eines Mitgliedstaats hat, kann in einem anderen Mitgliedstaat verklagt werden:
1. a) wenn ein Vertrag oder Ansprüche aus einem Vertrag den Gegenstand des Verfahrens bilden, vor dem Gericht des Ortes, an dem die Verpflichtung erfüllt worden ist oder zu erfüllen wäre;
b) im Sinne dieser Vorschrift - und sofern nichts anderes vereinbart worden ist - ist der Erfüllungsort der Verpflichtung

Vergleicht man den Wortlaut von Art. 5 Nr. 1 lit. b EuGVO und Art. 46 Nouveau Code de procédure civile, ist der französische Einfluss auf die europäische Vorschrift nicht zu übersehen.[950] Art. 5 Nr. 1 lit. b EuGVO übernimmt zwar nicht den ganzen Wortlaut des Art. 46 Nouveau Code de procédure civile, lehnt sich aber stark an ihn an. In beiden Vorschriften ergibt sich bereits aus dem Wortlaut,[951] dass ein einheitlicher prozessualer Erfüllungsort für Klagen aus Kauf- und Dienstleistungsverträgen geschaffen werden soll.

Früher war § 29 ZPO richtungsweisend für die europäische Rechtsprechung zu Art. 5 Nr. 1 EuGVÜ. Diese Rolle könnte nun Art. 46 Nouveau Code de procédure civile zufallen. Diese Vorschrift besteht seit 1975.[952] Seitdem hat sich eine umfangreiche Rechtsprechung entwickelt und auch die Literatur hatte Gelegenheit, sich eingehend mit Art. 46 Nouveau Code de procédure civile zu befassen.

Frankreich hat als einziges Land einen vom materiellen Recht unabhängigen Vertragsgerichtsstand entwickelt. Schon vor Erlass der EuGVO erregte Art. 46 Nouveau Code de procédure civile Aufmerksamkeit. Manche - vor allem deutsche Autoren - sprachen sich nach dessen Erlass für einen Erfüllungsort in Art. 5 Nr. 1 EuGVÜ aus, der nach dem Vorbild des Art. 46 Nouveau Code de procédure civile unabhängig vom materiellen Recht zu bestimmen ist.[953] Deshalb überrascht es nicht, dass Art. 46 Nouveau Code

- für den Verkauf beweglicher Sachen der Ort in einem Mitgliedstaat, an dem sie nach dem Vertrag geliefert worden sind oder hätten geliefert werden müssen;
- für die Erbringung von Dienstleistungen der Ort in einem Mitgliedstaat, an dem sie nach dem Vertrag erbracht worden sind oder hätten erbracht werden müssen;
c) ist Buchstabe b) nicht anwendbar, so gilt Buchstabe a).

[950] *Kropholler/von Hinden,* Die Reform des europäischen Gerichtsstands am Erfüllungsort (Art. 5 Nr. 1 EuGVÜ), in Gedächtnisschrift für Lüderitz, S. 401 (404), *Leisle*, Dependenzen auf dem Weg vom EuGVÜ, über die EuGVVO, zur EuZPO, S. 65 98.

[951] Mit „Wortlaut" ist der Wortlaut der französischen Fassung gemeint. Der deutsche Wortlaut lässt die Aufgabe der *de Bloos/Bouyer* Rechtsprechung dagegen nicht eindeutig erkennen, näher dazu bereits § 6 B II.

[952] Zur Rechtslage vor der Reform, *Cosnard*, La compétence territoriale en matière contractuelle, in Mélanges Hébraud, S. 208 ff.

[953] *Schack*, IPRax 1987, S. 215 (217 f.) bezüglich der Lieferpflicht; *Lüderitz*, Fremdbestimmte internationale Zuständigkeit? Versuch einer Neubestimmung von § 29 ZPO, Art. 5 Nr. 1 EuGVÜ, in Festschriftfür Zweigert, S. 233 (248 ff.).

de procédure civile der Kommission als Vorbild diente,[954] war er doch die einzige europäische Regelung, die der von der Kommission angestrebten Entwicklung eines vom materliellen Recht unabhängigen Erfüllungsortes nahe kommt.

bb) Vergleich des Wortlauts des Art. 5 Nr. 1 lit. b EuGVO und des Art. 46 Nouveau Code de procédure civile

Betrachtet man den Wortlaut des Art. 46 Nouveau Code de procédure civile und die französische Fassung des Art. 5 Nr. 1 lit. b EuGVO, fallen viele Ähnlichkeiten auf. Beide Vorschriften schaffen einen Vertragsgerichtsstand nur für Kauf- und Dienstleistungsverträge. Beide benutzen ähnliche Begriffe für die „Lieferung" (Art. 46 Nouveau Code de procédure civile spricht von einer „livraison", Art. 5 Nr. 1 lit. b EuGVO von „le merchandises ont été ... livrées"). Und sie schaffen für diese Vertragsarten einen einheitlichen Gerichtsstand am Erfüllungsort, also einen Gerichtsstand, an dem alle Verbindlichkeiten aus dem gesamten Vertragsverhältnis einzuklagen sind.

Es bestehen aber auch deutliche Unterschiede. Aus dem Wortlaut des Art. 46 Nouveau Code de procédure civile ergibt sich zunächst, dass er nur die „livraison effective" erfasst, also die tatsächlich erfolgte Lieferung. Aus dem Wortlaut kann gefolgert werden, dass Art. 46 Nouveau Code de procédure civile nur einschlägig ist, wenn die Lieferung bereits erfolgt ist.[955] Art. 5 Nr. 1 lit. b EuGVO besagt dagegen eindeutig, dass der Vertragsgerichtsstand auch dann einschlägig ist, wenn die Sache noch nicht geliefert worden ist. In diesen Fällen ist am Ort zu klagen, an den die Sache hätte geliefert werden sollen. Ferner fällt auf, dass für die Erbringung von Dienstleistungen in der französischen Fassung des Art. 5 Nr. 1 lit. b EuGVO und Art. 46 Nouveau Code de procédure civile keine deckungsgleichen Begriffe benutzt werden. Während in Art. 46 Nouveau Code de procédure civile die Rede von der „prestation de service" ist - also von der Erbringung von Dienstleistungen, spricht Art. 5 Nr. 1 lit. b EuGVO von der „fourniture de services" - also der „Lieferung" von Dienstleistungen. Dies ist ein Indiz dafür, dass Art. 5 Nr. 1 lit. b EuGVO zwar von Art. 46 Nouveau Code de

---

[954] *Kropholler/von Hinden* Die Reform des europäischen Gerichtsstands am Erfüllungsort (Art. 5 Nr. 1 EuGVÜ), in Gedächtnisschrift für Lüderitz, S. 401 (404), *Leisle*, Dependenzen auf dem Weg vom EuGVÜ, über die EuGVVO, zur EuZPO, S. 65, 98.

[955] Dieses Ergebnis wurde von der französischen Rechtsprechung jedoch korrigiert, Civ 3e vom 8.07.1992 in D. 1992, I.R. 224.

procédure civile beeinflusst wurde, aber beide Vorschriften von der Kommission nicht als deckungsgleich geplant waren.

cc) Vergleich der systematischen Stellung

Beim systematischen Vergleich ist zu bedenken, dass Art. 46 Nouveau Code de procédure civile eine nationale, Art. 5 Nr. 1 EuGVO dagegen eine europäische Rechtsnorm ist. Die „livraison effective“ des Art. 46 Nouveau Code de procédure civile wird beim Versendungskauf am Wohnort des Käufers lokalisiert. Die Zuordnung zum nationalen oder europäischen Recht gewinnt an Bedeutung, wenn die praktischen Auswirkungen eines „Käufergerichtsstands“ untersucht werden. Art. 46 Nouveau Code de procédure civile kann höchstens dazu führen, dass der Verkäufer am Wohnsitz des Käufers klagen muss. Dieser wird sehr häufig in Frankreich liegen.[956] Der Verkäufer müsste zwar an einem anderen Ort als seinem Wohnort klagen, dieser Ort läge aber immernoch in Frankreich, also in seinem Heimatland. Obwohl Frankreich kein kleines Land ist, halten sich die Unannehmlichkeiten für den Kläger damit in Grenzen. Dies ist aber anders zu beurteilen, wenn man die Größe der Europäischen Gemeinschaft berücksichtigt. Wenn ein schwedischer Verkäufer, der einen Versendungskauf mit einem Österreicher abgeschlossen hat, dazu gezwungen wird, in Österreich zu klagen, sieht die Lage anders aus. Deshalb sollte die französische Lösung nicht leichtfertig übernommen werden.

Das französische Prozessrecht sieht in Art. 46 Nouveau Code de procédure civile einen Vertragsgerichtsstand nur für Kauf- und Dienstleistungsverträge vor.[957] Auf europäischer Ebene existiert dagegen für alle Vertragsarten ein besonderer Gerichtsstand. Art. 5 Nr. 1 lit. b EuGVO trifft zwar eine Sonderregelung für Kauf- und Dienstleistungsverträge, Art. 5 Nr. 1 lit. a EuGVO begründet aber auch für alle restlichen Verträge einen Vertragsgerichtsstand. Bei der europäischen Regelung kommt der Definition von Kauf- und Dienstleistungsverträgen eine geringere Bedeutung als in Frankreich zu. In Frankreich könnte man eher geneigt sein, den Dienstleistungsvertrag weit auszulegen, um so für mehr Verträge einen

---

[956] Für alle Sachverhalte die eine Beziehung zu EU-Mitgliedsstaaten haben, gilt die EuGVO. Ist der Käufer nicht in der EU ansässig, dann gelten zu seinen Lasten die exorbitanten Gerichtsstände, und der Verkäufer kann in den meisten Fällen ein französisches Gericht anrufen, siehe Art. 14 Code Civile.

[957] Es bestehen Sonderregelungen für Verbraucher-, Arbeits- und Versicherunsverträge, wie mittlerweile in allen europäischen Rechtsordnungen.

Vertragsgerichtsstand zu begründen.[958] Im Gegensatz dazu können aus Art. 5 Nr. 1 EuGVO in der Regel[959] die Ansprüche aus jedem Vertrag am Vertragsgerichtsstand eingeklagt werden.

dd) Untersuchung des „lieu de la livraison effective de la chose" in Art. 46 Nouveau Code de procédure civile und teleologische Gegenüberstellung

Die „livraison effective" wird beim Versendungskauf am Bestimmungsort der Ware lokalisiert, obwohl dies im Wortlaut der Vorschrift nicht zwingend festgelegt ist. Art. 46 Nouveau Code de procédure civile trennt das Prozessrecht und das materielle Recht voneinander und stellt auf den tatsächlichen Lieferort ab.[960] Art 46 Nouveau Code de procédure civile bestimmt den Lieferort unabhängig von den Gefahrtragungspflichten des materiellen Rechts dort, wo der Käufer die Ware tatsächlich in Empfang nimmt.[961]

Diese Bevorzugung des Käufers ergibt sich aber nicht ausdrücklich aus dem Wortlaut des Art. 46 Nouveau Code de procédure civile. Als diese Vorschrift in den Nouveau Code de procédure civile aufgenommen wurde, ging die französische Literatur der Frage nach, wo der Ort der „livraison effective" zu lokalisieren sei. Dabei wurde festgestellt, dass es besonders

---

[958] Dieser Vorschlag wurde von *Kropholler*, Europäisches Zivilprozeßrecht, Art. 5 EuGVO Rn. 35 gemacht. Damit soll gesichert werden, dass die modernere Regelung, Art. 5 Nr. 1 lit. b EuGVO, auf möglichst viele Verträge angewandt wird. Dem muss jedoch widersprochen werden: In jedem Vertrag ist ein Dienstleistungselement enthalten, das aber oft nur eine untergeordnete Bedeutung hat. Man könnte also Art. 5 Nr. 1 lit. b EuGVO auf fast alle Verträge anwenden. Dies entsprich jedoch nicht dem Willen des Gesetzgebers, der Art. 5 Nr. 1 lit. a EuGVO als Auffangtatbestand konzipiert hat.

[959] Als Ausnahme ist die Entscheidung EuGH 19.02.2002 – Rs. 256/00, Besix SA/Wasserreinigungsbau Alfred Kretzschmar GmbH & Co. KG (WABAG) und Planungs- und Forschungsgesellschaft W. Kretzschmar GmbH 6 KG (PLAFOG), Slg. 2002, S. I-1699 zu nennen. Obwohl ein Vertrag bestand, konnte man Art. 5 Nr. 1 EuGVÜ nicht anwenden, denn die eingeklagte Pflicht wäre in allen Mitgliedsstaaten zu erfüllen gewesen. Diese Rechtsprechung ist nun zumindest nicht auf Kauf- und Dienstleistungsverträge anzuwenden: die charakteristische Pflicht ist hierbei nie an unbegrenzt vielen Orten zu erfüllen.

[960] C.A. Toulouse, Sem. Jur. 1984 IV 13.

[961] Cass.Com. Bull. Civ. 1980 IV Nr. 374; C.A. Rouen, Gaz. Pal. 1980.1 Somm. 81; Rép.proc.civ.Compétence, Nr. 86; *Cosnard*, La compétence territoriale en matière contractuelle, in Mélanges Hébraud, S. 208 (214 f.).

für den Versendungskauf schwierig ist einen Ort zu bestimmen, an dem die Lieferung („livraison effective") stattfindet.[962] Es ergaben sich die gleichen Probleme, die nun bei der Bestimmung des Lieferortes in Art. 5 Nr. 1 lit. b EuGVO auftreten. Es war auch in Frankreich fraglich, ob der Ort der „livraison effective" am Absende- oder am Bestimmungsort der Sache sein sollte.[963] Teilweise wurde vorgeschlagen, je nachdem, ob der Käufer oder der Verkäufer die Gefahr für den Transport trägt, am Absende- oder am Zielort Klage zu erheben.[964] Es sollte also nicht in jedem Fall auf den Bestimmungsort der Sache abgestellt werden.[965]

Die Rechtsprechung entschied dagegen, dass die „livraison effective" stets am Bestimmungsort der Sache zu lokalisieren ist. Dadurch wurde ein Käufergerichtsstand für den Versendungskauf geschaffen.[966] Wer das Transportrisiko trägt, wird von der Rechtsprechung als unbeachtlich angesehen, der Gerichtsstand ist stets am Bestimmungsort der Sache.[967]

Umstritten war eine zeitlang, ob der Kläger auch schon vor der Lieferung der Sache seine Ansprüche am Vertragsgerichtsstand des Art. 46 Nouveau Code de procédure civile geltend machen konnte. Dies wäre wiederum vor allem für den Käufer der Sache vorteilhaft. Wenn die Sache noch nicht geliefert wurde, könnte er trotzdem am Bestimmungsort der Sache klagen, also meist an seinem Wohnort oder seiner Niederlassung.

Wenn der Vertragsgerichtsstand vor der Lieferung abgelehnt wird, wie es die französische Rechtsprechung anfänglich tat, ist sichergestellt, dass der Vertragsgerichtsstand nur einschlägig ist, wenn er tatsächlich sach- und beweisnah ist. Diese Lösung kommt der Theorie des „alten" und „neuen" Standorts von *Schack* sehr nahe, weil beide Theorien einen Gerichtsstand am Bestimmungsort der Sache erst zulassen, wenn die Sache auch tatsächlich geliefert wurde.[968] Erst vor kurzem wurde in Frankreich aber entschieden, dass auch dann am Lieferort gemäß Art. 46 Nouveau Code de

---

[962] *Cosnard*, La compétence territoriale en matière contractuelle, in Mélange Hébraud, S. 207 (214 f.).
[963] *Cosnard*, La compétence territoriale en matière contractuelle, in Mélange Hébraud, S. 207 (214).
[964] C.A. Rouen, Gaz. Pal. 1980.1 Somm. 81.
[965] *Cosnard*, La compétence territoriale en matière contractuelle, in Mélange Hébraud, S. 207 (215).
[966] *Schack*, Der Erfüllungsort im deutschen, ausländischen und internationalen Privat- und Zivilprozeßrecht, Rn. 247.
[967] C.A. Rouen, Gaz. Pal. 1980.1 Somm. 81.
[968] Siehe § 4 G.

procédure civile geklagt werden kann, wenn die Lieferung noch nicht stattgefunden hat.[969] Der beabsichtigte Lieferort muss sich lediglich aus dem Vertrag ergeben. Diese Rechtsprechungsänderung wurde in der Literatur schon länger gefordert. Davon erhoffte man sich eine Annäherung des französischen Prozessrechts an die europäische Regelung des Art. 5 Nr. 1 EuGVÜ, die ebenfalls bereits vor der Lieferung der Sache den Vertragsgerichtsstand eröffnete.[970] In diesem Punkt haben sich beide Vorschriften angenähert.

4. *Ergebnis*

Die Begründung der Kommission ergibt eindeutig, dass die *Tessili/Dunlop* Rechtsprechung für die Fälle des Art. 5 Nr. 1 lit. b EuGVO aufgegeben wurde. In Zukunft müssen der Liefer- und Erbringungsort autonom aus der Verordnung bestimmt werden.

Die Gesetzesbegründung hat den Rechtsanwender mit dem Hinweis auf ein „rein faktisches Kriterium" verunsichert. Diese Festlegung führt nur dann zu eindeutigen Ergebnissen, wenn nur ein einziger Ort als Liefer- oder Erbringungsort in Frage kommt. Andernfalls schließt dieses Kriterium lediglich die Orte aus, die nichts mit der Vertragswirklichkeit zu tun haben. Sobald mehrere Orte eine Verbindung zum Vertrag aufweisen, stößt dieser Definitionsansatz an seine Grenzen.

Schon bei der Wortlautauslegung wurde eine Tendenz zugunsten der autonomen Auslegung des Erfüllungs- und Lieferortes festgestellt. Diese wird nun durch die Begründung der Kommission bestätigt.

Art. 46 Nouveau Code de procédure civile hat den neuen Art. 5 Nr. 1 lit. b EuGVO beeinflusst. Zwischen beiden Vorschriften bestehen aber deutliche Unterschiede im Wortlaut und in ihre systematische Stellung. Deshalb kann man die Auslegung des Lieferorts als Bestimmungsort der Sache nicht übernehmen, ohne zumnächst eine teleologische Auslegung des Begriffs „Lieferort" vorzunehmen.

III. *Systematische und teleologische Auslegung*

---

[969] Civ. 2e vom 18.01.2001, JCP 2001.IV.1413.

[970] *Cosnard*, La compétence territoriale en matière contractuelle, in Mélange Hébraud, S. 207 (214 f.).

Die systematische Auslegung untersucht die Stellung einer Vorschrift im gesamten Normgefüge.[971] Diese Auslegungsmethode stellt auf den Bedeutungszusammenhang ab, in dem eine Vorschrift steht.[972] Manchmal lassen sich bereits aus der äußeren Einordnung von Normen Informationen über ihre Bedeutung gewinnen. Bei der systematischen Auslegung ist sowohl die Stellung des Art. 5 Nr. 1 lit. b EuGVO in der Verordnung zu untersuchen, als auch dessen Verhältnis zum anderen Gemeinschaftsrecht.[973]

Der EuGH benutzte die systematische Auslegung häufig bei der Auslegung der Gerichtsstände. Er begründete beispielsweise mit systematischen Kriterien, dass für Gerichtsstands- und Erfüllungsortsvereinbarungen unterschiedliche Formerfordernisse existieren.[974]

Oft ist es schwierig, die systematische und teleologische Auslegung sauber voneinander zu trennen.[975] Dies lässt sich am folgenden Beispiel zeigen: Der EuGH stellte die Regel auf, dass die besonderen Gerichtsstände zugunsten des Gerichtsstands am Beklagtenwohnort, Art. 2 EuGVÜ eng auszulegen seien. Hierbei stützte er sich sowohl auf systematische Argumente - Art. 2 EuGVÜ sei die Regel, die besonderen Gerichtsstände die Ausnahme[976] - wie auch auf teleologische Argumente - der Beklagte müsse besonders geschützt werden.[977] Deshalb bietet es sich an, systematische und teleologische Auslegung zu verbinden.

Es wurde gezeigt, dass grammatische und historische Auslegungsmethoden nicht in der Lage sind, den Liefer- und Erbringungsort eindeutig zu definieren. Deshalb ist auf die systematische und teleologische Auslegung zurückzugreifen. Die teleologische Auslegung hat schon im nationalen Recht überragende Bedeutung[978] und wird auch vom EuGH in ständiger

---

[971] *Rüthers*, Rechtstheorie, Rn. 744 ff.

[972] *Kropholler*, Europäisches Zivilprozeßrecht, Einleitung zum EuGVO Rn. 44.

[973] Noch zum EuGVÜ *Schack*, Internationales Zivilverfahrensrecht, Rn. 90; *Kropholler*, Europäisches Zivilprozeßrecht, Einleitung zum EuGVO Rn. 44.

[974] EuGH 17.01.1980 – Rs. 56/79, Zelger/Salinitri, Slg. 1980, S. 89, 96. siehe hierzu § 9.

[975] *Scholz*, Das Problem der autonomen Auslegung des EuGVÜ, S. 77.

[976] EuGH 27.09.1988 – Rs. 189/87, Kalfelis/Bankhaus Schröder, Münchmeyer, Hengst u. a., Slg. 1988, S. 5565.

[977] EuGH 27.09.1988 – Rs. 189/87, Kalfelis/Bankhaus Schröder, Münchmeyer, Hengst u. a., Slg. 1988, S. 5565.

[978] *Kropholler*, Internationales Einheitsrecht, S. 276; *Kropholler*, Die Auslegung von EG-Verordnungen zum Internationalen Privat- und Verfahrensrecht - eine Skizze, in

Rechtsprechung benutzt.[979] Dabei erkannte er einen Vorrang der teleologischen Auslegung vor der historischen Auslegung an.[980]
Der Normgeber erlässt Normen, um dadurch bestimmte Ziele und Zwecke zu erreichen.[981] Bei der teleologischen Auslegung werden diese herausgearbeitet.[982] Die teleologische Auslegung europarechtlicher Vorschriften unterscheidet sich nur geringfügig von der Auslegung nationaler Rechtsnormen. Auch hierbei wird nach der ratio legis der Vorschrift gefragt.

Die EuGVO ist sekundäres Gemeinschaftsrecht und somit primärrechtskonform auszulegen.[983] Die primärrechtskonforme Auslegung enthält Elemente der systematischen und teleologischen Auslegung, indem Normen miteinander verglichen werden und das Sekundärrecht im Licht der Ziele der dazugehörigen Vertragsbestimmungen ausgelegt wird.[984]

1. Auslegung

Sinn und Zweck von Art. 5 Nr. 1 EuGVO ist es einen vorhersehbaren Gerichtsstand zu schaffen, der unabhängig vom materiellen Recht bestimmt wird. Die Zuständigkeit aus Art. 5 Nr. 1 lit. b EuGVO muss bereits bei Vertragsschluss für die Parteien vorhersehbar sein, damit sie das Risiko, ob sie einen Prozess im Ausland zu führen haben werden, frühzeitig abschätzen können.[985] Dies ermöglicht es den Parteien Vorsorge zu treffen und

---

Aufbruch nach Europa – 75 Jahre Max-Planck-Institut für Privatrecht, S. 583 (592); *Rest*, Interpretation von Rechtsbegriffen in internationalen Verträgen, S. 87.

979 *Kropholler*, Europäisches Zivilprozeßrecht, Einleitung zur EuGVO; *Wieczorek/Schütze/Hausmann*, Zivilprozeßordnung und Nebengesetze, Einleitung zum EuGVÜ Rn. 33; Siehe die Gerichtsentscheidungen EuGH 6.10.1976 – Rs. 14/76, de Bloos/Bouyer, Slg. 1976, S. 1497, Rn. 9/12; EuGH 4.03.1982 – Rs. 38/81, Effer S.p.A./Hans-Joachim Kantner, Slg. 1982, S. 825, Rn. 5 ff..

980 *Kropholler*, Europäisches Zivilprozeßrecht, Einleitung zur EuGVO, Rn. 45 unter Verweis auf EuGH 15.1.1985 - Rs. 241/83, Rösler/Rottwinkel, Slg. 1985, S. 99.

981 *Rüthers*, Rechtstheorie, Rn. 120; 718. Besonders oft wurden bei der Auslegung des EuGVÜ dessen Präambel und die Ziele, die sich aus Art. 220 EGV ergaben beachtet.

982 *Bydlinski*, Juristische Methodenlehre und Rechtsbegriff, S. 454 f.; *Larenz*, Methodenlehre, S. 319.

983 EuGH 21.03.1991 - Rs. C-314/89, Siegfried Rauh/Hauptzollamt Nürnberg-Fürth, Slg. 1991, S. I-1647 (1672); EuGH 4.12.1986 - Rs. 205/84, Kommission der Europäischen Gemeinschaften/Bundesrepublik Deutschland, Slg 1986, S. 3755 (3812).

984 *Anweiler*, Die Auslegungsmethoden des Gerichtshofs der Europäischen Gemeinschaften, S. 186.

985 *Schack*, Erfüllungsort im deutschen, ausländischen und internationalen Privat- und Zivilprozeßrecht, Rn. 339; *Hau*, IPRax 2000, S. 354 (358).

z.B. eine Gerichtsstandsvereinbarung abzuschließen, wenn sie mit der Regelung des Art. 5 Nr. 1 lit. b EuGVO nicht einverstanden sind.[986]

Sach- und Beweisnähe des Gerichtsstands am Erfüllungsort ist zwar wünschenswert, aber es wurde gezeigt, dass je nachdem welche Ansprüche eingeklagt werden, jeweils andere Orte beweis- und sachnah sind.[987]

2. *Unproblematische Fälle*

In vielen Fällen ist es eindeutig, wo der Lieferort lokalisiert werden muss. Schließt ein in Deutschland wohnhafter Verkäufer mit einem in Frankreich wohnhaften Käufer einen Kaufvertrag und holt der Käufer die Sache vereinbarungsgemäß in Deutschland ab, so liegt der Lieferort der Sache in Deutschland. Alle Ansprüche aus dem Kaufvertrag können deshalb gemäß Art. 5 Nr. 1 lit. b EuGVO in Deutschland eingeklagt werden. Fährt der deutsche Verkäufer dagegen nach Frankreich und liefert die Sache dort persönlich ab, so liegt der Lieferort der Sache eindeutig in Frankreich.

Der Erbringungsort von Dienstleistungen lässt sich oft ebenso einfach bestimmen: Nimmt der Dienstleistungsempfänger am Wohnort bzw. der Niederlassung des Dienstleisters die Dienstleistung in Empfang, so ist dies auch der zuständigkeitsbegründende Erbringungsort der Dienstleistung. Reist dagegen der Dienstleister zum Wohnort des Dienstleistungsempfängers und nimmt die Dienstleistung dort vor, ist auch der Erbringungsort dort.

Fälle, in denen sich Liefer- und Erbringungsort eindeutig bestimmen lassen, haben eines gemeinsam: Die Leistungshandlung und der Leistungserfolg bei den dargestellten Kauf- oder Dienstleistungsverträgen fallen in einem Land zusammen. Die Bestimmung des Liefer- oder Erbringungsortes anhand von Tatsachen erzielt in diesen Fällen vorhersehbare Ergebnisse, weil die vertragscharakteristische Leistung nur zu einem Staat Verbindungen aufweist.[988] Der „internationale“ Charakter dieser Verträge ergibt sich nur daraus, dass die Vertragspartner in verschiedenen Mitgliedsländern wohnen.

---

986 *Hau*, IPRax 2000, S. 354 (358).
987 Siehe dazu ausführlich § 2 B III.
988 In diesen Fällen ist aber der Lieferort sehr offensichtlich und war auch für die alte Regelung kaum problematisch.

Oftmals hat die Liefer- oder Erbringungspflicht aber zu mehreren Staaten eine enge Verbindung. Die Bestimmung des Liefer- und Erbringungsortes anhand von faktischen Kriterien ist in diesen Fällen schwierig.

3. *Lieferort beim Versendungskauf*

Für den Versendungskauf ist ein vorhersehbarer, möglichst sach- und beweisnaher Lieferort zu finden. Als Lieferort kommen der Absendeort der Sache und der Bestimmungsort der Sache in Betracht.

a) *Allgemeine Rechtsgrundsätze, die sich aus der Gesamtheit der innerstaatlichen Rechtsordnungen ergeben*

Um einen Begriff autonom zu definieren, zieht der EuGH bei vielen Entscheidungen die „allgemeinen Rechtsgrundsätze" heran, „die sich aus der Gesamtheit der innerstaatlichen Rechtsordnungen ergeben".[989]

Diese rechtsvergleichende Methode entwickelt Definitionen, indem sie versucht, die Gemeinsamkeiten und die Besonderheiten der einzelnen Rechtsordnungen zu berücksichtigen. Dabei zeigt die rechtsvergleichende Untersuchung eines Begriffs dem EuGH zunächst verschiedene Lösungsalternativen auf. Dadurch werden den Mitgliedsstaaten keine vollkommen neuartigen Lösungen zugemutet, die für sie nur schwer zu akzeptieren sind.[990] So wird die Akzeptanz der Entscheidungen des EuGH gesichert.[991] Divergieren die einzelstaatlichen Lösungen, so ist es möglich der Mehrheit zu folgen, den kleinsten gemeinsamen Nenner der Vorschriften zu finden oder einer einzelnen mitgliedsstaatlichen Lösung zu folgen, wenn sie dem Sinn und Zweck der Vorschrift besonders gut entspricht. Der EuGH entscheidet sich häufig für die letzte Variante. Er stellt teleologische

---

[989] Der EuGH verweist oft auf die allgemeinen Rechtsgrundsätze innerhalb der einzelnen Vertragsstaaten siehe EuGH 14.10.1976 – Rs. 29/76, LTU Lufttransportunternehmen GmbH & Co. KG/Eurcontrol, Slg. 1976, S. 1541; EuGH 22.2.1979 – Rs. 133/78, Gourdain/Nadler, Slg. 1979, S. 733. *Schmidt-Parzefall*, Die Auslegung des Parallelübereinkommens von Lugano, S. 54 sieht immer dann, wenn der EuGH von einer integrationsfreundlichen Auslegung spricht, lediglich die Anwendung der rechtsvergleichenden Methode.

[990] *Schack*, ZZP 107 (1994), S. 279 (283).

[991] *Schmidt-Parzefall*, Die Auslegung des Parallelübereinkommens von Lugano, S. 42.

Überlegungen an und folgt der Lösung, die am besten dem Sinn und Zweck der Vorschrift entspricht.[992]

Die Besetzung des EuGH - er besteht aus Richter der einzelnen Mitgliedsstaaten - erleichtert ein solches rechtsvergleichendes Vorgehen.[993] *Gsell*[994] lehnt eine rechtsvergleichende Auslegung des Liefer- und Erbringungsorts ganz ab, denn der europäische Gesetzgeber habe eine autonome Definition des Erfüllungsortes für prozessuale Fragen vorgesehen. Dies würde die rechtsvergleichende Untersuchung ausschließen. *Gsell* verkennt jedoch, dass die rechtsvergleichende Auslegung Teil der autonomen Auslegung ist. Der EuGH erfindet in den wenigsten Fällen Begriffe neu, wenn er diese autonom auslegt. Meistens bestimmt er sie gerade durch Rechtsvergleichung, indem er die Gemeinsamkeiten der einzelnen Rechtsordnungen herausarbeitet oder sogar eine besonders gelungene nationale Lösung komplett übernimmt. Dabei wird aber nicht explizit auf eine nationale Rechtsordnung verwiesen. Wenn die nationale Vorschrift geändert wird, hat dies bei einer autonomen Auslegung keine Auswirkungen auf den europäischen Begriff.

Dennoch stellt sich die Frage, ob die rechtsvergleichende Untersuchung des Begriffs „Erfüllungsort" ergiebig sein kann. Sie kann aus zwei Gründen scheitern: Zum einen könnten die Regelungen in den Mitgliedsstaaten so verschieden sein, dass überhaupt kein Grundkonsens auszumachen ist. Dies führte der EuGH zur Begründung des *Tessili/Dunlop* Urteils an.[995] Zum anderen gibt es in den nationalen Rechtsordnungen fast nur materiellrechtliche Vorschriften, die den Begriff „Erfüllungsort" benutzen. Nur Art. 46 Nouveau Code de procédure civile entwickelt einen selbständigen prozessualen Begriff des Erfüllungsorts. Die systematischen und teleologischen Unterschiede zwischen Art. 5 Nr. 1 EuGVO und dieser Vorschrift wurden jedoch gezeigt.[996]

Die unterschiedlichen Regelungen in den nationalen Rechtsordnungen sind zunächst kein Hindernis für die Anwendung der rechtsvergleichenden Auslegung. Die autonome Definition des Erfüllungsortes wird oft gerade deshalb gefordert, weil die Regelungen in den unterschiedlichen Ländern verschieden sind und nur eine autonome Definition das europäische Recht

---

[992] So schon in EuGH 6.10.1976 – Rs. 12/76, Tessili/Dunlop, Slg. 1976, S. 1473.
[993] *Schmidt-Parzefall*, Die Auslegung des Parallelübereinkommens von Lugano, S. 42,
[994] *Gsell*, IPRax 2002, S. 484 (487).
[995] EuGH 6.10.1976 – Rs. 12/76, Tessili/Dunlop, Slg 1976, S. 1473.
[996] Siehe § 6 C II 3.

vereinheitlichen kann. Für den autonomen Begriff kann aber untersucht werden, welche Lösungen die einzelnen Staaten anbieten, die Gemeinsamkeiten herausarbeiten und die für die Gemeinschaftsrechtsordnung sachgerechteste Lösung auswählen. Wenn die vergleichbaren Normen der nationalen Mitgliedsstaaten andere Interessen zu einem Ausgleich bringen wollen, als es die EuGVO beabsichtigt, könnte sich daraus allerdings sehr wohl ergeben, dass sich aus den einzelnen nationalen Rechtsnormen keine geeignete Lösung für die EuGVO entwickeln lässt. Es wurde bereits ausgeführt, dass die materiellen Erfüllungsortsbestimmungen sich in den einzelnen Ländern mit der Kosten- und Risikoverteilung zwischen den Parteien befassen, obwohl die tatsächliche Leistungserbringung durchaus an einem anderen Ort stattfinden kann.[997] Der prozessuale Erfüllungsort muss, wie ebenfalls gezeigt, andere Kriterien berücksichtigen. Die materiellen Gefahrtragungsvorschriften sind deshalb für eine prozessuale Definition ungeeignet und können deshalb nicht herangezogen werden.

aa) Ergebnis

Einen selbständigen prozessualen Begriff des Erfüllungsorts gibt es nur in Frankreich.[998] Dessen Wertung kann nicht ohne weiteres auf europäischer Ebene übernommen werden. Art. 46 Nouveau Code de procédure civile wurde in der historischen Auslegung bereits untersucht. Dort wurde zu bedenken gegeben, dass sich die Vorschrift von Art. 5 Nr. 1 lit. b EuGVO erheblich unterscheidet. Die nationalen materiellrechtlichen Vorschriften über den Erfüllungsort sind nicht zum Vergleich geeignet, denn sie verfolgen andere Interessen als der prozessuale Erfüllungsortbegriff.

---

[997] *Ancel*, Rev.crit.dr.int.pr. 89 (2000), S. 260 (262); *Buchner*, EWS 2000, S. 147, (149); *Leipold*, Internationale Zuständigkeit am Erfüllungsort - das neueste aus Luxemburg und Brüssel, in Festschrift für Lüderitz, S. 431 (438); *Kadner*, Jura 1997, S. 240 (245); Schlussanträge des Generalanwalts Lenz in Rs. 288/92, Custom Made Commercial/Stawa Metallbau, Slg. 1994, S. I-2913 Rn. 21.

[998] *Schack*, Erfüllungsort im deutschen, ausländischen und internationalen Privat- und Zivilprozeßrecht, Rn. 345.

b) Lieferort am Absendeort der Sache?

Es ist möglich den Lieferort beim Versendungskauf stets am Absendeort der Sache anzusiedeln.[999] Dabei würde man den Ort der Leistungshandlung und nicht den Ort des Leistungserfolgs als zuständigkeitsbegründend ansehen.

aa) Vorhersehbarkeit

Der Absendeort ist vorhersehbar, wenn es sich dabei um den Wohnort oder der Niederlassung des Verkäufers handelt. Will der Verkäufer hiervon abweichen, sollte sich dies nur dann auf den Gerichtsstand auswirken, wenn der Käufer mit dem abweichenden Absendeort bei Vertragsschluss rechnen musste. Grundsätzlich wird der Käufer von einem Versand am Verkäuferwohnort oder Niederlassung ausgehen. Aber der Verkäufer wird in vielen Fällen hiervon abweichen wollen, vor allem wenn sich die Sache an einem anderen Ort befindet. Ein solcher Ort wäre allerdings für den Käufer nicht vorhersehbar, wenn er von diesen Umständen keine Kenntnis hat. Will der Verkäufer nicht von seinem Sitz bzw. Wohnort versenden, sollte sich dies deshalb nur auf den Gerichtsstand auswirken, wenn der tatsächliche Absendeort dem Käufer bei Vertragsschluss bekannt war. Im Zweifel könnte ansonsten der Sitz oder der Wohnort des Verkäufers als Absendeort gelten.

Wenn man davon ausgeht, dass der Gerichtsstand bereits beim Vertragsschluss vorhersehbar sein sollte, ist problematisch ist, wo der Lieferort anzusiedeln ist, wenn der Verkäufer mehrere Niederlassungen hat und die Kaufsache nicht von der Niederlassung abgeschickt wird, über die der Käufer mit dem Verkäufer Kontakt hatte. In solchen Fällen hat der Käufer keinen Einblick in die Sphäre des Verkäufers und auch eine Fiktion des Absendeortes beispielsweise am Hauptsitz des Verkäufers kann zu unbefriedigenden Ergebnissen führen:

Der Käufer kann den Hauptsitz des Verkäufers nur schwer erkennen und lokalisieren. Diese schwere Vorhersehbarkeit für den Käufer würde zusätz-

---

[999] *Nagel/Gottwald*, Europäisches Zivilprozessrecht, § 3 Rn. 48; *Gsell*, IPRax 2002, S. 484 (491); *Leisle*, Dependenzen auf dem Weg vom EuGVÜ, über die EuGVVO, zur EuZPO, S. 101 ohne nähere Begründung. *Bajons*, Der Gerichtsstand des Erfüllungsortes: Rück- und Ausblick auf eine umstrittene Norm, in Festschrift für *Geimer*, S. 15 (43) Fn. 84, mit der Einschränkung, dass der Absendeort nur dann als Lieferort gilt, wenn an diesem Ort auch die letzte Verkäuferhandlung durchgeführt wird.

lich mit einem sehr bequemen Gerichtsstand für den Verkäufer einhergehen, weil dieser in der Regel sgroße Teile seines Verwaltungsapparats am Hauptsitz hat. In solchen Fällen auf die Niederlassung abzustellen, mit der der Käufer Kontakt hatte hat ebenfalls Nachteile. Der Verkäufer kann nicht mit Sicherheit sagen, ob der Käufer Kenntnis von der Hauptniederlassung hatte - der Gerichtsstand wird im höchsten Maße unvorhersehbar.

bb) Sach- und Beweisnähe

Siedelt man den Lieferort am Absendeort der Sache an, also regelmäßig am Verkäufersitz, wird für alle Streitigkeiten aus Kaufverträgen ein Gerichtsstand am Verkäufersitz eröffnet. Kaufpreiszahlungsklagen und Sachmängelklagen gehören dabei zu den wichtigsten Klagen. Wenn diese beiden Klagen beim alten Art. 5 Nr. 1 EuGVÜ am Verkäuferwohnsitz erhoben werden, wurde dies als besonders sach- und beweisferner Gerichtsstand kritisiert.[1000] Wenn der Kaufpreis einer Sache nicht bezahlt wurde, wird als Begründung oft die Mangelhaftigkeit der Kaufsache angeführt. Diese befindet sich nicht mehr beim Verkäufer.
Der Absendeort ist nicht als Lieferort geeignet. Er führt in zwei besonders wichtigen Fällen zu einem sach- und beweisfernen Gerichtsstand: Bei der Kaufpreisklage und bei Sachmängelklagen.

cc) Verkäufer als pauschal schutzwürdigere Partei?

Es wird versucht den Verkäufer als die pauschal schutzwürdigere Partei darzustellen. So zieht *Gsell* materiellrechtliche Normen heran, um diese Schutzwürdigkeit zu begründen.

Gsell[1001] geht davon aus, dass der Vertragsgerichtsstand am Lieferort des Art. 5 Nr. 1 lit. b EuGVO beim Versendungskauf stets eine der Prozessparteien bevorzugt. Sie schlägt vor, die Wertungen des materiellen Rechts zu

---

[1000] *Bajons*, Der Gerichtsstand des Erfüllungsortes: Rück- und Ausblick auf eine umstrittene Norm, in Festschrift für Geimer, S. 15 (34); *Schack*, IPRax 1987, S. 215. Der Gerichtsstand am Erfüllungsort ließe sich nur mit dem Argument des inneren Entscheidungseinklangs rechtfertigen, so *Schlosser*, EuGVÜ, Art. 5 EuGVÜ Rn. 1 und *Schlosser*, Vertragsautonome Auslegung, nationales Recht, Rechtsvergleichung und das EuGVÜ, in Gedächtnisschrift für Bruns, S. 45 (52 ff.).

[1001] *Gsell*, IPRax 2002, S. 484 (491), stellt Unterschied zwischen Prozess- und Vertragspartei fest.

übernehmen und den Gerichtsstand danach festzulegen, ob der Käufer oder der Verkäufer durch das materielle Recht bevorzugt wird. Als Ansatzpunkt wählt *Gsell* - anders als der EuGH in der *Tessili/Dunlop* Entscheidung - nicht die lex causae, sondern untersucht die European Principles of Contract Law (Art. 7:101)[1002] und die Unidroit-Principles of Commercial Contracts (Art. 6.1.6)[1003]. Art. 7:101 Principles of Contract Law und Art. 6.1.6 Unidroit-Principles of Commercial Contracts sehen den Verkäufer als schutzwürdigere Partei an. Sie sehen den Erfüllungsort der Sachlieferungspflicht an der Niederlassung des Verkäufers. *Gsell* übernimmt diese Wertung und der Lieferort gemäß Art. 5 Nr. 1 lit. b EuGVO soll demnach an der Niederlassung des Verkäufers sein.[1004]

Der methodische Ansatz von *Gsell* ist verfehlt. Sie vereinfacht ihre Untersuchung zunächst, indem sie nur Vorschriften untersucht, die aufgrund rechtsvergleichender Vorarbeiten zustande gekommen sind und deren Ziel die Vereinheitlichung nationalen Rechts ist. Sie berücksichtigt nicht, dass diese Vorschriften nur aufgrund von Kompromissen zustande gekommen sind, die Regelungen über Leistungsorte hingegen in den einzelnen Mit-

---

[1002] Die deutsche Fassung ist in ZEuP 2000, S. 675 abgedruckt. Ausführlich dazu *Lando/Beale*, Principles of European Contract Law, S. 329 ff.
Artikel 7:101 (ex art. 2:106): Leistungsort
(1) Ist der Leistungsort für eine vertragliche Verbindlichkeit weder im Vertrage bestimmt noch aufgrund des Vertrages bestimmbar, so ist es:
(a) im Falle einer Geldschuld der Ort, an dem der Gläubiger zur Zeit des Vertragsschlusses seine Niederlassung hat;
(b) bei einer anderen Verpflichtung als einer Geldschuld der Ort, an dem der Schuldner zur Zeit des Vertragsschlusses seine Niederlassung hat.
(2) Falls eine Partei mehr als eine Niederlassung hat, ist im Sinne des vorangehenden Absatzes diejenige Niederlassung maßgebend, die unter Berücksichtigung der bei Vertragsschluss den Parteien bekannten oder von ihnen in Betracht gezogenen Umstände die engste Beziehung zum Vertrag hat.
(3) Falls eine Partei keine Niederlassung hat, gilt ihr gewöhnlicher Aufenthaltsort als ihre Niederlassung.
[1003] Article 6.1.6 *(Place of performance)*
(1) If the place of performance is neither fixed by, nor determinable from, the contract, a party is to perform:
(a) a monetary obligation, at the obligee's place of business;
(b) any other obligation, at its own place of business.
(2) A party must bear any increase in the expenses incidental to performance which is caused by a change in its place of business subsequent to the conclusion of the contract.
[1004] *Gsell*, IPRax 2002, S. 484 (491).

gliedsstaaten sehr unterschiedlich ausgestaltet sind.[1005] Anstatt tatsächliche Kriterien bei der Bestimmung des Lieferortes zu berücksichtigen - wie in der Gesetzesbegründung verlangt - greift *Gsell* erneut auf das materielle Recht zurück. Das untersuchte materielle Recht sieht den Verkäufer als schutzwürdiger an. Dabei ist jedoch zu beachten, dass *Gsell* ausschließlich die Regelungen für die Erbringung der Sachleistung untersucht. Nur weil das materielle Recht den Verkäufer als schutzwürdiger bei der Erbringung der Sachleistung ansieht, bedeutet dies nicht automatisch, dass dies bei einer Betrachtung des gesamten Vertrags ebenso sein muss. Die von *Gsell* untersuchten Vorschriften sehen den Erfüllungsort der Geldleistung am Wohnort des Gläubigers. Dies erinnert an eines der größten Probleme[1006] vor der Reform des Art. 5 Nr. 1 EuGVÜ. Art. 57 CISG sah für Kaufpreisklagen den Gerichtsstand am Wohnort des Gläubigers vor und führte damit zu einem Klägergerichtsstand. Dieses Problem soll gerade durch die Aufgabe der *de Bloos/Bouyer* Rechtsprechung in der EuGVO gelöst werden. Statt auf den Erfüllungsort der einzelnen Lesitungen wird nun auf den Lieferort für den gesamten Vertrag abgestellt. Selbst wenn UN-Kaufrecht auf den Vertrag anzuwenden ist, muss in Zukunft der Erfüllungsort autonom aus der Verordnung bestimmt werden.[1007]

Der Hauptkritikpunkt an der angebotenen Lösung ist jedoch, der erneute Rückgriff auf das materielle Recht. *Gsell* berücksichtigt nicht, dass der Lieferort ein „rein faktisches Kriterium" sein soll, wie von der Gesetzesbegründung verlangt, weil sie meint, ohne rechtliche Betrachtungen kein interessengerechtes Ergebnis erzielen zu können. Stattdessen bemüht sie nur materiell-rechtliche Kriterien, denen aber keine prozessua-

---

1005 Die Abweichungen der einzelnen nationalen Rechte zu Art. 7:101 Principles of Contract Law stellen *Lando/Beale*, Principles of European Contract Law, S. 331 ausführlich dar.

1006 Siehe dazu EuGH 29.06.1994 – Rs. C-288/92, Custom Made Commercial/Stawa Metallbau, Slg. 1994, S. I-2913. *Kohler*, Die Revision des Brüsseler und des Luganer Übereinkommens über die gerichtliche Zuständigkeit und die Vollstreckung gerichtlicher Entscheidungen in Zivil- und Handelssachen - Generalia und Gerichtsstandsproblematik, in Revision des EuGVÜ - Neues Schiedsverfahrensrecht, S. 1 (12); *Kropholler/von Hinden,* Die Reform des europäischen Gerichtsstands am Erfüllungoort (Art. 5 Nr. 1 EuGVÜ), in Gedächtnisschrift für Lüderitz, S. 401 f.

1007 Dies ergibt sich aus der Aufgabe der Tessili/Dunlop Rechtsprechung. Vgl. die Begründung der Kommission, KOM (1999), 348, S. 1 (7, 15) und *Kropholler/von Hinden,* Die Reform des europäischen Gerichtsstands am Erfüllungsort (Art. 5 Nr. 1 EuGVÜ), in Gedächtnisschrift für Lüderitz, S. 401 (406).

len Wertungen zugrunde liegen.[1008] Wie vor der Reform wird der Erfüllungsort nach materiell-rechtlichen Gefahrtragungsvorschriften bestimmt und nicht aufgrund von prozessualen Wertungen.

Deshalb ist der Versuch den Verkäufer als die pauschal schutzwürdigere Partei darzustellen gescheitert.

dd) Ergebnis

Der Lieferort beim Versendungskauf kann nicht als Absendeort definiert werden. Er ist zum Teil bei Vertragsschluss unvorhersehbar, weil der Käufer keinen Einblick in die Organisation des Verkäufers hat und er nicht weiß, von wo die Sache abgesandt wird.

c) Lieferort am Bestimmungsort der Sache?

Es ist zu untersuchen, ob der Lieferort beim Versendungskauf als der Bestimmungsort der verkauften Sache definiert werden kann.[1009] Damit wäre der Ort zuständigkeitsbegründend, der dem Verkäufer als Empfangsadresse bekannt ist. Dies muss nicht der Ort sein, an dem der Käufer die Sache in Empfang nimmt - es ist auch eine Durchlieferung an einen Abnehmer des Käufers denkbar. Wenn man sich für diese Lösung entscheidet, würde dort geklagt werden, wo der Leistungserfolg eintritt und nicht dort, wo die Leistungshandlung des Verkäufers vorgenommen wird.

[1008] So *Hau*, IPRax 2000, S. 354 (358). Er lehnt die Schaffung eines europäischen Vertragsrechts ab, wie von *Jayme/Kohler,* IPRax 1999, S. 401 (405) vorgeschlagen, und fordert eine Besinnung auf die prozessualen Wertungen, die hinter dem Gerichtsstand am Erfüllungsort stehen.

[1009] *Hau*, IPRax 2000, S. 354 (358); *Kubis*, ZEuP 2001, S. 737 (750). So auch *Junker*, RIW 2002, S. 569 (572), wobei er eine Ausnahme beim UN-Kaufrecht macht. Erste Ansätze schon bei *Valloni*, Der Gerichtsstand des Erfüllungsortes nach dem Lugano- und Brüsseler-Übereinkommen, S. 293, der den Erfüllungsort in autonomer Auslegung eher als einen Erfolgsort verstehen will; vorgeschlagen auch von Generalanwalt Lenz in EuGH 29.06.1994 – Rs. C-288/92, Custom Made Commercial/Stawa Metallbau, Slg. 1994, S. I-2913.

aa) Vorhersehbarkeit

Setzt man den Lieferort beim Versendungskauf mit dem Bestimmungsort der Sache gleich, wird dadurch ein einheitlicher, für alle Beteiligten einfach zu bestimmender[1010] Gerichtsstand geschaffen.

Wenn der Käufer die Sache an einen anderen Ort als bei Vertragsschluss vereinbart versandt haben möchte, ist der vertragsgemäß vereinbarte Bestimmungsort der Sache als Lieferort anzusehen. Wird beim Vertragsschluss noch kein Bestimmungsort der Sache festgelegt und ergibt sich aus dem Vertrag, dass die Sache zu versenden ist, dann ist im Zweifel der Sitz bzw. Wohnort des Käufers als vertragsgemäßer Lieferort anzusehen.

bb) Sach- und Beweisnähe

Auch der Bestimmungsort der Sache ist nicht dazu geeignet für alle Streitpunkte aus einem Vertrag ein sach- und beweisnahes Forum bereitzustellen. Er eignet sich aber häufiger - insbesondere wenn sich die Sache noch am Bestimmungsort befindetnfür den Beweis von Sachmängeln. Deshalb ist der Bestimmungsort sach- und beweisnäher als der Absendeort.

cc) Bedenken gegen einen Käufergerichtsstand

Eine einseitige Begünstigung des Käufers durch den Lieferort als Bestimmungsort der Sache besteht nicht.[1011] Der Gerichtsstand am Bestimmungsort der Sache kann auch in einem dritten Staat liegen, der weder Wohnsitz des Käufers noch des Verkäufers ist. Ein in Deutschland wohnender Verkäufer kann beispielsweise mit einem in Frankreich wohnenden Käufer einen Vertrag abschließen, nach welchem die Sache nach Schweden zu versenden ist. Dies kann geschehen, weil der Endabnehmer des Käufers in Schweden wohnt oder weil der Käufer dort eine Niederlassung hat.

[1010] Wie noch zu zeigen ist, ist ein leicht bestimmbarer Gerichtsstand nicht unbedingt auch vom Vertragsschluss an vorhersehbar.
[1011] *Hau*, IPRax 2000, S. 354 (359).

dd) Eine Lieferung ist in mehrere Staaten zu erbringen[1012]

Es sind Fälle denkbar, in denen der Verkäufer Sachen in mehrere Länder versenden muss. *Hertz*[1013] stellt hierzu eine Reihe von möglichen Lösungsansätzen vor: Die Klage könne in jedem Mitgliedsstaat zugelassen werden, in dem die Leistung zu erbringen ist. Die Klage könne nur in dem Mitgliedsstaat erhoben werden, in dem der wichtigste Teil der Leistung zu erbringen ist. In jedem Mitgliedsstaat dürfe nur den Teil der Leistung eingeklagt werden, der dort zu erbringen sei. Oder es wird in diesem Fall kein Vertragsgerichtsstand zugelassen, weil kein einheitlicher Erfüllungsort feststellbar ist.

Es widerspricht der Konzeption der Verordnung gar keinen Gerichtsstand am Erfüllungsort anzunehmen.[1014] Die Ermittlung der wichtigen Teile der Leistung ist mit Rechtsunsicherheit verbunden. Es sollte die Lösung gewählt werden, die bestimmt dass in jedem Staat nur die dort erbrachte Leistung einklagbar ist. Diese Lösung führt zu einem vorhersehbarem Ergebnis und in vielen Fällen zu einem sach- und beweisnahen Gerichtsstand.

ee) „Lieferung" bis zur Grenze

Häufig einigen sich Käufer und Verkäufer darauf, dass der Verkäufer die Sache nur bis zu einem bestimmten Ort transportiert (z.B. eine Grenze) und ab dort der Käufer den Transport übernimmt. Dabei sind Käufer und Verkäufer selten selbst am Transport beteiligt, sie beauftragen stattdessen Speditionen. Dabei stellt sich die Frage, ob dieser Übergabeort der Lieferort der Sache ist.

Dieser Ort ist für beide Parteien vorhersehbar. Sie bestimmen den Ort der Übergabe selbst. Problematisch ist jedoch, ob Sach- und Beweisnähe vorliegt. An diesem Ort lässt sich nur beweisen, ob die Übergabe stattgefunden hat. Sachmängel lassen sich dort nicht beweisen, weil sich die Sache nur ganz kurz an diesem Ort befunden hat. Dieser Ort hat auch sehr wenig mit dem Vertrag zu tun und ist von den Parteien oft nur zufällig gewählt. Andererseits sind die Parteien selbst oder durch ihre Beauftragten (Speditionen)

[1012] *Kropholler*, Europäisches Zivilverfahrensrecht, Art. 5 EuGVO, Rn. 42.

[1013] *Hertz*, Jurisdiction in Contract and Tort under the Brussels Convention, S. 112 f.; bei *Kropholler*, Europäisches Zivilprozeßrecht, Art. 5 EuGVO Rn. 42 zusammengefasst.

[1014] *Kropholler*, Europäisches Zivilprozeßrecht, Art. 5 EuGVO, Rn. 42.

an diesem Ort anwesend. Der Verkäufer ist nicht bereit die Sache bis zum Käufer zu versenden, der Käufer ist nicht bereit die Sache beim Verkäuferabzuholen.

Aus Gründen der Vorhersehbarkeit ist dieser Übergabeort als Lieferort der Sache anzusehen. Wenn die Parteien dort nicht klagen möchten, weil ihnen der Gerichtsstand zu sach- und beweisfern erscheint, können sie entweder am allgemeinen Gerichtsstand klagen oder vorher eine Gerichtsstandsvereinbarung abschließen.

ff) Ergebnis

Wenn der Lieferort beim Versendungskauf am Bestimmungsort der Sache angesiedelt wird, führt dies zu einem vorhersehbarem und häufig auch zu einem sach- und beweisnahen Gericht.

4. Besonderheiten für den Ort an dem Dienstleistungen zu erbringen sind

Der Erbringungsort einer Dienstleistung ist nach den gleichen Grundsätzen wie der Lieferort einer Sache zu bestimmen. Der Erbringungsort ist am Ort anzusiedeln, an dem der Dienstleistungsempfänger die Dienstleistung vereinbarungsgemäß in Empfang nimmt.

Bei Verträgen über Dienstleistungen hat der Dienstleistungsempfänger oft keinen Einblick hat, wo der Dienstleister diese tatsächlich erbringt. Dies ist insbesondere dann der Fall, wenn es sich um eine Dienstleistung handelt, die weder an einen bestimmten Ort gebunden ist noch unter Mitwirkung des Dienstleistungsempfängers vor sich geht. Für den Dienstleistungsempfänger ist es in diesen Fällen schwierig vorherzusehen, wo die Dienstleistung erbracht wird, weil er grundsätzlich keine Einsicht in die Einflusssphäre des Dienstleisters hat.

Der Erbringungsort der Dienstleistung ist deshalb aus Gründen der Vorhersehbarkeit dort anzunehmen, wo der Dienstleistungsnehmer die Dienstleistung in Empfang nimmt.

5. *Vereinbarkeit des Ergebnisses mit europäischem Primärrecht*

Die Lokalisierung des Lieferortes am Bestimmungsort der Sache könnte gegen die Ziele der Warenverkehrsfreiheit verstoßen. Wenn ein Käufergerichtsstand geschaffen wird, kann dies dazu führen, dass die Exportbereitschaft von den Verkäufern abnimmt.[1015] Andererseits ist jedoch zu bedenken, dass auch die Ansiedlung des Lieferortes am Absendeort die Importbereitschaft der Käufer beeinträchtigen kann. Durch den käuferfreundlichen Gerichtsstand wird sogar die Importbereitschaft der Käufer erhöht und der freie Warenverkehr sogar gefördert.[1016] Deshalb verstößt die Auslegung des Lieferorts als Bestimmungsort der Sache nicht gegen europäisches Primärrecht.

D. *Ergebnis*

Der Lieferort bei Art. 5 Nr. 1 EuGVO liegt am Bestimmungsort der Sache. Der Erbringungsort liegt dort, wo die Dienstleistung in Empfang genommen wird.

[1015] *Hager/Bentele*, IPRax 2004, S. 73 (77).
[1016] *Hager/Bentele*, IPRax 2004, S. 73 (77).

§ 7: Die Auslegung von Art. 5 Nr. 1 lit. a EuGVO

Art. 5 Nr. 1 lit. a EuGVO stimmt fast wortwörtlich mit dem alten Art. 5 Nr. 1 EuGVÜ überein. Die Materie des EuGVÜ wird nun in einer Verordnung geregelt, so dass eine kleine Wortlautänderung zwingend vorzunehmen war. Länder, die an Staatsverträgen teilnehmen, werden als Vertragsstaaten bezeichnet. Rechtsakte der Europäischen Gemeinschaft richten sich dagegen an Mitgliedsstaaten. Deshalb musste der „Vertragsstaat" aus Art. 5 Nr. 1 EuGVÜ durch den „Mitgliedsstaat" in Art. 5 Nr. 1 lit. a EuGVO ersetzt werden.[1017]

Es ist im Folgenden zu untersuchen, ob und inwieweit die vom EuGH zu Art. 5 Nr. 1 EuGVÜ entwickelten Auslegungsgrundsätze auf Art. 5 Nr. 1 lit. a EuGVO anzuwenden sind.

A. Anwendungsbereich von Art. 5 Nr. 1 lit. a EuGVO

Art. 5 Nr. 1 lit. a EuGVO, der Art, 5 Nr. 1 EuGVÜ inhaltsgleich übernimmt, ist als Auffangtatbestand zu Art. 5 Nr. 1 lit. b EuGVO konzipiert.[1018] Aus Art. 5 Nr. 1 lit. c EuGVO ergibt sich, dass Art. 5 Nr. 1 lit. a EuGVO nur zur Anwendung kommt, wenn entweder kein Kauf- oder Dienstleistungsvertrag vorliegt oder der Erfüllungsort nicht im Geltungsbereich der EuGVO liegt.[1019]

Kauf- und Dienstleistungsverträge sind die wichtigsten Vertragstypen im internationalen Rechtsverkehr.[1020] Trotzdem führt dies nicht dazu, dass Art. 5 Nr. 1 lit. a EuGVO bedeutungslos sein wird. Er wird in Zukunft auf den Rechtskauf anzuwenden sein, denn Art. 5 Nr. 1 lit. b EuGVO erfasst nur den Kauf von beweglichen Sachen und nicht den Kauf von Rechten.[1021]

[1017] *Leipold*, Internationale Zuständigkeit am Erfüllungsort - das Neueste aus Luxemburg und Brüssel, in Gedächtnisschrift für Lüderitz, S. 431 (445). Dänemark ist nicht Mitgliedsstaat der EuGVO.
[1018] *Kropholler*, Europäisches Zivilprozeßrecht, Art. 5 EuGVO Rn. 22, 44.
[1019] Die Definition des Kauf- und Dienstleistungsvertrags wurde ausführlich in § 5 herausgearbeitet.
[1020] *Kropholler*, Europäisches Zivilprozeßrecht, Art. 5 EuGVO Rn. 30.
[1021] Siehe § 5 A II 1.

Deshalb fällt auch der Unternehmenskauf nicht unter Art. 5 Nr. 1 lit. b EuGVO. Art. 5 Nr. 1 lit. a EuGVO ist auch weiterhin bei Tausch, Miete und Leasing von beweglichen Sachen sowie bei der im wirtschaftlichen Rechtsverkehr eher seltenen Schenkung anzuwenden.

Außerdem zeigt der Wortlaut des Art. 5 Nr. 1 lit. b EuGVO, dass dieser nur anwendbar sein soll, wenn der Liefer- oder Erbringungsort eines Vertrags in einem Mitgliedsstaat liegt. Deshalb ist zu untersuchen, ob Art. 5 Nr. 1 lit. a oder lit. b EuGVO auf Verträge anzuwenden ist, deren Liefer- oder Erbringungsort sich in einem Drittstaat befindet, also einem Staat, der kein Mitgliedsstaat der Verordnung ist.

B. Änderung der Auslegung von Art. 5 Nr. 1 EuGVÜ gegenüber Art. 5 Nr. 1 lit. a EuGVO?

Vor allem zwei Punkte an der EuGH Rechtsprechung zu Art. 5 Nr. 1 EuGVÜ wurden - wie bereits ausführlich untersucht[1022] - zu Recht bemängelt: Zum einen bestand der EuGH darauf, den Erfüllungsort der jeweils im Fall streitigen Verpflichtung zu bestimmen, anstatt für alle Vertragsverbindlichkeiten einen einheitlichen Vertragsgerichtsstand vorzusehen (*de Bloos/Bouyers* Rechtsprechung).[1023] Zum anderen bestimmte er den Erfüllungsort nach der lex causae, also dem auf den Vertrag anwendbaren Recht (*Tessili/Dunlop* Rechtsprechung).[1024] Da diese Rechtsprechung vom EuGH trotz Möglichkeit nicht geändert wurde, kam es zur legislativen Neukonzeption. Art. 5 Nr. 1 EuGVÜ wurde aber in Art. 5 Nr. 1 lit. a EuGVO inhaltsgleich übernommen. Deshalb ist fraglich, ob die *Tessili/Dunlop* und die *de Bloos/Bouyers* Rechtsprechung des EuGH weiterhin für Verträge gelten wird, die keine Kauf- oder Dienstleistungsverträge sind.[1025]

Zu untersuchen ist, ob die Auslegung des Art. 5 Nr. 1 lit. a EuGVO zum gleichen Ergebnis wie vor der Reform der Vorschrift führt oder Art. 5 Nr. 1 lit. a EuGVO abweichend auszulegen ist.

[1022] Siehe dazu ausführlich § 3.
[1023] EuGH 6.10.1976 – Rs. 14/76, de Bloos/Bouyer, Slg. 1976, S. 1497.
[1024] EuGH 6.10.1976 – Rs. 12/76, Tessili/Dunlop, Slg. 1976, S. 1473.
[1025] Deshalb sieht es *Kropholler*, Europäisches Zivilprozeßrecht, Art. 5 EuGVO Rn. 23 als „nahe liegend“ an, diese Regeln weiterhin auf Art. 5 Nr. 1 lit. a EuGVO anzuwenden,.

I. *Wortlautauslegung/Grammatische Auslegung*

1. *Aufgabe der de Bloos/Bouyers Rechtsprechung?*

Aus der deutschen Fassung von Art. 5 Nr. 1 lit. a EuGVO ergibt sich nicht eindeutig, ob in Zukunft auf den Erfüllungsort der im Fall streitigen Verbindlichkeit oder auf den Erfüllungsort der vertragstypischen Verbindlichkeit abzustellen ist. Die deutsche Fassung spricht von einer Zuständigkeit am Ort, „an dem die Verpflichtung erfüllt worden ist oder zu erfüllen wäre." Dieser Wortlaut entspricht zwar genau dem Wortlaut des alten Art. 5 Nr. 1 EuGVÜ. Aber schon vor der Reform des Art. 5 Nr. 1 EuGVÜ ergab sich aus der deutschen Vorschrift nicht eindeutig, ob damit die streitige Verpflichtung gemeint ist. Nur wenn Art. 5 Nr. 1 EuGVÜ richtig betont wurde, konnte dies herausgelesen werden („Ort, an dem *die* Verpflichtung erfüllt worden ist oder zu erfüllen wäre." [1026]).[1027]

Für die Beibehaltung der *de Bloos/Bouyers* Rechtsprechung sprechen aber eindeutig die französische („l'obligation qui sert de base à la demande"), die englische („the obligation in question") und italienische Fassung („l'obbligazione dedotta in giudizio") des Art. 5 Nr. 1 lit. a EuGVO.

Als Ergebnis der Wortlautauslegung ist festzuhalten, dass in Zukunft immer noch auf den Erfüllungsort der im Fall streitigen Verpflichtung abzustellen ist. Eine abweichende Auslegung ist nicht zu erwarten, denn der Wortlaut einer Vorschrift gilt im Allgemeinen als Grenze für ihre Auslegung.[1028] Darüber setzte sich der EuGH nur für Arbeitsverträge hinweg, diese Rechtsprechung wurde jedoch bald in Art. 5 Nr. 1 2. Halbsatz EuGVÜ[1029] kodifiziert. Es ist deshalb nicht zu erwarten, dass der EuGH auf den Erfüllungsort der vertragscharakteristischen Verbindlichkeit abstellen wird.

[1026] Kursivdruck eingefügt durch die Verfasserin. Siehe auch *Geimer/Schütze*, Europäisches Zivilverfahrensrecht, Art. 5 EuGVÜ Rn. 55.

[1027] Die meisten Autoren sahen die deutsche Fassung als Beleg dafür, dass die streitige Verbindlichkeit maßgeblich für die Bestimmung des Erfüllungsortes sein sollte, *Valloni*, Der Gerichtsstand des Erfüllungsortes nach Lugano- und Brüsseler-Übereinkommen, S. 218.

[1028] *Bydlinski*, Juristische Methodenlehre und Rechtsbegriff, S. 441.

[1029] Nun Art.

2. *Aufgabe der Tessili/Dunlop Rechtsprechung?*

Der Wortlaut des Art. 5 Nr. 1 lit. a EuGVO spricht weder für die Bestimmung des Erfüllungsortes durch einen Verweis auf Normen des nationalen materiellen Rechts noch für eine autonome Definition aus der Verordnung. Deshalb gelangt man aufgrund der Wortlautauslegung zu keinem eindeutigen Ergebnis. Er lässt beides zu.

II. *Historische Auslegung*

1. *Aufgabe der Tessili/Dunlop Rechtsprechung?*

Der Gesetzesvorschlag zur EuGVO wurde von der Europäischen Kommission erarbeitet. Diesem Gesetzesvorschlag wurde eine ausführliche Begründung beigefügt.[1030] Die Kommission geht darin von der Beibehaltung der *Tessili/Dunlop* Rechtsprechung aus und sieht keine autonome Bestimmung des Erfüllungsortes in Art. 5 Nr. 1 lit. a EuGVO vor. Die geltende Regelung des EuGVÜ sollte durch Art. 5 Nr. 1 lit. a EuGVO beibehalten und nur für Art. 5 Nr. 1 lit. b EuGVO nicht mehr auf die lex causae zurückgegriffen werden.[1031]

Bei den langwierigen Verhandlungen während der Ausarbeitung der Reform konnte man sich nicht zu einer kompletten Reform der Vorschrift durchringen.[1032] Deshalb nahm die Kommission nur eine Reform für Kauf- und Dienstleistungsverträge in den Gesetzesvorschlag auf. Bei allen anderen Verträgen lag kein Konsens vor und die alte Regelung wurde wortwörtlich übernommen. Nach der historischen Auslegung ist somit von einer Beibehaltung der *Tessili/Dunlop* Rechtsprechung auszugehen.
Die historische Auslegung spricht für die Beibehaltung der *Tessili/Dunlop* Rechtsprechung.

1030 KOM (1999), 348.

1031 Begründung der Kommission, KOM (1999), 348, S. 1 (14).

1032 Ausführlich zu den Reformarbeiten *Kohler*, Die Revision des Brüsseler und des Luganer Übereinkommens über die gerichtliche Zuständigkeit und die Vollstreckung gerichtlicher Entscheidungen in Zivil- und Handelssachen - Generalia und Gerichtsstandsproblematik, in Revision des EuGVÜ - Neues Schiedsverfahrensrecht, S. 1 f.

III. Systematische Auslegung

1. Aufgabe der Tessili/Dunlop Rechtsprechung?

Soll Art. 5 Nr. 1 lit. a EuGVO systematisch ausgelegt werden, ist zunächst dessen Stellung innerhalb der Verordnung zu untersuchen.[1033] Dabei ist das Verhältnis zu Art. 5 Nr. 1 lit. b EuGVO besonders zu beachten. Bei der systematischen Auslegung von Vorschriften des EuGVÜ wird ihr Platz im Übereinkommen selbst untersucht.[1034] Stellte das EuGVÜ doch ein „kleines Rechtssystem in sich“ [1035] dar. Anerkannt war, dass zu dessen Auslegung sogar das europäische Gemeinschaftsrecht herangezogen werden durfte, obwohl das Übereinkommen von seiner Entstehung her kein Gemeinschaftsrecht war.[1036] Die EuGVO ist nun selbst sekundäres Gemeinschaftsrecht und auf jeden Fall im Lichte des Europäischen Gemeinschaftsrechts zu sehen.

Der Wechsel vom Staatsübereinkommen zur Verordnung könnte hierbei von Bedeutung sein. Zwar beeinträchtigt der Wechsel der Rechtsform normalerweise nicht die Kontinuität in der Interpretation solcher Rechtsnormen.[1037] Fraglich ist aber, ob dies auch für einen Übergang vom Staatsvertrag zum Gemeinschaftsrecht gelten kann. Die Auslegung völkerrechtlicher Verträge und des Gemeinschaftsrechts unterscheiden sich erheblich.[1038] Der Wechsel vom Staatsvertrag zur Verordnung könnte eine integrationsfreundlichere Auslegung des Begriffs Erfüllungsort erfordern und zu dessen autonomer Auslegung führen.

1033 EuGH 10.01.1980 – Rs. 69/79, Jordens-Vosters/Bedrijfsvereniging voor de Lederen Lederverwerkende Industrie, Slg. 1980, S. 75; *Kropholler*, Die Auslegung von EG-Verordnungen zum Internationalen Privat- und Verfahrensrecht - eine Skizze, in Aufbruch nach Europa – 75 Jahre Max-Planck-Institut für Privatrecht, S. 583 (591).

1034 *Kropholler*, Europäisches Zivilprozeßrecht, Einleitung zum EuGVÜ Rn. 35.

1035 *Kropholler*, Europäisches Zivilprozeßrecht, Einleitung zum EuGVÜ Rn. 35.

1036 EuGH 21.04.1993 - Rs. 172/91, Sonntag/Waidmann, Slg. 1993, S. 1963 Rn 24.

1037 *Kropholler*, Die Auslegung von EG-Verordnungen zum Internationalen Privat- und Verfahrensrecht - eine Skizze, in Aufbruch nach Europa - 75 Jahre Max-Planck-Institut für Privatrecht, S. 583 (589).

1038 *Besse*, Die Vergemeinschaftung des EuGVÜ, S. 68.

a) *Verhältnis von Art. 5 Nr. 1 lit. a EuGVO zu Art. 5 Nr. 1 lit. b EuGVO*

Wenn die *Tessili/Dunlop* Rechtsprechung für Art. 5 Nr. 1 lit. a EuGVO beibehalten wird, ist die Vorschrift durch einen inneren Bruch[1039] gekennzeichnet. Sie zerfällt künftig in einen reformierten und einen nicht reformierten Teil.[1040] Manche Autoren, bezeichneten den neuen Art. 5 Nr. 1 EuGVO deshalb als bemerkenswerte Fehlleistung.[1041] Die sich daraus ergebende Zweispurigkeit der Vorschrift ist tatsächlich wenig überzeugend,[1042] zumal eine sachliche Begründung dafür fehlt.[1043] Die neue Regelung wäre deshalb für den Anwender sehr kompliziert.[1044]

Dies führt dazu, dass es besonders wichtig ist, eine genaue Definition für den Kauf- und Dienstleistungsvertrag zu finden. Denn je nach dem vorliegenden Vertragstyp ändert sich die Methode, nach der sich der Erfüllungsort bestimmt.

Aufgrund der Zweispurigkeit[1045] hoffen viele Autoren auf das regulierende Eingreifen des EuGH.[1046] Obwohl keine legislative Neukonzeption dieses Teils der Vorschrift vorliegt, könnte auch Art. 5 Nr. 1 lit. a EuGVO im Lichte von Art. 5 Nr. 1 lit. b EuGVO ausgelegt werden.[1047] Um ein konzeptionell einheitliches System zu erreichen, wird vorgeschlagen, den Erfüllungsort in Art. 5 Nr. 1 lit. a EuGVO ebenfalls nach der vertragscha-

---

[1039] *Leipold*, Internationale Zuständigkeit am Erfüllungsort - das Neueste aus Luxemburg und Brüssel, in Gedächtnisschrift für Lüderitz, S. 431 (451).

[1040] *Czernich*, wbl 2002, S. 337.

[1041] *Czernich*, wbl 2002, S. 337.

[1042] *Jayme/Kohler*, IPRax 1999, S. 401 (405).

[1043] *Kropholler*, Europäisches Zivilprozeßrecht, Art. 5 EuGVO Rn. 25.

[1044] *Czernich*, wbl 2002, S. 337 f; *Leipold*, Internationale Zuständigkeit am Erfüllungsort - das Neueste aus Luxemburg und Brüssel, in Gedächtnisschrift für Lüderitz, S. 431 (451).

[1045] *Jayme/Kohler*, IPRax 1999, S. 401 (405); *Kohler*, Vom EuGVÜ zur EuGVVO: Grenzen und Konsequenzen der Vergemeinschaftung, in Festschrift für Geimer, S. 461 (478).

[1046] *Kohler*, Vom EuGVÜ zur EuGVVO: Grenzen und Konsequenzen der Vergemeinschaftung, in Festschrift für Geimer, S. 461 (483).

[1047] *Kropholler/v.Hinden*, Internationale Zuständigkeit am Erfüllungsort - das Neueste aus Luxemburg und Brüssel, in Gedächtnisschrift für Lüderitz, S. 401 (409).

rakteristischen Verpflichtung zu bestimmen.[1048] Dabei wird jedoch übersehen, dass dies nicht mit dem Wortlaut zu vereinbaren ist.
Die *Tessili/Dunlop* Rechtsprechung beizubehalten, wäre nicht sachgerecht, obwohl dies dem Kompromiss der Kommission entspricht, wenn man bedenkt, dass Art. 5 Nr. 1 lit. b EuGVO nur deswegen geschaffen wurde, um ihre Nachteile zu vermeiden.[1049] Wenn der Erfüllungsort auf zwei unterschiedliche Wege bestimmt werden muss, würde sich eine gespaltene Lösung für die Vorschrift ergeben.[1050]

b) Allgemeine Unterschiede der Auslegung von Staatsverträgen und sekundärem Gemeinschaftsrecht

Zwischen der Auslegung von Staatsverträgen und der Auslegung von sekundärem Gemeinschaftsrecht bestehen grundlegende Unterschiede. Die Wahrung der Souveränität der einzelnen Vertragsstaaten ist bei der Auslegung von völkerrechtlichen Verträgen besonders wichtig.[1051] Deshalb wird bei deren Auslegung sehr eng am Wortlaut festgehalten, und die historische Auslegung, die Rückschlüsse auf den Willen der Vertragsstaaten zulässt, bevorzugt. Die teleologische Methode, die den Sinn und Zweck der Vorschriften berücksichtigt und das Recht fortentwickeln kann, kommt dagegen nur subsidiär zur Anwendung.[1052] Auch die systematische Auslegung wird eingeschränkt betrieben. Deshalb werden bei der Auslegung eines völkerrechtlichen Staatsvertrags andere Übereinkommen zwischen den Parteien nicht betrachtet, es sei denn, dies war ausdrücklich im Staatsvertrag vorgesehen.[1053]

1048 *Jayme/Kohler*, IPRax 1999, S. 401 (405); *Junker*, RIW 2002, S. 569 (573); *Kropholler/v.Hinden*, Internationale Zuständigkeit am Erfüllungsort - das Neueste aus Luxemburg und Brüssel, in Gedächtnisschrift für Lüderitz, S. 401 (409); *Micklitz/Rott*, EuZW 2001, S. 325 (329). *Gottwald*, Internationales Zivilprozessrecht, § 3 Rn. 50 will den Erfüllungsort zwar weiterhin nach der lex causae bestimmen, aber er will eine Konzentration bei der vertragscharakteristischen Verpflichtung vornehmen.

1049 *Hau*, IPRax 2000, S. 354 (359).

1050 *Junker*, RIW 2002, S. 569 (573); *Kropholler/v.Hinden*, Internationale Zuständigkeit am Erfüllungsort - das Neueste aus Luxemburg und Brüssel, in Gedächtnisschrift für Lüderitz, S. 401 (409); *Leipold*, Internationale Zuständigkeit am Erfüllungsort - das Neueste aus Luxemburg und Brüssel, in Gedächtnisschrift für Lüderitz, S. 431 (451).

1051 *Bernhardt*, Die Auslegung völkerrechtlicher Verträge, S. 143 ff.; *Besse*, Die Vergemeinschaftung des EuGVÜ S. 69.

1052 *Bernhardt*, Die Auslegung völkerrechtlicher Verträge, S. 143 ff.; *Besse*, Die Vergemeinschaftung des EuGVÜ, S. 69.

1053 *Bernhardt*, Die Auslegung völkerrechtlicher Verträge insbesondere in der neueren Rechtsprechung internationaler Gerichte, S. 86 ff.

Beim Gemeinschaftsrecht dagegen steht der Sinn und Zweck der Norm im Vordergrund.[1054] Deshalb kommt der teleologischen Auslegung besondere Bedeutung zu. Jede Vorschrift muss integrationsfreundlich ausgelegt werden.[1055] Zusätzlich wird der systematische Zusammenhang zwischen den verschiedenen gemeinschaftlichen Rechtsnormen berücksichtigt. Ferner ist anerkannt, dass das Gemeinschaftsrecht kein starres Recht ist, sondern sich im Gegensatz zum statischen Völkerrecht in einer Entwicklung befindet. Deshalb ist eine Fortbildung des sekundären Gemeinschaftsrechts möglich und sogar erwünscht, um die europäische Integration voranzutreiben.[1056] Bei dessen Auslegung wird das Instrument der Analogie und der autonomen Begriffsbildung benutzt.[1057]

c) *Auslegung des EuGVÜ durch den EuGH*

Bei der Auslegung des EuGVÜ durch den EuGH, fallen weniger Unterschiede zur Auslegung des Gemeinschaftsrechts auf, als zunächst erwartet. Der Gerichtshof hält sich dabei nicht streng an die Grundsätze der Auslegung von Staatsverträgen. Manche Autoren meinen sogar, keinen Unterschied zwischen der Auslegung von Gemeinschaftsrecht und dem EuGVÜ erkennen zu können.[1058] Der EuGH legt das EuGVÜ zum größten Teil nach den auch für sonstiges Gemeinschaftsrecht geltenden Auslegungsmethoden aus.[1059] In seinen Urteilen macht der EuGH keinen

---

[1054] *Besse*, Die Vergemeinschaftung des EuGVÜ, S. 69; *Nicolaysen*, Europarecht I, S. 103; *Streinz*, Europarecht, Rn. 498.

[1055] *Besse*, Die Vergemeinschaftung des EuGVÜ, S. 69; *Bleckmann*, Zu den Auslegungsmethoden des Europäischen Gerichtshofs, NJW 1982, S. 1177 (1181); *Ipsen*, Europäisches Gemeinschaftsrecht, S. 342;.

[1056] Der EuGH wird auch als „Motor der Integration" bezeichnet, *Streinz*, Europarecht, Rn. 494.

[1057] *Besse*, Die Vergemeinschaftung des EuGVÜ, S. 69; Bleckmann, Europarecht, Rn. 548; 552.

[1058] *Besse*, Die Vergemeinschaftung des EuGVÜ, S. 69 ff.

[1059] Basedow, Handbuch des Internationalen Zivilverfahrensrecht, Band I, Kapitel II Rn. 19; *Besse*, Die Vergemeinschaftung des EuGVÜ, S. 70; *Kohler*, Fortbildung des Brüsseler Gerichtsstands- und Vollstreckungsübereinkommens durch den Europäischen Gerichtshof: Freizügigkeit und effektiver Rechtsschutz, in Schwind Europarecht - Internationales Privatrecht - Rechtsvergleichung, *Pfeiffer*, Grundlagen und Grenzen der autonomen Auslegung des EuGVÜ, in Europäisches Privatrecht, Jahrbuch junger Zivilrechtswissenschaftler, S. 71 (77 ff.); Schlosser, EuGVÜ, Einleitung zum EuGVÜ Rn. 20, 23 f.; *Tebbens*, NILR 1993, S. 471 (473).

ausdrücklichen Unterschied zwischen Gemeinschaftsrecht und dem EuGVÜ.

Der EuGH sah die Wortlautauslegung des Übereinkommens nicht als die bedeutsamste Auslegungsmethode an. Das EuGVÜ konnte nicht wie normale völkerrechtliche Verträge behandelt werden, denn es hatte zwölf verbindliche Sprachfassungen, während andere Staatsverträge oft nur zwei oder drei verbindliche Sprachfassungen aufweisen.[1060] Der EuGH gewichtete die teleologische Auslegung stärker als die historische Auslegung. So konnte er das Übereinkommen weiterentwickeln und anpassen.[1061] Ferner benutze er oft systematische Argumente bei der Auslegung des Übereinkommens. Besonders hervorzuheben ist, dass der EuGH sich auf Art. 6 EVÜ bezog, um zu begründen, weshalb der Erfüllungsort bei Arbeitssachen anders als der Erfüllungsort von normalen Verträgen zu bestimmen ist.[1062] Später wurde diese Rechtsprechung in Art. 5 Nr. 1 Halbsatz 2 EuGVÜ festgehalten; nach der Reform ist sie nun in den Art. 18 ff. EuGVO zu finden. Als der EuGH in der Rechtssache *Sonntag/Waidmann*[1063] entscheiden musste, ob der Anwendungsbereich des Übereinkommens eröffnet war, verwies er auf seine Rechtsprechung zu Art. 39 EGV und verneinte das hoheitliche Handeln eines Lehrers. Daran zeigt sich, dass zur systematischen Auslegung des EuGVÜ nicht nur weitere staatsvertragliche Übereinkommen zwischen den Mitgliedsstaaten der Europäischen Gemeinschaft herangezogen wurden, sondern auch echtes Gemeinschaftsrecht.

Der EuGH begründete seine Entscheidungen sehr häufig mit den Zielen und der Systematik des Übereinkommens.[1064] Auch darin zeigt sich die Wichtigkeit, die der EuGH der teleologischen Auslegung beimisst.

Wie bei jeder Konvention, ist auch beim EuGVÜ fraglich, ob es aus sich selbst heraus zu verstehen ist oder ob für seine Auslegung und seine Begriffsbestimmung andere Rechtssätze zu Hilfe genommen werden

---

1060 Siehe dazu ausführlich § 6 C I.

1061 *Besse*, Die Vergemeinschaftung des EuGVÜ, S. 73.

1062 EuGH 26.05.1982 – Rs. 133/81, Ivenel/Schwab, Slg. 1982, S. 1891.

1063 EuGH 21.04.1993 – Rs. C-172/91, Sonntag/Waidmann, Slg. 1993, S. I–1963.

1064 EuGH 14.10.1976 – Rs. 29/76, LTU Lufttransportunternehmen/Eurocontrol, Slg. 1976, S. 1541 Rn. 3; EuGH 6.10. 1983 Rs. 34/82, Martin Peters Bauunternehmung GmbH gegen Zuid Nederlandse Aannemers Vereniging, Slg. 1983, S. 987 Rn. 9; EuGH 8.03.1988 – Rs. 9/87, Arcado/Haviland, Slg. 1987, S. 1539 Rn. 10; EuGH 27.09.1988 – Rs. 189/87, Kalfelis/Bankhaus Schröder, Münchmeyer, Hengst u. a. , Slg. 1988, S. 5565, Rn. 15

müssen.[1065] In der *Tessili/Dunlop* Entscheidung stellte der EuGH zunächst fest, dass weder der autonomen Auslegung noch der Auslegung de lege causae der Vorzug gebührt. Eine sachgerechte Entscheidung könne nur für jede Bestimmung des Übereinkommens gesondert getroffen werden.[1066] Der EuGH spricht in seinen neueren Urteilen dagegen vom Grundsatz der autonomen Auslegung.[1067]

Daran ist die Entwicklung der Auslegung des EuGVÜ erkennbar. Zunächst standen beide Möglichkeiten der Auslegung gleichrangig nebeneinander. Dann gab der EuGH der autonomen Definition den Vorzug. Auch wenn die autonome Begriffsbildung inzwischen zur Regel geworden ist, kommt vereinzelt noch ein Rückgriff auf die lex causae vor.[1068] Dieser Rückgriff auf die Normen des nationalen Rechts behindert die europäische Integration und führt zu einer uneinheitlichen Anwendung der Vorschriften in den Mitgliedsstaaten. Abgesehen von einigen wenigen Definitionen de lege causae, legte der EuGH das EuGVÜ gemeinschaftsfreundlich aus, obwohl es als Staatsvertrag konzipiert war, und bemühte sich so, eine einheitliche Anwendung in den Mitgliedsstaaten zu gewährleisten.[1069]

Obgleich die Bemühungen bei der Auslegung des EuGVÜ im Hinblick auf die Ziele der Gemeinschaft und der Integrationsfreundlichkeit erkennbar waren,[1070] könnte es sein, dass die neue Verordnung noch integrationsfreundlicher auszulegen ist. Die EuGVO ist nunmehr sekundäres Gemeinschaftsrecht. Man muss höhere Anforderungen an die Integrationsfreundlichkeit der Auslegung einer Verordnung stellen als an einen Staatsvertrag. Völkerrechtliche Rechtsakte haben andere Eigenschaften und

---

1065 *Scholz*, Das Problem der autonomen Auslegung des EuGVÜ, S. 4.

1066 EuGH 6.10.1976 – Rs. 12/76, Tessili/Dunlop, Slg 1976, S. 1486 Rn. 11; Bestätigt in EuGH 10.03. 1992 – Rs. C-214/89, Powell Duffryn/Petereit, Slg. 1992, S. I-1745 Rn. 12.

1067 EuGH 19.01.1993 – Rs. 89/91, Shearson Lehmann Hutton Inc./TVB Treuhandgesellschaft für Vermögensverwaltung und Beteiligung mbH, Slg. 1993, S. I–139 Rn. 13; EuGH 13.07.1993 – Rs. C-125/92, Mulox/Hendrick, Slg. 1993, S. I-4075.

1068 *Besse*, Die Vergemeinschaftung des EuGVÜ, S. 72, 74 sieht darin ein grundlegendes Merkmal der Gemeinschaftsrechtsordnung. Er geht aber nicht darauf ein, wieso es bei der Auslegung des EuGVÜ auch Begriffe gibt, die vom EuGH nicht autonom aus dem Übereinkommen bestimmt werden.

1069 Die Auslegung wurde dem EuGH durch die Luxemburger Protokolle übertragen.

1070 *Geimer*, RIW 1976, S. 139 f.; *Jeantet*, Cah. dr. eur. 1972, S. 375 (388 ff.); *Kropholler*, Europäisches Zivilprozeßrecht, Einleitung zum EuGVÜ Rn. 40; *Linke*, RIW 1977, S. 44 f.; *Martiny*, RabelsZ 45 (1981), S. 438.

Wirkungsweisen als das integrationsfreundliche[1071] Gemeinschaftsrecht.[1072] Obwohl das EuGVÜ zum größten Teil integrationsfreundlich ausgelegt wurde, liegt eine seiner Schwächen in den Begriffen, die der lex causae entnommen wurden. Hieran kann angesetzt werden und durch eine autonome Begriffsbildung eine höhere Integration erreicht werden. Alle in der EuGVO benutzten Begriffe könnten autonom und nicht mehr aus der lex causae bestimmt werden, es sei denn dies wird ausdrücklich von der Verordnung gefordert. Eine solche ausdrückliche Forderung folgt beispielsweise aus Art. 60 Absatz 3 EuGVO, bei der Frage, ob ein trust seinen Sitz in einem Mitgliedsstaat hat. Es ist fraglich, ob durch die Überführung der Vorschrift in die Form einer Verordnung eine verstärkte autonome Auslegung gefordert werden kann.

Um dies zu beantworten, ist die Rechtsnatur des EuGVÜ zu bestimmen und mit der Rechtsnatur der Verordnung zu vergleichen. Die Rechtsnatur des EuGVÜ ist jedoch nicht einfach zu erklären und wird in der Literatur kontrovers diskutiert. [1073] Das Übereinkommen wurde einerseits als Staatsvertrag beschlossen. Es regelt aber die Freizügigkeit von Gerichtsurteilen, die einen wirtschaftlichen Wert haben, und es ermöglicht so eine effektive Wahrnehmung der Grundfreiheiten.[1074] Dadurch erhöht es die Funktionsfähigkeit des Binnenmarktes,[1075] was dem Übereinkommen einen starken Gemeinschaftsrechtsbezug verleiht. Macht man sich dieses Spannungsverhältnis[1076] zwischen Staatsvertrag und Gemeinschaftsrecht klar, verwundert es nicht, dass in der umfangreichen Literatur keine Einigkeit bezüglich der Rechtsnatur des EuGVÜ herrscht. Es wurde als Gemeinschaftsübereinkommen,[1077] Übereinkommen Europäischen Charakters,[1078] new generation of community law,[1079] aber auch als Gemeinschaftsrecht besonderer Art[1080]

1071 *Besse*, Die Vergemeinschaftung des EuGVÜ, S. 33.

1072 *Ipsen*, Europäisches Gemeinschaftsrecht, § 2/55.

1073 Siehe *Besse*, Die Vergemeinschaftung des EuGVÜ; *Schwartz*, Übereinkommen zwischen den EG-Staaten: Völkerrecht oder Gemeinschaftsrecht?, in Festschrift für Grewe, S. 551 ff.

1074 *Pfeiffer*, Grundlagen und Grenzen der autonomen Auslegung des EuGVÜ, S. 71 (77).

1075 Siehe auch die Präambel des EuGVÜ.

1076 *Besse*, Die Vergemeinschaftung des EuGVÜ, S.19; *Grolimund*, Drittstaatenproblematik des europäischen Zivilverfahrensrechts, S. 7, der das Spannungsverhältnis zwischen Staatsvertrag und Gemeinschaftsrecht erst seit den neuesten Revisionsbemühungen und seit der Neuregelung von Art. 65 EG sieht.

1077 *Ipsen*, Europäisches Gemeinschaftsrecht, § 39/12.

1078 *Beutler/Biber/Pipkorn/Streil*, Die Europäische Union, S. 203.

1079 *Rasmussen*, CML Rev. 15 (1978) , S. 249 (263).

bezeichnet. Klar ist nur, dass Verbindungen zwischen dem EuGVÜ und dem Gemeinschaftsrecht bestehen,[1081] deren Intensität aber noch untersucht werden muss.

d) *Rechtsnatur des EuGVÜ*

aa) *Reines Gemeinschaftsrecht*

Eine Ansicht ordnet das EuGVÜ dem Gemeinschaftsrecht zu.[1082] Es wird darauf hingewiesen, dass das EuGVÜ nicht in dieser Form zwischen den Vertragsstaaten ausgearbeitet worden wäre, wenn es die Europäische Gemeinschaft und Art. 220 EGV (jetzt Art. 293 EGV) nicht gäbe.[1083] Außerdem wird vorgebracht, das Übereinkommen sei auf Initiative der Kommission der Europäischen Gemeinschaft und im Rahmen ihrer Einrichtungen ausgehandelt worden.[1084] Die Abgrenzung zwischen Völker- und Gemeinschaftsrecht findet hier nicht nach der Art der Entstehung, sondern nach den geregelten Rechtsmaterien statt.[1085] Gemeinschaftsrecht sollen demnach nicht nur Rechtsakte sein, die in den von den Gemeinschaftsverträgen vorgesehenen Formen geschaffen wurden,[1086] sondern auch alle Rechtsakte, die Gemeinschaftsaufgaben verwirklichen. Das EuGVÜ erfülle solche Aufgaben: Gerichtsentscheidungen können aufgrund des EuGVÜ frei innerhalb der Gemeinschaft zirkulieren,[1087] was für den

---

1080 *Schwartz*, Zur Konzeption der Rechtsangleichung in der Europäischen Wirtschaftsgemeinschaft, in Festschrift für Hallstein, S. 474 (504).

1081 *Schwartz*, Übereinkommen zwischen den EG-Staaten: Völkerrecht oder Gemeinschaftsrecht?, in Festschrift für Grewe, S. 551 (554).

1082 *Gaudemet-Tallon*, rev.crit.dr,int.pr. 68 (1979), S. 433 (437); *Martiny*, RabelsZ 45 (1981), S. 427 (437); *Schlosser*, NJW 1975, S. 2132; *Wagner*, Grundbegriffe des Beschlußrechts der EG, S. 15; dem folgt auch *Valloni*, Der Gerichtsstand des Erfüllungsortes nach dem Lugano- und Brüsseler-Übereinkommen, S. 33

1083 *Schwartz*, Übereinkommen zwischen den EG-Staaten: Völkerrecht oder Gemeinschaftsrecht?, in Festschrift für Grewe, S. 551 (555).

1084 *Schwartz*, Übereinkommen zwischen den EG-Staaten: Völkerrecht oder Gemeinschaftsrecht?, in Festschrift für Grewe, S. 551 (555).

1085 *Zuleeg*, Das Recht der Europäischen Gemeinschaften im innerstaatlichen Bereich, S. 26 f..

1086 *Wagner*, Grundbegriffe des Beschlussrechts der EG, S. 15.

1087 In einer Note vom 22.10.1959 lud die Kommission der Europäischen Wirtschaftsgemeinschaft die Mitgliedsstaaten ein, das Übereinkommen zu erarbeiten, in der hervorgehoben wurde, dass ein wirklicher Binnenmarkt zwischen den Staaten erst dann erreicht sei, wenn der Rechtsschutz gewährleistet sei. Vgl. auch *Pfeiffer*, Internationale Zuständigkeit und prozessuale Gerechtigkeit, S. 349; 762. *Geimer/Schütze*, Europäi-

Binnenmarkt zwingend notwendig sei.[1088] Die im EuGVÜ geregelten Materien sind bereits in Ex-Art. 220 EGV in den Gründungsverträgen erwähnt. Deshalb füge sich das Übereinkommen nach Sinn und Zweck in das Gemeinschaftsrecht ein.[1089] Schließlich sei der Abschluss eines solchen Staatsvertrages in Art. 220 EGV eindeutig vorgesehen.[1090]

Die völkerrechtliche Entstehung des EuGVÜ wird als unbeachtlich angesehen, schließlich seien auch die Gründungsverträge der Europäischen Gemeinschaften völkervertraglich entstanden, jetzt aber Bestandteil der Gemeinschaftsrechtsordnung.[1091] Die völkerrechtliche Entstehung des EuGVÜ müsse nicht dazu führen, dass dieser Rechtsakt außerhalb des Gemeinschaftsrechts einzuordnen sei.[1092]

Weitere Argumente für die Einordnung zum Gemeinschaftsrecht seien die vergleichbare räumliche und zeitliche Geltung des EuGVÜ und des Gemeinschaftsrechts. Auch der exklusive[1093] Geltungsbereich des EuGVÜ ließe auf eine Einordnung zum Gemeinschaftsrecht schließen. Dem Übereinkommen dürfen und müssen nur die Mitgliedsstaaten der Europäischen Gemeinschaft beitreten.[1094] Mit anderen Staaten können nur separate, in-

---

sches Zivilverfahrensrecht, Einleitung zum EuGVÜ Rn. 1, stellen auf den ökonomischen Wert von Titel ab (property rights).

1088 Vgl. die Ausführungen der Kommission der EWG in ihrer Note vom 22.10. 1959, die hervorherbt, dass ein echter Binnenmarkt nur dann entstehen kann, wenn auch ausreichender Rechtsschutz gewährleistet wird, abgedruck in *Jenard*, Bericht zu dem Übereinkommen über die gerichtliche Zuständigkeit und die Vollstreckung gerichtlicher Entscheidungen in Zivil- und Handelssachen, ABl. EG 1979 Nr. C 59, S. 1 (3). *Grolimund*, Drittstaatenproblematik des europäischen Zivilverfahrensrechts, S. 1, betont, dass für die Schaffung eines gemeinsamen Marktes u. a. auch die Vereinheitlichung des Zivilverfahrens nötig ist.

1089 *Von Simson*, ZHR 130 (1968), S. 63 (69); *Zuleeg*, Das Recht der Europäischen Gemeinschaften im innerstaatlichen Bereich, S. 26 f.

1090 *Zuleeg*, Das Recht der Europäischen Gemeinschaften im innerstaatlichen Bereich, S. 26 f.

1091 *Besse*, Die Vergemeinschaftung des EuGVÜ, S. 31.

1092 *Besse*, Die Vergemeinschaftung des EuGVÜ, S. 31.

1093 Inwieweit auch Nicht-EUmitglieder am EuGVÜ teilnehmen können, siehe *Tosi*, EuGVÜ und Drittstaaten, Möglichkeiten und Durchführung eines Beitritts oder einer sonstigen Beteiligung, S. 41 ff.

1094 Festgelegt in Art. 60 EuGVÜ. Das EuGVÜ ist eine „geschlossene" Konvention, nur EG-Mitgliedsstaaten können daran teilnehmen, *Geimer/Schütze*, Europäisches Zivilverfahrensrecht, Einleitung zum EuGVÜ Rn. 4; *Tosi*, EuGVÜ und Drittstaaten, Möglichkeiten und Durchführung eines Beitritts oder einer sonstigen Beteiligung, S. 14 f., 50 f., *Walter*, Internationales Zivilverfahrensrecht der Schweiz, S. 151.

haltsgleiche Übereinkommen, wie das LugÜ, geschlossen werden. Neue Mitgliedsstaaten verpflichten sich im Beitrittsübereinkommen zur EU zusätzlich auch zu einem Beitritt zum EuGVÜ.[1095] Wäre das EuGVÜ ein reiner völkerrechtlicher Vertrag, hätten die Mitgliedsstaaten die Möglichkeit, diesen zu kündigen, aufzuheben oder widersprechendes nationales Recht zu erlassen.[1096] Besonders betont wird auch die Rolle, die der EuGH bei der Auslegung des Übereinkommens einnimmt. Diese Rolle wurde dem EuGH durch die Luxemburger Protokolle eingeräumt.[1097] Spätestens durch diese Sicherstellung der einheitlichen Anwendung soll das Übereinkommen in Gemeinschaftsrecht transformiert worden sein.[1098]

Uneinigkeit besteht darüber, wie das EuGVÜ in das System des Gemeinschaftsrechts eingeordnet werden soll. Beim Übereinkommen soll es sich zumindest um sekundäres Gemeinschaftsrecht handeln.[1099] Manche sehen im EuGVÜ sogar direkt anwendbares Recht, das die gleichen Rechtsfolgen wie eine Verordnung hätte.[1100] Dies lässt sich jedoch nicht mit dem Ratifikationsverfahren vereinbaren, das für das EuGVÜ durchzuführen war, und würde zu erheblicher Rechtsunsicherheit führen. Andere vermeiden eine genaue Zuordnung und erklären, dass durch das EuGVÜ das Gemeinschaftsrecht ergänzt werde.[1101]

bb) Reiner völkerrechtlicher Vertrag

Nach anderer Ansicht ist das EuGVÜ ein ganz normaler völkerrechtlicher Staatsvertrag, der nicht dem Gemeinschaftsrecht angehört, sondern mit der Gemeinschaftsrechtsordnung lediglich durch die Regeln des Völkerrechts

---

[1095] *Grolimund*, Drittstaatenproblematik des europäischen Zivilverfahrensrechts, S. 2.

[1096] *Kühner*, Vorbehalte zu multilateralen völkerrechtlichen Verträgen, S. 103 ff.

[1097] *Zweigert*, Grundsatzfragen der europäischen Rechtsangleichung, ihrer Schöpfung und Sicherung, in Festschrift für Dölle, Band 2, S. 401 (415); *Ficker*, ZfRvgl 14 (1973), S. 161 (166f.); *Schlosser*, NJW 1975, S. 2132 f; zum Auslegungsprotokoll *Arnold*, NJW 1972, S. 977.

[1098] *Rasmussen*, CML Rev. 15 (1978) , S. 249 (257 ff.).

[1099] *Baumgärtel*, Die Vereinbarung der internationalen Zuständigkeit nach dem EWG-Übereinkommen vom 27. September 1968 und nach § 38 Abs. 2 ZPO, in Festschrift für Kegel I, S. 285 (287 f.); *Schlosser*, EuGVÜ, Einleitung, Rn. 20.

[1100] *Ficker*, ZfRvgl 14 (1973), S. 161 (166 f.)

[1101] *Boulois/Chevalier*, Grand arrêts de la cour de justice des communautés européennes, Band 1, S. 71 f.

verbunden sei.[1102] Der völkerrechtliche Vertrag wird im Wiener Übereinkommen über das Recht der völkerrechtlichen Verträge definiert.[1103] Voraussetzung ist das Vorliegen eines Vertrags zwischen mehreren Staaten, der eine Regelung zwischenstaatlicher Bereiche zum Inhalt hat.[1104] Dieser Vertrag muss von Vertretern der Vertragsstaaten geschlossen werden, die mit den dazugehörigen[1105] Vollmachten ausgestattet sind. Er muss außerdem ratifiziert[1106] werden. Das EuGVÜ entspricht diesen Merkmalen und ist deshalb zumindest formell ein völkerrechtlicher Vertrag.[1107]

Dies ist das Hauptargument für die Einordnung des EuGVÜ als völkerrechtlicher Vertrag.[1108] Das EuGVÜ wurde von Staaten aufgrund ihrer

---

1102 *Basedow* in Handbuch des Internationalen Zivilverfahrensrechts, Band I, Kapitel II Rn. 11; *Bülow*, RabelsZ 29 (1965), S. 473 (474); *Bülow/Böckstiegel/Geimer/Schütze/Auer*, Der internationale Rechtsverkehr in Zivil- und Handelssachen, Einleitung zum EuGVÜ, Rn. 35; *Cieslik*, Die Methodik des Gerichtshofs der Europäischen Gemeinschaften bei der Auslegung des Europäischen Gerichtsstands- und Vollstreckungsübereinkommens, S. 3 f.; *Geimer*, RIW 1976, S. 139 f.; *Handig*, ecolex 2002, S. 141; *Heß*, IPRax 2001, S. 389; *Ipsen*, Europäisches Gemeinschaftsrecht, S. 698; *Schack*, Internationales Zivilverfahrensrecht, Rn. 78; *Schmidt-Parzefall*, Die Auslegung des Parallelübereinkommens von Lugano, S. 8. *Spellenberg*, EuR 1980, S. 329 (347). Ausführlich auch *Schwartz*, Übereinkommen zwischen den EG-Staaten: Völkerrecht oder Gemeinschaftsrecht? in Festschrift für Grewe, S. 551 (505 ff.); *Wieczorek/Schütze/Hausmann*, Zivilprozeßordnung und Nebengesetze, Einleitung zum EuGVÜ, Rn. 9. Siehe auch *Capotorti*, der im Schlussantrag zu EuGH 13.11.1979 den Vorrang des EuGVÜ vor dem nationalen Recht mit dessen Zuordnung zum Gemeinschaftsrecht begründet, stellt in Internationale Zuständigkeit und Urteilsanerkennung in Europa, S. 11 (13) klar, dass das EuGVÜ nicht zum Gemeinschaftsrecht zählt. *Schmidt-Parzefall*, Die Auslegung des Parallelübereinkommens von Lugano, S. 49 sieht dagegen nur indirekte Verbindungen zwischen dem Gemeinschaftsrecht und dem EuGVÜ, die rein faktisch und zufällig sind.

1103 Wiener Übereinkommen über das Recht der völkerrechtlichen Verträge vom 23.05.1969, BGBl. 1985 II, S. 926.

1104 Art. 38 Absatz 1 des Status des IGH, BGBl. 1973 II, S. 505.

1105 Es müssen für „gut und gehörig befundene" Vollmachten vorliegen, Art. 6 ff. WVK.

1106 Art. 14, 18a WVK, Art. 61 EuGVÜ.

1107 *Besse*, Die Vergemeinschaftung des EuGVÜ, S. 32; *Kegel/Schurig*, Internationales Privatrecht, § 4 II 2.

1108 Von *Besse*, Die Vergemeinschaftung des EuGVÜ, S. 34 als „genetische Argumente" bezeichnet. *Groeben/Thiesing/Ehlermann/Schwartz,* Kommentar zum EU-/EG-Vertrag, Art. 220 EGV Rn. 93; *Meyer-Sparenberg*, Staatsvertragliche Kollisionsnormen, S. 50 f.; *Spellenberg*, EuR 1980, S. 329 (347).

eigenen Vertragsschlusskompetenz geschlossen, sie handelten als Rechtssubjekte des Völkerrechts.[1109]

Das EuGVÜ kann aufgrund seiner Entstehung weder primäres noch sekundäres Gemeinschaftsrecht sein.[1110]

Der Anstoß zum Abschluss des EuGVÜ ging zwar tatsächlich vom Gemeinschaftsrecht aus. Die Ziele des Ex-Art. 220 EGV werden jedoch nicht als verbindlich angesehen.[1111] Deshalb haben die Staaten das Übereinkommen letztendlich trotz des Anstoßes aus eigenem Antrieb geschlossen.[1112] Die Unverbindlichkeit der Ziele lässt sich mit Ex-Art. 220 EG begründen. Obwohl dort neben der Anerkennung und Vollstreckung von Gerichtsentscheidungen noch andere Rechtsgebiete und Ziele genannt sind, die Gegenstand von Übereinkommen sein sollten, konnten sich die einzelnen Staaten nicht über den Inhalt der zu verabschiedenden Übereinkommen einigen. Die in Ex-Art. 220 EGV aufgenommenen Ziele erschienen als so wichtig, dass sie in den EG-Vertrag aufgenommen wurden. Da aber ein Konsens lange Zeit nicht erreicht bzw. die erarbeiteten Übereinkommen von vielen Staaten nicht ratifiziert wurden, kamen die beabsichtigten Regelungen erst nach der Einführung von Art. 65 EGV als Verordnung zustande.[1113] Daraus lässt sich schließen, dass die Staaten letztendlich nicht gezwungen werden können, die Ziele des Ex-Art. 220 EGV zu verwirklichen. Somit müssen diese Ziele unverbindlich sein.

Wenn das EuGVÜ trotzdem dem primären Gemeinschaftsrecht zugeordnet wird, ergibt sich das Problem, dass Änderungen des EuGVÜ außerhalb des förmlichen Revisionsverfahrens stattfinden würden, das für das primäre Gemeinschaftsrecht vorgesehen ist. Damit Primärrecht entstehen kann, muss aber zwingend ein Verfahren nach Art. 48 EUV durchgeführt werden. Dieses Verfahren kann nicht durch eine stillschweigende Vertragsänderung

---

[1109] *Beutler/Biber/Pipkorn/Streil*, Die Europäische Union, S. 393; *Groeben/Thiesing/Ehlermann/Schwartz:* Kommentar zum EU-/EG-Vertrag, § 220 EGV Rn. 13 ff., 17ff.; *Ipsen*, Gemeinschaftsrecht, § 39/12. Anderer Ansicht *Wuermeling*, Kooperatives Gemeinschaftsrecht - Die Rechtsakte der Gesamtheit der EG-Mitgliedsstaaten, S. 68 ff.

[1110] *Groeben/Thiesing/Ehlermann/Schwartz:* Kommentar zum EU-/EG-Vertrag, Art. 220 Rn.12.

[1111] *Besse*, Die Vergemeinschaftung des EuGVÜ, S. 28, siehe auch schon § 1.

[1112] *Beutler/Bieber/Pipkorn/Streil*, Die Europäische Union, S. 393; *Ipsen*, Europäisches Gemeinschaftsrecht, § 39/12; Anderer Ansicht *Wuermeling*, Kooperatives Gemeinschaftsrecht-Die Rechtsakte der Gesamtheit der EG-Mitgliedsstaaten, 68 ff.

[1113] Ausführlich dazu § 1.

von allen Mitgliedsstaaten umgangen werden, denn Art. 48 EUV geht als lex specialis den allgemeinen Grundsätzen des Völkerrechts vor.[1114] Auch der Grundsatz, dass der jüngere Vertrag dem älteren vorgeht,[1115] ist nicht anzuwenden, da die Möglichkeit einer solchen Revision außerhalb des EGV dem Verständnis widerspricht, dass die Gemeinschaftsordnung eine eigene Rechtsordnung darstellt.[1116] Außerdem kann nicht angenommen werden, dass die Mitgliedsstaaten durch die Schaffung des EuGVÜ die Gemeinschaftsverträge ändern wollten.[1117] Das EuGVÜ kann somit nicht zum primären Gemeinschaftsrecht gezählt werden.

Das EuGVÜ ist auch kein Teil des sekundären Gemeinschaftsrechts, da es seinen Ursprung nicht in einem Rechtsakt der Gemeinschaft, sondern in einem Staatsvertrag hat.[1118] Sekundäres Gemeinschaftsrecht tritt mit dem Beitrittstag eines Staates zur Europäischen Gemeinschaft in Kraft, dem EuGVÜ tritt ein Staat erst durch einen gesonderten Vertragsschluss und Ratifizierung bei. Wegen dieses Verfahrens kam es in der Vergangenheit immer wieder zu Problemen, beispielsweise weil Belgien das EuGVÜ von 1989 erst im Jahre 1997 ratifizierte und es bis zu diesem Zeitpunkt zwischen Belgien und Portugal keine Anerkennung und Vollstreckung von Gerichtsentscheidungen gab.

Das EuGVÜ kann deshalb weder zum primären noch zum sekundären Gemeinschaftsrecht gezählt werden, denn es geht nicht auf einen Rechtssetzungsakt der Gemeinschaft zurück.[1119]

Obwohl das EuGVÜ ein völkerrechtlicher Staatsvertrag ist, hat es auch Verbindungen zum Gemeinschaftsrecht.[1120] Ex-Art. 220 EGV ist das Bin-

[1114] *Besse*, Die Vergemeinschaftung des EuGVÜ, S. 42; *Boulois/Chevalier,* Grand arrêts de la cour de justice des communautés européennes, Band 1, S. 33; *Louis*, Cah. Dr. eur. 16 (1980), S. 553 (557); *Stein*, in Die Dynamik des Europäischen Gemeinschaftsrecht – The Dynamics of EC-Law, S. 113, 130.

[1115] Lex posterior Regel, Art. 39, 54, 59 WVK.

[1116] *Bernhardt*, Quellen des Gemeinschaftsrechts: Die „Verfassung der Gemeinschaft", in Dreißig Jahre Gemeinschaftsrecht, S. 77. Auch der EuGH lehnt eine Änderung des Gemeinschaftsrechts durch völkerrechtliche Verträge außerhalb der speziellen Vorschriften dieser Art ab, EuGH 08.04.1976, - Rs. 43/75, Defrenne II, Slg. 1976, S. 455.

[1117] *Besse*, Die Vergemeinschaftung des EuGVÜ, S. 42.

[1118] *Schwartz*, Übereinkommen zwischen den EG-Staaten: Völkerrecht oder Gemeinschaftsrecht? in Festschrift für Grewe, S. 551 (605).

[1119] *Schmidt-Parzefall*, Die Auslegung des Parallelübereinkommens von Lugano, S. 9.

[1120] *Jeantet*, Cah. de droit europ. 1972, S. 375 (380 ff.).

deglied zwischen dem EuGVÜ und dem Gemeinschaftsrecht.[1121] Das EuGVÜ wurde zwar geschlossen, um Aufgaben zu erfüllen, die der Gemeinschaft dienen, dadurch wird es aber nicht selbst zu einem Gemeinschaftsrechtsakt.[1122]

Diese Ansicht entkräftet die Argumente der Vertreter, die eine Einordnung zum Gemeinschaftsrecht befürworten.

cc) Rechtsakt zwischen Gemeinschafts- und Völkerrecht

Es bildete sich eine vermittelnde Ansicht, die sowohl die völkerrechtliche Entstehung des EuGVÜ als auch die starke Verbindung durch Ex-Art. 220 EG mit den Zielen der Gemeinschaft berücksichtigte. Es wird vorgeschlagen, das EuGVÜ zwischen Völker- und Gemeinschaftsrecht anzusiedeln.[1123] Man spricht deshalb vom so genannten Gemeinschaftsvertragsrecht[1124] und entwickelte so eine eigene Rechtsgattung.

Diese Ansicht versucht die Nachteile von beiden zuvor dargestellten Lösungen zu vermeiden. Es ergibt sich jedoch nicht, welche rechtliche Folgen eine Einordnung zwischen Völker- und Gemeinschaftsrecht haben soll, also ob beispielsweise das Ratifikationsverfahren entfällt. Deshalb vermag die Anordnung des EuGVÜ zwischen beiden Rechtsgattungen nicht zu überzeugen.

dd) These der Vergemeinschaftung des EuGVÜ

Vor kurzem entwickelte *Besse*[1125] eine neue Idee, um die Rechtsnatur des Übereinkommens zu beschreiben. Er vertritt die Meinung, das EuGVÜ habe sich in einem fortlaufenden Prozess von einem völkerrechtlichen Staatsvertrag zu einem Bestandteil des Europarechts entwickelt.

[1121] *Heß*, IPRax 2001, S. 389 meint, dass die Verbindung die Art. 220 EG zwischen dem EuGVÜ und dem Gemeinschaftsrecght schafft nur locker ist. *Rauscher*, Verpflichtung und Erfüllungsort in Artikel 5 Nummer 1 EuGVÜ, S. 2; *Spellenberg*, ZZP 91 (1975), S. 38 f.; *Droz*, rev.crit.dr.int.pr. 65 (1976), S. 119.
[1122] *Besse*, Die Vergemeinschaftung des EuGVÜ, S. 28
[1123] *Hauschild*, Rev. trim. dr. eur. 1975, S. 4 (6 f.).
[1124] *Saulle*, Diritto comunitario, S. 154;
[1125] *Besse*, Die Vergemeinschaftung des EuGVÜ, S. 41.

Auch nach *Besse's* Auffassung erfüllt das EuGVÜ alle Merkmale eines völkerrechtlichen Vertrags.[1126] Er zieht hier die Parallele zu den Gründungsverträgen. Auch diese seien von den Gründungsstaaten als völkerrechtliche Verträge geschlossen worden, hätten sich aber gleichzeitig zu einem anerkannten Bestandteil der Gemeinschaftsrechtsordnung entwickelt.[1127] *Besse* kritisiert die starre Zuordnung, die jeweils am Abschlusszeitpunkt des EuGVÜ ansetzt.[1128] Er untersucht, ob das EuGVÜ die gleiche Entwicklung wie die Gründungsverträge genommen hat. Diese Entwicklung nennt er „Vergemeinschaftung". Wenn eine solche Vergemeinschaftung vorläge, würde dies das Spannungsverhältnis zwischen der völkerrechtlichen Entstehungsgeschichte und der gemeinschaftlichen Funktion des EuGVÜ auflösen.[1129]

Problematisch an der Theorie der „Vergemeinschaftung" ist, dass das Gemeinschaftsrecht nur eine bestimmte Anzahl von Verfahren kennt, wie das Gemeinschaftsrecht durch die Mitgliedsstaaten geändert werden darf.[1130] Die Änderung des Übereinkommens würde aber außerhalb dieser Verfahren stattfinden. Eine solche Vergemeinschaftung des EuGVÜ würde einen gleichzeitigen Souveränitätsverlust der einzelnen Staaten mit sich bringen, die das EuGVÜ ursprünglich in Ausübung nationaler Kompetenz schlossen.[1131]

Diese Argumente versucht *Besse* in seiner Arbeit zu entkräften.[1132] Er schlägt vor, das EuGVÜ wie sekundäres Gemeinschaftsrecht zu behandeln und dem Übereinkommen die Wirkung einer Richtlinie oder einer Verordnung zuzugestehen. Anders als Richtlinien möchte *Besse* dem EuGVÜ aber eine horizontale Drittwirkung zugestehen.[1133] Dies ist aus Gesichtspunkten der Rechtssicherheit äußerst problematisch.

Gegen die Vergemeinschaftung des EuGVÜ spricht, dass das Übereinkommen, im Gegensatz zu echtem Gemeinschaftsrecht, erst zeitlich versetzt durch die Ratifizierung in den Mitgliedsstaaten in Kraft tritt. Dies

---

[1126] Näher dazu *Besse*, Die Vergemeinschaftung des EuGVÜ, S. 31 f.
[1127] *Besse*, Die Vergemeinschaftung des EuGVÜ, S. 31.
[1128] *Besse*, Die Vergemeinschaftung des EuGVÜ, S. 41 ff.
[1129] *Besse*, Die Vergemeinschaftung des EuGVÜ, S. 19.
[1130] *Rasmussen*, A new generaton of community law, CMLRev 15 (1978), S. 249 (257).
[1131] Aufgeworfen durch *Besse*, Die Vergemeinschaftung des EuGVÜ, S. 41, 44.
[1132] *Besse*, Die Vergemeinschaftung des EuGVÜ, S. 47; 101 ff.
[1133] *Besse*, Die Vergemeinschaftung des EuGVÜ, S. 105.

nennt *Besse* flexible Integration[1134] und vergleicht es mit den Einschränkungen des Vertrags von Maastricht über die Europäische Währungsunion und dem Protokoll über die Sozialpolitik. Er übersieht dabei aber, dass die Einschränkungen im Maastrichter Vertrag durch die Mitgliedsstaaten gewollt oder zumindest gebilligt sind und deshalb von ihnen akzeptiert werden. Wenn man dies damit vergleicht, dass Belgien das EuGVÜ lange nicht ratifizieren wollte, stellt man fest, dass andere Staaten - wie Portugal - nicht mit dieser mangelnden Ratifikation einverstanden waren. Daher lässt sich das Problem nicht mit dem Gedanken der flexiblen Integration vergleichen, wie sie in manchen besonders sensiblen Bereichen der EU betrieben wird.

Als weitere Argumente für die Vergemeinschaftung führt *Besse* die einheitliche Anwendung des EuGVÜ durch die autonome Begriffsbestimmung an.[1135] Dies überzeugt nicht. *Besse* erkennt richtig, dass die meisten Begriffe autonom aus dem Übereinkommen bestimmt werden, beschäftigt sich jedoch nicht mit den Ausnahmen, zu denen auch die Bestimmung des Erfüllungsortes des Art. 5 Nr. 1 EuGVÜ nach der lex causae gehört. Es wird nicht klar, ob diese Ausnahmen etwas an der von ihm gewählten Einordnung des EuGVÜ in das Gemeinschaftsrecht ändern.[1136]

Besse meint, den EuGH als Gemeinschaftsorgan bei der Auslegung betrachten zu können, weil er gemeinschaftsrechtliche Methoden und Auslegungsgrundsätze anwendet und das EuGVÜ nicht ausdrücklich anders behandelt als das andere Gemeinschaftsrecht.[1137] Dem kann nicht gefolgt werden, da sich die letztverbindliche Auslegung durch den EuGH auch durch eine Organleihe erklären lässt.[1138]

Auch in dem durch den Vertrag von Amsterdam neu aufgenommenen Art. 65 EGV muss keine Vergemeinschaftung gesehen werden, wie *Besse* meint, denn es ist nicht klar, warum diese Vorschrift überhaupt noch in den

---

[1134] *Besse*, Die Vergemeinschaftung des EuGVÜ, S. 53.

[1135] *Besse*, Die Vergemeinschaftung des EuGVÜ, S. 59; so schon vorher *Kropholler*, Europäisches Zivilprozeßrecht, Einleitung zum EuGVÜ, Rn. 30, 6. Aufl.; *Lando*, Die Aufgabe des Gerichtshofes und das System des Brüsseler Übereinkommens, in Internationale Zuständigkeit und Urteilsanerkennung in Europa, S. 21 f.

[1136] *Besse*, Die Vergemeinschaftung des EuGVÜ, S. 101 ff.

[1137] *Besse*, Die Vergemeinschaftung des EuGVÜ, S. 67.

[1138] Ausführlich zur Organleihe *Hilf*, Die Organisationsstruktur der Europäischen Gemeinschaften. Rechtliche Gestaltungsmöglichkeiten und Grenzen, S. 212 ff.

Vertrag aufgenommen wurde, wenn die Vergemeinschaftung doch bereits stattgefunden hätte.

Ferner fordert *Besse* die Aufgabe des Ratifikationsverfahrens für das EuGVÜ und ein automatisches Inkrafttreten des Übereinkommens in allen Mitgliedsstaaten.[1139] Dies ist zwar vor dem Hintergrund sich oft sehr lange hinauszögernder Ratifikationsverfahren sehr sinnvoll und gehört zu den Hauptgründen, weshalb nun die Verordnung erlassen wurde. Für das EuGVÜ in seiner früheren Gestalt war dies aber nicht realisierbar.
Aus den Ausführungen geht auch nicht klar hervor, wie das EuGVÜ als „vergemeinschafteten" Rechtsakt in das Normengefüge des Gemeinschaftsrechts einzuordnen ist.

ee) Ergebnis

Obwohl das EuGVÜ sehr viele Verbindungen zum Gemeinschaftsrecht aufweist, kann nicht gesagt werden, dass es zu einem echten Teil der Gemeinschaftsrechtsordnung geworden ist. Seine völkervertragliche Herkunft ist vielfach deutlich zu spüren, angefangen bei den schwerfälligen Ratifikationsverfahren bis zu der nur teilweise autonomen Begriffsbestimmung. Daher ist das EuGVÜ zwar als völkerrechtlicher Vertrag mit starkem Gemeinschaftsbezug einzuordnen,[1140] es ist aber kein echtes Gemeinschaftsrecht. Völkervertragliche Reste dürfen beim Übergang zur Verordnung aber nicht beibehalten werden. So kann der EuGH die Begriffsbestimmung durch Verweis auf die lex causae nicht mehr als gleichberechtigt mit der vertragsautonomen Begriffsbestimmung ansehen.[1141] Auch wenn die Auslegung des EuGVÜ bereits sehr stark auf die Ziele der Gemeinschaft ausgerichtet war, hat der EuGH seine gesamte Rechtsprechung darauf zu überprüfen, ob sie tatsächlich für Gemeinschaftsrecht vertretbar ist. Wenn der von der Kommission entwickelte Kompromiss - Bestimmung des Erfüllungsortes in Art. 5 Nr. 1 lit. a EuGVO de lege causae nicht mit der Auslegung des Gemeinschaftsrechts vereinbar sind, hat der EuGH eine andere Lösung zu wählen. Schon beim

---

[1139] *Besse*, Die Vergemeinschaftung des EuGVÜ, S. 104.
[1140] *Schmidt-Parzefall*, Die Auslegung des Parallelübereinkommens von Lugano, S. 8.
[1141] *Besse*, Die Vergemeinschaftung des EuGVÜ, S.77 erweckt durch seine Feststellung, der EuGH hätte die autonome Begriffsbestimmung anerkannt, fälschlicherweise den Eindruck, dieser hätte sich komplett für die autonome Begriffsbestimmung entschieden. Der EuGH meint, dass keiner der beiden Auslegungsmethoden der Vorrang gebührt. EuGH 6.10.1976 – Rs. 12/76, Tessili/Dunlop, Slg 1976, S. 1473.

EuGVÜ setzte sich der EuGH über den Willen des Gesetzgebers hinweg, um das Recht weiterzuentwickeln und Lücken zu füllen.[1142] Das sollte der EuGH jetzt ebenfalls tun, auch wenn der Gesetzgeber sich als reformunfreudig gezeigt hat und wohl an einer antiquierten Handhabung des Art. 5 Nr. 1 lit. a EuGVO festhalten wollte.
Aufgrund des Wechsels der Handlungsform des Gesetzgebers vom völkerrechtlichen Vertrag zur Verordnung, sind an die EuGVO im Vergleich zum EuGVÜ erhöhte Anforderungen zu stellen, was die gemeinschaftskonforme Auslegung betrifft.[1143] Deshalb kann mit *Besse* der Abbau aller Hindernisse gefordert werden, die mit dem gemeinschaftlichen Charakter der Verordnung kollidieren.[1144]
Es ist deutlich, dass von dem EuGVÜ zur EuGVO ein Systemwechsel[1145] vorliegt, durch den sich die Gemeinschaft noch enger zu einem eigenen Rechtsraum zusammenschließt.[1146] Deshalb kann die autonome Bestimmung des Erfüllungsortes nur eine Frage der Zeit sein.[1147]

2. *Ergebnis*

Das EuGVÜ ist aufgrund seiner völkerrechtlichen Entstehung weder dem primären noch dem sekundären Gemeinschaftsrecht zuzuordnen. Es ist durch Ex-Art. 220 EGV mit dem Gemeinschaftsrecht verbunden, aber trotzdem ein völkerrechtlicher Staatsvertrag.

Durch den Wechsel der Form, vom Staatsvertrag zur Verordnung, sind nun erhöhte Anforderungen an die Auslegung von Rechtsbegriffen zu stellen.

[1142] In EuGH 15.01.1985 - Rs. 241/83, Rösler/Rottwinkel, Slg. 1985, S. 99, in dem der EuGH zu einem abweichenden Ergebnis als der Jenard Bericht kommt und Art. 16 Nr. 1 EuGVÜ auch auf reine Mietzinsklagen anwendet.
[1143] Festgestellt von *Bajons*, Der Gerichtsstand des Erfüllungsortes: Rück- und Ausblick auf eine umstrittene Norm, in Festschrift für Geimer, S. 15 (65), jedoch ohne nähere Begründung. So wohl auch *Finger*, MDR 2001, S. 1394 f.; so auch ohne nähere Begründung und *Leisle*, Dependenzen auf dem Weg vom EuGVÜ, über die EuGVVO, zur EuZPO, S. 115. Die Frage wird auch von *Kohler*, Vom EuGVÜ zur EuGVVO: Grenzen und Konsequenzen der Vergemeinschaftung, in Festschrift für Geimer, S. 461 (463) aufgeworfen.
[1144] *Besse*, Die Vergemeinschaftung des EuGVÜ, S. 101.
[1145] Siehe den Bericht zur Fachtagung der Bayer-Stiftung für deutsches und internationales Arbeits- und Wirtschaftsrecht am 17. und 18 Mai 2001, der Unter dem Titel „Systemwechsel im europäischen Kollisionsrecht“ stattfand.
[1146] *Mansel*, Systemwechsel im europäischen Kollisionsrecht, in Systemwechsel im europäischen Kollisionsrecht, S. 1 (14).
[1147] *Schack*, ZZP 107 (1994), S. 279 (295, 297).

Diese sollten alle autonom aus der Verordnung bestimmt werden, es sei denn es ist nach dem Wortlaut anders vorgesehen. Dies bedeutet also, dass der Erfüllungsort in Art. 5 Nr. 1 lit. a EuGVO autonom bestimmt werden muss.

IV. Teleologische Auslegung

1. Aufgabe der de Bloos/Bouyers Rechtsprechung?

Der Wortlaut des Art. 5 Nr. 1 lit. a EuGVO ist die Grenze, die bei der teleologischen Auslegung nicht überschritten werden darf.[1148] Aus dem Wortlaut von Art. 5 Nr. 1 lit. a EuGVO ergibt sich, dass auch in Zukunft der Erfüllungsort der im Fall streitigen Verpflichtung zu bestimmen ist. Insoweit bleibt es also bei der Rechtslage, die bereits für Art. 5 Nr. 1 EuGVÜ bestand. Die *de Bloos/Bouyers* Rechtsprechung wurde durch den europäischen Gesetzgeber bestätigt. Dabei sind aber auch alle bereits vom EuGH erarbeiteten Einschränkungen zu übernehmen: Sekundärpflichten sind am Ort der Primärpflicht einzuklagen, Nebenpflichten am Erfüllungsort der Hauptpflicht.[1149] Nur so kann die Anzahl der Vertragsgerichtsstände für ein Rechtsverhältnis eingeschränkt werden.

2. Aufgabe der Tessili/Dunlop Rechtsprechung?

a) Nachteile der Tessili/Dunlop Rechtsprechung

In § 3 wurden die Nachteile der *Tessili/Dunlop* Rechtsprechung bereits ausführlich untersucht.[1150] Sie sollte - wenn möglich - aufgegeben werden. Stattdessen sollte ein vorhersehbarer und möglichst sach- und beweisnaher Erfüllungsort autonom aus der Verordnung bestimmt werden.

[1148] *Bydlinski*, Juristische Methodenlehre und Rechtsbegriff, S. 441.
[1149] Ausführlich dazu siehe bereits § 3 C I 3.
[1150] Siehe § 3 D II.

b) Verhältnis von autonomen Begriffen und Begriffen, die nach der lex causae bestimmt werden

Die Änderung der Rechtsform vom völkerrechtlichen Staatsvertrag zur Verordnung führt nur zu wenigen Veränderungen, wenn die gesamte Materie der Anerkennung und Vollstreckung von Gerichtsverfahren betrachtet wird. Der EuGH legte das EuGVÜ nicht nach den engeren Grundsätzen aus, die für die Auslegung von Staatsverträgen gelten. Seine Auslegung orientierte sich eher an den Auslegungsmethoden des Gemeinschaftsrechts.[1151] Die Kontinuität der Interpretation von Rechtsnormen wird in der Regel durch den Wechsel der Rechtsform nicht beeinträchtigt.[1152] Es wurde aber bereits gezeigt, dass dabei eine Einschränkung zu machen ist: Die Rechtsbegriffe einer Verordnung müssen europaweit einheitlich angewandt werden, weil an das sekundäre Gemeinschaftsrecht höhere Anforderungen zu stellen sind. Deshalb sollten Begriffe - wann immer es möglich ist - autonom aus der Verordnung bestimmt werden.

Der EuGH ging bei den ersten Urteilen zum EuGVÜ von zwei möglichen und gleichberechtigten Auslegungsmethoden aus: der autonomen Auslegung und der Auslegung de lege causae. Nach und nach gab er immer mehr der autonomen Auslegung den Vorzug und sah die Auslegung de lege causae nur noch ausnahmsweise vor.[1153] Der EuGH erkannte, dass nur die autonome Begriffsauslegung eine einheitliche Anwendung des Übereinkommens sicherstellen kann.[1154] Die Wirksamkeit einer Vorschrift ist erst gesichert, wenn sie einheitlich angewendet und dadurch der Rechtsschutz

---

[1151] *Kropholler*, Internationales Zivilprozeßrecht, Einleitung zum EuGVO Rn. 12, 32; *Schwartz*, Übereinkommen zwischen den EG-Staaten: Völkerrecht oder Gemeinschaftsrecht? in Festschrift für Grewe, S. 551.

[1152] *Kropholler*, Die Auslegung von EG-Verordnungen zum Internationalen Privat- und Verfahrensrecht - eine Skizze, in Aufbruch nach Europa - 75 Jahre Max-Planck-Institut für Privatrecht, S. 583 (589).

[1153] EuGH 19.01.1993 – Rs. 89/91, Shearson Lehmann Hutton Inc/ TVB Treuhandgesellschaft für Vermögensverwaltung und Beteiligung, Slg. 1993, S. I-139; EuGH 13.07.1993 – Rs. C-125/92, Mulox/Hendrick, Slg. 1993, S. I-4075. *Scholz*, Das Problem der autonomen Auslegung des EuGVÜ, S 13

[1154] *Kropholler*, Die Auslegung von EG-Verordnungen zum Internationalen Privat- und Verfahrensrecht - eine Skizze, in Aufbruch nach Europa - 75 Jahre Max-Planck-Institut für Privatrecht, S. 583 (590) ohne jedoch speziell auf die Auslegung von Art. 5 Nr. 1 EuGVO einzugehen.

der Betroffenen verstärkt wird.[1155] Deshalb wollte der EuGH, wann immer möglich, auf die autonome Auslegung zurückgreifen, anstatt eine Auslegung de lege causae zuzulassen.[1156]

Bei der autonomen Auslegung berücksichtigte er nach eigenen Angaben die Zielsetzung des EuGVÜ, die Systematik und die volle Wirksamkeit des Übereinkommens.[1157] Ferner beachtete der EuGH auch die Ziele des Ex-Art. 220 EGV, der den Anstoß zum Erlass des EuGVÜ gab.[1158] Eines der wichtigsten Ziele des Übereinkommens, das schon in dessen Präambel festgehalten worden war, sind einheitliche Rechte und Pflichten für alle in den Vertragsstaaten ansässigen Personen[1159].

c) *Aufgabe der Tessili/Dunlop Rechtsprechung trotz entgegenstehenden Willens der Kommission?*

Aus der Begründung der Kommission zur EuGVO geht hervor, dass die *Tessili/Dunlop* Rechtsprechung und mit ihr der Rückgriff auf die lex causae bei der Bestimmung des Erfüllungsortes beibehalten werden soll.[1160] Der Wortlaut von Art. 5 Nr. 1 lit. a EuGVO lässt dagegen auch die autonome Definition des „Erfüllungsortes" zu. Die systematische und die teleologische Auslegung sprechen ebenfalls für diese autonome Definition.
Zu prüfen ist, ob das Ergebnis der historischen Auslegung zugunsten teleologischer und systematischer Überlegungen übergangen werden kann.

[1155] Siehe beispielsweise EuGH 13.07.1993 – Rs. C-125/92, Mulox/Hendrick, Slg. 1993, I-4075.
[1156] Siehe EuGH 13.07.1993 – Rs. C-125/92, Mulox/Hendrick, Slg. 1993, I-4075.
[1157] EuGH 6.10.1976 – Rs. 12/76, Tessili/Dunlop, Slg 1976, S. 1473 Rn. 9; EuGH 14.10.1976 – Rs. 29/76, LTU Lufttransportunternehmen/Eurocontrol, Slg. 1976, S. 1541 Rn. 4; EuGH 22.11.1978 – Rs. 33/78, Somafer/Saar Ferngas, Slg. 1978, S. 2183 Rn. 9; EuGH 6.10. 1983 – Rs. 34/82, Martin Peters Bauunternehmung GmbH gegen Zuid Nederlandse Aannemers Vereniging, Slg. 1983, S. 987 Rn. 10; EuGH 8.03.1988 – Rs. 9/87, Arcado/Haviland, Slg. 1987, S. 1539 Rn. 15; EuGH 10.03. 1992 – Rs. C-214/89, Powell Duffryn/Petereit, Slg. 1992, S. I-1745 Rn. 39.
[1158] EuGH 6.10.1976 – Rs. 12/76, Tessili/Dunlop, Slg 1976, S. 1473 Rn. 11; EuGH 10.03. 1992 – Rs. C-214/89, Powell Duffryn/Petereit, Slg. 1992, S. I-1745 Rn. 12; EuGH 13.07.1993 – Rs. C-125/92, Mulox/Hendrick, Slg. 1993, S. I-4075 Rn. 10.
[1159] EuGH 17.06.1992 – Rs. 26/91, Jakob Handte & Co GmbH/Traitements Mecano Chimiques des Surfaces Sa, Slg. 1992, S. I–3967 Rn. 10; EuGH 19.01.1993 – Rs. 89/91, Shearson Lehmann Hutton Inc./TVB Treuhandgesellschaft für Vermögensverwaltung und Beteiligung mbH, Slg. 1993, S. I–139 Rn. 13; EuGH 13.07.1993 – Rs. C-125/92, Mulox/Hendrick, Slg. 1993, S. I-4075 Rn. 11.
[1160] Begründung der Kommission, KOM (1999), 348, S. 1 (7, 15).

Wenn der Erfüllungsort von Art. 5 Nr. 1 lit. a EuGVO in Zukunft autonom aus der Verordnung bestimmt wird, würde dies dem Willen der Normverfasser widersprechen.[1161] Die Ergebnisse der historischen Auslegung wurden bei der Auslegung des Übereinkommens schon oft zugunsten teleologischer Erwägungen übergangen.[1162] Bei der Auslegung des EuGVÜ war allgemein anerkannt, dass die sich aus den Berichten zum Übereinkommen ergebende historische Auslegung vernachlässigt werden durfte, damit sich das Übereinkommen weiterentwickeln konnte.

Bei den Beratungen über eine Reform des Art. 5 Nr. 1 EuGVÜ konnte man sich nicht auf eine umfassende Reform einigen.[1163] Der Vorschlag, den Erfüllungsort stets nach der vertragscharakteristischen Leistung zu bestimmen, fand in der Arbeitsgruppe keine Mehrheit.[1164] Viele wollten sogar für den gesamten Art. 5 Nr. 1 EuGVO die *Tessili/Dunlop* Rechtsprechung beibehalten.[1165]

Manche halten für Art. 5 Nr. 1 lit. a EuGVO die Aufgabe der *Tessili/Dunlop* Rechtsprechung für unmöglich, weil der Gesetzestext nicht geändert worden sei und dies zu einer Kodifizierung dieser Rechtsprechung geführt habe.[1166] Ob aber dadurch tatsächlich eine Kodifizierung der Rechtsprechung stattgefunden hat, ist fraglich.

1161 *Kropholler/von Hinden*, Die Reform des europäischen Gerichtsstands am Erfüllungsort (Art. 5 Nr. 1 EuGVÜ), in Gedächtnisschrift für Lüderitz, S. 401(408); *Mankowski*, EWiR 2002, S. 519 f.

1162 EuGH 15.01.1985 - Rs. 241/83, Rösler/Rottwinkel, Slg. 1985, S. 99; EuGH 10.01.1990 – Rs. 115/88, Mario Reichert u.a./Dresdner Bank AG, Slg. 1990, S. 27.

1163 Vgl. Kohler Die Revision des Brüsseler und des Luganer Übereinkommens über die gerichtliche Zuständigkeit und die Vollstreckung gerichtlicher Entscheidungen, in Zivil- und Handelssachen - Generalia und Gerichtsstandsproblematik, in Revision des EuGVÜ - Neues Schiedsverfahrensrecht, S. 1 ff.; *Kropholler/von Hinden*, Die Reform des europäischen Gerichtsstands am Erfüllungsort (Art. 5 Nr. 1 EuGVÜ), in Gedächtnisschrift für Lüderitz, S. 401 (409); *Kubis*, ZEuP 2001, S. 737 (751); *Markus*, SZW 1999, S. 205 (210).

1164 *Kerameus/Prütting*, ZZPInt 3 (1998), S. 265 (268 f.). Der Vorschlag der Arbeitsgruppe ist in Ratsdokument Nr. 7700/99 vom 30.04.1999 festgehalten. Dieser Vorschlag der Arbeitsgruppe wurde von der Kommission mit geringfügigen Änderungen übernommen, Ergibt sich aus der Aufgabe der Tessili Rechtsprechung, Vgl. Begründung der Kommission, KOM (1999), 348.

1165 *Piltz*, NJW 2002, S. 789 (793). Siehe auch die Stellungnahmen der italienischen und französischen Regierungen zu EuGH 28.09.1999 – Rs. C-440/97, GIE Groupe Concorde/Suhadiwarno Panjan, Slg. 1999, S. I-6307.

1166 *Czernich*, wbl 2002, S. 337 (342).

Vor der Reform des Art. 5 Nr. 1 EuGVÜ war anerkannt, dass der EuGH jederzeit die Möglichkeit hatte, seine Rechtsprechung zu ändern und den Erfüllungsort autonom aus dem Übereinkommen zu bestimmen. Der Gerichtshof zog dies mehrfach in Erwägung, verwarf diese Idee aber immer wieder.[1167] Schließlich wies er darauf hin, dass der Gesetzgeber die Rechtslage zu klären habe.[1168] Hierbei stellt sich nun die Frage, ob der europäische Gesetzgeber die *Tessili/Dunlop* Rechtsprechung kodifiziert hat, indem er den alten Wortlaut des Art. 5 Nr. 1 EuGVÜ unverändert in Art. 5 Nr. 1 lit. a EuGVO übernahm.

Bei den Beratungen zur Reform des Art. 5 Nr. 1 EuGVÜ herrschte große Uneinigkeit.[1169] Es war schon schwierig, sich auf eine Teilreform zu einigen. Das Beibehalten des alten Art. 5 Nr. 1 EuGVÜ als Art. 5 Nr. 1 lit. a EuGVO geschah nur, weil der Gesetzgeber sich nicht auf eine Reform dieses Teils einigen konnte, aber nicht, um damit die *Tessili/Dunlop* Rechtsprechung zu billigen. Dies kann auch der Gesetzesbegründung entnommen werden: Aus dieser geht hervor, dass die Nachteile der *Tessili/Dunlop* Rechtsprechung nun für Art. 5 Nr. 1 lit. b EuGVO nicht mehr bestehen.[1170] Daraus ergibt sich, dass keine andere Lösung für die anderen Verträge gefunden wurde, aber gerade nicht, dass die *Tessili/Dunlop* Rechtsprechung positiv festgeschrieben werden sollte. Deshalb besteht für den EuGH kein Hindernis, die *Tessili/Dunlop* Rechtsprechung auch für Art. 5 Nr. 1 lit. a EuGVO aufzugeben.

3. Beeinträchtigt die Aufgabe der Tessili/Dunlop Rechtsprechung die Rechtssicherheit?

Die teleologische Auslegung findet ihre Grenze in Erwägungen der Rechtssicherheit.[1171] Der EuGH forderte vom europäischen Gesetzgeber eine

---

1167 Erstmals in der EuGH 6.10.1976 – Rs. 12/76, Tessili/Dunlop, Slg 1976, S. 1473 Rn. 9 Entscheidung, zuletzt in der EuGH 28.09.1999 – Rs. C-440/97, GIE Groupe Concorde/Suhadiwarno Panjan, Slg. 1999, S. I-6307 Entscheidung.

1168 EuGH 28.09.1999 – Rs. C-440/97, GIE Groupe Concorde/Suhadiwarno Panjan, Slg. 1999, S. I-6307 Rn. 16, 21.

1169 Siehe dazu *Kohler*, Die Revision des Brüsseler und des Luganer Übereinkommens über die gerichtliche Zuständigkeit und die Vollstreckung gerichtlicher Entscheidungen in Zivil- und Handelssachen - Generalia und Gerichtsstandsproblematik, in Revision des EuGVÜ - Neues Schiedsverfahrensrecht, S. 1 ff.

1170 Begründung der Kommission, KOM (1999), 348, S. 1(7, 15).

1171 EuGH 28.09.1999 – Rs. C-440/97, GIE Groupe Concorde/Suhadiwarno Panjan, Slg. 1999, S. I-6307 Rn. 24.

legislative Überarbeitung des Textes von Art. 5 Nr. 1 EuGVÜ, um von der *Tessili/Dunlop* Rechtsprechung abzuweichen. Eine legislative Überarbeitung des Art. 5 Nr. 1 EuGVO fand zwar statt, aber ein Teil dieser Vorschrift, Art. 5 Nr. 1 lit. a EuGVO, wurde inhaltlich unverändert beibehalten. Deshalb könnte sich der EuGH aus Gründen der Rechtssicherheit und -kontinuität an die Anwendung der *Tessili/Dunlop* Rechtsprechung gebunden sehen und den Erfüllungsort weiterhin nach der lex causae bestimmen.[1172]

Die Tatsache, dass der EuGH vor der Reform des Art. 5 Nr. 1 EuGVÜ den Erfüllungsort nach der lex causae bestimmte, verstößt allein nicht gegen die Rechtssicherheit, wenn er diese Rechtsprechung ändert. Der EuGH ist verpflichtet, das Recht weiterzuentwickeln und eine für die Parteien nachteilige Rechtsprechung - wie *Tessili/Dunlop* - aufzugeben. Eine bereits gefestigte Rechtsprechung muss nicht nur deshalb beibehalten werden, weil schon immer so entschieden wurde.

Beobachtet man die allgemeine Verwirrung, die zurzeit in Schrifttum und Praxis herrscht, kann man kaum von einer im Moment vorhandenen Rechtssicherheit sprechen. Aufgrund dieser Rechtsunsicherheit ist im europäischen Rechtsverkehr tätigen Personen zu empfehlen, Gerichtsstandsvereinbarungen zu treffen, um Klarheit zu erhalten, bis die Streitfragen durch den EuGH beantwortet sind.

4. Ergebnis

Nach der teleologischen Auslegung ist eine autonome Auslegung des Begriffs Erfüllungsort geboten.

V. Mögliche Lösungsvorschläge für die autonome Auslegung des Erfüllungsortes

Der Erfüllungsort soll in Zukunft für Art. 5 Nr. 1 lit. a EuGVO autonom bestimmt werden: Auch hierbei sind die Vorhersehbarkeit des Gerichtsstandes bei Vertragsschluss und soweit wie möglich die Sach- und Beweisnähe des Gerichtsstands zu beachten.

[1172] *Nagel/Gottwald*, Europäisches Zivilprozessrecht, § 3 Rn. 50.

Bei Art. 5 Nr. 1 lit. a EuGVO handelt es sich um einen Auffangtatbestand. Er soll einen Vertragsgerichtsstand für alle Verträge schaffen, die nicht Kauf- oder Dienstleistungsverträge sind. Damit muss diese Vorschrift also für eine Vielzahl von Vertragstypen eine möglichst einfache Lösung anbieten.

Fraglich ist, wo der Erfüllungsort zu lokalisieren ist. Auch der Erfüllungsort des Art. 5 Nr. 1 lit. a EuGVO muss aufgrund tatsächlicher Kriterien bestimmt werden. Dafür sind drei Lösungen denkbar: Der Erfüllungsort kann dort angenommen werden, wo der Vertrag seinen Schwerpunkt hat. Er kann an dem bei Vertragsschluss erkennbaren Wohnsitz/Niederlassung des Schuldners oder des Gläubigers lokalisiert werden.

1. Erfüllungsort am Ort, an dem der Vertrag seinen tatsächlichen Schwerpunkt hat (engste Verbindung)

a) Bestimmung des Schwerpunktes des Vertrags nach Art. 28 EGBGB/Art. 4 EVÜ

Der Erfüllungsort der Verbindlichkeit nach Vorbild des Art. 28 EGBGB/Art. 4 EVÜ könnte in dem Staat angesiedelt werden, zu dem der Vertrag die engste Verbindung hat. Dabei wird vermutet, dass der Vertrag zu dem Staat die engste Verbindung hat, in dem die Partei bei Vertragsschluss wohnt, die die charakteristische Vertragsleistung zu erbringen hat. Dies ist jedoch eine widerlegbare Vermutung. Außerdem wird diese Regel nicht angewandt, wenn sich keine charakteristische Leistung bestimmen lässt, wie z.B. beim Tauschvertrag oder bei komplizierten Austauschverträgen, bei denen mehrere Leistungen ausgetauscht werden und keine einzige Leistung den Vertrag vollkommen charakterisiert.

Der Vorteil dieser Lösung wäre ein Gleichlauf zwischen der lex causae und lex fori. Das Forum wäre zuständig, dessen materielles Recht auch auf den Vertrag anzuwenden ist. Diese Rechtsnähe führt zu einer geringeren Fehlerquote, weil der Richter bei der Entscheidungsfindung sein Heimatrecht anwendet. Bei normalen Verträgen[1173] steht es den Parteien dagegen frei,

[1173] Dies gilt nicht für Arbeitsverträge.

von Art. 28 EGBGB/Art. 4 EVÜ abweichende Regeln zu treffen.[1174] Dies führt dazu, dass die Rechtsnähe des zuständigen Gerichts wieder aufgehoben wird. Diese Rechtsnähe ist neben der Sach- und Beweisnähe das Hauptargument, das für einen Erfüllungsort am Ort des Vertragsschwerpunktes spricht.

Wird der Erfüllungsort als der Ort bestimmt, an dem der Vertrag seinen Schwerpunkt hat, ist dieser Ort für die Parteien schlecht vorhersehbar. Es ist zwar relativ einfach feststellbar in welchem Staat die Partei, die die charakteristische Leistung erbringt, ihren Wohnsitz beim Vertragsschluss hat. Problematisch ist aber, dass dieser Ort nicht immer durch Art. 28 EGBGB/Art. 4 EVÜ als der Ort angesehen wird, an dem der Vertrag seinen Schwerpunkt hat: Weist ein anderer Ort engere Verbindungen[1175] zum Vertrag auf, so ist auf diesen abzustellen. Wurde früher gezeigt, dass der Wohnsitz der Partei, die die vertragstypische Leistung erbringt, nicht die engste Verbindung zum Vertrag hatte, griff man subsidiär auf den Erfüllungsort des Vertrags zurück. Heute wird der materiell-rechtliche Erfüllungsort nur als ein möglicher Hinweis für eine engere Verbindung unter mehreren angesehen. Daneben können noch die Bezugnahme auf ein nationales Recht, die Vertragssprache, der Abschlussort, die Mitwirkung Dritter, die Staatsangehörigkeit, der gewöhnliche Aufenthalt der Parteien, der Lageort des Vertragsgegenstandes und der hypothetische Parteiwille berücksichtigt werden. Maßgeblich ist also die Gesamtheit der Umstände.[1176] Deshalb kann es vorkommen, dass ein Gericht - je nach Einzelfall - andere Umstände zur Bestimmung des Schwerpunktes für bedeutsam erachtet oder diese Umstände zumindest anders gewichtet. Die Parteien wären deshalb nicht in der Lage, den Gerichtsstand vorherzusehen, dafür würde aber ein besonders sach-, beweis- und rechtsnaher Gerichtsstand erreicht. Es wurde jedoch gezeigt, dass die Vorhersehbarkeit des Gerichtsstands wichtiger ist als die Sach- und Beweisnähe.

[1174] Wenn die Parteien das anwendbare Recht vereinbaren, treffen sie auch oft eine Gerichtsstandsvereinbarung, die in den meisten Fällen auch ein rechtsnahes Gericht bestimmt. Dies geschieht aber nicht in allen Fällen.

[1175] Als zu vage kritisiert von *Juenger*, RabelsZ 46 (1982), S. 72 ff.

[1176] MünchKomm/*Martiny*, Bürgerliches Gesetzbuch, Art. 28 EGBGB Rn. 93.

b) Der einzelfallbezogene Erfüllungsort

aa) Darstellung

Einen ähnlichen Ansatz wählt *Buchner* für die Bestimmung des Vertragsgerichtsstandes. Er lehnt es ab, bei der Bestimmung immer schematisch an die gleichen Punkte anzuknüpfen, und zieht stattdessen eine einzelfallbezogene Bestimmung des Vertragsgerichtsstandes nach US-amerikanischem Vorbild vor.[1177] Dabei sollen noch andere Indizien neben dem Erfüllungsort herangezogen werden. Als mögliche Kriterien sieht er beispielsweise an:[1178] den Standort der Sache, wenn er dem Vertrag die spezifische Prägung gibt; die Tatsache, ob der Verkäufer gezielt seine Aktivitäten aufs Ausland ausrichtet; die „Vorgeschichte" des Vertrages; den Ort der Vertragsverhandlungen und des Vertragsschlusses; die Tatsache, dass die Parteien durch die Rechtswahl eine Affinität zu einer bestimmten Rechtsordnung haben;[1179] oder aber das anwendbare Internationale Privatrecht, das auch nach dem Schwerpunkt des Vertrags bestimmt wird; daneben die Vertragssprache oder die vereinbarte Währung; sogar der Zahlungsort der Geldschuld könne als einen Faktor mitberücksichtigt werden. Nur wenn diese Umstände nicht weiterhelfen, soll hilfsweise auf von vornherein bestimmte Gegebenheiten ausgewichen werden, wobei er den Sitz des Schuldners der vertragscharakteristischen Leistung vorschlägt[1180].

[1177] *Buchner,* Kläger- und Beklagtenschutz im Recht der internationalen Zuständigkeit, S. 111.

[1178] Die Kriterien sind deswegen Beispiele, weil in jedem neuen Fall andere Punkte den Schwerpunkt des Vertrags bestimmen und somit zuständigkeitsbegründend sind.

[1179] *Buchner,* Kläger- und Beklagtenschutz im Recht der internationalen Zuständigkeit, weist auf die umfangreiche U.S. amerikanische Rechtsprechung zu diesen Fällen hin, Burger King Corp. V. Rudzewicz, 471 U.S. 462, 481 f.(1985); Info-Med, Inc. V. National Healthcare, Inc., 669 F. Supp. 793, 797 (W.D.Ky. 1987); Plus System, Inc. v. New England Network, Inc., 804 F. Supp. 111, 118 (D.Colo. 1992).

[1180] *Rauscher*, Verpflichtung und Erfüllungsort in Artikel 5 Nummer 1 EuGVÜ, S. 224 schlägt vor, wenn man bei einem Vertrag nicht die vertragscharakteristische Leistung ermitteln kann, auf den Wohnsitz des Schuldners der streitigen Verpflichtung auszuweichen. Das führt im Endeffekt zum allgemeinen Gerichtsstand, Art. 2 EuGVO.

bb) Kritik

Wenn der Erfüllungsort einzelfallbezogen bestimmt wird, wird zwar Sach- und Beweisnähe des zuständigen Gerichts erreicht.[1181] Dies geht aber auf Kosten der Vorhersehbarkeit des Gerichtsstandes, was auch der Autor einräumt.[1182] Er nimmt dies in Kauf, weil ihm nur diese Lösung als prozessual gerecht erscheint.

Das amerikanische Konzept sollte für die EuGVO nicht übernommen werden. Zum einen berücksichtigt das US-amerikanische Recht die Interessen des Klägers stärker als das europäische Recht.[1183] Zum anderen würden diese Regeln im europäischen Rechtsraum, außer in Großbritannien, nicht akzeptiert werden, denn die europäischen Staaten sind traditionell eher an vorhersehbaren Gerichtsständen interessiert als an Gerichtsständen mit hoher Einzelfallgerechtigkeit. Dies bestätigt sich, wenn die Arbeiten zum Haager Zuständigkeits- und Vollstreckungsübereinkommen[1184] betrachtet werden. Die europäischen Staaten wollten das Haager Zuständigkeitsübereinkommen ähnlich wie das EuGVÜ gestalten und an einem Zuständigkeitskatalog festhalten.[1185] Dabei lehnten sie es ab, Gerichtsstände nach amerikanischem Recht zu übernehmen, die den Gerichtsstand im Einzelfall und nicht nach einem starren Katalog bestimmen. Dem amerikanischen Ansatz wird dabei vorgeworfen, sich oft der Intuition zu bedienen[1186] und deshalb nicht griffig genug zu sein. Der Cour de Cassation

---

[1181] *Buchner*, Kläger- und Beklagtenschutz im Recht der internationalen Zuständigkeit, S. 112.

[1182] *Buchner*, Kläger- und Beklagtenschutz im Recht der internationalen Zuständigkeit, S. 112 sagt, dass die Rechtssicherheit durch seine Lösung „nicht über Gebühr" eingeschränkt werde. Bereits festgestellt, dass das anglo-amerikanische System nicht geeignet ist, eine Lösung für die Europäische Gemeinschaft zu finden aus Gründen der mangelnden Vorhersehbarkeit und Rechtssicherheit, *Hill*, ICLQ 1995, S. 591 (617). Generalanwalt *Lenz* in EuGH 29.06.1994 – Rs. C 288/92, Custom Made Commercial/Stawa Metallbau, Slg. 1994, S. 2913, 2929, Rn. 63 befürchtet, dass Art. 5 Nr. 1 EuGVO sich in eine konturlose Forum-conveniens Regel verwandeln könnte.

[1183] *Bruns*, JZ 1999, S. 278. Das amerikanische System ist gekennzeichnet durch eine unternehmerisch denkende, aggressive Anwaltschaft, einem Prozesskostensystem, das die Klageerhebung ohne Risiko ermöglicht, und die Aussicht auf Zuerkennung hoher Schadensersatzsummen durch eine Jury, vergleiche die Zusammenstellung bei *Wagner* IPRax 2001, S. 533 (535). Siehe dazu auch *Geimer,* Verfassungsrechtliche Vorgaben bei der Normierung der internationalen Zuständigkeit, in Festschrift für Schwind, S. 17 (23).

[1184] Siehe zum aktuellen Stand http://www.hcch.net/e/conventions/draft36e.html.

[1185] *von Mehren,* IPRax 2000, S. 465 f.

[1186] *Mankowski*, EWiR 2002, S. 519 f.

hatte dem EuGH in der Rechtssache *GIE Groupe Concorde u.a./Kapitän des Schiffes Suhadiwarno Panjan* ein ähnliches Vorgehen vorgeschlagen: Der EuGH sollte den Erfüllungsort nach der Art des Schuldverhältnisses und den Umständen des Einzelfalls bestimmen.[1187] Dies wurde vom EuGH mit dem Einwand der mangelnden Vorhersehbarkeit abgelehnt.[1188] Deshalb wird sich der Vorschlag *Buchners* auch in der Praxis nicht durchsetzen.

2. Erfüllungsort am Wohnsitz des Gläubigers bei Vertragsschluss

Wenn der Erfüllungsort am Wohnsitz des Gläubigers angesiedelt wird, führt dies zwar zu einem vorhersehbaren Gerichtsstand. Dadurch ergibt sich aber ein Klägergerichtsstand. Jede Vertragspartei kann die Leistungen, die sie fordert, am eigenen Wohnort geltend machen. Dies widerspricht dem Grundsatz des „actor sequitur forum rei", der das gesamte europäische Zuständigkeitsrecht prägt und in Art. 2 EuGVO festgelegt ist.

3. Erfüllungsort am Wohnsitz des Schuldners

Schack schlägt vor, den Erfüllungsort für alle Verbindlichkeiten, die nicht Lieferpflicht einer Sache sind oder sich aus einem Arbeitsvertrag ergeben, am Wohnsitz des Schuldners zu bestimmen.[1189] Der Wohnsitz des Schuldners der streitigen Verpflichtung ist ein Kriterium, das die Parteien von Vertragsschluss an vorhersehen können.[1190] Somit würde eines der Hauptziele des Gerichtsstandes am Erfüllungsort erreicht: Es würde ein Gerichtsstand vorliegen, der im Gegensatz zum allgemeinen Gerichtsstand nicht nach Vertragsschluss einseitig durch eine Partei - beispielsweise durch Verlegung des Wohnsitzes - verändert werden kann.[1191] Auch eines der größten Probleme des Art. 5 Nr. 1 EuGVÜ wird gelöst. Wenn eine Geldleistung eingeklagt wird, führt sie nicht mehr zu einem Klägergerichtsstand, denn sie muss am Wohnsitz des Schuldners eingeklagt werden.

[1187] EuGH 28.09.1999 – Rs. C-440/97, GIE Groupe Concorde/Suhadiwarno Panjan, Slg. 1999, S. I-6307.

[1188] EuGH 28.09.1999 – Rs. C-440/97, GIE Groupe Concorde/Suhadiwarno Panjan, Slg. 1999, S. I-6307.

[1189] *Schack*, Erfüllungsort im deutschen, ausländischen und internationalen Privat- und Zivilprozeßrecht, Rn. 218.

[1190] Diese Lösung wird von *Schack*, Der Erfüllungsort im deutschen, ausländischen und internationalen Privat- und Zivilprozeßrecht, Rn. 218, 352 vorgeschlagen.

[1191] Dieses Ziel wurde ausführlich in § 2 B II herausgearbeitet.

Wenn auf den Wohnsitz des Schuldners abgestellt wird, berücksichtigt man zusätzlich den Grundsatz des „actor sequitur forum rei“, von dem das EuGVÜ und auch die EuGVO in Art. 2 EuGVO ausgehen. Dadurch wird dem Schuldner die Verteidigung erleichtert.[1192] Dieser Lösung ist zu folgen, denn sie führt zu vorhersehbaren Ergebnissen und schafft oft ein sach- und beweisnahes Gericht.

C. Prognose

Obwohl die hier vorgeschlagene Lösung - den Erfüllungsort in Zukunft autonom aus der Verordnung am Wohnsitz des Schuldners zu bestimmen - mit dem Wortlaut gut vereinbar und systematisch sowie teleologisch sogar geboten ist, ist fraglich, ob der EuGH seine *Tessili/Dunlop* Rechtsprechung aufgeben wird.[1193] Hinweise dafür oder dagegen kann man in den Rechtssachen *GIE Groupe Concorde u.a./Kapitän des Schiffes Suhadiwarno Panjan*[1194] und *Besix/WABAG*[1195] finden. In beiden Entscheidungen, die noch zu Art. 5 Nr. 1 EuGVÜ ergingen, hebt der EuGH hervor, dass die *Tessili/Dunlop* Rechtsprechung nicht aufgegeben werden soll. In der Rechtssache *GIE Groupe Concorde u.a./Kapitän des Schiffes Suhadiwarno Panjan*[1196] behält er die Auslegung des Erfüllungsortes de lege cause bei,

---

[1192] *Schack*, Der Erfüllungsort im deutschen, ausländischen und internationalen Privat- und Zivilprozeßrecht, Rn. 218; 352.

[1193] Keine Aufgabe von Tessili/Dunlop halten folgende Autoren für wahrscheinlich: *Czernich*, wbl, 2002, S. 337 (342); *Gottwald*, Internationales Zivilprozessrecht, § 3 Rn. 50; *Hau*, IPRax 2000, S. 354 (359); *Kropholler*, Europäisches Zivilverfahrensrecht, Art. 5 EuGVO, Rn. 22 ff.; *Kropholler/von Hinden*, Die Reform des europäischen Gerichtsstands am Erfüllungsort (Art. 5 Nr. 1 EuGVÜ) in Gedächtnisschrift für Lüderitz, S. 401 (408); *Kubis*, ZEuP 2001, S. 737 (750); *Leipold*, Internationale Zuständigkeit am Erfüllungsort - das Neueste aus Luxemburg und Brüssel, in Gedächtnisschrift für Lüderitz, S. 431, 445, 451; *Mankowski*, EwiR 2002, 519 f.; *Musielak/Weth*, Kommentar zur Zivilprozeßordnung , Art. 5 EuGVO Rn. 38; *Piltz*, NJW 2002, S. 789 (793) *Zöller/Geimer*, Zivilprozessordnung, Art. 5 EuGVO, Rn. 1 ff. Offen gelassen von *Bajons*, Der Gerichtsstand des Erfüllungsortes: Rück- und Ausblick auf eine umstrittene Norm, in Festschrift für Geimer, S. 15 (66); *Heß*, IPRax 2002, 376 f.; *Eltzschig*, IPRax 2002, S. 491 f.

[1194] EuGH 28.09.1999 – Rs. C-440/97, GIE Groupe Concorde/Suhadiwarno Panjan, Slg. 1999, S. I-6307.

[1195] EuGH 19.02.2002 – Rs. C-256/00, Besix SA/Wasserreinigungsbau Alfred Kretzschmar GmbH & Co. KG (WABAG) und Planungs- und Forschungsgesellschaft W. Kretzschmar GmbH 6 KG (PLAFOG), Slg. 2002, S. I-1699.

[1196] EuGH 28.09.1999 – Rs. C-440/97, GIE Groupe Concorde/Suhadiwarno Panjan, Slg. 1999, S. I-6307.

mit dem Hinweis, dass Reformen und Neuerungen vom europäischen Gesetzgeber zu erwarten sind[1197]

In der *Besix/WABAG*[1198] Entscheidung hält sich der EuGH nicht strikt an die *Tessili/Dunlop* Rechtsprechung. Statt den Erfüllungsort aus der lex causae zu bestimmen, erklärt er, dass die Unterlassungspflicht aus einer Konkurrenzklausel unendlich viele Erfüllungsorte habe.[1199] Optimisten sehen darin die Bereitschaft des EuGH zur Aufgabe der *Tessili/Dunlop* Rechtsprechung.[1200] Darin ist zwar eine Korrektur der *Tessili/Dunlop* Rechtsprechung zu sehen, aber daraus kann nicht der Schluss gezogen wird, dass sich die Rechtsprechung grundlegend ändern wird.[1201] Vor allem betont der EuGH selbst in der *Besix/WABAG*[1202] Entscheidung, die noch zum EuGVÜ erging, *Tessili/Dunlop* nicht antasten zu wollen.

Der EuGH kann sich nach dem Übergang vom EuGVÜ zur EuGVO nun nicht mehr seiner Verantwortung entziehen und muss seine Rechtsprechung, die auf die lex causae zurückgreift, kritisch überprüfen.[1203]
Weder aus der *GIE Groupe Concorde u.a./Kapitän des Schiffes Suhadiwarno Panjan* noch aus *der Besix/WABAG*[1204] Entscheidung lässt sich also ein Rückschluss ziehen, wie der EuGH zu Art. 5 Nr. 1 lit. a EuGVO entscheiden wird. Bei dieser Vorschrift kann und muss er - nach den hier gemachten Ausführungen - den Erfüllungsort autonom aus der Verordnung

---

[1197] *Hau*, IPRax 2000, S. 354 (359) schließt das aus der EuGH 28.09.1999 – Rs. C-440/97, GIE Groupe Concorde/Suhadiwarno Panjan, Slg. 1999, S. I-6307.
[1198] EuGH 19.02.2002 – Rs. C-256/00, Besix SA/Wasserreinigungsbau Alfred Kretzschmar GmbH & Co. KG (WABAG) und Planungs- und Forschungsgesellschaft W. Kretzschmar GmbH 6 KG (PLAFOG), Slg. 2002, S. I-1699.
[1199] EuGH 19.02.2002 – Rs. C-256/00, Besix SA/Wasserreinigungsbau Alfred Kretzschmar GmbH & Co. KG (WABAG) und Planungs- und Forschungsgesellschaft W. Kretzschmar GmbH 6 KG (PLAFOG), Slg. 2002, S. I-1699.
[1200] EuGH 19.02.2002 – RS 256/00, Besix SA/Wasserreinigungsbau Alfred Kretzschmar GmbH & Co. KG (WABAG) und Planungs- und Forschungsgesellschaft W. Kretzschmar GmbH 6 KG (PLAFOG), Slg. 2002, S. I-1699.
[1201] So auch *Heß*, IPRax 2002, S. 376 f.
[1202] EuGH 19.02.2002 – Rs. C-256/00, Besix SA/Wasserreinigungsbau Alfred Kretzschmar GmbH & Co. KG (WABAG) und Planungs- und Forschungsgesellschaft W. Kretzschmar GmbH 6 KG (PLAFOG), Slg. 2002, S. I-1699.
[1203] Dieser Vorwurf wurde ihm nach der Concorde Entscheidung gemacht. *Leipold*, Internationale Zuständigkeit am Erfüllungsort - das Neueste aus Luxemburg und Brüssel, in Gedächtnisschrift für Lüderitz, S. 431 (436).
[1204] EuGH 19.02.2002 – Rs. C-256/00, Besix SA/Wasserreinigungsbau Alfred Kretzschmar GmbH & Co. KG (WABAG) und Planungs- und Forschungsgesellschaft W. Kretzschmar GmbH 6 KG (PLAFOG), Slg. 2002, S. I-1699.

bestimmen. Vielen der hier behandelten Argumente verschloss er sich aber bis jetzt. Deshalb muss befürchtet werden, dass er die *Tessili/Dunlop* Rechtsprechung auch auf Art. 5 Nr. 1 lit. a EuGVO anwenden wird.

D. *Zusammenfassung*

Die *de Bloos/Bouyers* Rechtsprechung wird für Art. 5 Nr. 1 lit. a EuGVO vom EuGH nicht aufgegeben werden, weil dies gegen den Wortlaut der Vorschrift verstoßen würde.

Der Erfüllungsort sollte sowohl in Art. 5 Nr. 1 lit. a EuGVO als auch für Art. 5 Nr. 1 lit. b EuGVO autonom aus der Verordnung bestimmt werden. Die *Tessili/Dunlop* Rechtsprechung kann und muss vom EuGH aufgegeben werden.

Als Erfüllungsort in Art. 5 Nr. 1 lit. a EuGVO sollte der Wohnsitz des Schuldners der eingeklagten Leistung beim Vertragsschluss gewählt werden.

§ 8: Liefer- oder Erbringungsort in einem Drittstaat

Liegt ein Kauf- oder Dienstleistungsvertrag vor, dessen Liefer- oder Erbringungsort in einem Drittstaat liegt, also in einem Staat außerhalb des Anwendungsbereichs der EuGVO, so ist Art. 5 Nr. 1 lit. b EuGVO nicht anzuwenden. Dies ergibt sich aus dem Wortlaut der Vorschrift, wie auch aus der Gesetzesbegründung.[1205] Art. 5 Nr. 1 lit. b EuGVO wird nur angewandt, wenn der Liefer- und Erbringungsort in einem Mitgliedsstaat der EuGVO liegt, also in allen Mitgliedsstaaten der EU außer Dänemark. Für Kauf- und Dienstleistungsverträge, deren Liefer- oder Erbringungsort außerhalb des Anwendungsbereichs der EuGVO liegt, soll Art. 5 Nr. 1 lit. a EuGVO angewandt werden.[1206]

Wenn sich der Wohnsitz des Beklagten in einem Drittstaat befindet,[1207] findet die Verordnung nach Art. 4 EuGVO insgesamt keine Anwendung. Auf den Wohnsitz des Klägers kommt es bei der Anwendung der EuGVO dagegen nicht an.[1208]

I. Dänemark und die Länder des LugÜ

Würde auf Art. 5 Nr. 1 lit. a EuGVO weiterhin die *Tessili/Dunlop* Rechtsprechung des EuGH angewandt werden, könnte es sinnvoll sein Art. 5 Nr. 1 lit. a EuGVO auch auf alle Kauf- und Dienstleistungsverträge, deren Erfüllungsort in einem Drittstaat liegt, anzuwenden. Wenn Art. 5 Nr. 1 lit. a EuGVO Anwendung findet, sobald der Erfüllungsort in Dänemark oder in einem der Staaten des LugÜ liegt, wird der Erfüllungsort einheitlich be-

[1205] Vgl. Begründung der Kommission, KOM (1999), 348, S. 1 (15).

[1206] *Bajons*, Der Gerichtsstand des Erfüllungsortes: Rück- und Ausblick auf eine umstrittene Norm, in Festschrift für Geimer, S. 15, (43) Fn. 85; *Gottwald*, Internationales Zivilprozessrecht, § 3 Rn. 50; *Hausmann*, EuLF 200/2001, S. 40 (45); *Kennedy*, ICLQ 2001, S. 725 (727); *Kropholler/von Hinden*, Die Reform des europäischen Gerichtsstands am Erfüllungsort (Art. 5 Nr. 1 EuGVÜ), in Gedächtnisschrift für Lüderitz, S. 401 (411); *Leipold*, Internationale Zuständigkeit am Erfüllungsort - das Neueste aus Luxemburg und Brüssel, in Gedächtnisschrift für Lüderitz, S. 431 (450 f.); *Micklitz/Rott*, EuZW 2001, S. 325 (329); *Piltz*, NJW 2002, S. 789 (793).

[1207] Es kommt dagegen nicht auf die Staatsangehörigkeit an.

[1208] EuGH 13.07.2000 – Rs. 412/98, Group Josi Reinsurance Company SA/Universal General Insurance Company, Slg 2000, S. I-5925, Anm. *Gebauer*, ZEuP 2001, S. 949.

stimmt. Sowohl in Dänemark, dort gilt noch Art. 5 Nr. 1 EuGVÜ, als auch in den restlichen Mitgliedsstaaten der Europäischen Gemeinschaft, bestimmt sich der Erfüllungsort dann nach der lex causae.

Wenn der EuGH die *Tessili/Dunlop* Rechtsprechung aufgibt, entfällt dieser Einklang. Da aber inhaltsgleiche Übereinkommen zwischen den Staaten der EuGVO, Dänemark und den Staaten des LugÜ geplant sind, wäre wieder ein einheitliches System gegeben.

2. *Kritik*

Es ist problematisch, Art. 5 Nr. 1 lit. a EuGVO statt Art. 5 Nr. 1 lit. b EuGVO auf Kauf- und Dienstleistungsverträge mit Liefer- oder Erbringungsort in einem Drittstaat anzuwenden. Das uneinheitliche Ergebnis kann an folgendem Beispiel gezeigt werden:

Beispiel: Ein deutscher Verkäufer und ein englischer Käufer schließen einen Kaufvertrag. Sie einigen sich, dass der deutsche Verkäufer die Ware nach New York liefern soll. Auf den Vertrag ist das Wiener UN-Kaufrecht anzuwenden.[1209] *Der englische Käufer möchte die Geldleistung einklagen.*

Aus Art. 5 Nr. 1 lit. b EuGVO ergibt sich zunächst ein Lieferort in New York. Art. 5 Nr. 1 lit. b EuGVO ist aber nur anzuwenden, wenn der Lieferort in einem Mitgliedsstaat der EuGVO liegt. Die USA sind kein solcher Mitgliedsstaat, also kommt Art. 5 Nr. 1 lit. a EuGVO zur Anwendung. Je nach dem, ob sich der EuGH der hier vertretenen Ansicht anschließt und den Erfüllungsort autonom am Wohnsitz des Schuldners der streitigen Leistung bestimmt oder die *Tessili/Dunlop* Rechtsprechung beibehält, ist der Erfüllungsort der eingeklagten Geldleistung entweder in England oder nach Art. 57 CISG in Deutschland lokalisiert.

Manche Autoren schlagen vor, es in diesem Fall nur beim allgemeinen Gerichtsstand aus Art. 2 EuGVO zu belassen.[1210] So würde der Gerichtsstand auf jeden Fall in der Europäischen Gemeinschaft liegen, denn wenn der Beklagte außerhalb der Gemeinschaft wohnt, ist die EuGVO gar nicht anwendbar.

[1209] Beispiel, siehe *Kropholler*, Europäisches Zivilprozeßrecht, Art. 5 EuGVO Rn. 45.

[1210] *Hau*, IPRax 2000, S. 354 (360); *Kropholler*, Europäisches Zivilprozeßrecht, Art. 5 EuGVO Rn. 45; *Leipold,* Internationale Zuständigkeit am Erfüllungsort - das Neueste aus Luxemburg und Brüssel, in Gedächtnisschrift für Lüderitz, S. 431 (450 f.).

Der bestehende Art. 5 Nr. 1 EuGVO bevorzugt Exporteure.[1211] Welches rechtspolitische Ziel dahinter steckt, ist allerdings unklar.[1212] Man wollte wohl den Parteien, die nach altem Recht einen Gerichtsstand in einem Mitgliedsstaat gehabt hätten, diesen auch nach der neuen Rechtslage nicht entziehen.[1213] Dem Kläger steht aber in diesen Fällen der Gerichtsstand aus Art. 2 EuGVO am Wohnsitz des Beklagten zu, der zwingend in einem Mitgliedsstaat liegt, denn andernfalls ist die Verordnung nach Art. 4 EuGVO überhaupt nicht anwendbar.[1214] Der Exporteur erhält durch Art. 5 Nr. 1 lit. a EuGVO eine „zweite Chance" auf einen Vertragsgerichtsstand in einem Mitgliedsstaat.[1215] Er kann sich dann den Gerichtsstand aussuchen, der ihm die meisten Vorteile bringt. Es macht keinen Sinn, Kaufverträge und Dienstleistungsverträge anders zu behandeln, je nachdem wo der Liefer- oder Erbringungsort liegt. Wenn der Kläger einen Gerichtsstand in der Gemeinschaft wünscht, dann muss er auf Art. 2 EuGVO ausweichen. Die Zuständigkeit für alle Kauf- und Dienstleistungsverträge sollte unabhängig davon, ob ihr Liefer- oder Erbringungsort in oder außerhalb des Anwendungsbereichs des Übereinkommens liegt, stets aus Art. 5 Nr. 1 lit. b EuGVO bestimmt werden.[1216] Wenn der Liefer- oder Erbringungsort außerhalb des Anwendungsbereichs der EuGVO liegt, sollte der Kläger auf den allgemeinen Gerichtsstand am Wohnsitz des Klägers ausweichen, denn die EuGVO kann mangels Hoheitsgewalt die Zuständigkeit in einem Nichtmitgliedsstaat nicht regeln. Deshalb sollte der Wortlaut des Art. 5 Nr. 1 lit. b EuGVO wie folgt geändert werden:

Art. 5 Nr. 1 lit. b EuGVO:

> b) im Sinne dieser Vorschrift – und sofern nichts anderes vereinbart worden ist – ist der Erfüllungsort der Verpflichtung
>
> > - für den Verkauf beweglicher Sachen der Ort ~~*in einem Mitgliedsstaat*~~,[1217] an dem sie nach dem Vertrag geliefert worden sind oder hätten geliefert werden sollen.

[1211] *Markus*, SZW 1999, S. 205 (211) Fn. 64.

[1212] *Leipold*, Internationale Zuständigkeit am Erfüllungsort - das Neueste aus Luxemburg und Brüssel, in Gedächtnisschrift für Lüderitz, S. 431 (450).

[1213] *Leipold*, Internationale Zuständigkeit am Erfüllungsort - das Neueste aus Luxemburg und Brüssel, in Gedächtnisschrift für Lüderitz, S. 431 (451).

[1214] *Leipold*, Internationale Zuständigkeit am Erfüllungsort - das Neueste aus Luxemburg und Brüssel, in Gedächtnisschrift für Lüderitz, S. 431 (450).

[1215] *Junker*, RIW 2002, S. 569 (573); *Kubis*, ZEuP 2001, S. 737 (751).

[1216] *Leipold*, Internationale Zuständigkeit am Erfüllungsort - das Neueste aus Luxemburg und Brüssel, in Gedächtnisschrift für Lüderitz, S. 431 (451).

[1217] Art. 5 Nr. 1 lit. a EuGVO ist ebenfalls nicht nur dann anwendbar, wenn der Erfüllungsort in einem Mitgliedsstaat liegt.

- für die Erbringung von Dienstleistungen der Ort ~~*in einem Mitgliedsstaat*~~, an dem sie nach dem Vertrag erbracht worden sind oder hätten erbracht werden müssen.

B. *Zusammenfassung*

Art. 5 lit. b EuGVO sollte dahingehend geändert werden, dass er auch Anwendung findet, wenn der Liefer- oder Erbringungsort bei einem Kauf- oder Dienstleistungsvertrag im Ausland liegt. Der Zusatz „in einem Mitgliedsstaat“ im ersten und zweiten Spiegelstrich ist deswegen zu streichen. Ohne diese Änderung wird auf alle Kauf- und Dienstverträge, deren Liefer- oder Erbringungsort in einem Drittstaat liegen, Art. 5 Nr. 1 lit. a EuGVO anzuwenden sein.

§ 9: Erfüllungsortsvereinbarungen

A. Einführung in die Problematik

Der EuGH bestimmte vor der Reform den Erfüllungsort der jeweils streitigen Verpflichtung des Art. 5 Nr. 1 EuGVÜ nach der lex causae.[1218] Ob die Parteien diesen Erfüllungsort durch Vereinbarung abändern können, ergab sich für den alten Art. 5 Nr. 1 EuGVÜ nicht ausdrücklich aus dem Wortlaut. Der EuGH gestattete in seiner Rechtsprechung den Parteien, einen Erfüllungsort zu vereinbaren, der von den materiellrechtlichen Normen der lex causae abweicht.[1219] Dieser so vereinbarte Erfüllungsort war dann für Art. 5 Nr. 1 EuGVÜ zuständigkeitsbegründend.[1220]

Solche Vereinbarungen über den Erfüllungsort wurden in der Praxis häufig geschlossen, denn dadurch konnte die Zuständigkeit des Gerichts verändert werden. Zwischen Erfüllungsortsvereinbarungen und Gerichtsstandsvereinbarungen bestand deshalb ein Spannungsverhältnis: Art. 17 EuGVÜ/Art. 23 EuGVO[1221] schreibt für Gerichtsstandsvereinbarungen die Schriftform[1222] vor. Erfüllungsortsvereinbarungen sind dagegen - laut EuGH

[1218] Siehe nur die Leitentscheidung EuGH 6.10.1976 – Rs. 12/76, Tessili/Dunlop, Slg 1976, S. 1473. Ausführlich in § 3 D.

[1219] Der Erfüllungsort der Kaufpreiszahlung wurde in Rechtsordnungen, die die Geldschuld als Bringschuld ansehen, besonders oft von den Parteien abbedungen und am Wohnort des Gläubigers lokalisiert. Siehe näher dazu *von Caemmerer*, Zahlungsort, in Festschrift für Mann, S. 3 f.

[1220] *Geimer/Schütze*, Europäisches Zivilverfahrensrecht, Art. 5 EuGVÜ Rn. 81; *Kropholler*, Europäisches Zivilprozeßrecht, Art. 5 EuGVÜ Rn. 24; *Schlosser*, EuGVÜ, Art. 5 EuGVÜ Rn. 11; *Wieczorek/Schütze/Hausmann*, Zivilprozeßordnung und Nebengesetze, Art. 5 EuGVÜ Rn. 27, Fn. 116.

[1221] Art. 17 EuGVÜ und Art. 23 EuGVO werden zusammen behandelt, wenn die im Text getroffene Aussage sowohl vor als auch nach der Reform gilt.

[1222] Die Form des Art. 23 EuGVO wird unter folgenden Voraussetzungen eingehalten: Die Gerichtsstandsvereinbarung wird schriftlich geschlossen oder schriftlich bestätigt (Art. 23 Abs. 1 lit. a EuGVO), die Gerichtsstandsvereinbarung wird in einer Form geschlossen, welche den Gepflogenheiten entspricht, die zwischen den Parteien entstanden sind (Art. 23 Abs. 1 lit. b EuGVO), oder die Gerichtsstandsvereinbarung wird in einer Form geschlossen, die den internationalen Handelsbräuchen entspricht (Art. 23 Abs. 1 lit. c EuGVO). Der Schriftform werden nun auch elektronische Übermittlungen gerecht,

Rechtsprechung[1223] - schon dann wirksam, wenn sie nur die Formvoraussetzungen der jeweiligen lex causae erfüllen. Die meisten Rechtsordnungen sehen für Vereinbarungen über den Erfüllungsort keine besondere Form vor. Erfüllungsortsvereinbarungen können aber durch die Änderung des Erfüllungsortes genau wie Gerichtsstandsvereinbarungen den Gerichtsstand verändern. Deshalb wurden Erfüllungsortsvereinbarungen in der Praxis oft geschlossen, um die strengeren Formvoraussetzungen des Art. 17 EuGVÜ/Art. 23 EuGVO zu umgehen, obwohl der EuGH versuchte Erfüllungsortsvereinbarungen, über Orte, die keinen Bezug zum Vertrag hatten zu unterbinden. Es stellt sich deshalb die Frage, ob es deshalb sachgerechter wäre, auch Vereinbarungen über den Erfüllungsort an Formvorschriften zu binden, um so ihren Missbrauch zu verhindern. Andere bezweifeln sogar, ob die zuständigkeitsbegründende Wirkung von Erfüllungsortsvereinbarungen rechtspolitisch zu rechtfertigen ist.[1224]

Nach der Reform des Art. 5 Nr. 1 EuGVO sind viele Fragen für die Erfüllungsortsvereinbarungen zu beantworten:

Art. 5 Nr. 1 lit. a EuGVO übernimmt den Wortlaut des Art. 5 Nr. 1 EuGVÜ. Deshalb wird die Rechtsprechung zu Art. 5 Nr. 1 EuGVÜ weiterhin gelten, soweit sie noch sachgerecht ist. Da die zuständigkeitsbegründende Wirkung von Erfüllungsortsvereinbarungen im Schrifttum oft als rechtspolitisch verfehlt kritisiert wurde,[1225] ist zu untersuchen, ob für Art. 5 Nr. 1 lit. a EuGVO weiterhin die gefestigte EuGH Rechtsprechung für Erfüllungsortsvereinbarungen gelten darf.

Aber auch für Art. 5 Nr. 1 lit. b EuGVO ist zu prüfen, ob und wie Erfüllungsortsvereinbarungen die Zuständigkeit der Gerichte verändern dürfen. Der Wortlaut von Art. 5 Nr. 1 lit. b EuGVO lautet:

„...im Sinne dieser Vorschrift - <u>und sofern nichts anderes vereinbart worden ist</u> -[1226] ist der Erfüllungsort der Verpflichtung:

---

die eine dauerhafte Aufzeichnung der Vereinbarung ermöglichen (Art. 23 Abs. 2 EuGVO).

1223 EuGH 17.01.1980 – Rs. 56/79, Zelger/Salinitri, Slg. 1980, S. 89.

1224 *Schack,* Der Erfüllungsort im deutschen, ausländischen und internationalen Privat- und Zivilprozeßrecht, Rn. 174 ff.; 340 ff.

1225 *Schack*, Der Erfüllungsort im deutschen, ausländischen und internationalen Privat- und Zivilprozeßrecht, Rn. 174 ff.; 340 ff.

1226 Unterstreichung zum besseren Verständnis von der Verfasserin eingefügt.

- *für den Verkauf beweglicher Sachen der Ort in einem Mitgliedstaat, an dem sie nach dem Vertrag geliefert worden sind oder hätten geliefert werden müssen;*
- *für die Erbringung von Dienstleistungen der Ort in einem Mitgliedstaat, an dem sie nach dem Vertrag erbracht worden sind oder hätten erbracht werden müssen.“*
-

Dies lässt den Schluss zu, dass auch in Zukunft der vereinbarte Erfüllungsort dem tatsächlichen vorgehen soll.

B. Wirksamkeit von Erfüllungsortsvereinbarungen für Art. 5 Nr. 1 lit. a EuGVO

Art. 5 Nr. 1 EuGVÜ wurde als Art. 5 Nr. 1 lit. a EuGVO wortgleich in die Verordnung übernommen. Daher bietet es sich an, die gefestigte Rechtsprechung für Erfüllungsortsvereinbarungen, die der EuGH für Art. 5 Nr. 1 EuGVÜ entwickelte, auch auf Art. 5 Nr. 1 lit. a EuGVO anzuwenden. Nur wenn diese Rechtsprechung rechtspolitisch verfehlt oder durch die Reform überholt ist, muss nach Alternativen gesucht werden.

I. Untersuchung der EuGH Rechtsprechung für Erfüllungsortsvereinbarungen zu Art. 5 Nr. 1 EuGVÜ

1. EuGH Rechtsprechung zu Erfüllungsortsvereinbarungen – die Rechtssache Zelger/Salinitri[1227]

Die *Tessili/Dunlop*[1228] Rechtsprechung bestimmte den Erfüllungsort der streitigen Verpflichtung aus der lex causae. Diese Rechtsprechung führte der EuGH auch für Erfüllungsortsvereinbarungen fort. Ihre Wirksamkeitsvoraussetzungen wurden ebenfalls der lex causae entnommen.[1229]

[1227] EuGH 17.01.1980 – Rs. 56/79, Zelger/Salinitri, Slg. 1980, S. 89.
[1228] EuGH 6.10.1976 – Rs. 12/76, Tessili/Dunlop, Slg 1976, S. 1473.
[1229] EuGH 17.01.1980 – Rs. 56/79, Zelger/Salinitri, Slg. 1980, S. 89 Rn. 5. *Geimer/Schütze,* Internationale Urteilsanerkennung, Band I, 1. Halbband, § 83 XIV, S. 595; MünchKomm/*Gottwald*, Art. 5 EuGVÜ Rn. 15; *Piltz*, NJW 1981, S. 1876 (1878).

Der Erfüllungsort kann in den meisten nationalen Rechtsordnungen formlos vereinbart werden.[1230] Dadurch entsteht folgendes Problem: Der von den Parteien vereinbarte Erfüllungsort verschiebt den vom Gesetzgeber vorgesehenen prozessualen Erfüllungsort. Ein formlos vereinbarter Erfüllungsort hat also ähnliche Wirkung wie eine Gerichtsstandsvereinbarung; bei Erfüllungsortsvereinbarungen müssen aber die Formerfordernisse des Art. 17 EuGVÜ/Art. 23 EuGVO nicht eingehalten werden.

Mit der Frage, ob diese Ungleichbehandlung sachgerecht ist, musste sich der EuGH in der Rechtssache *Zelger/Salinitri*[1231] befassen. Er entschied, Erfüllungsortsvereinbarungen nicht an die Formerfordernisse des Art. 17 EuGVÜ zu binden, sondern dabei nur die Voraussetzungen der auf den Vertrag anwendbaren lex causae zu beachten.[1232]

Der EuGH bietet den Parteien durch diese Rechtsprechung zwei Möglichkeiten, den Gerichtsstand des Art. 5 Nr. 1 EuGVÜ zu verlegen: Ihnen steht es frei eine formgültige Gerichtsstandsvereinbarung zu treffen. Sie können aber auch eine, meist formlose, Vereinbarung über den Erfüllungsort des Art. 5 Nr. 1 EuGVO abschließen.

Der EuGH begründet die unterschiedlichen Formvoraussetzungen mit einer unterschiedlichen Zielsetzung der Art. 5 Nr. 1 EuGVÜ und Art. 17 EuGVÜ.[1233]

2. *Unterschiedliche Zielsetzung der Art. 5 Nr. 1 EuGVÜ/EuGVO und Art. 17 EuGVÜ*

Der EuGH versucht bereits anhand der systematischen Stellung, die Verschiedenheit der Vorschriften zu zeigen.[1234] Er weist darauf hin, dass sie

---

[1230] *Schack*, Internationales Zivilverfahrensrecht, Rn. 277.

[1231] EuGH 17.01.1980 – Rs. 56/79, Zelger/Salinitri, Slg. 1980, S. 89 Rn. 5. Bestätigt durch EuGH 20.02.1997 – RS 106/97, MSG Mainschifffahrtsgenossenschaft/ Les Gravières Rhéannes, Slg. 1997, S. I-911 und EuGH 3.07.1997 – Rs. 269/95, Francesco Benincasa/Dentalkit Srl., Slg. 1997, S. 3767.

[1232] So auch die herrschende Literaturmeinung: *Geimer/Schütze*, Europäisches Zivilverfahrensrecht, Art. 5 EuGVÜ Rn. 81; *Gottwald*, Internationales Zivilprozessrecht, § 3 Rn. 52; *Kropholler*, Europäisches Zivilprozeßrecht, Art. 5 EuGVO Rn. 28.

[1233] EuGH 17.01.1980 – Rs. 56/79, Zelger/Salinitri, Slg. 1980, S. 89, 96.

[1234] *Kropholler*, Europäisches Zivilprozeßrecht, Art. 5 EuGVO Rn. 28; *Spellenberg*, EuR 1980, S. 329 (342); *Spellenberg*, IPRax 1981, S. 75 f.

innerhalb des Titels II verschiedenen Abschnitten zugeordnet sind: Art. 5 Nr. 1 EuGVÜ steht im 2. Abschnitt unter der Überschrift „Besondere Zuständigkeiten“, Art. 17 EuGVÜ ist dagegen im 7. Abschnitt unter „Vereinbarung über die Zuständigkeit“ eingeordnet.

Er weist weiterhin darauf hin, dass die Vorschriften auch verschiedene Ziele verfolgen würden.

a) Regelungsziel von Art. 17 EuGVÜ

Es wird allgemein angenommen, dass die Parteien ihre Zuständigkeitsinteressen am besten selbst beurteilen können.[1235] Art. 17 EuGVÜ soll deshalb die Privatautonomie im Prozess fördern: Sie geben den Parteien die Möglichkeit, das zuständige Gericht für einen Rechtsstreit selbständig nach ihren eigenen Bedürfnissen auszuwählen.[1236]

Gerichtsstandsvereinbarungen bieten weitere Vorteile: Sie können verwendet werden, um die Wahlgerichtsstände des Klägers einzugrenzen. Liegt ein Vertrag vor, kann der Kläger grundsätzlich zwischen zwei Gerichtsständen wählen: dem allgemeinen Gerichtsstand aus Art. 2 EuGVÜ und dem Vertragsgerichtsstand aus Art. 5 Nr. 1 EuGVÜ. Wenn die Parteien diese möglichen Gerichtsstände durch eine Gerichtsstandsvereinbarung auf nur einen einzigen Gerichtsstand reduzieren, können sie besser vorhersehen, wo sie verklagt werden bzw. selbst klagen müssen.[1237]

Gerichtsstandsvereinbarungen heben aber die Wertungen des Gesetzgebers auf und können für geschäftlich unerfahrene Parteien gefährlich sein. Gerichtsstandsvereinbarungen sind zwar schriftlich zu schließen, damit die Beteiligten vor den Folgen ihres Handelns gewarnt sind und ein Missbrauch vermieden wird.[1238] Aber manche Vertragspartner verkennen dennoch die Tragweite solcher Vereinbarungen. Deshalb sind Gerichtsstandsvereinbarungen nicht unbeschränkt zulässig. Bestimmte schwächere oder geschäftlich unerfahrene Personengruppen werden vom

---

[1235] *Geimer*, WM 1975, S. 910.
[1236] *Geimer/Schütze*, Europäisches Zivilverfahrensrecht, Art. 17 EuGVÜ Rn. 7 f.
[1237] *Geimer/Schütze*, Europäisches Zivilverfahrensrecht, Art. 17 EuGVÜ Rn. 4.
[1238] *Geimer/Schütze*, Europäisches Zivilverfahrensrecht, Art. 17 EuGVÜ Rn. 11 unter Verweis auf *Geimer/Schütze* Internationale Urteilsanerkennung, Band I, 1. Halbband, § 75 II, S. 477. Auch wenn keine Verbraucherstreitigkeit vorliegt, kann sich eine Partei in einer bedeutend schlechteren Lage als die andere befinden.

europäischen Gesetzgeber als besonders schutzwürdig erachtet:[1239] Gerichtsstandsvereinbarungen zu Lasten von Verbrauchern, Arbeitnehmern und Versicherungsnehmern sind nur unter den engen Voraussetzungen der Art. 15 EuGVÜ und Art. 12 EuGVÜ zulässig.

b) Regelungsziel von Erfüllungsortsvereinbarungen - Abstrakte und konkrete Erfüllungsortsvereinbarungen

Der von den Parteien vereinbarte Erfüllungsort verschiebt den Gerichtsstand des Art. 5 Nr. 1 EuGVÜ. Diese Wirkung auf den Gerichtsstand erklärt der EuGH wie folgt: Erfüllungsortsvereinbarungen beeinflussen zunächst nur den materiellen Erfüllungsort. Diese Vereinbarungen dürfen nicht nur isoliert den prozessualen Erfüllungsort verändern, dies können nur reine Gerichtsstandsvereinbarungen unter Beachtung der Formvorschriften von Art. 17 EuGVÜ. Seit der *Tessili/Dunlop* Rechtsprechung geht der EuGH von einer Verknüpfung zwischen materiellrechtlichem und prozessualem Erfüllungsort aus. Wenn der materiellrechtliche Erfüllungsort verändert wird, trifft dies automatisch auch den prozessualen Erfüllungsort: Materieller und prozessualer Erfüllungsort konnten nach der lex causae Rechtsprechung nicht auseinander fallen. Der EuGH forderte aber einen Zusammenhang zwischen dem vereinbarten Erfüllungsort und der Vertragsleistung.[1240] Erfüllungsortsvereinbarungen müssten tatsächlich den materiellen Leistungsort verschieben, um einen Gerichtsstand zu begründen (sog. konkrete Erfüllungsortsvereinbarungen).[1241] Dies ist der Fall, wenn der vereinbarte Erfüllungsort mit der Vertragswirklichkeit im Zusammenhang steht und wenn dieser vereinbarte Erfüllungsort als tatsächlicher Leistungsort von den Parteien gewollt ist.[1242] So wollte der EuGH die Parteien an der Umgehung der Formvorschriften des Art. 17 EuGVÜ hindern: Erfüllungsortsvereinbarungen sollten nicht als Gerichtsstandsvereinbarungen missbraucht werden.[1243]

[1239] Beispielsweise Verbraucher, Arbeitnehmer oder Versicherungsnehmer.

[1240] EuGH 17.01.1980 – Rs. 56/79, Zelger/Salinitri, Slg. 1980, S. 89.

[1241] *Kropholler*, Europäisches Zivilprozeßrecht, Art. 5 EuGVO Rn. 29.

[1242] *Geimer/Schütze*, Europäisches Zivilverfahrensrecht, Art. 5 EuGVÜ Rn. 81; *Kropholler*, Europäisches Zivilprozeßrecht, Art. 5 EuGVO Rn. 28; *Kropholler/von Hinden*, Die Reform des europäischen Gerichtsstands am Erfüllungsort (Art. 5 Nr. 1 EuGVÜ), in Gedächtnisschrift für Lüderitz, S. 401 (409); so auch die Rechtsprechung vor dem Erlass der EuGVO: EuGH 17.01.1980 – Rs. 56/79, Zelger/Salinitri, Slg. 1980, S. 89 Rn. 3.

[1243] EuGH 20.02.1997 – Rs. 106/97, MSG Mainschifffahrtsgenossenschaft/Les Gravières Rhéannes, Slg. 1997, S. I-911; EuGH 28.09.1999 – Rs. C-440/97, GIE Groupe

Beispiel für eine konkrete Erfüllungsortsvereinbarung: V aus Deutschland verkauft K aus Frankreich ein Buch. V soll das Buch per Post versenden. Auf den Vertrag ist deutsches Recht anzuwenden, Erfüllungsort der Buchlieferungspflicht ist somit gemäß § 447 BGB der Absendeort. V und K vereinbaren aber ausdrücklich, Erfüllungsort für die Lieferung des Buches soll der Wohnsitz des K in Frankreich sein. Somit wird die gesetzlich vorgesehene Schickschuld in eine Bringschuld von den Parteien umgewandelt. Die Lieferpflicht weist hier eine enge Verbindung mit dem Wohnort des K auf: K erhält dort das Buch. Deshalb liegt eine konkrete Erfüllungsortsvereinbarung vor. Gerichtsstand für die Sachleistungspflicht ist also wie vereinbart Frankreich.

Manche versuchten die Formvorschriften des Art. 17 EuGVÜ zu umgehen und „Erfüllungsortsvereinbarungen" zu schließen, die nichts mit dem tatsächlichen Leistungsort gemeinsam hatten. Diese sog. abstrakten Erfüllungsortsvereinbarungen sollten nur prozessuale Folgen haben.[1244] Der EuGH verlangte deshalb, dass für solche Vereinbarungen die Form des Art. 17 EuGVÜ eingehalten wird.[1245] Solche abstrakten Erfüllungsortsvereinbarungen liegen meistens vor, wenn der vereinbarte Erfüllungsort in einem Widerspruch zur Vertragsnatur steht. Dies ist vor allem bei ortsgebundenen Leistungen leicht zu erkennen.[1246]

Beispiel für eine abstrakte Erfüllungsortsvereinbarung: D aus Deutschland hat sich vertraglich verpflichtet eine Maschine des F in Frankreich zu reparieren. Dazu begibt er sich nach Frankreich und führt alle nötigen Handlungen dort aus. Er vereinbart zuvor mündlich mit F, dass Erfüllungsort der Montageleistung Deutschland sein soll. Bei der Montage handelt es sich aber um eine ortsgebundene Leistung. Sie wird komplett in Frankreich ausgeführt, die Vertragsleistung hat keinen Bezug zu Deutsch-

---

Concorde/Suhadiwarno Panjan, Slg. 1999, S. I-6307; *Kropholler*, Europäisches Zivilprozeßrecht, Art. 5 EuGVO Rn. 29.

1244 EuGH 20.02.1997 – Rs. 106/97, MSG Mainschifffahrtsgenossenschaft/Les Gravières Rhéannes, Slg. 1997, S. I-911; *Buchner*, Kläger- und Beklagtenschutz im Recht der internationalen Zuständigkeit, S. 114.

1245 EuGH 20.02.1997 – Rs. 106/97, MSG Mainschifffahrtsgenossenschaft/Les Gravières Rhéannes, Slg. 1997, S. I-911.

1246 *Schack*, Erfüllungsort im deutschen, ausländischen und internationalen Privat- und Zivilprozeßrecht, Rn. 63, 174 nennt als Beispiel Verträge über die Errichtung von Gebäuden, deren Leistungsort allein das Grundstück sein kann und Mietverträge, bei welchen der Ort für die Gebrauchsüberlassung die Wohnung sein muss.

land. Deshalb ist die Erfüllungsortsvereinbarung abstrakt und die Form des Art. 17 EuGVÜ wäre einzuhalten gewesen. Es bleibt beim gesetzlichen Gerichtsstand aus Art. 5 Nr. 1 EuGVÜ, der Erfüllungsort muss nach der lex causae bestimmt werden.

Der vereinbarte Erfüllungsort musste nach ständiger EuGH Rechtsprechung also eine Verbindung mit dem Vertrag aufweisen. Hierin sah der EuGH einen der wichtigsten Unterschiede zu Art. 17 EuGVÜ: Während Erfüllungsortsvereinbarungen eine enge Verbindung zur Vertragswirklichkeit aufweisen mussten, wurde bei Gerichtsstandsvereinbarungen dagegen auf eine solche Verbindung zwischen Vertrag und dem angerufenen Gericht verzichtet. Denn die Parteien dürfen bei einer Gerichtsstandsvereinbarung die Zuständigkeit jedes beliebigen Gerichts vereinbaren, gleich ob dieses irgendeine Berührung mit dem Rechtsstreit aufweist oder nicht.[1247]

c) *Ausschließliche Zuständigkeit*

Der EuGH sieht einen weiteren Unterschied zwischen Art. 17 EuGVÜ und Art. 5 Nr. 1 EuGVÜ: Art. 17 EuGVÜ sollte vor der Reform stets einen ausschließlichen Gerichtsstand zur Folge haben.[1248] Erfüllungsortsvereinbarungen begründen dagegen nur eine konkurrierende Zuständigkeit. Sie schließen andere Zuständigkeiten, wie beispielsweise Art. 2 Absatz 1 EuGVÜ, nicht aus.

Der Wortlaut von Art. 17 EuGVÜ wurde jedoch reformiert. Nun begründet Art. 23 EuGVO nur dann einen ausschließlichen Gerichtsstand, wenn die Parteien nichts Gegenteiliges vereinbart haben.

3. *Behandlung von abstrakten Erfüllungsortsvereinbarungen in der Form des Art. 17 EuGVÜ*

Unklar war bereits vor der Reform, welche Folgen eine abstrakte Erfüllungsortsvereinbarung in der Form des Art. 17 EuGVÜ entfaltet.

Solchen Vereinbarungen könnte die Wirkung normaler Gerichtsstandsvereinbarung zugebilligt werden, wenn die in Art. 17 EuGVÜ verlangte Form

---

1247 *Geimer/Schütze*, Europäisches Zivilverfahrensrecht, Art. 5 EuGVÜ Rn. 81; *Kropholler*, Europäisches Zivilprozeßrecht, Art. 5 EuGVO Rn. 28.

1248 EuGH 17.01.1980 – Rs. 56/79, Zelger/Salinitri, Slg. 1980, S. 89.

gewahrt worden ist. Problematisch hierbei ist, dass Art. 17 EuGVÜ grundsätzlich eine ausschließliche Zuständigkeit des vereinbarten Gerichts begründet. Wird schriftlichen abstrakten Erfüllungsortsvereinbarungen die Wirkung von normalen Gerichtsstandsvereinbarungen zugestanden, würde der vereinbarte Erfüllungsort grundsätzlich den allgemeinen Gerichtsstand ausschließen und eine ausschließliche Zuständigkeit des Gerichts am vereinbarten Erfüllungsort begründen. Wenn die Parteien aber eine Erfüllungsortsvereinbarung treffen, tun sie dies nicht, um alle anderen Gerichtsstände auszuschließen, sondern - laut EuGH - lediglich um den materiellen Erfüllungsort zu regeln. Den Parteien kann dabei nicht klar sein, dass sie alle anderen gesetzlichen Gerichtsstände mit dieser Vereinbarung ausschließen.[1249] Diese prozessuale Gefahr, die von einer Erfüllungsortsvereinbarung ausgeht, kann nicht nur von unerfahrenen Parteien übersehen werden.

Abstrakte Vereinbarungen über den Erfüllungsort in der Form des Art. 17 EuGVÜ dürfen deshalb nicht andere gesetzlichen Gerichtsstände ausschließen. Sie verändern nur den Vertragsgerichtsstand des Art. 5 Nr. 1 lit. a EuGVO.

4. Erfüllungsortsvereinbarungen in Allgemeinen Geschäftsbedingungen

Erfüllungsortsvereinbarungen werden oft in Allgemeinen Geschäftsbedingungen getroffen. Dabei sind ebenfalls die oben genannten Grundsätze zu beachten. Die Einbeziehung von Allgemeinen Geschäftsbedingungen in den Vertrag und deren Inhaltskontrolle richtete sich nach der lex causae.[1250]

5. Erfüllungsortsvereinbarungen bei Nichtigkeit des Hauptvertrags

d) Rechtsfolgen für Gerichtsstandsvereinbarungen bei nichtigem Hauptvertrag

In Gerichtsstandsvereinbarungen einigen sich die Parteien auf ein Gericht, das für alle zwischen ihnen aufkommenden Rechtsstreitigkeiten zuständig sein soll. Die Beteiligten stellen sich also darauf ein, vor diesem bestimmten Gericht zu klagen. Gerichtsstandsvereinbarungen sollten deshalb auch

[1249] *Schlosser*, EuGVÜ, Art. 5 EuGVÜ Rn. 11.
[1250] *Rauscher*, ZZP 104 (1991), S. 271 (308 ff.).

dann wirksam sein, wenn der Hauptvertrag nichtig ist.[1251] So wird das entscheidende Gericht nicht bereits im Rahmen der Zuständigkeitsprüfung mit langwierigen Überlegungen belastet, ob der Hauptvertrag wirksam ist. Auch wenn der Hauptvertrag nichtig ist, bleiben die Parteien also am vereinbarten Ort gerichtspflichtig.

e) Übertragung dieser Rechtsfolgen auf Erfüllungsortsvereinbarungen?

Wird eine zuständigkeitsbegründende Wirkung von Erfüllungsortsvereinbarungen befürwortet, kann man teilweise die Lösung für Gerichtsstandsvereinbarungen auf den vereinbarten Erfüllungsort übertragen.[1252] Wenn eine Partei schlüssig vorträgt, dass ein wirksamer Vertrag vorliegt, sollte die Erfüllungsortsvereinbarung Bestand haben. Dieser Lösungsansatz berücksichtigt die *Handte/TMVS Rechtsprechung*[1253] des EuGH.

Staehelin[1254] möchte die Erfüllungsortsvereinbarung im Interesse der Rechtsicherheit nicht das Schicksal des Hauptvertrages teilen lassen. Dabei übersieht er jedoch, dass der EuGH die prozessuale Wirkung von Erfüllungsortsvereinbarungen nur über den materiellen Erfüllungsort begründet. Wenn es unstreitig keinen materiellen Erfüllungsort und keinen Vertrag gibt, kann es auch keinen daraus abgeleiteten prozessualen Erfüllungsort geben. Werden Erfüllungsortsvereinbarungen trotzdem für wirksam gehalten, nähert man sie zu stark den Gerichtsstandsvereinbarungen an. Dies wäre jedoch inkonsequent, wenn die systematische Unterscheidung der Rechtsinstitute durch den EuGH bedacht wird.

Ist die Nichtigkeit des Hauptvertrages unbestritten, ist die Erfüllungsortsvereinbarung ebenfalls nichtig. Ist dagegen lediglich der Vertragsschluss streitig, ist die Erfüllungsortsvereinbarung wirksam.

[1251] *Jayme*, IPRax 1989, S. 362; *Kropholler*, Europäisches Zivilprozeßrecht, Art. 23 EuGVO Rn. 28; *Schack*, Erfüllungsort im deutschen, ausländischen und internationalen Privat- und Zivilprozeßrecht, Rn. 178; *Wieczorek/Schütze/Hausmann*, Zivilprozeßordnung und Nebengesetze, § 29 ZPO Rn. 86; *Zeiss*, Zivilprozeßrecht, Rn. 88.

[1252] *Schack*, Erfüllungsort im deutschen, ausländischen und internationalen Privat- und Zivilprozeßrecht, Rn. 178.

[1253] EuGH 17.06.1992 – Rs. 26/91, Jakob Handte & Co GmbH/Traitements Mecano Chimiques des Surfaces Sa, Slg. 1992, S. I - 3967. Hierbei entschied der EuGH, dass Art. 5 Nr. 1 EuGVÜ auch dann einschlägig sei, wenn streitig ist, ob der Vertrag wirksam ist.

[1254] *Staehelin*, Gerichtsstandsvereinbarungen im internationalen Handelsverkehr Europas: Form und Willenseinigung nach Art. 17 EuGVÜ/LugÜ, S. 135.

6. *Zusammenfassung der Rechtslage vor der Reform*

Die prozessuale Wirkung von Erfüllungsortsvereinbarungen erklärt der EuGH nur mit der Verbindung zwischen materiellem und prozessualem Erfüllungsort, die mit der *Tessili/Dunlop* Rechtsprechung begründet wurde. Ob die Parteien auch ein anderes Gericht mit der Streitentscheidung beauftragen möchten, wenn sie eine Erfüllungsortsvereinbarung treffen, wird vom EuGH dagegen nicht berücksichtigt.[1255]

Erfüllungsortsvereinbarungen müssen, laut EuGH, nicht in der Form des Art. 17 EuGVÜ geschlossen werden. Ihre Wirksamkeit beurteilt sich nur nach der lex causae. Die unterschiedlichen Formerfordernisse sollen sich aus der unterschiedlichen Systematik und Zielsetzung der Vorschriften ergeben: Zum einen bestehe zwischen dem vereinbarten Erfüllungsort und dem entscheidenden Forum eine engere Verbindung, als bei Gerichtsstandsvereinbarungen. Zum anderen begründe Art. 17 EuGVÜ einen ausschließlichen, Erfüllungsortsvereinbarungen dagegen einen zusätzlichen Gerichtsstand.

II. *Kann die bisherige Rechtsprechung auf Art. 5 Nr. 1 lit. a EuGVO beibehalten werden?*

1. *Unterschiedliche Zielsetzung der Art. 5 Nr. 1 EuGVO und Art. 23 EuGVO?*

Der EuGH führt aus, Gerichtsstandsvereinbarungen und Erfüllungsortsvereinbarungen verfolgten unterschiedliche Ziele. Nur damit kann er die unterschiedlichen Formerfordernisse beider Rechtsinstitute schlüssig begründen. Die herrschende Meinung im Schrifttum und die nationalen Gerichten akzeptierten zum größten Teil diese Rechtsprechung.[1256] Aber es regten sich auch viele kritische Stimmen, die diese „unterschiedliche Zielsetzung und Systematik" der Vorschriften kritisch hinterfragten.[1257]

[1255] *Geimer/Schütze*, Europäisches Zivilverfahrensrecht, Art. 5 EuGVÜ Rn. 81.

[1256] Siehe nur *Kropholler*, Europäisches Zivilprozeßrecht, Art. 5 EuGVÜ Rn. 24; *Geimer/Schütze*, Europäisches Zivilverfahrensrecht, Art. 5 EuGVÜ Rn. 81 mit weiteren Nachweisen.

[1257] *Schack*, Internationales Zivilverfahrensrecht, Rn. 276 f., der behauptet, der EuGH lade gerade zu Missbrauch und Umgehung von Art. 23 EuGVO ein.

Der EuGH meinte in der Vergangenheit zwei Unterschiede zwischen den Vorschriften erkennen zu können: Zum einen sei Art. 23 EuGVO eine ausschließliche, Art. 5 Nr. 1 EuGVÜ (nun Art. 5 Nr. 1 EuGVO) dagegen eine konkurrierende Gerichtszuständigkeit. Zum anderen zeichne sich der Gerichtsstand am Erfüllungsort durch die Nähe des entscheidenden Gerichts zum Rechtsverhältnis aus, während Art. 17 EuGVÜ auf einen Zusammenhang zwischen angerufenem Gericht und Rechtsverhältnis verzichte. Fraglich ist, ob eine solche unterschiedliche Zielsetzung bei den nun reformierten Art. 23 und 5 Nr. 1 EuGVO besteht.

a) Ausschließlicher und konkurrierender Gerichtsstand

Nach ständiger EuGH Rechtsprechung begründete Art. 17 EuGVÜ einen ausschließlichen Gerichtsstand.[1258] Eine abweichende Parteivereinbarung wurde als unzulässig angesehen. Den Parteien wurde gemäß Art. 17 EuGVÜ lediglich erlaubt, einen ausschließlichen Gerichtsstand zu vereinbaren, aber keinen zusätzlichen.

Dies ergab sich nicht ausdrücklich aus dem Wortlaut des Art. 17 EuGVÜ und wurde im Schrifttum angezweifelt.[1259]

Dieses Problem erkannte auch die Kommission und reagierte darauf im Gesetzesvorschlag zur EuGVO. Der neue Art. 23 EuGVO begründet wie Art. 17 EuGVÜ grundsätzlich eine ausschließliche Zuständigkeit. Die Parteien können aber in Zukunft auf seiner Grundlage auch konkurrierende Gerichtsstände ausdrücklich vereinbaren.[1260] Diese Neukonzeption entkräftet eines der Argumente des EuGH, das die unterschiedliche Zielsetzung der Vorschriften aufzeigen sollte.[1261]

[1258] EuGH 17.01.1980 – Rs. 56/79, Zelger/Salinitri, Slg. 1980, S. 89

[1259] *Kropholler*, Europäisches Zivilprozeßrecht, Art. 23 EuGVO Rn. 90.

[1260] Vgl. Begründung der Kommission, KOM (1999), 348, S. 1 (19).

[1261] Ob dieses Argument überhaupt jemals haltbar war, kann bezweifelt werden: Sowohl ausschließliche, als auch nur zusätzlich vereinbarte Gerichtsstände sind für den Beklagten gefährlich. Art. 23 EuGVO verlangt nun auch dann die Einhaltung der Form, wenn er nicht nur eine ausschließliche Gerichtszuständigkeit begründet. so schon *Killias*, Gerichtsstandsvereinbarungen nach dem Lugano-Übereinkommen, S. 20; *Jung*, Vereinbarungen über die internationale Zuständigkeit nach dem EWG-Gerichtsstands- und Vollstreckungsübereinkommen und nach § 38 Abs. 2 ZPO, S. 78; *Schack*, Erfüllungsort im deutschen, ausländischen und internationalen Privat- und Zivilprozeßrecht, Rn. 341; *Spellenberg*, IPRax 1981, S. 75 f.; *Valloni*, Der Gerichtsstand des Erfüllungsortes nach Lugano- und Brüsseler-Übereinkommen S. 278.

Vor der Reform konnte eine konkurrierende Zuständigkeit nicht über eine Vereinbarung nach Art. 17 EuGVÜ erreicht werden, sondern nur durch eine Erfüllungsortsvereinbarung über Art. 5 Nr. 1 EuGVÜ. Inzwischen kann eine konkurrierende Zuständigkeit durch eine ausdrückliche Vereinbarung gemäß Art. 23 EuGVO begründet werden.

b) Sachnähe des Gerichtsstandes

Der zweite Punkt, den der EuGH zur Unterscheidung zwischen Art. 17 EuGVÜ/Art. 23 EuGVO und Art. 5 Nr. 1 EuGVÜ/EuGVO anführt, soll die Sachnähe des Gerichtsstandes am Erfüllungsort sein. Dies kann nicht überzeugen,[1262] denn es wurde gezeigt, dass Sach- und Beweisnähe oft auch bei Art. 5 Nr. 1 EuGVO nicht vorliegt.

c) Ergebnis

Erfüllungsortsvereinbarungen und Gerichtsstandsvereinbarungen unterscheiden sich weder in ihrer Zielsetzung noch in ihrer Systematik. Es ist nicht gerechtfertigt, sie anders zu behandeln und den Parteien den Schutz der Formvorschriften bei Erfüllungsortsvereinbarungen zu versagen.

2. Nachteile des Rückgriffs auf die lex causae bei Erfüllungsortsvereinbarungen

Schon in der Rechtssache *Zelger/Salinitri*[1263] entschied der EuGH, dass sich die Wirksamkeit von Erfüllungsortsvereinbarungen nach dem auf den Vertrag anwendbaren materiellen Recht richtet.

Die Unzulänglichkeit dieser Rechtsprechung zeigt sich schon darin, dass der EuGH bald gezwungen war, sie zu ergänzen: Nur konkrete Erfüllungsortsvereinbarungen wurden uneingeschränkt nach der lex causae beurteilt. Abstrakte Erfüllungsortsvereinbarungen dagegen mussten zusätzlich die Formvorschriften des Art. 23 EuGVO befolgen.[1264] Der EuGH ergänzte

---

[1262] Siehe Kapitel § 2 III. Verneint auch von *Killias*, Gerichtsstandsvereinbarungen nach dem Lugano-Übereinkommen, S. 20; *Schack*, Erfüllungsort im deutschen, ausländischen und internationalen Privat- und Zivilprozeßrecht, Rn. 342;.

[1263] EuGH 17.01.1980 – Rs. 56/79, Zelger/Salinitri, Slg. 1980, S. 89, bestätigt durch EuGH 20.02.1997 – RS 106/97, MSG Mainschifffahrtsgenossenschaft/Les Gravières Rhéannes, Slg. 1997, S. I-911.

[1264] EuGH 20.02.1997 – Rs. 106/97, MSG Mainschifffahrtsgenossenschaft/Les Gravières Rhéannes, Slg. 1997, S. I-911.

seine Rechtsprechung durch das autonome Element „Unwirksamkeit für abstrakte Erfüllungsortsvereinbarungen“.[1265]

Der EuGH mutet den nationalen Gerichten damit eine komplizierte Zuständigkeitsprüfung zu. Wenn ein Gericht die Wirksamkeit einer Erfüllungsortsvereinbarung feststellen möchte, muss es tief in die Sachprüfung einsteigen:[1266] Es muss zunächst die auf den Vertrag anwendbare lex causae bestimmen. Dort müssen die Voraussetzungen für gültige Erfüllungsortsvereinbarungen ermittelt werden und schließlich ist zu überprüfen, ob die Erfüllungsortsvereinbarung konkret oder abstrakt ist. Liegen allgemeine Geschäftsbedingungen vor, so haben die nationalen Gerichte zusätzlich zu prüfen, ob diese wirksam in den Vertrag einbezogen wurden.[1267]

Eine so komplizierte, mit materiellrechtlichen Erwägungen überfrachtete Zuständigkeitsprüfung macht die Verfahren sehr langwierig. Ein Gericht braucht sehr lange, um zum Ergebnis zu kommen, ob es für einen Rechtsstreit zuständig ist.
Da sich bei der Zuständigkeitsprüfung viele Fragen und Unklarheiten ergeben, überrascht es nicht, dass Art. 5 Nr. 1 EuGVÜ und Art. 17 EuGVÜ die zwei Vorschriften des Übereinkommens sind, die den EuGH am häufigsten beschäftigt haben.[1268]

Schließlich führt die Anwendung der lex causae zur Ungleichbehandlung der Unionsbürger:[1269] Die einzelnen Länder haben die Formvoraussetzungen für Erfüllungsortsvereinbarungen unterschiedlich ausgestaltet. Abhängig vom auf den Vertrag anwendbaren Recht gelten unterschiedliche Formvoraussetzungen.

3. Gleichlauf zwischen materiellem und prozessualem Erfüllungsort

Erfüllungsortsvereinbarungen haben - laut EuGH - nur aufgrund ihrer materiellen Wirkung prozessuale Folgen.[1270] Der EuGH bestätigt dadurch sei-

---

[1265] *Huber*, ZZPInt 2 (1997), S. 169 (180).
[1266] *Czernich*, wbl 2002, S. 337 (341); *Hau*, IPRax 2000, S. 354 (360).
[1267] *Czernich*, wbl 2002, S. 337 (340).
[1268] *Koch*, JZ 1997, S. 841.
[1269] *Kropholler*, Europäisches Zivilprozeßrecht, Art. 5 EuGVO Rn. 28.
[1270] *Seegers*, Das neue Recht der Gerichtsstandsvereinbarung unter besonderer Berücksichtigung ihrer Vereinbarung in Allgemeinen Geschäftsbedingungen, S. 72; *Spellenberg*, EuR 1980, S. 329 (342).

ne *Tessili/Dunlop* Rechtsprechung und gewährleistet so den Gleichlauf von materiellem und prozessualem Recht.[1271]

Dieser Gedanke ist in Zukunft zumindest für Art. 5 Nr. 1 lit. b EuGVO nicht mehr haltbar. Dessen Liefer- und Erbringungsort werden prozessual autonom und unabhängig von der lex causae bestimmt.[1272] Da Erfüllungsortsvereinbarungen nach dem EuGH den prozessualen Erfüllungsort grundsätzlich nur als Rechtsreflex beeinflusst haben, sind sie bei einer autonomen prozessualen Bestimmung des Lieferorts wirkungslos. Diese Entwicklung lässt sich auch bei der Zuständigkeit für Arbeitssachen erkennen: Seit der Erfüllungsort bei arbeitsrechtlichen Streitigkeiten autonom aus dem EuGVÜ bestimmt wird, lehnt der EuGH hierbei die zuständigkeitsbegründende Wirkung von Erfüllungsortsvereinbarungen ab.[1273]
Auch für Art. 5 Nr. 1 lit. a EuGVO sollte der Erfüllungsort der im Fall streitigen Verbindlichkeit autonom, also unabhängig von der lex causae, bestimmt und am Wohnsitz des Schuldners lokalisiert werden. Wenn der prozessuale Erfüllungsort unabhängig vom materiellen Recht bestimmt wird, kann die zuständigkeitsbegründende Wirkung von Erfüllungsortsvereinbarungen nicht mehr begründet werden. Diese haben in Zukunft also nur materiellrechtliche Wirkung.

4. *Umgehung von Art. 23 EuGVO*

Erfüllungsortsvereinbarungen wirkten sich vor der Reform mittelbar auf die Zuständigkeit aus. Gerichtsstandsvereinbarungen wurden oft als Erfüllungsortsvereinbarungen getarnt und sollten so eine Vertragspartei bewusst

---

[1271] So auch *Schack*, Erfüllungsort im deutschen, ausländischen und internationalen Privat- und Zivilprozeßrecht, Rn. 342.

[1272] Siehe Ausführungen in § 6.

[1273] *Geimer/Schütze*, Europäisches Zivilverfahrensrecht, Art. 5 EuGVÜ Rn. 84; *Trunk*, Die Erweiterung des EuGVÜ-Systems am Vorabend des Europäischen Binnenmarktes, S. 35; *Wieczorek/Schütze/Hausmann*, Zivilprozeßordnung und Nebengesetze, Art. 5 EuGVÜ Rn 35. Zur Begründung wird zwar ein anderes Argument benutzt: Die Schutzwürdigkeit des Arbeitnehmers. Dem ist jedoch keine zu große Bedeutung beizumessen: Früher wurde auch die Ausnahme von der de Bloos/Bouyer Rechtsprechung nur aus Gründen des Arbeitnehmerschutzes aufgegeben. Mittlerweile gilt sie ganz sicher nicht mehr für Art. 5 Nr. 1 lit. b EuGVO. Für Art. 5 Nr. 1 lit. b EuGVO ist die zuständigkeitsbegründende Wirkung von Erfüllungsortsvereinbarungen aufzugeben, weil die Tessili/Dunlop Rechtsprechung aufgegeben wurde.

in die Irre führen.[1274] Deshalb wurden Erfüllungsortsvereinbarungen durch geschickte Geschäftsleute erfolgreich missbraucht.

5. *Beweisproblem*

Grundsätzlich müssen nach ständiger EuGH Rechtsprechung nur abstrakte Erfüllungsortsvereinbarungen zwingend in der Form des Art. 17 EuGVÜ/Art. 23 EuGVO geschlossen werden. In der Praxis ist besonders wichtig, ob der Kläger oder der Beklagte beweisen muss, dass eine formlose Erfüllungsortsvereinbarung konkret oder abstrakt ist.
Wenn der Beklagte bei einem Rechtsstreit behauptet, es läge nur eine abstrakte Erfüllungsortsvereinbarung vor, wird teilweise vorgeschlagen ihm die Beweislast aufbürden, dass die getroffene Erfüllungsortsvereinbarung tatsächlich abstrakt ist.[1275] Die Vertreter dieser Ansicht sehen damit jede Erfüllungsortsvereinbarung zunächst als konkret an. Zur Begründung führen sie den Grundsatz an, derjenige, der sich auf die Umgehung einer Vorschrift berufe, habe die Umgehung zu beweisen.[1276] Dabei stützt man sich auf die fragwürdige und realitätsfremde Annahme, Erfüllungsortsvereinbarungen würden nur sehr selten vom Kläger missbraucht.

Wenn die Natur der Erfüllungsortsvereinbarung streitig ist, kann auch den Kläger die Darlegungs- und Beweislast treffen, dass die behauptete Erfüllungsortsvereinbarung konkret ist.[1277] Dafür spricht, dass der Kläger grundsätzlich alle Prozessvoraussetzungen zu beweisen hat.[1278] Nach dieser Ansicht hat der Kläger das Vorliegen einer formgültigen Erfüllungsortsvereinbarung zu beweisen, weil sie eine Voraussetzung für die Zuständigkeit des Gerichts ist.

[1274] *Koch*, JZ 1997, S. 841 f.; anderer Ansicht *Schack*, Erfüllungsort im deutschen, ausländischen und internationalen Privat- und Zivilprozeßrecht, Rn. 174 für Vollkaufleute.
[1275] *Bülow/Böckstiegel/Geimer/Schütze/Auer*, Der internationale Rechtsverkehr in Zivil- und Handelssachen, Art. 5 EuGVÜ Rn. 55; *Geimer/Schütze*, Europäisches Zivilverfahrensrecht, Art. 5 EuGVÜ Rn. 83; *Geimer/Schütze*, Internationale Urteilsanerkennung, Band I, 1. Halbband, § 83 XIV S. 596;.
[1276] *Bülow/Böckstiegel/Geimer/Schütze/Auer*, Der internationale Rechtsverkehr in Zivil- und Handelssachen, Art. 5 EuGVÜ Rn. 55; *Geimer/Schütze*, Europäisches Zivilverfahrensrecht, Art. 5 EuGVÜ Rn. 83; *Geimer/Schütze*, Internationale Urteilsanerkennung, Band I, 1. Halbband, § 83 XIV S. 596.
[1277] *Kropholler*, Europäisches Zivilprozeßrecht, Art. 5 EuGVÜ Rn. 25; *Rauscher* ZZP 104 (1991), S. 271 (306).
[1278] *Rosenberg/Schwab/Gottwald*, Zivilprozessrecht, § 6 VII Rn. 476.

Abstrakt ist eine Abrede über den Erfüllungsort, wenn sie lediglich prozessuale Folgen hat. Das ist der Fall, wenn sie nur die prozessualen Zuständigkeiten verändern soll, anstatt einen tatsächlichen Leistungsort zu begründen.[1279] Sobald jedoch die Verbindlichkeit Berührungspunkte mit dem vereinbarten Erfüllungsort aufweist, liegt eine konkrete Erfüllungsortsvereinbarung vor. Die Parteien werden in den meisten Fällen ein Gericht für zuständig erklären wollen, das am Wohnort einer Partei liegt. Die Vertragswirklichkeit weist meistens Berührungspunkte mit den Wohnorten der Parteien auf. Wird also der Wohnort einer Partei als Erfüllungsort vereinbart, liegt meist eine konkrete Erfüllungsortsvereinbarung vor. Es ist für den Beklagten also fast unmöglich zu beweisen, dass der angeblich vereinbarte Erfüllungsort keine Verbindung mit der Vertragswirklichkeit hat.

Deshalb wird es dem Beklagten nur in den seltensten Fällen gelingen, eine Erfüllungsortsvereinbarung für abstrakt erklären zu lassen. Eindeutig ist die Lage lediglich dann, wenn am vereinbarten Ort überhaupt nicht erfüllt werden kann.[1280] Dies kann nur für Leistungen bewiesen werden, die ortsgebunden sind. Hierfür sieht die EuGVO aber vor allem ausschließliche Gerichtszuständigkeiten vor.[1281] Der Kläger kann also die Erfüllungsortsvereinbarung leicht missbrauchen: Er kann behaupten, es läge eine Erfüllungsortsvereinbarung vor und der vereinbarte Erfüllungsort sei sein Wohnort. Der Beklagte müsste das Gegenteil beweisen. Aber dieser Beweis wird bei formlosen Erfüllungsortsvereinbarungen eben durch diese Formlosigkeit erschwert. Deshalb drängt sich der Missbrauch der Vorschrift geradezu auf.

[1279] EuGH 20.02.1997 – Rs. 106/97, MSG Mainschifffahrtsgenossenschaft/Les Gravières Rhéannes, Slg. 1997, S. I-911 Rn.34.

[1280] *Schack*, Erfüllungsort im deutschen, ausländischen und internationalen Privat- und Zivilprozeßrecht, Rn. 174; S. 340 ff; *Schack*, IPRax 1996, S. 247 f.; EuGH 20.02.1997 – Rs. 106/97, MSG Mainschifffahrtsgenossenschaft/Les Gravières Rhéannes, Slg. 1997, S. I-911 Rn. 31, 33.

[1281] Die ausschließlichen Zuständigkeiten sind alle ortsgebunden: Dabei ist zunächst auf Art. 22 Nr. 1 EuGVO hinzuweisen, der für Klagen über dingliche Rechte an unbeweglichen Sachen oder Miete und Pacht von unbeweglichen Sachen regelt. Eine gewisse Ortsgebundenheit ist auch beim restlichen Art. 22 EuGVO festzustellen: der Sitz der Gesellschaft (Nr. 2), der Ort an dem das Handelsregister geführt wird (Nr. 3), bei Patenten am Ort ihrer Beantragung (Nr. 4) und bei Verfahren, welche die Zwangsvollstreckung zum Gegenstand haben, am Ort an dem die Zwangsvollstreckung durchgeführt wurde (Nr. 5).

Selbst wenn man den Kläger den Beweis führen lässt, dass die Erfüllungsortsvereinbarung nicht abstrakt ist, ändert sich die Lage nicht wesentlich: Sein Wohnort beispielsweise, weist meistens, wie bereits ausgeführt, eine ausreichende Verbindung zum Vertrag auf.
Damit zeigen sich die Schwächen der EuGH Rechtsprechung zu Erfüllungsortsvereinbarungen: Die Unterscheidung zwischen konkreter und abstrakter Erfüllungsortsvereinbarung mag in der Theorie zu eindeutigen Ergebnissen führen. Für die Praxis ist diese Unterscheidung jedoch nicht brauchbar. Die glaubwürdigere Partei wird den Richter überzeugen, ob eine Erfüllungsortsvereinbarung vorliegt oder nicht, denn ein zum Beweis geeignetes Schriftstück besteht gerade nicht. Wenn klar ist, dass eine Erfüllungsortsvereinbarung besteht, dann wird das entscheidende Gericht diese in den meisten Fällen für konkret erklären und die gesetzliche Zuständigkeit des Art. 5 Nr. 1 EuGVÜ verschieben.

III. Ergebnis

Wenn die *Tessili/Dunlop* Rechtsprechung für Art. 5 Nr. 1 lit. a EuGVO aufgegeben wird, wird der Gleichlauf zwischen materiellem und prozessualem Erfüllungsort durchbrochen.

Wenn dagegen der materiell-rechtliche Erfüllungsort von Bedeutung bleibt und der EuGH weiterhin an der *Tessili/Dunlop* Rechtsprechung festhält, wird er folgerichtig auch an der zuständigkeitsbegründenden Wirkung von Erfüllungsortsvereinbarungen festhalten. Die Wirksamkeit dieser Vereinbarungen ist wie bisher nach der lex causae zu beurteilen.

Davon ist dringend abzuraten. Sowohl die prozessualen Nachteile von Erfüllungsortsvereinbarungen als auch die Nachteile der *Tessili/Dunlop* Rechtsprechung wurden bereits ausführlich dargestellt. Erfüllungsortsvereinbarungen werden oft nur eingesetzt, um die strengeren Formvorschriften für Gerichtsstandsvereinbarungen zu umgehen.[1282] Erfüllungsortsvereinbarungen müssen deshalb der Form des Art. 23 EuGVO entsprechen, wenn sie Auswirkung auf die Gerichtsstände entfalten sollen. Weiterhin sollte aus zuständigkeitsbegründenden Erfüllungsortsvereinbarungen klar hervor-

[1282] Zum EuGVÜ *Wrangel*, Der Gerichtsstand des Erfüllungsortes im deutschen, italienischen und europäischen Recht, S. 16; allgemein *Schröder*, Internationale Zuständigkeit, S. 332. *Schack*, Internationales Zivilverfahrensrecht, Rn. 276 bezeichnet solche Erfüllungsortsvereinbarungen als besonders gefährlich.

gehen, dass nicht nur der materielle Erfüllungsort, sondern auch der Gerichtsstand verändert werden. Nur so kann sich jede Partei über die Folgen ihres Handelns im Klaren sein. Werden diese Voraussetzungen nicht eingehalten, so darf den Erfüllungsortsvereinbarungen nur materiell-rechtliche Wirkung zugestanden werden. Sie können die Gefahrtragungspflichten beim Vertrag verändern, nicht aber den Gerichtsstand aus Art. 5 Nr. 1 lit. a EuGVO.

Den Parteien ist zu empfehlen, wenn sie einen vom gesetzlichen abweichenden Gerichtsstand vereinbaren möchten, eine Gerichtsstandsvereinbarung gemäß Art. 23 EuGVO zu schließen. Der EuGH sollte von der zuständigkeitsbegründenden Wirkung formloser Erfüllungsortsvereinbarungen - wenn möglich - Abstand nehmen.

C. Art. 5 Nr. 1 lit. b EuGVO

I. Ausdrückliche Aufnahme der zuständigkeitsbegründenden Wirkung von Erfüllungsortsvereinbarungen in den Wortlaut

Aus dem Wortlaut des Art. 5 Nr. 1 lit. b EuGVO geht hervor, dass die Parteien den Erfüllungsort vereinbaren dürfen. Dieser vereinbarte Ort soll nach der Gesetzesbegründung dem Liefer- und Erbringungsort aus Art. 5 Nr. 1 lit. b EuGVO vorgehen.[1283] Das Schrifttum schließt daraus einmütig, dass der EuGH in Zukunft für Erfüllungsortsvereinbarungen wohl wieder auf die für Art. 5 Nr. 1 EuGVÜ entwickelten Grundsätze zurückgreifen wird:[1284] Das bedeutet, dass die Wirksamkeit dieser Erfüllungsortsvereinbarungen nach der lex causae bestimmt wird, es sei denn, es wurde eine abstrakte Erfüllungsortsvereinbarung getroffen.

Es wurde gezeigt, dass formlose Erfüllungsortsvereinbarungen die Gerichtszuständigkeiten nicht verändern dürfen. Es ist hier zu prüfen, ob ein solcher Ausschluss der zuständigkeitsbegründenden Wirkung von Erfül-

[1283] Dies geht auch aus der Begründung der Kommission hervor, KOM (1999), 348, S. 1 (15); *Hau*, IPRax 2000, S. 354 (360).

[1284] *Czernich*, wbl 2002, S. 337 (340); *Gottwald*, Internationales Zivilprozessrecht, § 3 Rn. 52; *Kropholler*, Europäisches Zivilprozeßrecht, Art. 5 EuGVO Rn. 43; *Leisle*, Dependenzen auf dem Weg vom EuGVÜ, über die EuGVVO, zur EuZPO, S. 65; *Piltz*, NJW 2002, S. 789 (793).

lungsortsvereinbarungen mit dem Wortlaut von Art. 5 Nr. 1 lit. b EuGVO zu vereinbaren ist.

Manche Autoren sind der Meinung, der Zusatz „sofern nicht anders vereinbart“ solle darauf hinweisen, dass die Parteien für Kauf- und Dienstleistungsverträgen nicht nur den Erfüllungsort der vertragsprägenden Verpflichtung als gerichtsstandsbegründend vereinbaren können, sondern auch dem Erfüllungsort der Geldleistungspflicht eine eigene gerichtsstandsbegründende Wirkung zugestehen können, was zu einer Aufgabe der Konzentration der Gerichtsstände führt.[1285]

II. Aufhebung der Konzentrationswirkung der Gerichtsstände durch Erfüllungsortsvereinbarungen

Es wird diskutiert, ob die Parteien durch Erfüllungsortsvereinbarungen die Konzentration der Gerichtsstände am Liefer- bzw. Erbringungsort aufheben können. Dies lässt der Wortlaut von Art. 5 Nr. 1 lit. b EuGVO offen. Daher gehen die Meinungen auseinander. Einer Ansicht nach soll die Konzentration aufgehoben werden dürfen.[1286] Andere meinen, durch Art. 5 Nr. 1 lit. b EuGVO dürfe der Erfüllungsort könne nur insgesamt und nicht nur für einzelne Pflichten vereinbart werden.[1287]

Um die Konzentration der Gerichtsstände aufzuheben, kommt eine abweichende Erfüllungsortsvereinbarung am ehesten für die Geldleistung in Frage. Wenn es für den Verkäufer oder den Dienstleister möglich ist, bei Geldleistungen einen Erfüllungsort am eigenen Wohnort oder der eigenen Niederlassung zu vereinbaren, so würde dies zu einem Klägergerichtsstand führen, wie es häufig auch schon vor der Reform vorkam. Wenn man erreichen kann, die Geldleistung an ihrem eigenen Erfüllungsort einzuklagen,[1288] würde das - wie früher häufig - zu einem Klägergerichtsstand für

---

[1285] *Eltzschig*, IPRax 2002, S. 491 (494); *Hausmann*, EuLF 2000/2001 S. 40 (45); *Leisle*, Dependenzen auf dem Weg vom EuGVÜ, über die EuGVVO, zur EuZPO, S. 100; *Piltz*, NJW 2002, S. 789 (793); offengelassen von *Hau*, IPRax 2000, S. 354 (360).

[1286] *Eltzschig*, IPRax 2002, S. 491 (494); *Hausmann*, EuLF 2000/2001 S. 40 (45); *Leisle*, Dependenzen auf dem Weg vom EuGVÜ, über die EuGVVO, zur EuZPO, S. 100; *Piltz*, NJW 2002, S. 789 (793); offengelassen von *Hau*, IPRax 2000, S. 354 (360).

[1287] *Micklitz/Rott*, EuZW 2001, S. 325 (328).

[1288] *Jayme/Kohler*, IPRax 1999, S. 401 (405); *Kropholler*, Europäisches Zivilprozeßrecht, Art. 5 EuGVO Rn. 43.

Geldzahlungen am Erfüllungsort führen. Art. 5 Nr. 1 lit. b EuGVO wollte dies aber gerade vermeiden.[1289]

Weiterhin möchten nicht alle Parteien, die nur den materiellen Erfüllungsort für eine Geldleistung regeln, auch den Gerichtsstand verändern. Die einzelnen Rechtsordnungen gestalten den Erfüllungsort von Geldleistungen unterschiedlich aus. Sie sind entweder als Bring-[1290] oder Holschuld geregelt. Im internationalen Rechtsverkehr besteht eher das Bedürfnis, Geldleistungen als Bringschulden anzusehen.[1291] Denn so trägt der Geldschuldner die Gefahr der Leistungen, bis der Gläubiger das Geld erhält. In vielen Verträgen wird deshalb der Erfüllungsort von Geldleistungen vereinbart, um sich den internationalen Bräuchen anzupassen. Gehört die lex causae einer Rechtsordnung an, die Geldleistungen als Holschuld ansieht, werden hierfür besonders häufig Erfüllungsortsvereinbarungen getroffen. Diese Vereinbarungen sollen die Gefahrtragung und nicht prozessuale Interessen regeln. Deshalb sollten sie keine Auswirkungen auf Art. 5 Nr. 1 lit. b EuGVO haben.

Wenn die Parteien die Konzentration der Gerichtsstände aufheben dürfen, gesteht man ihnen zwar mehr Eigenverantwortung zu.[1292] Es ist aber nicht ersichtlich, warum einem Kläger Vorteile verschafft werden, wenn er es geschafft hat, seinen Geschäftspartner zu einer formlosen Erfüllungsortsvereinbarung statt zu einer Gerichtsstandvereinbarung zu überreden.[1293] Der Vertragsfreiheit sind Grenzen zu setzen, denn dadurch wird die Gefahr erhöht, dass die Parteien Art. 5 Nr. 1 lit. b EuGVO missbrauchen. Deshalb sind auch hier die Parteien auf eine Gerichtsstandsvereinbarung zu verweisen.[1294]

1289 *Leipold*, Internationale Zuständigkeit am Erfüllungsort - das Neueste aus Luxemburg und Brüssel, in Gedächtnisschrift für Lüderitz, S. 431 (449).

1290 Das deutsche Recht gestaltet Geldschulden zwar als Holschulden aus, gestaltet den Gefahrübergang jedoch wie bei der Bringschuld aus, § 270 BGB.

1291 *Von Caemmerer*, Zahlungsort, in Festschrift für Mann, S. 3.

1292 *Hau*, IPRax 2000, S. 354, (360); *Leipold*, Internationale Zuständigkeit am Erfüllungsort - das Neueste aus Luxemburg und Brüssel, in Gedächtnisschrift für Lüderitz, S. 431 (448).

1293 *Hau*, IPRax 2000, S. 354 (360); *Schröder*, Internationale Zuständigkeit, S. 332.

1294 *Leipold*, Internationale Zuständigkeit am Erfüllungsort - das Neueste aus Luxemburg und Brüssel, in Gedächtnisschrift für Lüderitz, S. 431 (448).

III. Ablehnung der zuständigkeitsbegründenden Wirkung von Erfüllungsortsvereinbarungen – Verstoß gegen den Wortlaut des Art. 5 Nr. 1 lit. b EuGVO?

Teilweise wird aufgrund des Wortlauts von Art. 5 Nr. 1 lit. b EuGVO befürchtet, dass damit sogar die Grundsätze über die abstrakte Erfüllungsortsvereinbarung aufgegeben wurden.[1295] Es stellt sich die Frage, ob formlos abgeschlossene Erfüllungsortsvereinbarungen zuständigkeitsbegründend sein können.[1296] Das ist nach dem Wortlaut der Vorschrift denkbar, aber dennoch abzulehnen. In der Gesetzesbegründung finden sich zum einen keine Anhaltspunkte für eine solche Änderung. Zum anderen kann der EuGH eine so offensichtliche Umgehung des Art. 23 EuGVO nicht dulden und der Gesetzgeber nicht beabsichtigt haben.
Die Begründung eines anderen Liefer- oder Erbringungsortes als in Art. 5 Nr. 1 lit. b EuGVO vorgesehen, ist dogmatisch nicht möglich. Der Liefer- und Erbringungsort werden nun autonom aus der Verordnung ohne Rückgriff auf die lex causae bestimmt. Deswegen muss man sich von der Argumentation lösen, der Erfüllungsort des Art. 5 Nr. 1 EuGVO sei Folge des materiellen Leistungsortes.

Wenn den Erfüllungsortsvereinbarungen keine zuständigkeitsbegründende Wirkung zugestanden wird, könnte damit gegen den Wortlaut des Art. 5 Nr. 1 lit. b EuGVO verstoßen werden. Der Wortlaut muss aber nicht unbedingt als Hinweis auf Erfüllungsortsvereinbarungen gesehen werden. Der Wortlaut der Vorschrift kann so verstanden werden, dass die Parteien einen Lieferort in den Vertrag aufnehmen dürfen.[1297] Es ist selbstverständlich, dass die Parteien vereinbaren können, wohin eine Sache geliefert wird. Sie können die Lieferung einer Sache sowohl in Spanien als beispielsweise

---

[1295] *Eltzschig*, IPRax 2002, S. 491 (493); *Leipold*, Internationale Zuständigkeit am Erfüllungsort - das Neueste aus Luxemburg und Brüssel, in Gedächtnisschrift für Lüderitz, S. 431 (448).

[1296] *Eltzschig*, IPRax 2002, S. 491 (493); *Leipold*, Internationale Zuständigkeit am Erfüllungsort - das Neueste aus Luxemburg und Brüssel, in Gedächtnisschrift für Lüderitz, S. 431 (448).

[1297] *Eltzschig*, IPRax 2002, S. 491 (493); *Leipold*, Internationale Zuständigkeit am Erfüllungsort - das Neueste aus Luxemburg und Brüssel, in Gedächtnisschrift für Lüderitz, S. 431 (447). *Kubis*, ZEuP 2001, S. 737 (752) sieht es als selbstverständlich an, dass die Parteien bestimmen können, an welchen Ort die Ware geliefert werden soll. Er übersieht aber, dass dies nicht gemeint sein kann. Der Lieferort kann von den Parteien festgelegt werden, dann würde er aber nicht vom faktischen Lieferort abweichen. Die Verfasser können nur einen vom faktischen Lieferort abweichenden Ort gemeint haben.

auch in Italien vereinbaren. Dies hätte nicht ausdrücklich in der Vorschrift geregelt werden müssen. Man kann den Zusatz „sofern nichts anderes vereinbart" beispielsweise als deklaratorischen Verweis auf Art. 23 EuGVO verstehen.[1298]

Es verstößt also nicht gegen den Wortlaut des Art. 5 Nr. 1 EuGVO, wenn man sich gegen die zuständigkeitsbegründende Wirkung von Erfüllungsortsvereinbarungen entscheidet. Alles andere wäre systematisch verfehlt und nachteilig für die Parteien. Der Zusatz „sofern nichts anderes vereinbart ist" ist zu streichen, um den Rechtsverkehr nicht weiter zu verunsichern.

D. *Zusammenfassung*

Erfüllungsortsvereinbarungen werden selten getroffen, um nur den materiellen Erfüllungsort zu verändern. Meistens soll einer Partei ein Gerichtsstand aufgezwungen werden, unter dem Deckmantel der „harmlosen" Erfüllungsortsvereinbarung. Wenn Erfüllungsortsvereinbarungen Auswirkungen auf den Gerichtsstand haben sollen, ist eine Gerichtsstandsvereinbarung gemäß Art. 23 EuGVO zu treffen. Erfüllungsortsvereinbarungen dürfen in Zukunft überhaupt keine zuständigkeitsbegründende Wirkung erhalten.[1299]

Für Art. 5 Nr. 1 lit. b EuGVO hat der Gesetzgeber übersehen, dass der materiell-rechtliche Erfüllungsort und die lex causae keine zuständigkeitsbegründende Wirkung mehr haben. Das Argument, dass Erfüllungsortsvereinbarungen noch andere als prozessuale Wirkungen haben,[1300] ist mit einer prozessualen Definition des Erfüllungsortes nicht mehr haltbar. Die Erfüllungsortsvereinbarungen nach der lex causae zu beurteilen, wäre grob systemwidrig und verfehlt. Der Zusatz „sofern nichts anderes vereinbart wurde" in Art. 5 Nr. 1 lit. b EuGVO ist ersatzlos zu streichen.[1301]

[1298] Zweifelnd *Hau*, IPRax 2000, S. 354 (360).
[1299] *Hau*, IPRax 2000, S. 354 (360).
[1300] *Koch*, JZ 1997, S. 841 f.
[1301] *Kubis*, ZEuP 2001, S. 737 (751); *Leipold*, Internationale Zuständigkeit am Erfüllungsort - das Neueste aus Luxemburg und Brüssel, in Gedächtnisschrift für Lüderitz, S. 431, (449,452).

Für gerichtsstandsbegründende Erfüllungsortsvereinbarungen besteht kein Bedürfnis im Rechtsverkehr.

§ 10: Bewertung der Reform von Art. 5 Nr. 1 EuGVO

A. Änderung der Rahmenbedingungen

Das EuGVÜ wurde in eine Verordnung überführt. Hierin ist eine große Verbesserung zu sehen, denn Verordnungen müssen, anders als Übereinkommen nicht von den einzelnen Staaten ratifiziert werden, sondern gelten dort unmittelbar. Dies ist vor allem in Bezug auf die EU-Osterweiterung positiv zu bewerten. Die neuen Mitgliedsstaaten werden mit ihrem Beitritt zur Gemeinschaft automatisch auch Mitgliedstaaten der EuGVO.

Dänemark kann an der EuGVO nicht teilnehmen, denn das Dänische Protokoll zu Art. 69 EGV ermöglicht es nicht, sich nachträglich Rechtsakten der justitiellen Zusammenarbeit anzuschließen. Der Abschluss eines inhaltsgleichen Übereinkommens mit Dänemark ist geplant, bis dahin gilt das EuGVÜ im Verhältnis zwischen ihm und den anderen Mitgliedsstaaten.

B. Reformbedürftigkeit von Art. 5 Nr. 1 EuGVÜ

Art. 5 Nr. 1 EuGVÜ wurde zu Recht als ein "Nest von Streitfragen" bezeichnet. Umstritten war, für welche Verbindlichkeit der Erfüllungsort von Art. 5 Nr. 1 EuGVÜ zu bestimmen war. Während der EuGH und ein Teil des Schrifttums den Erfüllungsort der im Fall streitigen Verbindlichkeit bestimmen wollten, erkannten andere Autoren das Bedürfnis des Rechtsverkehrs nach einem für das gesamte Vertragsverhältnis einheitlichen Vertragsgerichtsstand. Dieser sollte am Erfüllungsort der vertragstypischen Leistung liegen. Uneinigkeit herrschte auch darüber, wie dieser Erfüllungsort zu bestimmen war. Während der EuGH den Erfüllungsort seit der *Tessili/Dunlop* Entscheidung aus der lex causae bestimmte, mehrten sich die Stimmen, die eine autonome Bestimmung des Erfüllungsortes aus dem Übereinkommen forderten. Davon erhoffte man sich die europaweit einheitliche Anwendung des Art. 5 Nr. 1 EuGVÜ, eine Entschlackung der Zuständigkeitsprüfung und die Vermeidung sachferner Klägergerichtsstände für die Geldleistung.

C. Bewertung der neuen Vorschrift Art. 5 Nr. 1 EuGVO

1. Art. 5 Nr. 1 lit. b EuGVO

Art. 5 Nr. 1 lit. b EuGVO wurde neu eingefügt. Diese Vorschrift sieht nun einen autonomen Erfüllungsort für Kauf- und Dienstleistungsverträge vor. Erfüllungsort für Kaufverträge ist der Lieferort der Waren, Erfüllungsort für Dienstleistungsverträge ist der Erbringungsort der Dienstleistung.
Der europäische Gesetzgeber selbst definiert den Liefer- und Erbringungsort nicht. Deshalb verwundert es kaum, dass viele verschiedene Definitionsmöglichkeiten vom Schrifttum vorgeschlagen und diskutiert werden. War früher der Begriff des Erfüllungsortes problematisch, so hat sich die Problematik nun in Art. 5 Nr. 1 lit. b EuGVO auf die Bestimmung des Liefer- und Erbringungsorts verlagert. Die Gesetzesbegründung ist dürftig. Nur in einem Nebensatz wird festgestellt, dass Liefer- und Erbringungsort „rein faktische Kriterien" seien und der Erfüllungsort „pragmatisch" zu bestimmen sei. Für einfache Sachverhalte mag diese Definition genügen, aber schon beim Versendungskauf stößt sie an ihre Grenzen. Wie die Reform des Art. 5 Nr. 1 EuGVO zu bewerten ist, kann erst entschieden werden, wenn der EuGH sich in Entscheidungen mit dem Liefer- und Erbringungsort beschäftigt.

Es wird empfohlen den Lieferort beim Versendungskauf am Bestimmungsort der Sache anzusiedeln. Der Erbringungsort einer Dienstleistung sollte beim Dienstleistungsempfänger lokalisiert werden.
Solange der EuGH den Liefer- und Erbringungsort nicht definiert, wird Unsicherheit und Verwirrung im Rechtsverkehr herrschen. Personen, die im europäischen Raum grenzüberschreitende Verträge abschließen, muss zurzeit empfohlen werden, Gerichtsstandsvereinbarungen zu treffen, um so einen klaren Vertragsgerichtsstand zu erreichen.
Positiv zu bewerten ist die Aufgabe der *de Bloos/Bouyers* Rechtsprechung für Kauf- und Dienstleistungsverträge. Dadurch wird nun ein einheitlicher Gerichtsstand für alle Klagen aus einem Vertragsverhältnis erreicht. Dies ergibt sich jedoch nicht eindeutig aus der deutschen Fassung des Art. 5 Nr. 1 lit. a EuGVO, sodass diese präzisiert werden sollte.

2. Art. 5 Nr. 1 lit. a EuGVO

Der europäische Gesetzgeber übernimmt den Wortlaut des Art. 5 Nr. 1 EuGVÜ in Art. 5 Nr. 1 lit. a EuGVO. Art. 5 Nr. 1 lit. a EuGVO soll bei allen Verträgen angewandt werden, die keine Kauf- oder Dienstleistungsverträge sind. Die zwei häufigsten Vertragstypen wurden aus seinem Anwendungsbereich ausgenommen. Vor allem unter dem Begriff „Dienstleistungsvertrag“ lassen sich sehr viele Verträge subsumieren. Das bedeutet, dass Art. 5 Nr. 1 lit. a EuGVO in Zukunft keinen besonders großen Anwendungsbereich haben wird.

Der Wortlaut des Übereinkommens wurde in Art. 5 Nr. 1 lit. a EuGVO der Verordnung übernommen, weil bei den Reformberatungen keine andere Lösung gefunden wurde, um die Nachteile eines Rückgriffs auf die lex causae bei der Bestimmung des Erfüllungsortes zu vermeiden. Es wurde aber gezeigt, dass es durchaus möglich ist, auch für Art. 5 Nr. 1 lit. a EuGVO den Erfüllungsort autonom aus der Verordnung zu bestimmen. Da der Wechsel vom Staatsvertrag zur Verordnung höhere Anforderungen an eine einheitliche Auslegung der einzelnen Begriffe stellt, ist dennoch eine autonome Definition zu fordern. Dabei sollte der Erfüllungsort in Zukunft bei allen Verträgen, die weder Kauf- noch Dienstleistungsverträge sind, am Sitz bzw. Wohnort des Schuldners bei Vertragsschluss angesiedelt werden. Negativ zu bewerten ist, dass die *de Bloos/Bouyers* Rechtsprechung nur für Kauf- und Dienstleistungsverträge in Art. 5 Nr. 1 lit. b EuGVO aufgegeben wurde. Besser wäre es gewesen, auch für Art. 5 Nr. 1 lit. a EuGVO nur den Erfüllungsort der vertragstypischen Leistung zu bestimmen. Nur wenn keine vertragstypische Leistung bestimmt werden kann, sollte subsidiär auf die *de Bloos/Bouyers* Grundsätze zurückgegriffen werden.

In Art. 5 Nr. 1 lit. a und lit. b EuGVO wird nicht einheitlich auf den gleichen Erfüllungsort abgestellt. Während Art. 5 Nr. 1 lit. a EuGVO auf den Erfüllungsort der jeweils streitigen Verpflichtung abstellt, wird in Art. 5 Nr. 1 EuGVO der Erfüllungsort der vertragstypischen Verpflichtung als maßgeblich für den gesamten Vertrag angesehen. Daraus ergibt sich eine Zweiteilung der Vorschrift.[1302] Wenn Art. 5 Nr. 1 lit. b EuGVO nach den hier herausgearbeiteten Regeln ausgelegt wird, führt die Vorschrift zu einer sachgerechten und ausdifferenzierten Regelung über den Erfüllungsort von Kauf- und Dienstleistungsverträgen. Für alle anderen Vertragstypen kann eine so differenzierte Regelung nicht geschaffen werden, will man nicht in ein unübersichtliches Fallrecht abrutschen, das der EuGVO fremd ist. Bei diesen übrigen Vertragstypen muss eine allgemeine Regelung für den Erfüllungsort gefunden werden, wie in Art. 5 Nr. 1 lit. a EuGVO. Deshalb ist eine Zweiteilung der Vorschrift nicht vermeidbar.

[1302] *Jayme/Kohler*, IPRax 1999, S. 401 (405).

3. Liefer- oder Erbringungsort sind in einem Drittstaat lokalisiert

Art. 5 Nr. 1 lit. a EuGVO wird auch angewandt, wenn ein Kauf- oder Dienstleistungsvertrag vorliegt, dessen Liefer- oder Erbringungsort nicht in einem Mitgliedsstaat der Verordnung liegt.

Exporteuren wird durch die Anwendung von Art. 5 Nr. 1 lit. a EuGVO eine zweite Chance auf einen Vertragsgerichtsstand innerhalb der Europäischen Gemeinschaft gegeben. Eine solche Besserstellung ist nicht geboten. Diese Regelung macht keinen Sinn, weil dem Kläger in jedem Fall ein Gerichtsstand in der Europäischen Gemeinschaft zusteht, nämlich am Wohnort des Beklagten. Hat der Beklagte seinen Wohnsitz außerhalb des Anwendungsbereichs der EuGVO, ist gemäß Art. 4 EuGVO nicht diese, sondern das nationale Prozessrecht des Wohnortes anwendbar.

Art. 5 lit. b EuGVO sollte dahingehend verändert werden, dass er auch Anwendung findet, wenn der Liefer- oder Erbringungsort bei einem Kauf- oder Dienstleistungsvertrag außerhalb des Geltungsbereichs der EuGVO liegt.

4. Ergebnis

Art. 5 Nr. 1 EuGVO führt zu vorhersehbaren und sachgerechten Ergebnissen, wenn die hier ausgearbeiteten Auslegungsgrundsätze beachtet werden.

D. Erfüllungsortvereinbarungen

Erfüllungsortsvereinbarungen stehen in einem Spannungsverhältnis zu den Gerichtsstandsvereinbarungen von Art. 23 EuGVO. Oft werden Erfüllungsortsvereinbarungen benutzt, um die strengeren Vorschriften des Art. 23 EuGVO zu umgehen. Da der prozessuale Erfüllungsort autonom bestimmt wird und damit unabhängig vom materiellen Erfüllungsort ist, dürfen Erfüllungsortsvereinbarungen nicht zuständigkeitsbegründend sein.

E. Zusammenfassung und Verbesserungsvorschlag

Art. 5 Nr. 1 EuGVÜ war eine der umstrittensten und problematischsten Vorschriften des Übereinkommens. Einige der alten Streitfragen wurden für Art. 5 Nr. 1 lit. b EuGVO ausgeräumt, andere Streitfragen bestehen bei

Art. 5 Nr. 1 lit. a EuGVO jedoch unverändert fort. Darüber hinaus wurden auch zahlreiche neue Probleme geschaffen. So ist z.B. unklar, wo Liefer- und Erbringungsort zu lokalisieren sind.

Aus der vorhergehenden Untersuchung ergibt sich, dass sachgerechte Ergebnisse erzielt werden, wenn der hier vorgeschlagenen Auslegung gefolgt wird und Art. 5 Nr. 1 EuGVO folgendermaßen lautet bzw. interpretiert wird:

Eine Person, die ihren Wohnsitz in dem Hoheitsgebiet eines Vertragsstaats hat, kann in einem anderen Vertragsstaat verklagt werden:

1. a) wenn ein Vertrag oder Anspruch aus einem Vertrag den Gegenstand des Verfahrens bilden, vor dem Gericht des Ortes, an dem die *vertragscharakteristische*[1303] Verpflichtung erfüllt worden ist oder zu erfüllen wäre;

   b) im Sinne dieser Vorschrift ~~– und sofern nichts anderes vereinbart worden ist~~[1304] – ist der Erfüllungsort *aller Verpflichtungen*[1305]

   - für den Verkauf beweglicher Sachen der Ort ~~*in einem Mitgliedsstaat*~~,[1306] an dem sie nach dem Vertrag geliefert worden sind oder hätten geliefert werden sollen.
   - für die Erbringung von Dienstleistungen der Ort ~~*in einem Mitgliedsstaat*~~,[1307] an dem sie nach dem Vertrag erbracht worden sind oder hätten erbracht werden müssen.

[1303] Diese Änderung würde zur Aufgabe der de Bloos/Bouyers Rechtsprechung führen und einen einzigen Gerichtsstand für alle Vertragstypen begründen.

[1304] Diese Änderung hat nur klarstellenden Charakter. Es wurde gezeigt, dass dieser Zusatz nicht zwingend als ein Hinweis auf Erfüllungsortsvereinbarungen gesehen werden muss. Diese Änderung würde jedoch die Rechtssicherheit steigern.

[1305] Diese Änderung hat nur klarstellenden Charakter, dass die de Bloos/Bouyers Rechtsprechung für Art. 5 Nr. 1 lit. b EuGVO aufgegeben wurde. Die Änderung sollte nur an der deutschen Fassung vorgenommen werden, aus den anderen Sprachfassungen ergibt sich diese Aufgabe eindeutig.

[1306] Diese Änderung ist zwingend notwendig, um für Kauf- und Dienstleistungsverträge den Erfüllungsort einheitlich zu bestimmen, unabhängig davon, ob der Liefer- oder Erbringungsort in einem Mitgliedsstaat der Verordnung liegt oder in einem Drittstaat.

[1307] Diese Änderung ist zwingend notwendig, um für Kauf- und Dienstleistungsverträge den Erfüllungsort einheitlich zu bestimmen, unabhängig davon, ob der Liefer- oder Erbringungsort in einem Mitgliedsstaat der Verordnung liegt oder in einem Drittstaat.

§ 11: Zusammenfassung der wichtigsten Ergebnisse in Thesen

§ 1: Europarechtlicher Rahmen

1. Die EuGVO, die nun die Rechtsmaterie des EuGVÜ regelt, wurde aufgrund von Art. 65 EGV erlassen. Dabei ist umstritten, ob Art. 65 EGV zum Erlass der EuGVO und zur Regelung der Gerichtsstände ermächtigt. Obwohl Art. 65 EGV unter der Überschrift „Visa, Asyl, Einwanderung und andere Politiken betreffend den freien Personenverkehr" steht, ist Art. 65 EGV nicht auf den Erlass von Rechtsakten eingeschränkt, die den freien Personenverkehr betreffen.

2. Art. 65 EGV ist spezieller als Art. 95 EGV zur Regelung der ehemaligen EuGVÜ Materie. Der Erlass der EuGVO aufgrund von Art. 65 EGV verstößt nicht gegen das Subsidiaritätsprinzip. Obwohl die EuGVO nicht im Verhältnis zu Dänemark gilt, entfällt in Zukunft das zeitaufwendige Ratifizierungsverfahren. Dies ist ein großer Vorteil, insbesondere im Zusammenhang mit der EU-Osterweiterung.

§ 2: Ratio legis von Art. 5 Nr. 1

1. Die Europäische Zuständigkeitsordnung braucht einen Vertragsgerichtsstand. Der allgemeine Gerichtsstand in Art. 2 EuGVO bevorzugt einseitig den Beklagten. Diese Bevorzugung ist bei Verträgen nicht gerechtfertigt. Deswegen ergänzen alle Rechtsordnungen, die vom Grundsatz des actor sequitur forum rei ausgehen, diesen durch besondere Gerichtsstände. Dies ermöglicht dem Kläger, unter bestimmten Umständen am eigenen und nicht am Beklagtenwohnort zu klagen. Deshalb ist Art. 5 Nr. 1 EuGVÜ schon immer eine der wichtigsten Zuständigkeitsregelungen des Übereinkommens gewesen. Ein ausgewogenes Gerichtsstandssystem sollte deswegen Gerichtsstände zur Verfügung stellen, die nicht an der Stellung als Kläger oder Beklagter anknüpfen.

2. Dem Gerichtsstand am Erfüllungsort werden im Schrifttum und in der Rechtsprechung eine Vielzahl von Funktionen zugeschrieben. Dabei herrscht große Uneinigkeit über seinen Zweck und teilweise widersprechen sich die vorgeschlagenen Ansätze.

3. Die Perpetuierungstheorie, die die Identität zwischen materiellem und prozessualem Erfüllungsort verlangt, ist verfehlt. Sie verkennt, dass prozessualer und materieller Erfüllungsort von verschiedenen Wertungen getragen sind. Der materielle Erfüllungsort wurde nicht konzipiert, um über zuständigkeitsrechtliche Streitigkeiten zu entscheiden, sondern um die Risikoverteilung im Vertrag zu regeln. Zuständigkeitsvorschriften müssen dagegen andere Aufgaben erfüllen. Sie sichern den Umfang des inländischen Justizgewährungsanspruchs des Klägers und den status negativus des Beklagten gegenüber gerichtlicher Hoheitsgewalt. Außerdem soll ein einfacher, leicht feststellbarer Gerichtsstand, der nach Vertragsschluss nicht einseitig veränderbar ist als Alternative zu Art. 2 EuGVO geschaffen werden. Für den Gerichtsstand des Erfüllungsortes geben deshalb prozessuale Praktikabilitätserwägungen den Ausschlag und nicht materielle Gefahrtragungsvorschriften.

4. Eine freiwillige und konkludente Unterwerfung unter dem Gerichtsstand am Erfüllungsort ist abzulehnen, denn dieser Gerichtsstand wird durch Gesetz begründet. Wenn die Parteien nicht die Zuständigkeit eines Gerichts vereinbaren, so kann daraus nur geschlossen werden, dass sie sich gerade keinem Gerichtsstand freiwillig unterwerfen wollen.

5. Die Sach- und Beweisnähe werden häufig als Telos von Art. 5 Nr. 1 EuGVO angesehen. Es ist jedoch nicht möglich einen Ort zu finden, der für alle vertraglichen Streitigkeiten gut zum Beweis geeignet ist. Deshalb sind die Sach- und Beweisnähe als Hauptsinn und -zweck des Gerichtsstandes am Erfüllungsort abzulehnen. Der Gerichtsstand am Erfüllungsort soll auch keine Rechtsnähe sicherstellen, denn die Parteien bestimmen welches Recht auf den Vertrag anzuwenden ist, Art. 27 EGBGB/Art. 3 EVÜ.

6. Es gehört nicht zu den Aufgaben von Art. 5 Nr. 1 EuGVO Gerichts- und Vollstreckungsnähe zu schaffen.

7. Der Gerichtsstand des Erfüllungsortes muss bereits bei Vertragsschluss für die Parteien vorhersehbar sein. Seine Aufgabe ist, einen Gerichtsstand zu schaffen, der von Anfang an feststeht und nicht mehr einseitig nach Vertragsschluss durch eine Partei verändert werden kann, wie es bei Umzug bei Art. 2 EuGVO möglich ist.

8. Die wirtschaftlichen Aktivitäten einer Partei im Ausland können keine präzise Definition für den Erfüllungsort liefern und sind nicht vorhersehbar.

9. Der Gerichtsstand am Erfüllungsort muss vor allem vorhersehbar sein und ohne Rückgriff auf das materielle Recht bestimmt werden. Sach- und Beweisnähe sind zwar wünschenswert, aber kein Ort ist für jeden Streitpunkt aus einem Vertrag beweisnah.

§ 3: Untersuchung der Reformbedürftigkeit von Art. 5 Nr. 1 EuGVÜ

1. Art. 5 Nr. 1 EuGVÜ wurde als „Nest von Streitfragen" bezeichnet und rief eine Kette von Gerichtsentscheidungen hervor. Damit Art. 5 Nr. 1 EuGVÜ angewandt werden konnte, musste der Anwendungsbereich des Übereinkommens gemäß Art. 1 EuGVÜ eröffnet sein, es musste eine vertragliche Streitigkeit vorliegen und der Erfüllungsort der gerade streitigen Verpflichtung war zu bestimmen. Der Begriff „Vertrag" wurde autonom aus dem Übereinkommen bestimmt. Ein Vertrag liegt vor, wenn zumindest eine Partei gegenüber der anderen eine Verpflichtung freiwillig eingegangen ist. Nur wenn die Sonderbeziehung mit dem Ziel geschlossen wurde, eine rechtliche Bindung zu begründen, ist die streitige Pflicht vertraglich. Für die Zuständigkeit am Erfüllungsort wurde immer auf den Erfüllungsort der im Fall streitigen Verpflichtung und nicht den Erfüllungsort der vertragstypischen Verpflichtung abgestellt. Der Erfüllungsort wurde nach der lex causae, dem auf den Vertrag anwendbaren Recht bestimmt.

2. Der Vertragsbegriff des EuGH sollte im Großen und Ganzen beibehalten werden: Ein Vertrag ist eine freiwillig übernommene Verpflichtung. Die autonome Auslegung des Vertragsbegriffs ist beizubehalten. Um die Abgrenzung zwischen Art. 5 Nr. 1 EuGVÜ und Art. 5 Nr. 3 EuGVÜ zu erleichtern ist das Kriterium der „Freiwilligkeit" zu überdenken: Nicht jede vertragliche Verpflichtung ergibt sich, weil sie gewollt ist. Viele Verbindlichkeiten ergeben sich aus dem Gesetz, wie beispielsweise Gewährleistungsansprüche, sind aber trotzdem vertraglicher Art. Deshalb sollte nicht darauf abgestellt werden, ob eine Pflicht freiwillig begründet wurde, sondern ob die Pflicht sich aus einem freiwillig eingegangenen Sonderrechtsverhältnis ergibt.

§ 4: Reformvorschläge

1. Dem europäischen Gesetzgeber standen mehrere Alternativen für die Reform von Art. 5 Nr. 1 EuGVÜ zur Auswahl. Diese Vorschläge hatten verschiedene Nachteile und wurden deshalb nicht realisiert.

2. Art. 5 Nr. 1 EuGVÜ sollte nur einen einzigen Gerichtsstand begründen: Dafür bietet sich der Erfüllungsort der vertragstypischen Verpflichtung an. Das Abstellen auf die im Fall streitige Verpflichtung ist aufzugeben.

3. Der Erfüllungsort sollte nicht länger der lex causae entnommen werden. Ein autonomer Erfüllungsortsbegriff steigert die Rechtssicherheit und berücksichtigt besser die prozessualen Interessen der Parteien.

§ 5: Definition der Begriffe „Verkauf beweglicher Sachen" und „Vertrag über die Erbringung von Dienstleistungen" in Art. 5 Nr. 1 lit. b EuGVO

1. In der Verordnung selbst werden die Begriffe „Verkauf von beweglichen Sachen" und die „Erbringung von Dienstleistungen" nicht definiert.

2. Die Begriffe Kauf- und Dienstleistungsvertrag sind autonom aus der Verordnung zu bestimmen.

3. Kaufverträge sind Austauschverträge, bei welchen der Verkäufer zur Lieferung und (je nach Rechtsordnung) Übereignung der Sache, der Käufer zur Zahlung des vereinbarten Kaufpreises und zur Abnahme der Sache verpflichtet ist.

4. Für die Definition von Dienstleistungen ist die volkswirtschaftliche Definition nicht hilfreich. Stattdessen ist der Dienstleistungsbegriff der Art. 49 f. EGV und Art. 29 EGBGB/Art. 5 EVÜ und Art. 13 Absatz 1 Nr. 3 EuGVÜ zugrunde zu legen. Dienstleistungen liegen vor, wenn eine tätigkeitsbezogene Leistung zu erbringen oder ein tatsächlicher Erfolg geschuldet ist. Dabei handelt es sich meist um gewerbliche, kaufmännische, handwerkliche oder freiberufliche Tätigkeiten, die in der Regel gegen Entgelt erbracht werden.

5. Auch Kreditverträge fallen unter den Dienstleistungen in Art. 5 Nr. 1 lit. b EuGVO. Diese Verträge beinhalten mehr als nur eine Gebrauchsüberlassung des Geldes, denn der Darlehensnehmer darf das Geld verbrauchen. Art. 5 Nr. 1 lit. b EuGVO ist somit weiter als Art. 13 Absatz 1 Nr. 3 EuGVÜ auszulegen, der Kreditverträge nicht als Dienstleistungen ansah. Eine Diskontinuität zwischen EuGVÜ und EuGVO ist nicht zu befürchten, denn Art. 13 Absatz 1 Nr. 3 EuGVÜ wurde in veränderter Form in Art. 15 Absatz 1 lit. c aufgenommen.

6. In einem Grenzfall zwischen Kauf- und Dienstleistungsvertrag liegt ein Dienstleistungsvertrag vor, solange der Vertragsschwerpunkt auf der Dienstleistungserbringung liegt. Sind Dienstleistungs- und Kaufelemente gleich zu gewichten, liegt ein Kaufvertrag vor.

§ 6: Auslegung des Liefer- und Erbringungsorts in Art. 5 Nr. 1 lit.b EuGVO

1. Die Reform des Art. 5 Nr. 1 lit. b EuGVO kann erst umfassend bewertet werden, wenn der EuGH in seiner Rechtsprechung den Liefer- und Erbringungsort definiert hat. Erst dann wird man die Zuständigkeitsgerechtigkeit des Art. 5 Nr. 1 EuGVO beurteilen können. Bis dahin herrscht eine für neu erlassene Rechtsnormen typische Rechtsunsicherheit.

2. Die *de Bloos/Bouyer* Rechtsprechung des EuGH wurde zu Recht kritisiert und wird für Art. 5 Nr. 1 lit. b EuGVO aufgegeben. In Zukunft gibt es für Kauf- und Dienstleistungsverträge nur einen Vertragsgerichtsstand aus Art. 5 Nr. 1 lit. b, gleich welche Verpflichtung streitig ist. Dieser Gerichtsstand ist bei Kaufverträgen am Lieferort der Sache und bei Dienstleistungsverträgen am Erbringungsort der Dienstleistung zu lokalisieren.

3. Dem Erfüllungsort der Geldleistungspflicht für Kauf- und Dienstleistungsverträge, dessen Schwächen in der Vergangenheit von der Literatur aufgezeigt wurden, ist keine Bedeutung mehr zuzumessen.

4. Der deutsche Wortlaut des Art. 5 Nr. 1 EuGVO sollte präzisiert werden, damit sich die Aufgabe der *de Bloos/Bouyer* Rechtsprechung besser erkennen lässt. Durch diese Berichtigung wird die Rechtssicherheit gesteigert.

5. Aus dem Wortlaut des Art. 5 Nr. 1 lit. b EuGVO ergibt sich nicht, was unter dem Ort der Lieferung einer Sache und dem Ort der Erbringung einer Dienstleistung zu verstehen ist. Deshalb müssen diese Begriffe ausgelegt werden. Dabei sind die vier klassischen Auslegungsmethoden anzuwenden: die Wortlautauslegung, die historische Auslegung, die systematische Auslegung und die teleologische Auslegung. Zusätzlich ist der internationale Charakter von Art. 5 Nr.1 lit. b EuGVO zu berücksichtigen und deshalb der teleologischen Auslegung die größte Bedeutung zuzugestehen.

6. Die Wortlautauslegung steht am Anfang des Auslegungsvorgangs. Für die EuGVO sind 11 Sprachfassungen verbindlich. Diese weichen teilweise voneinander ab. In diesen Fällen führt die Wortlautauslegung zu keinem eindeutigen Ergebnis. Deshalb muss auf die anderen Auslegungsmethoden zurückgegriffen werden. Der Ort an dem eine Sache geliefert wird (Lieferort) oder der Ort an dem die Dienstleistung erbracht wird, können verschiedene Bedeutungen haben. Beim Versendungskauf kommen beispielsweise der Absendeort der Sache oder der Bestimmungsort der Sache als Lieferort in Frage. Die grammatikalische Konstruktion des Art. 5 Nr. 1 lit. b EuGVO lässt keine Schlüsse zu, ob der Lieferort einer Sache beim Versendungskauf am Absende- oder am Bestimmungsort der Sache zu lokalisieren ist. Der Wortlaut des Art. 5 Nr. 1 EuGVO lässt aber auf eine autonome Definition des Liefer- und Erbringungsortes schließen. Diese Begriffe sollen nun autonom den „Erfüllungsort" des Art. 5 Nr. 1 lit. b EuGVO definieren. Deshalb gibt dies einen starken Wortlauthinweis, dass auch alle Folgefragen, die mit dem Erfüllungsort zu tun haben, autonom auszulegen sind. Dieser Hinweis muss durch die anderen Auslegungsmethoden aber noch bestätigt werden.

7. Bei der Auslegung der EuGVO sind außerdem auch die Berichte zum EuGVÜ heranzuziehen. Art. 5 Nr. 1 lit. b EuGVO wurde jedoch neu in die Verordnung aufgenommen, deshalb sind die Berichte zu dessen Auslegung nicht hilfreich. Stattdessen ist die Begründung der Kommission zu untersuchen. Aus dieser Begründung ergibt sich, dass die *Tessili/Dunlop* Rechtsprechung für Art. 5 Nr. 1 lit. b EuGVO aufzugeben ist, weil der Liefer- und Erbringungsort „faktische Kriterien" sein sollen. Wie diese Begriffe jedoch konkret zu definieren sind, ergibt sich nicht aus der historischen Auslegung.

8. Die systematische und die teleologische Auslegung sind zusammen durchzuführen, denn viele Argumente haben einen Bezug zu beiden Methoden.

9. Es gibt viele Fälle, welchen Liefer- und Erbringungsort einfach bestimmt werden können. Dies gilt vor allem wenn der Vertrag nur mit einem Staat eine enge Verbindung aufweist, die Parteien jedoch in verschiedenen Mitgliedsstaaten wohnen. Problematisch wird die Bestimmung des Liefer- und Erbringungsortes erst, wenn der Vertrag Verbindung zu mehreren Mitgliedsstaaten aufweist, wie beispielsweise beim Versendungskauf.

10. Einen selbständigen prozessualen Begriff des Erfüllungsorts gibt es nur in Frankreich. Dessen Wertung kann nicht ohne weiteres auf europäischer Ebene übernommen werden, weil sich Art. 46 Nouveau Code de procédure civile erheblich von Art. 5 Nr. 1 lit. b EuGVO unterscheidet. Die nationalen materiellrechtlichen Vorschriften über den Erfüllungsort sind dagegen zum Vergleich ungeeignet, denn sie verfolgen andere Interessen als der prozessuale Erfüllungsortsbegriff.

11. Der Lieferort beim Versendungskauf ist nicht am Absendeort zu lokalisieren. Ein Lieferort am Absendeort ist nicht immer gut vorhersehbar und kann zu einem sach- und beweisfernen Klägergerichtsstand bei einer Kaufpreisklage führen.

12. Der Lieferort beim Versendungskauf ist am Bestimmungsort anzusiedeln. So hat man einen gut vorhersehbaren und oft auch einen sach- und beweisnahen Gerichtsstand.

13. Ändert der Käufer den Bestimmungsort der Sache nach Vertragsschluss, so ist der ursprünglich vereinbarte Bestimmungsort gerichtsstandsbegründend.

14. Ein Käufergerichtsstand verstößt nicht gegen die Warenverkehrsfreiheit. Sollte er die Exportbereitschaft der Verkäufer hemmen, wird dies durch die erhöhte Importbereitschaft der Käufer ausgeglichen.

15. Der Erbringungsort von Dienstleistungen ist nach den für den Lieferort erarbeiteten Grundsätzen zu bestimmen. Er ist in der Regel dort, wo der Dienstleistungsempfänger die Dienstleistung in Empfang nimmt.

§ 7: Die Auslegung von Art. 5 Nr. 1 lit. a EuGVO

1. Der Wortlaut von Art. 5 Nr. 1 EuGVÜ wird nun in Art. 5 Nr. 1 lit. a EuGVO übernommen. Deshalb muss untersucht werden, ob auf diese Vorschrift weiterhin die *Tessili/Dunlop* und die *de Bloos/Bouyer* Rechtsprechung anzuwenden sind. Aus der Wortlautauslegung ergibt sich, dass die *de Bloos/Bouyer* Rechtsprechung für Art. 5 Nr. 1 lit. a EuGVO weiterhin gilt. Es ist auch in Zukunft der Erfüllungsort der im Fall streitigen Verpflichtung zu bestimmen.

2. Die Wortlautauslegung und die historische Auslegung lassen auf eine Beibehaltung der *Tessili/Dunlop* Rechtsprechung schließen, also einer Bestimmung des Erfüllungsortes de lege causae. Das EuGVÜ war ein Staatsvertrag und kein Gemeinschaftsrecht. Die systematische Auslegung ergibt, dass der Wechsel vom Staatsvertrag zum sekundären Gemeinschaftsrecht erhöhte Anforderungen an die integrative Auslegung aller Vorschriften der EuGVO stellt. Wenn möglich, sind deshalb alle Begriffe autonom auszulegen. Auch die teleologische Auslegung ergibt eine Aufgabe der *Tessili/Dunlop* Grundsätze. Der Erfüllungsort in Art. 5 Nr. 1 lit. a EuGVO ist somit ebenfalls autonom aus der Verordnung zu bestimmen. Dabei ist Erfüllungsort der Sitz bzw. Wohnort des Schuldners der Leistung. Dadurch wird ein Klägergerichtsstand für Geldleistungen vermieden.

§ 8: Liefer- und Erbringungsort in einem Drittstaat

1. Art. 5 Nr. 1 lit. b EuGVO ist nicht anzuwenden, wenn der Liefer- und Erbringungsort in einem Drittstaat liegt, der nicht Mitgliedsstaat der Europäischen Gemeinschaft ist. Stattdessen wird Art. 5 Nr. 1 lit. a EuGVO angewandt. Dies bevorzugt Exporteure und ist rechtspolitisch nicht zu rechtfertigen. Deshalb sollte Art. 5 Nr. 1 lit. b EuGVO geändert werden und in Zukunft auch angewandt werden, wenn der Liefer- oder Erbringungsort eines Kauf- oder Dienstleistungsvertrags in einem Drittstaat liegen.

§ 9: Erfüllungsortsvereinbarungen

1. Aus dem Wortlaut von Art. 5 Nr. 1 EuGVÜ ergibt sich nicht, ob Erfüllungsortsvereinbarungen den Gerichtsstand am Erfüllungsort verändern

können. Der EuGH ließ solche Vereinbarungen mit gerichtsstandsbegründender Wirkung zu, wenn diese konkret waren. Konkret sind Erfüllungsortsvereinbarungen, wenn ein Zusammenhang zwischen dem vereinbarten Erfüllungsort und dem Vertrag besteht.

2. Die Wirksamkeit dieser Erfüllungsortsvereinbarungen richtete sich nach der lex causae. Die Formerfordernisse für Gerichtsstandsvereinbarungen in Art. 17 EuGVÜ mussten dagegen nicht beachtet werden. Dies begründete der EuGH mit einer unterschiedlichen Zielsetzung von Art. 5 Nr. 1 EuGVÜ und Art. 17 EuGVÜ: Art. 17 EuGVÜ begründe einen ausschließlichen Gerichtsstand, Art. 5 Nr. 1 EuGVÜ einen zusätzlichen, und bei Art. 5 Nr. 1 EuGVÜ sei eine Verbindung zwischen dem Vertrag und dem vereinbarten Erfüllungsort zu sehen. Vereinbarungen über den Erfüllungsort sollen einen Gerichtsstand begründen, weil sie den materiellen Erfüllungsort verändern, was nach den *Tessili/Dunlop* Grundsätzen Auswirkungen auf den prozessualen Erfüllungsort haben soll. Diese Argumente sind jedoch unzutreffend und fördern eine Umgehung von Gerichtsstandsvereinbarungen durch formlose Erfüllungsortsvereinbarungen. Nach der Reform kann Art. 23 EuGVO auch einen zusätzlichen Gerichtsstand begründen und nicht nur einen ausschließlichen. Zumindest für Art. 5 Nr. 1 EuGVÜ wird deshalb der Zusammenhang zwischen materiellem und prozessualem Erfüllungsort aufgegeben. Erfüllungsortsvereinbarungen, die nicht in der Form des Art. 23 EuGVO geschlossen sind und die keinen Hinweis auf die gerichtsstandsverändernde Wirkung enthalten, sollten die Zuständigkeit aus Art. 5 Nr. 1 EuGVO nicht verändern.

3. Erfüllungsortsvereinbarungen, die die oben genannten Voraussetzungen nicht erfüllen, ist für Art. 5 Nr. 1 lit. a EuGVO keine zuständigkeitsbegründende Wirkung zuzugestehen. Der Zusatz „sofern nichts anderes vereinbart worden ist“ in Art. 5 Nr. 1 EuGVO ist nicht als Aufnahme der zuständigkeitsbegründenden Wirkung von Erfüllungsortsvereinbarungen in Art. 5 Nr. 1 lit. b EuGVO verstehen. Er ist als deklaratorischer Hinweis auf Art. 23 EuGVO zu verstehen. Auch für Art. 5 Nr. 1 lit. b EuGVO haben formlose Erfüllungsortsvereinbarungen keine gerichtsstandsbegründende Wirkung. Wenn die Parteien die Zuständigkeit aus Art. 5 Nr. 1 EuGVO verändern möchten, sollten sie eine Gerichtsstandsvereinbarung gemäß Art. 23 EuGVO treffen. Der Zusatz „sofern nichts anderes vereinbart“ verwirrt den Rechtsverkehr und sollte deshalb gestrichen werden.

§ 10: Bewertung der Reform von Art. 5 Nr. 1 EuGVO

1. Die Reform des Art. 5 Nr. 1 EuGVÜ ist überwiegend positiv zu bewerten, wenn die hier ausgearbeitete Auslegung angewandt wird. Dabei sind für Art. 5 Nr. 1 EuGVO folgende Änderungen vorzunehmen:

§ 11: Eigener Formulierungsvorschlag für Artikel 5 Nr. 1 EuGVO

Eine Person, die ihren Wohnsitz in dem Hoheitsgebiet eines Vertragsstaats hat, kann in einem anderen Vertragsstaat verklagt werden:

1. a) wenn ein Vertrag oder Anspruch aus einem Vertrag den Gegenstand des Verfahrens bilden, vor dem Gericht des Ortes, an dem die *vertragscharakteristische* Verpflichtung erfüllt worden ist oder zu erfüllen wäre;

   b) im Sinne dieser Vorschrift ~~– und sofern nichts anderes vereinbart worden ist~~ – ist der Erfüllungsort *aller Verpflichtungen*

   - für den Verkauf beweglicher Sachen der Ort ~~*in einem Mitgliedsstaat*~~, an dem sie nach dem Vertrag geliefert worden sind, oder hätten geliefert werden sollen.
   - für die Erbringung von Dienstleistungen der Ort ~~*in einem Mitgliedsstaat*~~, an dem sie nach dem Vertrag erbracht worden sind oder hätten erbracht werden müssen.

Literaturverzeichnis

Literaturverzeichnis

Adolphsen, Jens: Revision des EuGVÜ und neues deutsches Schiedsverfahrensrecht, ZZP 113 (2000), S. 85

Albrecht, Josef A. M.: Über das Motiv des Forum contractus, Würzburg 1845

Ancel, Bertrand: Anmerkung zu EuGH vom 28.9.1999, Rev.crit.dr.int.pr. 89 (2000), S. 260

Anweiler, Jochen: Die Auslegungsmethoden des Gerichtshofs der Europäischen Gemeinschaften, Frankfurt am Main, New York 1997

Arnold, Hans: Das Protokoll über die Auslegung des EWG-Gerichtsstands- und Vollstreckungsübereinkommens durch den Gerichtshof in Luxemburg, NJW 1972, S. 977

Bajons, Ena-Marlis: Der Gerichtsstand des Erfüllungsortes: Rück- und Ausblick auf eine umstrittene Norm, in: Einheit und Vielfalt des Rechts: Festschrift für Reinhold Geimer zum 65. Geburtstag (Hrsg. Rolf A. Schütze), S. 15, München 2002

Banniza von Bazan, Ulrike: Der Gerichtsstand des Sachzusammenhangs im EuGVÜ, dem Lugano-Abkommen und im deutschen Recht, (Diss. Münster 1994) Frankfurt am Main 1995

Bar, Christian von: Internationales Privatrecht, Band 2, Besonderer Teil, München 1991

Basedow, Jürgen: Europäisches Zivilprozessrecht – Generalia, in: Handbuch des Internationalen Zivilverfahrensrecht, Band I, Tübingen 1982

Basedow, Jürgen: Europäisches Internationales Privatrecht, NJW 1996, S. 1921

Basedow, Jürgen: Die Harmonisierung des Kollisionsrechts nach dem Vertrag von Amsterdam, EuZW 1997, S. 609

Basedow, Jürgen: The communitarization of the conflict of laws under the treaty of Amsterdam, CML Rev. 37 (2000), S. 687

Basedow, Jürgen: Der Raum des Rechts - ohne Justiz, ZEuP 2001, S. 437

Basedow, Jürgen: Die Vergemeinschaftung des Kollisionsrechts nach dem Vertrag von Amsterdam, in: Systemwechsel im europäischen Kollisionsrecht: Fachtagung der Bayer-Stiftung für deutsches und internationales Arbeits- und Wirtschaftsrecht am 17. und 18. Mai 2001 (Hrsg. Jürgen F. Baur), S. 19, München 2002

Basedow, Jürgen: Die rechtsstaatliche Dimension der europäischen Justizreform - Zur Einführung -, RabelsZ 66 (2002), S. 203

Baumgärtel, Gottfried: Die Vereinbarung der internationalen Zuständigkeit nach dem EWG-Übereinkommen vom 27. September 1968 und nach § 38 Abs. 2 ZPO, in: Internationales Privatrecht und Rechtsvergleichung im Ausgang des 20. Jahrhunderts, Bewahrung oder Wende?: Festschrift für Gerhard Kegel [zum 65. Geburtstag] (Hrsg. Alexander Lüderitz, Jochen Schröder), S. 285, Frankfurt am Main 1977

Baur, Jürgen F.: Systemwechsel im europäischen Kollisionsrecht: Fachtagung der Bayer-Stiftung für deutsches und internationales Arbeits- und Wirtschaftsrecht am 17. und 18. Mai 2001, München 2002

Beise, Herward: Time-Sharing-Verträge und die Isle of Man, RIW 1995, S. 632

Beitzke, Günther: Zur Anerkennung von Handelsgesellschaften im EWG-Bereich, AWD 1968, S. 91

Benicke, Christoph: Internationale Zuständigkeit deutscher Gerichte nach Art. 13, 14 EuGVÜ für Schadensersatzklagen geschädigter Anleger, WM 1997, S. 945

Bernhard, Rudolf: Die Auslegung völkerrechtlicher Verträge insbesondere in der neuen Rechtsprechung internationaler Gerichte, (Habil. Heidelberg 1963) Köln 1971

Bernhardt, R.: Quellen des Gemeinschaftsrechts: Die "Verfassung der Gemeinschaft", in: Dreißig Jahre Gemeinschaftsrecht (Hrsg. Kommission der EG), S. 77, Luxemburg 1983

Bernstein, Herbert: Kollisionsrechtliche Fragen der culpa in contrahendo, RabelsZ 41 (1977), S. 281

Besse, Dirk: Die justitielle Zusammenarbeit in Zivilsachen nach dem Vertrag von Amsterdam und das EuGVÜ, ZEuP 1999, S. 107

Besse, Dirk: Die Vergemeinschaftung des EuGVÜ, (Diss. Dresden 2000) Baden-Baden 2001

Bethmann-Hollweg, August: Versuche über einzelne Theile der Theorie des Civilprozesses, [Berlin und Stettin 1827], Nachdruck: Frankfurt am Main 1969

Beutler, Bengt / Biber, Roland / Pipkorn, Jörn / Streil, Jochen: Die Europäische Union – Rechtsordnung und Politik, 4. Auflage, Baden-Baden 1993

Bleckmann, Albert: Zu den Auslegungsmethoden des Europäischen Gerichtshofs, NJW 1982, S. 1177

Bleckmann, Albert: Europarecht: Das Recht der Europäischen Union und der Europäischen Gemeinschaften, 6. Auflage, Berlin, München 1997

Borges, Georg: Verträge im elektronischen Geschäftsverkehr: Vertragsabschluß, Beweis, Form, Lokalisierung, anwendbares Recht, (Habil. Köln 2002) München 2003

Boulouis, J. / Chevalier, R.-M.: Grand arrêts de la cour de justice des communautés européennes, Band 1, 2e édition, Paris 1978

Breier, Siegfried: Der Streit um die richtige Rechtsgrundlage in der Rechtsprechung des Europäischen Gerichtshofes, EuR 1995, S. 46

Brödermann, Eckart: Der europäische GmbH - Gerichtsstand, ZIP 1996, S. 491

Broggini, Gerardo: Zuständigkeit am Ort der Vertragserfüllung, in: Das Luganer Übereinkommen, Europäisches Übereinkommen über die gerichtliche Zuständigkeit und die Vollstreckung gerichtlicher Entscheidungen in Zivil- und Handelssachen (Hrsg. Ivo Schwander), S. 111, St. Gallen 1990

Brownlie, Ian: Priciples of public international law, 5. edition, Oxford 1999

Brox, Hans / Walker, Hans-Dietrich: Zwangsvollstreckungsrecht, 7. Auflage Köln 2003

Bruns, Alexander: Der annerkennungsrechtliche ordre public in Europa und den USA, JZ 1999, S. 278

Buchner, Benedikt: Kläger- und Beklagtenschutz im Recht der internationalen Zuständigkeit, Lösungsansätze für eine zukünftige Gerichtsstands- und Vollstreckungskonvention, (Diss. Augsburg 1997) Tübingen 1998

Buchner, Benedikt: E-Commerce und effektiver Rechtsschutz – oder wer folgt wem wohin?, EWS 2000, S. 147

Buck, Carsten: Über die Auslegungsmethoden der Gerichtshofs der Europäischen Gemeinschaft, (Diss. Münster 1997) Frankfurt am Main 1998

Bülow, Arthur: Vereinheitlichtes Internationales Zivilprozessrecht in der Europäischen Wirtschaftsgemeinschaft: Der Entwurf eines Abkommens über die internationale Zuständigkeit, die Anerkennung und die Vollstreckung gerichtlicher Entscheidungen, RabelsZ 29 (1965), S. 473

Bülow, Arthur / Böckstiegel, Karl-Heinz / Geimer, Reinhold / Schütze, Rolf A.: Der internationale Rechtsverkehr in Zivil- und Handelssachen, München, Stand Januar 2003

Büren, Roland von: Der Konzern, Rechtliche Aspekte eines wirtschaftlichen Phänomens, Basel 1997

Bydlinski, Franz: Juristische Methodenlehre und Rechtsbegriff, 2. Auflage, Wien 1991

Caemmerer, Ernst von: Zahlungsort, in: Internationales Recht und Wirtschaftsordnung: Festschrift für F. A. Mann, zum 70. Geburtstag (Hrsg. Werner Flume, Hugo J. Hahn, Gerhard Kegel, Kenneth R. Simmonds), S. 3, München 1977

Caemmerer, Ernst von: Kommentar zum einheitlichen UN-Kaufrecht: das Übereinkommen der Vereinten Nationen über Verträge über den internationalen Warenkauf, CISG-Kommentar, 2. Auflage, München 1995

Calliess, Christian: Subsidiaritäts- und Solidaritätsprinzip in der Europäischen Union - Vorgaben für die Anwendung von Art. 5 (ex-Art. 3b) EGV nach dem Vertrag von Amsterdam, 2. Auflage, Baden-Baden 1999

Calliess, Christian: Nach dem „Tabakwerbung-Urteil" des EuGH: Binnenmarkt und gemeinschaftsrechtliche Kompetenzverfassung im neuen Licht, Jura 2001, S. 311

Calliess, Christian / Ruffert, Matthias: Kommentar zu EU-Vertrag und EG-Vertrag, 2. Auflage, Neuwied 2002

Campeis, Guiseppe / Pauli, Arrigo de: Il processo civile italiano e lo straniero: lineamenti di diritto processuale civile internazionale, Milano 1986

Carrara, Cecilia: Internet und Internationales Privat- und Verfahrensrecht, Jahrbuch für italienisches Recht, 2001, S. 187

Cieslik, Hans-Werner: Die Methodik des Gerichtshofs der Europäischen Gemeinschaften bei der Auslegung des Europäischen Gerichtsstands- und Vollstreckungsübereinkommens, Diss. Bayreuth 1992

Coester-Waltjen, Dagmar: Die internationale Zuständigkeit deutscher Gerichte in Zivil- und Handelssachen, Jura 2003, S. 320

Cosnard, Henri: La compétence territoriale en matière contractuelle, in: Mélanges offerts à Pierre Hébraud (Hrsg. Michael Despax), S. 207, Toulouse 1981

Czernich, Dietmar: Der Erfüllungsgerichtsstand im neuen Europäischen Zuständigkeitsrecht, wbl 2002, S. 337

Czerwenka, Beate: Rechtsanwendungsprobleme im internationalen Kaufrecht, Das Kollisionsrecht bei grenzüberschreitenden Kaufverträgen und der Anwendungsbereich der internationalen Kaufrechtsübereinkommen, (Diss. Hamburg 1987) Berlin 1988

Dahm, Georg / Delbrück, Jost / Wolfrum, Rüdiger: Völkerrecht, Band I/3, 2. Auflage, Berlin 2002

Desantes Real, Manuel: La competencia judicial en la Comunidad Europea, Barcelona 1986

Detterbeck, Steffen: Allgemeines Verwaltungsrecht, München 2002

Diederichsen, Uwe: Die neuen Grenzen für Gerichtsstandsvereinbarungen, BB 1974, S. 377

Diedrich, Frank: Anwendbarkeit des Wiener Kaufrechts auf Softwareüberlassungsverträge, Zugleich ein Beitrag zur Methode autonomer Auslegung von internationalem Einheitsrecht, RIW 1993, S. 441

Dietze, Jan / Schnichels, Dominik: Die aktuelle Rechtsprechung des EuGH zum EuGVÜ - Übersicht über das Jahr 2000, EuZW 2001, S. 581

Dölle, Hans: Zur Problematik mehrsprachiger Gesetzes- und Vertragstexte, RabelsZ 26 (1961), S. 4

Doralt, Peter / Hommelhoff, Peter: Konzernrecht und Kapitalmarktrecht, München 2001

Drappatz, Thomas: Die Überführung des internationalen Zivilverfahrensrechts in eine Gemeinschaftskompetenz nach Art. 65 EGV, (Diss. Köln 2001) Tübingen 2002

Dreier, Horst: Grundgesetz, Kommentar, Band II, Tübingen 1998

Drobnik, Ulrich: Kritische Betrachtungen zum Vorentwurf eines EWG-Übereinkommens über die Anerkennung von Gesellschaften, ZHR 129 (1966), S. 93

Droste, Monica: Der Liefervertrag mit Montageverpflichtung, (Diss. Köln 1989/90) Heidelberg 1991

Droz, Georges A. L.: Compétence judiciaire et effets des jugements dans le Marché Commun (Etude de la convention de Bruxelles du 27. sept. 1968), Paris 1972

Droz, Georges A. L.: Anmerkung zu Cour d'appel de Paris vom 14.6.1975, Rev.crit.dr.int.pr. 65 (1976) S. 120;

Droz, Georges A. L.: Anmerkung zu EuGH vom 15.1.1987, Rev.crit.dr.int.pr. 76 (1987), S. 797

Droz, Georges A. L.: Anmerkung zu Cour de cassation vom 6.2.1996, Rev.crit.dr.int.pr. 85 (1996), S. 504

Droz, Georges A. L.: Delendum est forum contractus ? (vingt ans après les arrêts De Bloos et Tessili interprétant l'article 5.1 de la Convention de Bruxelles du 27 septembre 1968), Recuréil Dalloz, 1997, Chron. S. 351

Droz, Georges A. L. / Gaudemet-Tallon, Hélène: La transformation de la Convention de Bruxelles du 27 septembre 1968 en Règlement du Conseil concernant la compétence judiciaire, la reconnaissance et l'exékution des décisions en matière civile et commerciale, Rev.crit.dr.int.pr. 90 (2001), S. 601

Einsiedler, Mark: Der besondere Gerichtsstand des Erfüllungsorts nach § 29 ZPO: Ein Klägergerichtsstand?, NJW 2001, S. 1549

Ellger, Reinhard: Die Bündelung gleichgerichteter Interessen im englischen Zivilprozeß, in: Die Bündelung gleichgerichteter Interessen im Prozeß (Hrsg. Jürgen Basedow, Klaus Hopt, Dietmar Baetge), S. 103, Tübingen 1999

Eltzschig, Jan: Art. 5 Nr. 1 b EuGVO: Ende oder Fortführung von forum actoris und Erfüllungsortbestimmung lege causae?, IPRax 2002, S. 491

Enderlein, Fritz / Maskow, Dietrich / Strohbach, Heinz: Internationales Kaufrecht: Kaufrechtskonvention, Verjährungskonvention, Vertretungskonvention, Rechtsanwendungskonvention, Berlin 1991

Endler, Maximilian / Daub, Jan: Internationale Softwareüberlassung und UN-Kaufrecht, CR 1993, S. 601

Esser, Josef / Schmidt, Eike: Schuldrecht, Band I: Allgemeiner Teil, 8. Auflage, Tübingen 2000

Esser, Josef / Weyers, Hans-Leo: Schuldrecht, Band II: Besonderer Teil, Teilband 2, 8. Auflage, Tübingen 2000

Everling, Ulrich: Rechtsvereinheitlichung durch Richterrecht in der Europäischen Gemeinschaft, RabelsZ 50 (1986), S. 193

Ferid, Murad / Sonnenberger, Hans Jürgen: Das Französische Zivilrecht, Band 2, 2. Auflage, Heidelberg 1986

Ferid, Murad / Sonnenberger, Hans Jürgen: Das Französische Zivilrecht, Band 1/1, 2. Auflage, Heidelberg 1994

Ficker, Hans Claudius: Die Rechtsentwicklung innerhalb der Europäischen Gemeinschaften und ihre Auswirkungen auf die EFTA-Staaten, ZfRvgl 14 (1973), S. 161

Finger, Peter: EuGVVO – Eine erste Übersicht über die neue Regelung, MDR 2001, S. 1394

Fischer, Gerfried: Anmerkung zu BGH – Urteil vom 26.10.1993, JZ 1994, S. 367

Fogt, Morten: Gerichtsstand des Erfüllungsortes bei streitiger Existenz des Vertrages, Anwendbarkeit des CISG und alternative Vertragsschlussformen, IPRax 2001, S. 358

Forlati, Laura: Luogo di esecutione delle obbligazioni contrattuali e convenzione di Bruxelles del 27 settembre 1968, Riv.dir.int.priv.proc. 12 (1976), S. 50

Forstmoser, Peter / Meier-Hayoz, Arthur: Schweizerisches Aktienrecht, Bern 1980

Forsyth, C. / Moser, P.: The impact of the applicable law of contract on the law of jurisdiction under the european conventions, ICLQ 45 (1996), S. 190

Franchi, Guiseppe: La convenzione di Bruxelles sulla competenza guirisdizionale e l'esecuzione delle sentenze nei rapporti italotedeschi, Riv.dir.int.priv.proc. 12 (1976), S. 712

Frick, Joachim: Culpa in Contrahendo: – eine rechtsvergleichende und kollisionsrechtliche Studie, Diss. Zürich 1992

Fritzsche, Jörg: Unterlassungsanspruch und Unterlassungsklage, (Habil. 1996/97 Augsburg) Berlin 2000

Fromont, Michael: Europa und nationales Verfassungsrecht nach dem Maastricht-Urteil – Kritische Bemerkungen, JZ 1995, S. 800

Fuchs, Angelika: Erste schottische Urteile zum Erfüllungsort nach Art. 5 Nr. 1 EuGVÜ, IPRax 1991, S. 134

Furrer, Andreas / Schramm, Dorothee: Zuständigkeitsprobleme im europäischen Vertragsrecht, Die neuesten Entwicklungen zu Art. 5 Ziff. 1 LugÜ/EuGVÜ, SJZ 99 (2003), S. 105

Gabler, Th.: Volkswirtschaftslexikon, 4. Auflage 1996 Wiesbaden

Gärtner, Joachim: Probleme der Auslandsvollstreckung von Nichtgeldleistungsentscheidungen im Bereich der Europäischen Gemeinschaft, (Diss. München 1990) München 1991

Gätsch, Andreas: Gläubigerschutz im qualifizierten faktischen GmbH-Konzern, (Diss. Marburg 1996) Berlin 1997

Gaja, G. / Hay, P. / Rotunda, R.: Instruments for legal integration in the European Community - A Review, in: Intergration through Law, vol. 1, book 2 (Hrsg. Cappeletti, Secombe, Weiler), S. 113, Berlin 1986

Gaudemet-Tallon, Hélène: Anmerkung zu EuGH vom 22.11.1977, Rev.crit.dr.int.pr. 68 (1979), S. 432

Gaudemet-Tallon, Hélène: Anmerkung zu EuGH vom 8.3.1988, Rev.crit.dr.int.pr. 77 (1988), S. 613

Gaudemet-Tallon, Hélène: Anmerkung zu EuGH vom 29.6.1994, Rev.crit.dr.int.pr. 83 (1994), S. 698

Gaudemet-Tallon, Hélène: Les Conventions de Bruxelles et de Lugano, 2e édition, Paris 1996

Gaudemet-Tallon, Hélène: Anmerkung zu EuGH vom 20.2.1997, Rev.crit.dr.int.pr. 86 (1997), S. 572

Gebauer, Martin: Neuer Klägergerichtsstand durch Abtretung einer dem UN- Kaufrecht unterliegenden Zahlungsforderung?, IPRax 1999, S. 432

Gebauer, Martin: Zur Drittwirkung von Gerichtsstandsvereinbarungen bei Vertragsketten, IPRax 2001, S. 471

Gebauer, Martin: Drittstaaten- und Gemeinschaftsbezug im europäischen Recht der internationalen Zuständigkeit, ZEuP 2001, S. 943

Geimer, Reinhold: Anmerkung zu OLG München/Augsburg, Beschluß vom 28.5.1974 – 24 W 418/74, NJW 1975, S. 1086

Geimer, Reinhold: Zur Vereinbarung der ausschließlichen Zuständigkeit eines ausländischen Gerichts, Anmerkung zum Urteil des Bundesgerichtshof vom 3. Dezember 1973 – II ZR 91/72, WM 1975, S. 910

Geimer, Reinhold: Eine neue internationale Zuständigkeitsordnung in Europa, NJW 1976, S. 441

Geimer, Reinhold: Anerkennung gerichtlicher Entscheidungen nach dem EWG-Übereinkommen vom 27.9.1968, RIW 1976, S. 139

Geimer, Reinhold: Anmerkung zu OLG Oldenburg, Urteil vom 14. 11. 1975 – 6 U 74/75, WM 1976, S. 1289

Geimer, Reinhold: Zur Auslegung des Brüsseler Zuständigkeits- und Vollstreckungsübereinkommens in Zivil- und Handelssachen vom 27. September 1968: Eine kritische Übersicht über die Rechtsprechung des EuGH, EuR 1977, S. 341

Geimer, Reinhold: Kompetenzkonflikte im System des Europäischen Gerichtsstands- und Vollstreckungsübereinkommens, in: Verfahrensrecht – Privatrecht: Festschrift für Winfried Kralik zum 65. Geburtstag (Hrsg. Walter H. Rechberger, Rudolf Welser), S. 179, Wien 1986

Geimer, Reinhold: Zuständigkeitskonzentration für Klagen gegen den Eigenhändler am Sitz des Lieferanten mittels Art. 5 Nr. 1 EuGVÜ?, IPRax 1986, S. 85

Geimer, Reinhold: Internationalrechtliches zum Justizgewährungsanspruch, Eine Skizze, in: Beiträge zum internationalen Verfahrensrecht und zur Schiedsgerichtsbarkeit: Festschrift für Heinrich Nagel (Hrsg. Walther J. Habscheid, Karl Heinz Schwab), S. 36, Münster 1987

Geimer, Reinhold: Anmerkung zu EuGH, Urteil vom 15.01.1987 – Rs. 286/85, NJW 1987, S. 1132

Geimer, Reinhold: Anmerkung zu EuGH, Urteil vom 27.09.1988 – Rs. 189/87, NJW 1988, S. 3089

Geimer, Reinhold: Anmerkung zu BGH, Beschluss vom 26.3.1992 – VII ZR 258/91 (Hamm), EuZW 1992, S. 518

Geimer, Reinhold: Verfassung, Völkerrecht und Internationales Zivilverfahrensrecht, ZfRV 1992, S. 321

Geimer, Reinhold: Verfassungsrechtliche Vorgaben bei der Normierung der internationalen Zuständigkeit, in: Europa im Aufbruch: Festschrift für Fritz Schwind zum 80. Geburtstag (Hrsg. Franz Matscher, Ignatz Seidl-Hohenveldern, Christa Karas-Waldheim), S. 17, Wien 1993

Geimer, Reinhold: Internationales Zivilprozeßrecht, 3. Auflage, Köln 1997

Geimer, Reinhold: Internationales Zivilprozeßrecht, 4. Auflage, Köln 2001

Geimer, Reinhold: Entscheidungsharmonie in Europa per Entscheidungsstop, IPRax 2001, S. 191

Geimer, Reinhold: Aktuelles aus dem Europarecht und dem Internationalen Verfahrensrecht, in: Winfried-Kralik-Symposium 2001 (Hrsg. Walter H. Rechberger), S. 1, Wien 2002

Geimer, Reinhold: Salut für die Verordnung (EG) Nr. 44/2001 (Brüssel I-VO), Einige Betrachtungen zur „Vergemeinschaftung" des EuGVÜ, IPRax 2002, S. 69

Geimer, Reinhold / Schütze, Rolf A.: Internationale Urteilsanerkennung, Systematischer Kommentar, Band I 1. Halbband: Das EWG-Übereinkommen über die gerichtliche Zuständigkeit und die Vollstreckung gerichtlicher Entscheidungen in Zivil- und Handelssachen, München 1983

Geimer, Reinhold / Schütze, Rolf A.: Europäisches Zivilverfahrensrecht, Kommentar zum EuGVÜ und zum Lugano-Übereinkommen, München 1997

Girsberger, Daniel: Gerichtsstandsklausel im Konossement: Der EuGH und der internationale Handelsbrauch, IPRax 2000, S. 87

Goette, Wulf: GmbH: Haftung bei Einstellung des Geschäftsbetriebs mit dem Ziel der Weiterführung des Betriebs durch neugegründete Gesellschaft, Anmerkung zu BGH, Urteil vom 12.2.1996, II ZR 279/94, DStR 1996, S. 839

Goette, Wulf: Haftung im qualifiziert faktischen Konzern und internationale Zuständigkeit, DStR 1997, S. 503

Goldman, Berthold: Le projet de convention entre les etats membres de la communaute economique europeenne sur la reconnaissance mutuelle des societes et personnes morales, RabelsZ 31 (1967), S. 201.

Götz, Volkmar: Anmerkung zu EuGH, 5.10.2000 – Rs. C-376/98 - Bundesrepublik Deutschland / Europäisches Parlament und Rat der Europäischen Union (Tabakwerbeverbotrichtlinie), JZ 2001, S. 34

Gothot, Pierre / Holleaux, Dominique: Anmerkung zu EuGH vom 6.10.1976, Rev.crit.dr.int.pr. 66 (1977), S. 761

Gothot, Pierre / Holleaux, Dominique: La convention de Bruxelles du 27.09.1968, Paris 1985

Gottwald, Peter: Streitiger Vertragsschluß und Gerichtsstand des Erfüllungsortes (Art. 5 Nr. 1 EuGVÜ), IPRax 1983, S. 13

Gottwald, Peter: Europäische Gerichtspflichtigkeit kraft Sachzusammenhangs, IPRax 1989, S. 272

Gottwald, Peter: Internationale Zuständigkeit kraft „business activities" im geplanten Haager Übereinkommen über Zuständigkeit und ausländische Urteile in Zivil- und Handelssachen, in: Einheit und Vielfalt des Rechts: Festschrift für Reinhold Geimer zum 65. Geburtstag (Hrsg. Rolf A. Schütze), S. 231, München 2002

Grabinski, Klaus: Zur Bedeutung des Europäischen Gerichtsstands- und Vollstreckungsübereinkommens (Brüsseler Übereinkommens) und des Lugano-Übereinkommens in Rechtsstreitigkeiten über Patentverletzungen, GRUR Int 2001, S. 199

Grabitz, Eberhard / Hilf, Meinhard: Das Recht der Europäischen Union, Band I EUV/EGV, München, Stand Januar 2003

Groeben, Hans von der / Thiesing, Jochen / Ehlermann, Claus-Dieter: Kommentar zum EU-/EG-Vertrag, Band 5: Artikel 210-248 EGV, Artikel H-S EUV, 5. Auflage, Baden-Baden 1997; Annex, 5. Auflage, Baden-Baden 1999

Grolimund, Pascal: Drittstaatenproblematik des europäischen Zivilverfahrensrechts, (Diss. Basel 1999) Tübingen 2000

Grundmann, Stefan: Gerichtsstand und Erfüllungsort bei Scheckeinlösung unter Verstoß gegen die Sicherungsabrede, IPRax 2002, S. 136

Grunsky, Wolfgang: EWG-Übereinkommen über die gerichtliche Zuständigkeit und die Vollstreckung gerichtlicher Entscheidungen in Zivil- und Handelssachen im deutsch-italienischen Rechtsverkehr, RIW/AWD 1977, S. 1

Gsell, Beate: Autonom bestimmter Gerichtsstand am Erfüllungsort nach der Brüssel I-Verordnung, IPRax 2002, S. 484

Habersack, Matthias: Anmerkung zu OLG Rostock: Durchgriffshaftung im qualifiziert faktischen GmbH-Konzern, NGZ 1999, S. 170

Hachenburg, Max: Gesetz betreffend die Gesellschafen mit beschränkter Haftung (GmbHG) Großkommentar, 7. Auflage, Band 3: §§ 53 – 85 GmbHG, Berlin 1984

Hackenberg, Ulf: Der Erfüllungsort von Leistungspflichten unter Berücksichtigung des Wirkungsortes von Erklärungen im UN-Kaufrecht und der Gerichtsstand des Erfüllungsortes im deutschen und europäischen Zivilprozessrecht, (Diss. Freiburg 1999) Hamburg 2000

Hager, Günter / Bentele, Florian: Der Lieferort als Gerichtsstand - zur Auslegung des Art. 5 Nr. 1 lit. b EuGVO, IPRax 2004, S. 73

Hailbronner, Kay / Klein, Eckart / Magiera, Siegfried / Müller-Graff, Peter-Christian: Handkommentar zum Vertrag über die Europäische Union (EUV/EGV), München, Stand November 1998

Hailbronner, Kay / Nachbaur, Andreas: Die Dienstleistungsfreiheit in der Rechtsprechung des EuGH, EuZW 1992, S. 105

Hailbronner, Kay / Thiery, Claus: Amsterdam – Vergemeinschaftung der Sachbereiche Freier Personenverkehr, Asylrecht und Einwanderung sowie Überführung des Schengen- Besitzstands auf EU-Ebene, EuR 1998, S. 583

Handig, Christian: Wesentliche Änderungen durch das In-Kraft-Treten der Brüssel I-VO im Vergleich zum EuGVÜ, ecolex 2002, S. 141

Haß, Detlef: Zur internationalen Gerichtsstandsvereinbarung in einer Patronatserklärung, IPRax 2000, S. 494

Hasselbach, Kai: Der Vorrang des Gemeinschaftsrechts vor dem nationalen Verfassungsrecht nach dem Vertrag von Amsterdam, JZ 1997, S. 942

Hau, Wolfgang Jakob: Positive Kompetenzkonflikte im Internationalen Zivilprozessrecht, Überlegungen zur Bewältigung von multi-fora disputes, (Diss. Trier 1995) Frankfurt am Main 1996

Hau, Wolfgang: Der Vertragsgerichtsstand zwischen judizieller Konsolidierung und legislativer Neukonzeption, IPRax 2000, S. 354

Haubold, Jens: Internationale Zuständigkeit nach CMR und EuGVÜ/ LugÜ, IPRax 2000, S. 91

Haubold, Jens: Internationale Zuständigkeit für gesellschaftsrechtliche und konzerngesellschafts-rechtliche Haftungsansprüche nach EuGVÜ und LugÜ, IPRax 2000, S. 375

Hauschild, W. M.: L'importance des conventions communautaires pour la création d'un droit communautaire, rev. trim. dr. eur. 1975, S. 4

Hausmann, Rainer: EG-Gerichtsstands- und Vollstreckungsübereinkommen und Familienrecht – zur Auslegung des Art: 1 II Nr. 1 GVÜ durch den Europäischen Gerichtshof, FamRZ 1980, S. 418

Hausmann, Rainer: Die Revision des Brüsseler Übereinkommens von 1968 – Teil I: Internationale Zuständigkeit –, EuLF 2000/2001, S. 40

Heinrichs, Jürgen: Die Bestimmung der gerichtlichen Zuständigkeit nach dem Begehungsort im nationalen und internationalen Zivilprozeßrecht, Diss. Freiburg 1984

Heldrich, Andreas: Die Interessen bei der Regelung der internationalen Zuständigkeit, in: Festschrift für Hans G. Ficker zum 70. Geburtstag (Hrsg. Murad Ferid), S. 205, Berlin 1967

Heldrich, Andreas: Internationale Zuständigkeit und anwendbares Recht (Habil. Münster 1964/1965), Berlin 1969

Herber, Rolf: Möglichkeiten der Vertragsgestaltung nach dem VN-Kaufübereinkommen, in: Wiener Kaufrecht, Der schweizerische Aussenhandel unter dem UN-Übereinkommen über den internationalen Warenkauf (Hrsg. Eugen Bucher), S. 215, Bern 1991

Herber, Rolf / Czerwenka, Beate: Internationales Kaufrecht, Kommentar zu dem Übereinkommen der Vereinten Nationen vom 11. April 1980 über Verträge über den internationalen Warenkauf, München 1991

Herdegen, Matthias: Europarecht, 4. Auflage, München 2002

Hermann, Gerold: Anwendungsbereich des Wiener Kaufrechts – Kollisionsrechtliche Probleme, in: Wiener Kaufrecht, Der schweizerische Aussenhandel unter dem UN-Übereinkommen über den internationalen Warenkauf (Hrsg. Eugen Bucher), S. 83, Bern 1991

Hertz, Ketilbjørn: Jurisdiction in Contract and Tort under the Brussels Convention, 1. edition, Copenhagen 1998

Heß, Burkhard: Amtshaftung als „Zivilsache" im Sinne von Art. 1 Abs. 1 EuGVÜ, IPRax 1994, S. 10

Heß, Burkhard: Steht das geplante weltweite Zuständigkeits- und Vollstreckungsübereinkommen vor dem Aus?, IPRax 2000, S. 342

Heß, Burkhard: Die „Europäisierung“ des internationalen Zivilprozessrechts durch den Amsterdamer Vertrag - Chancen und Gefahren, NJW 2000, S. 23

Heß, Burkhard: Die Integrationsfunktion des Europäischen Zivilverfahrensrecht, IPRax 2001, S. 389

Heß, Burkhard: Aktuelle Perspektiven der europäischen Prozessrechtsangleichung, JZ 2001, S. 573

Heß, Burkhard: Vertragspflichten ohne Erfüllungsort? - Die Besix-Entscheidung des EuGH vom 19.02.2002 - , IPRax 2002, S. 376

Hilf, Meinrad: Die Organisationsstruktur der Europäischen Gemeinschaften, rechtliche Gestaltungsmöglichkeiten und Grenzen, (Habil. Heidelberg 1981) Berlin 1982

Hill, Jonathan: Jurisdiction in matters relating to a contract under the Brussels convention, ICLQ 1995, S. 591

Hirsch, Günter: Europäischer Gerichtshof und Bundesverfassungsgericht - Kooperation oder Konfrontation?, NJW 1996, S. 2457

Hoeren, Thomas: Der Softwareüberlassungsvertrag als Sachkauf, Ansätze zu einer neuen Vertragstypologie im Bereich der Standardsoftware, CR 1988, S. 908

Hörmann, Günter: Stellungnahme zum Diskussionsentwurf eines Vierten Gesetzes zur Änderung des Gesetzes über das Kreditwesen, Umsetzung der Zweiten Richtlinie zur Koordinierung der Rechts- und Verwaltungsvorschriften über die Aufnahme und Ausübung der Tätigkeit der Kreditinstitute und zur Änderung der Richtlinie 77/780/EWG (89/646/EWG), VuR 1991, S. 226

Hoffmann, Bernd von: Das EWG-Übereinkommen über die gerichtliche Zuständigkeit und die Vollstreckung gerichtlicher Entscheidungen in Zivil- und Handelssachen, AWD 1973, S. 57

Hoffmann, Bernd von: Gegenwartsprobleme internationaler Zuständigkeit, IPRax 1982, S. 217

Hohloch, Gerhard: Kollisionsrecht in der Staatengemeinschaft – Zu den Strukturen eines internationalen Privat- und Verfahrensrechts in der europäischen Union, in: Festschrift für Hans Stoll zum 75. Geburtstag (Hrsg. Gerhard Hohloch, Rainer Frank, Peter Schlechtriem), S. 533, Tübingen 2001

Holl, Volker: Der Gerichtsstand des Erfüllungsortes gemäß Art. 5 Nr. 1 EuGVÜ, WiB 1995, S. 462

Holl, Volker: Der Gerichtsstand des Erfüllungsortes nach Art. 5 Nr.1 EuGVÜ bei individuellen Arbeitsverträgen, IPRax 1997, S. 88

Honsell, Heinrich: Kommentar zum UN-Kaufrecht, Übereinkommen der Vereinten Nationen über Verträge über den internationalen Warenkauf (CISG), Berlin 1997

Hoyer, Hans / Posch, Willibald: Das Einheitliche Wiener Kaufrecht, Neues Recht für den internationalen Warenkauf, Wien 1992

Huber, Peter: Anmerkung zu EuGH, Urteil vom 29.6.1994 Rs. Custom Made Commercial Ltd. / Stawa Metallbau GmbH, ZZPInt 1 (1996), S. 171

Huber, Peter: Anmerkung [zu EuGH, Urteil vom 20.2.1997 Rs. C-106/95 MSG / Les Gravières Rhénanes] ZZPInt 2 (1997) S. 168

Hüffer, Uwe: Aktiengesetz, 5. Auflage, München 2002

Huet, André: Anmerkung zu EuGH vom 6.10.1976, JDI 1977, S. 714

Huet, André: Die Stellung des Artikels 5 im Gefüge des Übereinkommens. Die Zuständigkeit in Vertragssachen, in: Internationale Zuständigkeit und Urteilsanerkennung in Europa, (Hrsg.: Gerichtshof der Europäischen Gemeinschaften), S. 55, Köln, Berlin, Bonn, München 1993

Huet, André: Chronique de jurisprudence française, Clunet 1998, S. 457

Ipsen, Hans Peter: Europäisches Gemeinschaftsrecht, Tübingen 1972

Ipsen, Knut: Völkerrecht, München 1999

Isensee, Josef: Vorrang des Europarechts und deutsche Verfassungsvorbehalte – offener Dissens, in: Verfassungsstaatlichkeit: Festschrift für Klaus Stern zum 65. Geburtstag (Hrsg. Joachim Burmeister), S. 1239, München 1997

Jahr, Günther: Vereinheitlichtes internationales Konkursrecht in der europäischen Wirtschaftsgemeinschaft, RabelsZ 39 (1972), S. 620

Jayme, Erik: Gerichtsstand und abgelaufener Hauptvertrag in Art. 17 EuGVÜ, IPRax 1989, S. 361

Jayme, Erik: Ein Klägergerichtsstand für den Verkäufer - Der EuGH verfehlt den Sinn des EuGVÜ, IPRax 1995, S. 13

Jayme, Erik / Haack, Hansjörg: Reziproke Gerichtsstandsklauseln – EuGVÜ und Drittstaaten, IPRax 1985, S. 323

Jayme, Erik / Hausmann, Rainer: Internationales Privat- und Verfahrensrecht,
11. Auflage, München 2002

Jayme, Erik / Kohler, Christian: Das Internationale Privat- und Verfahrensrecht der EG 1991 - Harmonisierungsmodell oder Mehrspurigkeit des Kollisionsrechts, IPRax 1991, S. 361

Jayme, Erik / Kohler, Christian: Das Internationale Privat- und Verfahrensrecht der EG nach Maastricht, IPRax 1992, S. 346

Jayme, Erik / Kohler, Christian: Das Internationale Privat- und Verfahrensrecht der EG 1993 - Spannungen zwischen Staatsverträgen und Richtlinien, IPRax 1993, S. 357

Jayme, Erik / Kohler, Christian: Europäisches Kollisionsrecht 1994: Quellenpluralismus und offene Kontraste, IPRax 1994, S. 405

Jayme, Erik / Kohler, Christian:, Europäisches Kollisionsrecht 1996: Anpassung und Transformation der nationalen Rechte, IPRax 1996, S. 377

Jayme, Erik / Kohler, Christian: Europäisches Kollisionsrecht 1997 – Vergemeinschaftung durch „Säulenwechsel"?, IPRax 1997, S. 385

Jayme, Erik / Kohler, Christian: Europäisches Kollisionsrecht 1998: Kulturelle Unterschiede und Parallelaktionen, IPRax 1998, S. 417

Jayme, Erik / Kohler, Christian: Europäisches Kollisionsrecht 1999: Die Abendstunde der Staatsverträge, IPRax 1999, S. 401

Jayme, Erik / Kohler, Christian: Europäisches Kollisionsrecht 2000: Interlokales Privatrecht oder universelles Gemeinschaftsrecht?, IPRax 2000, S. 454

Jayme, Erik / Kohler, Christian: Europäisches Kollisionsrecht 2001: Anerkennungsprinzip statt IPR?, IPRax 2001, S. 501

Jeantet, Fernand-Charle: Un droit europeen des conflits de competence judiciaire et de l'execution des decisions en matiere civile et commerciale, cah. de dr. europ. 8 (1972), S. 375

Juenger, Friedrich K.: Parteiautonomie und objektive Anknüpfung im EG-Übereinkommen zum internationalen Vertragsrecht, Eine Kritik aus amerikanischer Sicht, RabelsZ 46 (1982), S. 57

Jung, Harald: Vereinbarungen über die internationale Zuständigkeit nach dem EWG-Gerichtsstands- und Vollstreckungsübereinkommen und nach § 38 Abs. 2 ZPO, Diss. Bochum 1980

Junker, Abbo: Vom Brüsseler Übereinkommen zur Brüsseler Verordnung - Wandlungen des Internationalen Zivilprozessrechts, RIW 2002, S. 569

Kadner, Thomas: Gerichtsstand des Erfüllungsortes im EuGVÜ, Einheitliches Kaufrecht und international-zivilprozessuale Gerechtigkeit, Jura 1997, S. 240

Karollus, Martin: UN-Kaufrecht, Eine systematische Darstellung für Studium und Praxis, Wien 1997

Kaye, Peter: Civil Jurisdiction and Enforcement of foreign Judgments, Abingdon 1987

Kaye, Peter: European case law on the judgements convention, Weinheim 1998

Kegel, Gerhard / Schurig, Klaus: Internationales Privatrecht, 8. Auflage, München 2000

Kennett, Wendy: Place of Performance and Predictability, Yearbook of European Law 1995, S. 193

Kennett, Wendy: The Brussels I Regulation, ICLQ 2001, S. 725

Kerameus, Konstantinos / Prütting, Hanns: Die Revision des EuGVÜ - Bericht über ein Grotius-Projekt, ZZPInt 3 (1998), S. 265

Kerameus, Konstantinos: Angleichung des Zivilprozeßrechts in Europa, Einige grundlegende Aspekte, RabelsZ 66 (2002), S. 1

Killias, Laurent: Gerichtsstandsvereinbarungen nach dem Lugano-Übereinkommen, Zürich 1993

Klima, Peter: Anwendbarkeit des Art. 5 EuGVÜ auf Sachverhalte mit mehreren aufeinanderfolgenden Käufern, RIW 1991, S. 415

Klotz, Robert: Kreditvergabe durch deutsche Banken und Verbraucherschutz in Frankreich, RIW 1997, S. 197

Koch, Harald: Internationale Prorogation im Statut einer Aktiengesellschaft?, IPRax 1993, S. 19

Koch, Harald: Verbrauchergerichtsstand nach dem EuGVÜ und Vermögensgerichtsstand nach der ZPO für Termingeschäfte?, IPRax 1995, S. 71

Koch, Harald: AGB-Klauseln über Gerichtsstand und Erfüllungsort im europäischen Zivilrechtsverkehr: Größere Gerechtigkeit ohne Parteivereinbarung?, IPRax 1997, S. 405

Koch, Harald: Anmerkung zu EuGH, Urteil vom 20.2.1997 [Rs. C-106/95 MSG/Les Gravières Rhénanes], JZ 1997, S. 841

Kölling, Lars: Der qualifiziert faktische GmbH-Konzern, NZG 2000, S. 8

Kohler, Christian: Zivilrechtliche Schadens- und Unterlassungsklagen – Gerichtliche Zuständigkeit und Verfahrensfragen, in: Rechtsfragen grenzüberschreitender Umweltbelastungen (Hrsg. Michael Bothe, Michel Prieur, Georg Ress), S. 159, Berlin 1984

Kohler, Christian: Pathologisches im EuGVÜ: Hinkende Gerichtsstandsvereinbarungen nach Art. 17 Abs. 3, IPRax 1986, S. 340

Kohler, Christian: Fortbildung des Brüsseler Gerichtsstands- und Vollstreckungsübereinkommens durch den Europäischen Gerichtshof: Freizügigkeit oder effektiver Rechtsschutz, in: Österreichs Stellung heute in Europarecht, IPR und Rechtsvergleichung (Hrsg. Fritz Schwind), S. 125, Wien 1989

Kohler, Christian: Die Stellung des Artikels 5 im Gefüge des Übereinkommens. Die Zuständigkeit in Vertragssachen, in: Internationale Zuständigkeit und Urteilsanerkennung in Europa, (Hrsg. Gerichtshof der Europäischen Gemeinschaften), S. 41, Berlin 1993

Kohler, Christian: Interrogations sur les sources du droit international privé européen après le traité d´Amsterdam, Rev.crit.dr.int.pr. 88 (1999), S. 1

Kohler, Christian: Die Revision des Brüsseler und des Luganer Übereinkommens über die gerichtliche Zuständigkeit und die Vollstreckung gerichtlicher Entscheidungen in Zivil- und Handelssachen - Generalia und Gerichtsstandsproblematik, in: Revision des EuGVÜ - Neues Schiedsverfahrensrecht (Hrsg. Peter Gottwald), S. 1, Bielefeld 2000

Kohler, Christian: Europäisches Kollisionsrecht zwischen Amsterdam und Nizza, ZEuS 2001, S. 575

Kohler, Christian: Vom EuGVÜ zur EuGVVO: Grenzen und Konsequenzen der Vergemeinschaftung, in: Einheit und Vielfalt des Rechts: Festschrift für Reinhold Geimer zum 65. Geburtstag (Hrsg. Rolf A. Schütze), S. 461, München 2002

Kohler, Christian: Systemwechsel im europäischen Annerkennungsrecht: Von der EuGVVO zur Abschaffung des Exequaturs, in: Systemwechsel im europäischen Kollisionsrecht, Fachtagung der Bayer-Stiftung für deutsches und internationales Arbeits- und Wirtschaftsrecht am 17. und 18. Mai 2001 (Hrsg. Jürgen F. Baur), S. 147, München 2002

Kort, Michael: Zur europarechtlichen Zulässigkeit von Abkommen der Mitgliedsstaaten untereinander, JZ 1997, S. 640

Kotthoff, Jost: Werbung ausländischer Unternehmen im Inland, (Diss. Freiburg 1995) Baden-Baden 1995

Kraußer, Hans-Peter: Das Prinzip begrenzter Ermächtigung im Gemeinschaftsrecht als Strukturprinzip des EWG-Vertrages, (Diss. Erlangen 1991) Berlin 1991

Kroeger, Helga Elisabeth: Der Schutz der „marktschwächeren" Partei im internationalen Vertragsrecht, (Diss. Freiburg 1983) Frankfurt 1984

Kromer, Ulrich: Der Begriff der Lieferung im Haager einheitlichen Kaufrecht, (Diss. Freiburg 1987) Pfaffenweiler 1987

Kronke, Herbert: Der Gerichtsstand nach Art. 5 Nr. 5 EuGVÜ - Ansätze einer Zuständigkeitsordnung für grenzüberschreitende Unternehmensverbindungen, IPRax 1989, S. 81

Kropholler, Jan: Internationales Einheitsrecht, Allgemeine Lehren, (Habil. München 1974) Tübingen 1975

Kropholler, Jan: Internationale Zuständigkeit, in: Handbuch des internationalen Zivilverfahrensrechts, Band I, Tübingen 1982

Kropholler, Jan: Problematische Schranken der europäischen Zuständigkeitsordnung gegenüber Drittstaaten, in: Festschrift für Murad Ferid zum 80. Geburtstag am 11. April 1988 (Hrsg. Andreas Heldrich, Hans Jürgen Sonnenberger), S. 239, Frankfurt am Main1988

Kropholler, Jan: Europäisches Zivilprozessrecht, Kommentar zum EuGVÜ und Lugano-Übereinkommen, 6. Auflage, Heidelberg 1998

Kropholler, Jan: Internationales Privatrecht, 4. Auflage, Tübingen 2001

Kropholler, Jan: Die Auslegung von EG-Verordnungen zum Internationalen Privat- und Verfahrensrecht - eine Skizze -, in: Aufbruch nach Europa 75 Jahre Max-Planck-Institut für Privatrecht (Hrsg. Jürgen Basedow, Ulrich Drobnig, Reinhard Ellger, Klaus J. Hopt, Hein Kötz, Rainer Kulms, Ernst-Joachim Mestmäcker), S. 583, Tübingen 2001

Kropholler, Jan: Europäisches Zivilprozessrecht, Kommentar zum EuGVÜ und Lugano-Übereinkommen, 7. Auflage, Heidelberg 2002

Kropholler, Jan / von Hinden, Michel: Die Reform des europäischen Gerichtsstands am Erfüllungsort (Art. 5 Nr. 1 EuGVÜ), in: Gedächtnisschrift für Alexander Lüderitz (Hrsg. Haimo Schack), S. 401, München 2000

Kubis, Sebastian: Gerichtspflicht durch Schweigen? - Prorogation, Erfüllungsortvereinbarung und internationale Handelsbräuche, IPRax 1999, S. 10

Kubis, Sebastian: Gerichtsstand am Erfüllungsort: Erneute Enttäuschung aus Luxemburg, ZEuP 2001, S. 737

Kühner, Rolf: Vorbehalte zu multilateralen völkerrechtlichen Verträgen, Berlin 1986

Kulms, Rainer: Qualifizierte faktische GmbH-Konzerne und Außenhaftung: (k)ein Fall für Art. 5 Nr. 1 EuGVÜ?, IPRax 2000, S. 488

Lambers, Hans-Jürgen: Subsidiarität in Europa – Allheilmittel oder juristische Leerformel?, EuR 1993, S. 229

Landfermann, Hans-Georg: Anmerkung zu BGH Urteil vom 28.3.1979 – VIII ZR 37/79 (Hamburg), NJW 1979, S. 1781

Lando, Ole: Creating a European Economic Space: Legal Aspects of EC-EFTA Relations, Dublin 1990

Lando, Ole: Die Aufgabe des Gerichtshofes und das System des Brüsseler Übereinkommens, in: Internationale Zuständigkeit und Urteilsanerkennung in Europa, (Hrsg. Gerichtshof der Europäischen Gemeinschaften), S. 21, Köln, Berlin, Bonn, München 1993

Lando, Ole / Beale, Hugh: Principles of European Contract Law, Parts I and II, Den Haag 2002

Larenz, Karl: Methodenlehre der Rechtswissenschaft, 3. Auflage, Berlin 1995

Lasok, D. / Stone, P. A.: Conflict of Laws in the European Community, Abington 1987

Leible, Stefan: Gewinnbestätigung aus Luxemburg, – Zur internationalen Zuständigkeit bei Gewinnmitteilungen aus dem Ausland –, (zu EuGH, 11. 7. 2002 – Rs. C-96/00 – Gabriel), IPRax 2003, S. 28

Leible, Stefan / Staudinger, Ansgar: Art. 65 EGV im System der EG-Kompetenzen, EuLF 2000/2001, S. 225

Leipold, Dieter: Der Anspruch aus Gewinnzusage (§ 661a BGB) in dogmatischer Betrachtung, in Festschrift für Musielak, S. 317, München 2004

Leipold, Dieter: Zuständigkeitsvereinbarung und rügelose Einlassung nach dem Europäischen Gerichtsstands- und Vollstreckungsübereinkommen, IPRax 1982, S. 222

Leipold, Dieter: Internationale Zuständigkeit am Erfüllungsort - das Neueste aus Luxemburg und Brüssel, in: Gedächtnisschrift für Alexander Lüderitz (Hrsg. Haimo Schack), S. 431, München 2000

Leisle, Jörg-Marcus: Dependenzen auf dem Weg vom EuGVÜ, über die EuGVVO, zur EuZPO, (Diss. Konstanz 2002) Berlin 2002

Leisle, Jörg-Marcus: Außenkompetenzen und Konkurrenzen nach Vergemeinschaftung des Brüsseler Übereinkommen, ZEuP 2002, S. 316

Lenz, Carl Otto: EG-Vertrag, Kommentar zu dem Vertrag zur Gründung der Europäischen Gemeinschaften, in der durch den Amsterdamer Vertrag geänderten Fassung, 2. Auflage, Köln 1999

Leonhard, Franz: Erfüllungsort und Schuldort, Berlin 1907

Linke, Hartmut: Anmerkung zu EuGH, Urteil vom 6.10.1976 – Rs. 14/76, RIW/AWD 1977, S. 43

Linke, Hartmut: Die Europäisierung des Internationalen Privat- und Verfahrensrechts - Traum oder Trauma?, in: Einheit und Vielfalt des Rechts: Festschrift für Reinhold Geimer zum 65. Geburtstag (Hrsg. Rolf A. Schütze), S. 529, München 2002

Lohse, Martin: Das Verhältnis von Vertrag und Delikt: eine rechtsvergleichende Studie zur Vertragsautonomen Auslegung von Art. 5 Nr. 1 und Art. 5 Nr. 3 GVÜ, (Diss. München 1990) München 1991

Lorenz, Werner: Kollisionsrecht des Verbraucherschutzes: Anwendbares Recht und internationale Zuständigkeit, IPRax 1994, S. 429

Louis, Jean-Victor: Quelques considerations sur la révision des traités instituant les Communautés, cah. de droit europ 16 (1980), S. 553

Loussouarn, Yvon / Bourel, Pierre: Droit internationale privé, 6e édition, Paris 1999

Lüderitz, Alexander: Fremdbestimmte internationale Zuständigkeit? Versuch einer Neubestimmung von § 29 ZPO, Art. 5 Nr. 1 EuGVÜ, in: Festschrift für Konrad Zweigert zum 70. Geburtstag (Hrsg. Herbert Bernstein, Ulrich Drobnig, Hein Kötz), S. 233, Tübingen 1981

Lüderitz, Alexander: „Verbraucherschutz" im internationalen Vertragsrecht – ein Zuständigkeits-problem, in: ius inter nationes: Festschrift für Stefan Riesenfeld zum 75. Geburtstag (Hrsg. Erik Jayme, Gerhard Kegel, Marcus Lutter), S. 147, Heidelberg 1983

Lutter, Marcus (Hrsg.): Konzernrecht im Ausland, Berlin 1994

Lutter, Marcus / Hommelhoff, Peter: GmbH – Gesetz, 15. Auflage, Köln 2000

Mäsch, Gerald: Die Time-Sharing-Richtlinie, Licht und Schatten im europäischen Verbraucherschutzrecht, EuZW 1995, S. 8

Mankowski, Peter: Anmerkung zu OLG Düsseldorf, Urteil vom 14.1.1994 – 17 U 129/93, RIW 1994, S. 421

Mankowski, Peter: Timesharingverträge und internationales Vetragsrecht, Anmerkung zu LG Düsseldorf, Urt. v. 12.4.1994 – 10 O 513/93, [abgedruckt in] RIW 1995 S. 415f., RIW 1995, S. 364

Mankowski, Peter: Zur Auslegung des Art. 13 EuGVÜ – Zugleich Anmerkung zu OLG Schleswig 29.1.1997 – 5 W 47/96, [abgedruckt in] RIW 1997, S. 955 (Heft 11), RIW 1997, S. 990

Mankowski, Peter: Gerichtsstandsklauseln als Haftungsbeschränkungen zu Gunsten Dritter und die Himalaya Clause, IPRax 1998, S. 214

Mankowski, Peter: Keine örtliche Ersatzzuständigkeit der Hauptstadtgerichte für Verbrauchersachen unter dem EuGVÜ - oder: Tod einer Theorie in Berlin, IPRax 2001, S. 33

Mankowski, Peter: Anmerkung zu EuGH, Urteil vom 19.02.2002 – RS C-256/00 (Besix/WABAG), EWiR 2002, S. 519

Mankowski, Peter: Europäisches Internationales Arbeitsprozessrecht, – weiteres zum gewöhnlichen Arbeitsort –, (zu EuGH, 27.2. 2002 – Rs. C-37/00 – Herbert Weber/Universal Ogden Services Ltd.), IPRax 2003, S. 21

Mankowski, Peter: Die Qualifikation der culpa in contrahendo, – Nagelprobe für den Vertragsbegriff des Europäischen IZPR und IPR –, (zu EuGH, 17. 9. 2002 – Rs. C-334/00 – Fonderie Officine Meccaniche Tacconi SpA/Heinrich Wagner Sinto Maschinenfabrik GmbH), IPRax 2003, S. 127

Mansel, Heinz-Peter (Hrsg.): Vergemeinschaftung des Europäischen Kollisionsrechts, München 2001

Mansel, Heinz-Peter: Zum Systemwechsel im europäischen Kollisionsrecht nach Amsterdam und Nizza, in: Systemwechsel im europäischen Kollisionsrecht: Fachtagung der Bayer-Stiftung für deutsches und internationales Arbeits- und Wirtschaftsrecht am 17. und 18. Mai 2001 (Hrsg. Jürgen F. Baur), S. 1, München 2002

Manz, Viviane: Sprachenvielfalt und europäische Integration, Sprachenrecht im Spannungsfeld von Wirtschaft, Politik und Kultur, (Diss. Zürich 2002) Zürich 2002

Markus, Alexander R.: Revidierte Übereinkommen von Brüssel und Lugano: Zu den Hauptpunkten, SZW 1999, S. 205

Martiny, Dieter: Autonome und einheitliche Auslegung im Europäischen Internationalen Zivilprozeßrecht, RabelsZ 45 (1981), S. 427

Martiny, Dieter: Internationale Zuständigkeit für „vertragliche Streitigkeiten“, in: Einheit und Vielfalt des Rechts: Festschrift für Reinhold Geimer zum 65. Geburtstag (Hrsg. Rolf A. Schütze), S. 641, München 2002

Maul, Silja: Gerichtsstände und Vollstreckungsfragen bei konzernrechtlichen Ansprüchen gegenüber einem herrschenden Unternehmen im EG-Ausland, AG 1998, S. 404

Maurer, Hartmut: Allgemeines Verwaltungsrecht, 14. Auflage, München 2002

Mazeaud, Henri Léon / Mazeaud, Jean: Leçons de droit civil: Principaux Contrats, 2e Partie, Paris 1980

Mazeaud, Henri Léon / Mazeaud, Jean / Chabas, François: Leçons de droit civil: Obligations – théorie générale, Paris 1991

Mazeaud, Henri /Tunc, Andreé: Traité theorique et pratique de la responsabilité civile délictuelle et contractuelle, I, 6. Auflage, Paris 1965

McDonald, Kevin M.: Die Auslegung der Dienstleistungsfreiheit im postindustriellen Europa, Neue Ansätze für eine genauere Auslegungsmethode der Art. 49 ff. EGV, Baden-Baden 1999

McDonald, Kevin M.: Der Begriff der Dienstleistung im europäischen Binnenmarkt und WTO-System (GATS), (Diss. Saarbrücken 2000) Frankfurt 2001

Meessen, Karl, M.: Maastricht nach Karlsruhe, NJW 1994, S. 549

Mehren, Arthur von: The Hague Jurisdiction and Enforcement Convention Projekt Faces an Impasse – A Diagnosis and Guidelines for a Cure, IPrax 2000, S. 465

Merten, Detlef: Subsidiarität als Verfassungsprinzip, in: Die Subsidiarität Europas (Hrsg. Detlef Merten), S. 77, 2. Auflage, Berlin 1994

Meyer-Sparenberg, W.: Staatsvertragliche Kollisionsnormen, Berlin 1990

Meyring, Bernd: Die Reform der Bereiche Justiz und Inneres durch den Amsterdamer Vertrag, EuR 1999, S. 309

Mezger, Ernest: Anmerkung zu OLG München, Urteil vom 9.11.1977 [abgedruckt in] RIW/AWD 1978 S. 119f., RIW 1978, S. 334

Mezger, Ernst: Über einige Lücken des EuGVÜ (Brüssel 1968) und des deutschen Ausführungsgesetzes, in: Rechtsvergleichung, Europarecht und Staatenintegration: Gedächtnisschrift für Léontin-Jean Constantinesco (Hrsg. Gerhard Lüke, Georg Ress, Michael R. Will), S. 503, München 1983

Mezger, Ernst: Einheitlicher Gerichtsstand des Erfüllungsorts verschiedenartiger Ansprüche eines Handelsvertreters (Art. 5 Nr. 1 GVÜ), IPRax 1983, S. 153

Mezger, Ernst: Zur Bestimmung des Erfüllungsorts im Sinne von Art. 5 Nr. 1 EuGVÜ bei einem gegenseitigen Vertrag, IPRax 1987, S. 346

Micklitz, Hans- W. / Rott, Peter: Vergemeinschaftung des EuGVÜ in der Verordnung (EG) Nr. 44/2001, EuZW 2001, S. 325

Micklitz, Hans- W. / Rott, Peter: Vergemeinschaftung des EuGVÜ in der Verordnung (EG) Nr. 44/2001, EuZW 2002, S. 15

Michailidou, Chrisoula: Internationale Zuständigkeit bei vorbeugenden Verbandsklagen, (zu EuGH, 1. 10. 2002 – Rs. C-167/00 – VKI/Karl Heinz Henkel), IPRax 2003, S. 223

Michalski, Lutz / Bohlmann, Sven: Anmerkung zu OLG Hamm: Gesellschafterhaftung im qualifiziert faktischen GmbH-Konzern, NZG 1999, S. 837

Michalski, Lutz / de Vries, Koja: Anmerkung zu OLG München: Haftung im qualifiziert faktischen Konzern, NZG 1999, S. 1169

Möllers, Christoph: Internationale Zuständigkeit bei der Durchgriffshaftung, (Diss. Münster 1986) Bielefeld 1987

Möschel, Wernhard: Zum Subsidiaritätsprinzip im Vertrag von Maastricht, NJW 1993, S. 3025

Müller-Graff, Peter-Christian: Der Vertrag von Amsterdam, in: Der Einfluss des europäischen Rechts auf die Schweiz: Festschrift für Roger Zäch zum 60. Geburtstag (Hrsg. Peter Forstmoser, Hans Caspar von der Crone, Rolf H. Weber, Dieter Zobl), S. 733, Zürich 1999

Münchner Kommentar zum Bürgerlichen Gesetzbuch: Band 4: Schuldrecht, Besonderer Teil II (§§ 607-704 BGB), 3. Auflage, München 1997; Band 10: Einführungsgesetz zum Bürgerlichen Gesetzbuche (Art. 1 – 38 EGBGB) Internationales Privatrecht, 3. Auflage, München 1998

Münchner Kommentar zur Zivilprozessordnung: Band 3: §§ 803-1066 ZPO, EGZPO, GVG, EGGVG, Internationales Zivilprozessrecht, 2. Auflage, München 2001

Münzberg, Wolfgang: Berücksichtigung oder Präklusion sachlicher Einwendungen im Exequaturverfahren trotz Art. 45 Abs. 1 VO (EG) Nr. 44/2001?, in: Einheit und Vielfalt des Rechts: Festschrift für Reinhold Geimer zum 65. Geburtstag (Hrsg. Rolf A. Schütze), S. 745, München 2002

Musielak, Hans-Joachim: Kommentar zur Zivilprozessordnung, 3. Auflage, München 2002

Nagel, Heinrich / Gottwald, Peter: Internationales Zivilprozessrecht, 5. Auflage, Münster 2002

Neuhaus, Paul Heinrich: Internationales Zivilprozessrecht und internationales Privatrecht, RabelsZ 20 (1955), S. 201

Neuner, Robert: Internationale Zuständigkeit, Mannheim 1929

Nicolaysen, Gert / Nowak, Carsten: Teilrückzug des BVerfG aus der Kontrolle der Rechtmäßigkeit gemeinschaftlicher Rechtsakte: Neuere Entwicklungen und Perspektiven, NJW 2001, S. 1233

Oppermann, Thomas: Europarecht, München 1991

Ost, Konrad: Doppelrelevante Tatsachen im Internationalen Zivilverfahrensrecht,
(Diss. Heidelberg 2001) Frankfurt am Main 2002

Otte, Karsten: Umfassende Streitentscheidung durch Beachtung von Sachzusammenhängen, Gerechtigkeit durch Verfahrensabstimmung?, (Habil. Köln 1996) Tübingen 1998

Otte, Karsten: Vertragspflichten nach Seefrachtrecht (Haager-Visby-Regeln) – gerichtsstands-weisende Kraft für Art. 5 Nr. 1 EuGVÜ?, IPRax 2002, S. 132

Pache, Eckhard / Schorkopf, Frank: Der Vertrag von Nizza , NJW 2001, S. 1377

Palandt: Bürgerliches Gesetzbuch, 62. Auflage, München 2003

Pålsson, Lennart: The Unruly Horse of the Brussels and Lugano Conventions: The Forum Solutionis, in Festskrift til Ole Lando - Papers dedicated to Ole Lando (Hrsg. Lennart Lynge Andersen, Jens Fejø, Ruth Nielsen), S. 259, Kopenhagen 1997

Pescatore, Pierre: Le recours, dans la jurisprudence de la cour de justice des communautés européennes, a des normes déduites de la comparaison des droits des états membres, riv.int.dr.comp. 1980, S. 337

Pfeiffer, Thomas: Grundlagen und Grenzen der autonomen Auslegung des EuGVÜ, in: Europäisches Privatrecht, Jahrbuch junger Zivilrechtswissenschaftler 1991, S. 71,

Piltz, Burghard: Die Zuständigkeitsordnung nach dem EWG-Gerichtsstands- und Vollstreckungsübereinkommen, NJW 1979, S. 1071

Piltz, Burghard: Der Gerichtsstand des Erfüllungsortes nach dem EuGVÜ, NJW 1981, S. 1876

Piltz, Burghard: Der Anwendungsbereich des UN-Kaufrechtes, AnwaltsBl 1991, S. 57

Pfeiffer, Thomas: Internationale Zuständigkeit und prozessuale Gerechtigkeit, Die internationale Zuständigkeit im Zivilprozess zwischen effektivem Rechtsschutz und nationaler Zuständigkeitspolitik, (Habil. Frankfurt am Main 1993) Frankfurt am Main 1995

Piltz, Burghard: Neue Entwicklungen im UN- Kaufrecht, NJW 2000, S. 553

Piltz, Burghard: Vom EuGVÜ zur Brüssel-I-Verordnung, NJW 2002, S. 789

Pirrung, Jörg: Zur Zukunft der europäischen Gerichtsbarkeit in Zivilsachen, in: Festschrift für Hans Stoll zum 75. Geburtstag (Hrsg. Gerhard Hohloch, Rainer Frank, Peter Schlechtriem), S. 647, Tübingen 2001

Pocar, Fausto: jurisdiction and the enforcement of judgements under the EC convention of 1968, RabelsZ 42 (1978), S. 405

Queirolo, Ilaria: Art. 17 della Conventione di Bruxelles e Clausola attributiva di Competenza contenuta in uno Statuto Societario, Riv.dir.int.priv.proc. 29 (1993), S. 69

Rasmussen, Hjalte: A new Generation of Community Law?, Reflections on the handling by the Court of Justice of the Protocol Of 1971 relating to the Interpretation of the Brussels Convention on Jurisdiction and Enforcement of Judgments, CML Rev. 15 (1978), S. 249

Rauscher, Thomas: Verpflichtung und Erfüllungsort in Art. 5 Nr. 1 EuGVÜ unter besonderer Berücksichtigung des Vertragshändlervertrages, (Diss. München 1983) München 1984

Rauscher, Thomas: Der Arbeitnehmergerichtsstand im EuGVÜ, IPRax 1990, S. 152

Rauscher, Thomas: Gerichtsstandsbeeinflussende AGB im Geltungsbereich des EuGVÜ, ZZP 104 (1991), S. 271

Remien, Oliver: European private international law, the European Community and ist emerging area of freedom, Security and justice, CML Rev. 2001, S. 53

Renck, Andreas W.: Der Einfluß der INCOTERMS 1990 auf das UN-Kaufrecht: eine Untersuchung zu den rechtlichen Wirkungen der INCOTERMS 1990 im Recht des internationalen Warenkaufs, (Diss. Hamburg 1995) Münster 1995

Rehbinder, Eckard: Internationale Kaufverträge und Gerichtsstandbestimmung nach EuGVÜ und EKG, IPRax 1987, S. 289

Rennpferdt, Peter: Die Internationale Harmonisierung des Erfüllungsrechts für Geldschulden, ein Gegenvorschlag auf der Basis des Versendungsschuldmodells, (Diss. Göttingen 1992/93) Baden-Baden 1993

Rest, Alfred: Interpretation von Rechtsbegriffen in internationalen Verträgen - Verschiedene Lösungsmöglichkeiten, Diss. Köln 1971

Riese, Otto: Die Haager Konferenz über die internationale Vereinheitlichung des Kaufrechts vom 2. bis 25. April 1964, RabelsZ 29 (1965), S. 1

Ripert, Georges / Roblot, René: Traité de droit commercial, Bd. 1, 14ᵉ édition, Paris 1991

Rochaix, Marcel: Internationale Produkthaftung, materielles Recht, Zuständigkeit, Anerkennung und Vollstreckung sowie anwendbares Recht für Produkthaftungsansprüche in Deutschland, Frankreich, Österreich und der Schweiz, (Diss. Zürich 1994) Zürich 1995

Rosenberg, Leo / Schwab, Karl Heinz / Gottwald, Peter: Zivilprozessrecht, 15. Auflage München 1993

Roth, Herbert: Grundfreiheiten des EG - Vertrages und nationales Zivilprozeßrecht, in: Recht und Rechtswissenschaft (Hrsg. Peter-Christian von Müller-Graff, Herbert Roth), S. 351, Heidelberg 2000

Roth Wulf-Henning: Verbraucherschutz über die Grenze, Anmerkung zu BGH, 26.10.1993 – XI ZR 42/93, [abgedruckt in] RIW 1994 S. 154ff., RIW 1994, S. 275

Roth, Wulf-Henning: Der Einfluss der Grundfreiheiten auf das internationale Privat- und Verfahrensrecht, in: Systemwechsel im europäischen Kollisionsrecht, Fachtagung der Bayer-Stiftung für deutsches und internationales Arbeits- und Wirtschaftsrecht am 17. und 18. Mai 2001 (Hrsg. Jürgen F. Baur), S. 47, München 2002

Rüßmann, Helmut: Der Gerichtsstand des Erfüllungsortes nach Art. 5 Nr. 1 EuGVÜ bei einer tonnage-to-be-nominated-charter, IPRax 1993, S. 38

Rüthers, Bernd: Rechtstheorie, München 1999

Ruffert, Matthias: Kontinuität oder Kehrtwende im Streit um die gemeinschaftsrechtlichen Umweltschutzkompetenzen?, - EuGH, EuZW 1993, 290 -, Jura 1994, S. 635

Samtleben, Jürgen: Internationale Gerichtsstandsvereinbarungen nach dem EWG- Übereinkommen und nach der Gerichtsstandnovelle, NJW 1974, S. 1590

Sandrock, Otto / Austmann, Andreas: Das Internationale Gesellschaftsrecht nach der Daily Mail-Entscheidung des Europäischen Gerichtshofs, RIW 1989, S. 249

Saulle, Maria Rita: Diritto comunitario e diritto internazionale privato, Neapel 1983

Savigny, Friedrich Carl von: System des heutigen Römischen Rechts VIII, Aalen 1849

Schack, Haimo: Der Erfüllungsort im deutschen, ausländischen und internationalen Privat- und Zivilprozessrecht, (Habil. Köln 1984/85) Frankfurt am Main 1985

Schack, Haimo: Der internationale Klägergerichtsstand des Verkäufers, IPRax 1986, S. 82

Schack, Haimo: Der internationale Klägergerichtsstand des Käufers, IPRax 1987, S. 215

Schack, Haimo: Perspektiven eines weltweiten Anerkennungs- und Vollstreckungs-übereinkommens, ZEuP 1993, S. 306

Schack, Haimo: Wechselwirkungen zwischen europäischem und nationalem Zivilprozeßrecht, ZZP 107 (1994), S. 279

Schack, Haimo: Stare decisis ohne Rücksicht auf die Zuständigkeitsgerechtigkeit, Entscheidung des Europäischen Gerichtshofs (EuGH) vom 29. Juni 1994 – Rechtssache C-288/92 (Custom Made Commercial Ltd./Stawa Metallbau GmbH), ZEuP 1995, S. 655

Schack, Haimo: Rechtsangleichung mit der Brechstange des EuGH - Vom Fluch eines falsch verstandenen Diskriminierungsverbots, ZZP 108 (1995), S. 47

Schack, Haimo: Internationales Zivilverfahrensrecht, 2. Auflage, München 1996

Schack, Haimo: Abstrakte Erfüllungsortsvereinbarungen: form- oder sinnlos?, IPRax 1996, S. 247

Schack, Haimo: Entscheidungszuständigkeiten in einem weltweiten Gerichtsstands- und Vollstreckungsübereinkommen, ZEuP 1998, S. 931

Schack, Haimo: Die EG-Komission auf dem Holzweg von Amsterdam, ZEuP 1999, S. 805

Schlechtriem, Peter: Auslegung und Lückenfüllung im internationalen Einheitsrecht: „Erfüllungsort" für Rückabwicklungspflichten in EuGVÜ und EKG, IPRax 1981, S. 114

Schlechtriem, Peter: Kommentar zum einheitlichen UN-Kaufrecht, Das Übereinkommen der Vereinten Nationen über Verträge über den internationalen Warenkauf – CISG-, 3. Auflage, München 2000

Schlosser, Peter: Neues Primärrecht der Europäischen Gemeinschaften, NJW 1975, S. 2132

Schlosser, Peter: Der EuGH und das Europäische Gerichtsstands- und Vollstreckungsübereinkommen, NJW 1977, S. 457

Schlosser, Peter: Vertragsautonome Auslegung, nationales Recht, Rechtsvergleichung und das EuGVÜ, in: Gedächtnisschrift für Rudolf Bruns (Hrsg. Johannes Baltzer, Gottfried Baumgärtel, Egbert Peters, Helmut Peper), S. 45, München 1980

Schlosser, Peter: Zum Begriff „Zivil- und Handelssachen" in Art. 1 Abs. 1 EuGVÜ, IPRax 1981, S. 154

Schlosser, Peter: Europäisch-autonome Interpretation des Begriffs „Vertrag oder Ansprüche aus einem Vertrag" i. S. v. Art. 5 Nr. 1 EuGVÜ?, IPRax 1984, S. 65

Schlosser, Peter: Das internationale Zivilprozeßrecht der Europäischen Wirtschaftsgemeinschaft und Österreich, in: Festschrift für Winfried

Schlosser, Peter: Das internationale Zivilprozeßrecht der Europäischen Wirtschaftsgemeinschaft und Österreich, in: Festschrift für Winfried Kralik zum 65. Geburtstag (Hrsg. Walter H. Rechberger, Rudolf Welser), S. 287, Wien 1986

Schlosser, Peter: Sonderanknüpfungen von zwingendem Verbraucherschutzrecht und europäisches Zivilprozeßrecht, in: Festschrift für Ernst Steindorff zum 70. Geburtstag (Hrsg. Jürgen F. Baur, Klaus J. Hopt, K. Peter Mailänder), S. 1379, Berlin 1990

Schlosser, Peter: EuGVÜ, Europäisches Gerichtsstands- und Vollstreckungsübereinkommen mit Luganer Übereinkommen und dem Haager Übereinkommen über Zustellung und Beweisaufnahme, München 1996

Schmidhuber, Peter M. / Hitzler, Gerhard: Die Verankerung des Subsidiaritätsprinzips im EWG-Vertrag – ein wichtiger Schritt auf dem Weg zu einer föderalen Verfassung der Europäischen Gemeinschaft, NVwZ 1992, S. 720

Schmidt, Karsten: Anmerkung zu BGH, Urteil vom 13.12.1993 – II ZR 89/93 (OLG Schleswig), NJW 1994, S. 447;

Schmidt, Karsten: Gesellschaftsrecht, 4. Auflage, München 2002

Schmidt-Aßmann, Eberhard: Verwaltungskooperation und Verwaltungskooperationsrecht in der Europäischen Gemeinschaft, EuR 1996, S. 270

Schmidt-Parzefall, Tillmann: Die Auslegung des Parallelübereinkommens von Lugano, (Diss. Hamburg 1994) Tübingen 1995

Schön, Wolfgang: Europäische Kapitalverkehrsfreiheit und nationales Steuerrecht, in: Gedächtnisschrift für Brigitte Knobbe-Keuk (Hrsg. Wolfgang Schön), S. 743, Köln 1997

Schöne, Franz-Josef: Dienstleistungsfreiheit in der EG und deutsche Wirtschaftsaufsicht, (Diss. Münster 1989) Köln 1989

Schoibl, Norbert A.: Zum zeitlichen Anwendungsbereich und zum Ratifikationsstand des Brüsseler Übereinkommens und zum Konkurrenzverhältnis der beiden Europäischen Gerichtsstands- und Vollstreckungsübereinkommen EuGVÜ – LGVÜ, ÖJZ 2000, S. 481

Scholz, Ingo: Das Problem der autonomen Auslegung des EuGVÜ, (Diss. Freiburg 1997) Tübingen 1998

Schröder, Jochen, Internationale Zuständigkeit, Entwurf eines Systems von Zuständigkeitensinteressen im zwischenstaatlichen Privatverfahrensrecht aufgrund rechtshistorischer, rechtsvergleichender und rechtspolitischer Betrachtung, Opladen 1971

Schütze, Rolf A.: Deutsches internationales Zivilprozeßrecht, Berlin 1985

Schulze, Reiner (Hrsg): Auslegung europäischen Privatrechts und angeglichenen Rechts, 1. Auflage, Baden-Baden 1999

Schwartz, Ivo E.: Zur Konzeption der Rechtsangleichung in der Europäischen Wirtschaftsgemeinschaft, in: Probleme des europäischen Rechts: Festschrift für Walter Hallstein zum 65. Geburtstag (Hrsg. Ernst von Caemmerer, Hans-Jürgen Schlochauer, Ernst Steindorff), S. 474, Frankfurt 1966

Schwartz, Ivo E.: Wege zur EG-Rechtsvereinheitlichung: Verordnungen der Europäischen Gemeinschaft oder Übereinkommen unter den Mitgliedsstaaten?, in: Festschrift für Ernst von Caemmerer zum 70. Geburtstag (Hrsg. Hans Claudius Ficker, Detlef König, Karl F. Kreutzer, Hans G. Leser, Wolfgang Frhr. Marschall von Biberstein, Peter Schlechtriem), S. 1067, Tübingen 1978

Schwartz, Ivo E.: Übereinkommen zwischen den EG-Staaten: Völkerrecht oder Gemeinschaftsrecht?, in: Im Dienste Deutschlands und des Rechtes: Festschrift für Wilhelm G. Grewe zum 70. Geburtstag (Hrsg. Friedrich J. Kroneck, Thomas Oppermann), Band 2, S. 551, Baden-Baden 1981

Schwartz, Ivo E.: EG-Kompetenzen für den Binnenmarkt: Exklusiv oder konkurrierend/subsidiär?, in: Festschrift für Ulrich Everling (Hrsg. Ole Due, Marcus Lutter, Jürgen Schwarze), Band II, S. 1331, Baden-Baden 1995

Schwarz, Matthias: Der Gerichtsstand der unerlaubten Handlung nach deutschem und europäischem Zivilprozessrecht, (Diss. Freiburg 1990) Frankfurt am Main 1991

Schwarze, Jürgen: Das schwierige Geschäft mit Europa und seinem Recht, JZ 1998, S. 1077

Schwarze, Jürgen: Ist das Grundgesetz ein Hindernis auf dem Weg nach Europa?, JZ 1999, S. 637

Schwarze, Jürgen: EU-Kommentar, 1. Auflage, Baden-Baden 2000

Schwarze, Jürgen: Europäische Verfassungsperspektiven nach Nizza, NJW 2002, S. 993

Schwenzer, Ingeborg: Internationaler Gerichtsstand für die Kaufpreisklage, IPRax 1989, S. 274

Schwenzer, Ingeborg: Bemerkung zu Bundesgericht, I. Zivilabteilung, 18.1.1996, Firma T.S.r.l./Firma S. AG, AJP/PJA 1996, S. 1051

Seegers, Christian: Das neue Recht der Gerichtsstandsvereinbarung unter besonderer Berücksichtigung ihrer Vereinbarung in Allgemeinen Geschäftsbedingungen, (Diss. Freiburg 1977) Frankfurt am Main 1977

Seidl-Hohenveldern, Ignatz / Stein, Torsten: Völkerrecht, 10. Auflage, Köln 2000

Sendler, Horst: Blüten richterlicher Unabhängigkeit und Verfassungsgerichtsschelte, NJW 1996, S. 825

Simson, Werner von: Zur rechtlichen Gestalt der europäischen Integration, ZHR 130 (1968), S. 63

Soergel, Hans Th.: Bürgerliches Gesetzbuch, Band 13: Schuldrechtliche Nebengesetze 2, Übereinkommen der Vereinten Nationen über Verträge über den internationalen Warenkauf (CISG), 13. Auflage, Köln 2000; Band 10: Einführungsgesetz, Köln 1996, 12. Auflage

Solomon, Dennis: Der Anwendungsbereich von Art. 3 Abs. 3 EGBGB - dargestellt am Beispiel des internationalen Erbrechts -, IPRax 1997, S. 81

Soltész, Ulrich: Der Begriff der Zivilsache im Europäischen Zivilprozeßrecht, (Diss. Freiburg 1998) Frankfurt am Main 1998

Sonnenberger, Hans Jürgen: Neue Wege der Produzentenhaftung im französischen Recht, in: Festschrift für Ernst Steindorff zum 70. Geburtstag (Hrsg. Jürgen F. Baur, Klaus J. Hopt, K. Peter Mailänder), S. 777, Berlin 1990

Spellenberg, Ulrich: Der Gerichtsstand des Erfüllungsortes im europäischen Gerichtsstands- und Vollstreckungsübereinkommen, ZZP 91 (1978), S. 38

Spellenberg, Ulrich: Das Europäische Gerichtsstand- und Vollstreckungsübereinkommen als Kern eines europäischen Zivilprozeßrechts, EuR 1980, S. 329

Spellenberg, Ulrich: Die Vereinbarung des Erfüllungsortes und Art. 5 Nr. 1 des Europäischen Gerichtsstands- und Vollstreckungsübereinkommens, IPRax 1981, S. 75

Spickhoff, Andreas: Gerichtsstand des Sachzusammenhangs und Qualifikation von Anspruchsgrundlagen, ZZP 109 (1996), S. 493

Stadler, Astrid: Vertraglicher und deliktischer Gerichtsstand im europäischen Zivilprozeßrecht, in: Festschrift für Hans-Joachim Musielak zum 70. Geburtstag (Hrsg. Heinrich), S. 529 (noch nicht erschienen)

Stadler, Astrid: Anmerkung zu EuGH 1.10.2002 – Rs. C-167/00, Verein für Konsumenteninformation/Henkel, ZZP Int 8 (2003), S. #.

Staehelin, Matthias: Gerichtsstandsvereinbarungen im internationalen Handelsverkehr Europas: Form und Willenseinigung nach Art. 17 EuGVÜ/LugÜ, (Diss. Basel 1993) Frankfurt am Main 1994

Staudinger, Ansgar: Vertragsstaatenbezug und Rückversicherungsverträge im EuGVÜ, IPRax 2000, S. 483

Staudinger, Ansgar: Rom, Brüssel, Berlin und Amsterdam: Chiffren eines Europäischen Kollisionsrechts für Verbraucherverträge, ZfRV 41 (2000), S. 93

Staudinger, Julius von: Kommentar zum Bürgerlichen Gesetzbuch mit Einführungsgesetz und Nebengesetzen, 1. Buch: Allgemeiner Teil (Einleitung zum Bürgerlichen Gesetzbuch, §§ 1-12 BGB), 13. Auflage, Berlin 1995; 2. Buch: Recht der Schuldverhältnisse (§§ 293-327 BGB), 13. Auflage, Berlin 1995; 2. Buch: Recht der Schuldverhältnisse (§§ 611-615 BGB), 13. Auflage, Berlin 1999; Einführungsgesetz zum Bürgerlichen Gesetzbuch/IPR: (Art. 27-37 EGBGB mit Anhang II: Internationale Zuständigkeit, Gerichtsstands- und Schiedsvereinbarungen) 13. Auflage, Berlin 2002; Wiener UN-Kaufrecht (CISG), Neubearbeitung, Berlin 1999

Stein/Jonas: Kommentar zur Zivilprozessordnung, 22. Auflage, Band 1, Einleitung
§§ 1-40, Tübingen 2003

Stein, Torsten: Die Rolle der späteren Praxis als Auslegungselement in der Rechtsprechung des Internationalen Gerichtshofes, des europäischen Gerichtshofes für Menschenrechte und des Gerichtshofes der Europäischen Gemeinschaften, in: Die Dynamik des Europäischen Gemeinschaftsrecht – The Dynamics of EC-Law, (Hrsg. Ress, von Bieber), S. 113, Baden-Baden 1987

Steinberger, Helmut: Die Europäische Union im Lichte der Entscheidung des Bundesverfassungsgerichts vom 12. Oktober 1993, in: Recht zwischen Umbruch und Bewahrung: Festschrift für Rudolf Bernhardt zum 70. Geburtstag (Hrsg. Ulrich Beyerlin, Michael Bothe, Rainer Hofmann, Ernst- Ulrich Petersmann), S. 1313, Berlin, Heidelberg 1995

Stoll, Hans: Gerichtsstand des Erfüllungsortes nach Art. 5 EuGVÜ bei strittigem Vertragsschluss, IPRax 1983, S. 52

Stolz, Gerald: Die Ordre Public-Klausel des EuGVÜ in der Rechtsprechung des EuGH- EuGH, [abgedruckt in] NJW 2000, S. 1853, JuS 2002, S. 541

Streinz, Rudolf: Europarecht, 5. Auflage, Heidelberg 2001

Tarko, Ihor: Ein Europäischer Justizraum: Errungenschaften auf dem Gebiet der justitiellen Zusammenarbeit in Zivilsachen, ÖJZ 1999, S. 401

Tebbens, H. D.: The European Jurisdiction and Enforcement Conventions: Interpretation, Concurrence and Prospects, NILR 1993, S. 471

Thiele, Christian: Neues Europäisches Zivilprozessrecht: industry beware!, azur 2002, Nr. 9

Thiele, Christian: Forum non conveniens im Lichte europäischen Gemscnschaftsrechts, RIW 2002, S. 96

Thieme, Jürgen: Der Entwurf eines Konkursübereinkommens der EG-Staaten von 1980, RabelsZ 45 (1981), S. 459

Thomas, Hein / Putz, Hans: Zivilprozessordnung, 24. Auflage, München 2002

Thorn, Karsten: Verbrauchergerichtsstand nach EuGVÜ und örtliche Zuständigkeit, IPRax 1994, S. 426

Thorn, Karsten: Grenzüberschreitende Gerichtsstandsvereinbarungen in Kreditverträgen zur Finanzierung von Börsenspekulationen, IPRax 1995, S. 294

Thorn, Karsten: Termingeschäfte an Auslandsbörsen und internationale Schiedsgerichtsbarkeit, IPRax 1997, S. 98

Treitel, Guenter: The Law of Contract, 10. edition, London 1999

Trunk, Alexander: Die Erweiterung des EuGVÜ-Systems am Vorabend des Europäischen Binnenmarktes, (Diss. München 1990) München 1991

Trunk, Alexander: Erste deutsche Rechtsprechung zum Lugano-Übereinkommen: Gerichtsstandvereinbarung, Gerichtsstand des Erfüllungsorts und intertemporale Fragen, IPRax 1996, S. 249

Tosi, Ugo: EuGVÜ und Drittstaaten: Möglichkeiten und Durchführung eines Beitritts oder einer sonstigen Beteiligung, (Diss. Saarbrücken 1987) Frankfurt 1988

Uhrig, Stephanie: Die Schranken des Grundgesetzes für die europäische Integration - Grenzen der Übertragung von Hoheitsrechten nach dem Grundgesetz am Beispiel des Vertrages von Maastricht, (Diss. Bielefeld 1999) Berlin 2000

Ullrich, Hanns: Der internationale Softwarevertrag, Heidelberg 1995

Valloni, Lucien William: Der Gerichtsstand des Erfüllungsortes nach Lugano- und Brüsseler-Übereinkommen, (Diss. Zürich 1997) Zürich 1998

Verheul, J. P.: The E.E.C. Convention on Jurisdiction and judgments of 27 september 1968 in Netherlands legal practice, NILR 1976, S. 347

Virgós Soriano, Miguel /Alférez, Francesco J. Garcimartin: Derecho Procesal Civil International: Litigación international, 1. Auflage, Barcelona 2000

Vlas, R.: The Protocol on Interpretation of the EEC Convention on Jurisdiction and Enforcement of Judgements: Over ten years in legal practice (1975-1985), NILR 1986, S. 84

Völker, Stefan: Passive Dienstleistungsfreiheit im Europäischen Gemein schaftsrecht, (Diss. Tübingen 1989) Berlin 1990

Vollkommer, Max: Kein gemeinsamer Erfüllungsort bei Werkvertrag trotz Ortsgebundenheit der Werkleistung und Barzahlungsabrede, IPRax 1993, S. 79

Wagner, Heinz: Grundbegriffe des Beschlussrechts der Europäischen Gemeinschaften, (Habil. Köln) München 1965

Wagner, Rolf: Die geplante Reform des Brüsseler und des Lugano-Übereinkommens, IPRax 1998, S. 241

Wagner, Rolf: Die Bemühungen der Haager Konferenz für Internationales Privatrecht um ein Übereinkommen über die gerichtliche Zuständigkeit und ausländische Entscheidungen in Zivil- und Handelssachen, IPRax 2001, S. 533

Wahl, Ulrich: Die verfehlte internationale Zuständigkeit – Forum non conveniens und internationales Rechtsschutzbedürfnis, (Diss. Bonn 1972) Berlin 1974

Walter, Gerhard: Internationales Zivilverfahrensrecht der Schweiz, 3. Auflage, Bern 2002

Wenner, Christian: Internationale Architektenverträge, insbesondere das Verhältnis Schuldstatut – HOAI, BauR 1993, S. 257

Weser, Martha: Convention communautaire sur la compétence judiciaire et l'exécution des décisions, Brüssel 1975

Westermann, Harm Peter: Zum Anwendungsbereich des UN-Kaufrechts bei internationalen Kaufverträgen, DZWir 1995, S. 1

Wetzel, Uwe: Die Dienstleistungsfreiheit nach den Art. 59-66 des EWG-Vertrages: ein Beitrag zu Inhalt und Wirkungen des Primärrechts, Diss. Münster 1992

Wieczorek, Bernhard / Schütze, Rolf A.: Zivilprozessordnung und Nebengesetze, Grosskommentar, 1. Band Teilband 1: §§ 1-127a ZPO, 3. Auflage, Berlin 1994; 5. Band: §§ 916-1058 ZPO, §§ 1- 202 GVG, §§ 1-30 EGGVG, 3. Auflage, Berlin 1995

Winkelmann, Ingo: Das Maastricht-Urteil des Bundesverfassungsgerichts vom 12.10.1993, Dokumentation des Verfahrens mit Einführung, Berlin 1994

Wolf, Christian Ulrich: Feststellungsklage und Anspruchsgrundlagenkonkurrenz im Rahmen von Art. 5 Nr. 1 und Nr. 3 LugÜ, IPRax 1999, S. 82

Wrangel, Philipp: Der Gerichtsstand des Erfüllungsortes im deutschen, italienischen und europäischen Recht, (Diss. Freiburg 1988) München 1988

Wuermeling, Joachim: Kooperatives Gemeinschaftsrecht - Die Rechtsakte der Gesamtheit der EG-Mitgliedsstaaten, (Diss. Bayreuth 1987) Kehl 1988

Zeiss, Walter: Zivilprozeßrecht, 9. Auflage, Tübingen 1997

Zimmer, Daniel: Ende der Konzernhaftung in ‚internationalen' Fällen?, IPRax 1998, S. 187

Zimmermann, Andreas: Staats- und völkerrechtliche Fragen der Reform des deutschen Staatsangehörigkeitsrechts, IPRax 2000, S. 180

Zöller, Richard: Kommentar zur Zivilprozessordnung, 23. Auflage, Köln 2002

Zuleeg, Manfred: Das Recht der Europäischen Gemeinschaften im innerstaatlichen Bereich, (Habil. Köln 1968) Köln 1969

Zuleeg, Manfred: The European Constitution under Constructional Restraints: The German Szenario, EurLRev 22 (1997), S. 19

Zweigert, Konrad: Grundsatzfragen der europäischen Rechtsangleichung, ihrer Schöpfung und Sicherung, in: Vom Deutschen zum Europäischen Recht: Festschrift für Hans Dölle zum 70. Geburtstag (Hrsg. Ernst von Caemmerer, Arthur Nikisch, Konrad Zweigert) Band 2, S. 401, Tübingen 1963

Zweigert, Konrad / Kötz, Hein: Einführung in die Rechtsvergleichung, 3. Auflage, Tübingen 1996